1

澳洲地圖

帝汶海

A

U0154106

B

布隆姆
Broome

八十英里海灘
Eighty Mile Beach

G

克勞倫德倫角
Cape Keraudren

Goldsworthy

Port Hedland

Shay Gap

Point Samson

Dampier
Roebourne
Marble Bar

Barrow Island
Karratha
Telfer

Nullagine

Onslow
Pilbara

Cape Range NP
Exmouth
Wittenoom
Roy Hill

Learmonth
Tom
Price
卡利吉尼國家公園
Karijini NP
Newman

寧加魯大堡礁
Ningaloo Reef
Nanalarra
Roadhouse

珊瑚灣
Coral Bay
Paraburdoo

南迴歸線 Tropic of Capricorn

Cape
Cuvier
Kumarina
Roadhouse

西澳

鯊魚灣
Shark Bay
卡納爾豐
Carnarvon

鰲奇米亞
Monkey Mia
Gladstone

C

印

Timor Sea

Melville
Island

濕地之窗
Window on
the Wetlands

達爾文
Darwin ● Howard Springs

● Jabiru

Yellow Water

利奇菲爾
國家公園
Litchfield NP

卡卡度國家公園
Kakadu NP

Ar

E

Adelaide River

Daly
River

Pine
Creek

尼特米魯克國家公園
Nitmiluk NP
凱薩琳峽谷
Katherine Gorge

凱薩琳
Katherine

Tindal

Matarinka

● Wyndham
Kununurra

Timber
Creek

● Willeroo

① Larrin

Kunmunya

①

Victoria
River Downs

96
80

80

達利
Daly

Turkey Creek
Warmun

Kimberlay

Inverway ●

Kalkaring

Top
Springs

New
Ell

Derby ●

Camballin ●

Halls Creek

Fitzroy Crossing

① Christmas Creek

Supplejack

Billiuna ●

北領地

Tanami

Central Desert

Karlantijpa
South

Wauch

eat Sandy Desert

Balgo ●

Rabbit Flat ●

Barrow Cree

China Well ●

Ti Tree

87

Gibson Desert

西麥克唐納國家公園
West Macdonnell NP

Glen Helen

Iwupataka

國王峽谷
Kings Canyon

Watarrka NP

Henbury

烏魯魯-卡塔裘塔國家公園
Uluru-Kata Tjuta NP

Yulara

Eridunda

Kata Tjuta
(Mt Olgal)

Uluru
(Ayers Rock)

Curtin
Springs

Kulgera

Yellow

A87

Mimili

情報 × 旅遊 All in One

一手掌握最新情報

自遊 澳洲

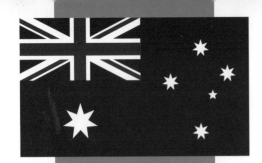

Contents 目錄

2 小特輯 I

澳客推薦店22家 ----------- P.6

2 小特輯 II

動漫電影場景 -------------- P.29

2 小特輯 III

澳洲住宿全體驗 ----------- P.34

2 實用指南

大特輯

本書使用說明

以自助旅行的方式在單一城市做定點旅行，更能享受到跟團所無法獲得的旅遊樂趣，海外旅遊所需的情報量龐大，若經由有系統的整理與介紹，不僅能節省出國前的準備工作與時間，且更能深入景點，體驗多元化的旅遊樂趣，本書為第一本國人自製、以情報誌的手法所編輯的海外情報旅遊書，能更貼近國人的觀點與需求。為更有效利用本書所提供的各項情報，以下為一些實際運用時的小撇步提供參考：

可視個人狀況增減建議行程

本書規劃有7大省，由11個城市出發，共40條建議行程。路線分為當天往返的城市之旅，以及市郊當日往返或多日規劃的主題之旅，每條路線皆將每日的路線、交通方式與費用詳列書中，可視個人興趣、旅遊地點和天數、預算等，選擇想前往的地方，自由搭配。

善用本書交通方式與地圖

本書首創詳盡交通方式解說，將每條行程中，點與點之間的移動方式，以詳盡的文字搭配書中所附的地圖，出發前先了解路線、研究一下地圖，就能降低迷路風險，輕鬆抵達景點。

善用字卡解決各種旅遊狀況

在國外自助旅行難免會遇到需要開口說話的情形，但若外語能力不佳也不用太擔心，本書按旅遊情境列出實用例句，讀者只須按照翻譯字卡，就能輕鬆應付各種需求，即使不會說，出示給相關人員看，也照樣能解決各種狀況。此外，並簡列旅途中可能使用上的單字，以及有趣的澳洲式英文，助你旅途更加順暢！

安排自助旅行的小叮嚀

本書在各路線中皆貼心設計小叮嚀、小常識等，方便讀者事先掌握各種狀況，玩得更盡興！出發前請詳閱本書後面的「行前須知」，按步驟規劃並辦妥出國證件，讓行程安排更順暢。

地圖圖示說明

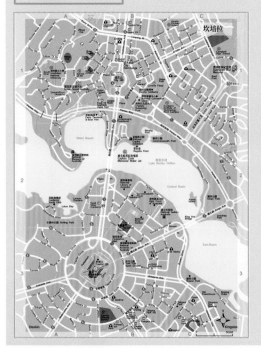

吃 餐廳、咖啡店、食品店、小吃店、酒吧
玩 參觀的景點、公園
買 百貨公司、購物商場、個性小舖
遊 書中介紹的博物館、商店街、歷史街道及建築
住 書中介紹的住宿
⊗ 學校
P 郵局
⊗ 警察機構
♦ 教堂
🏛 博物館

H 旅館、飯店、青年旅社
S 超市
➕ 醫院
i 遊客中心
● 參考點
)(路橋

St=Street
Rd=Road
Ln=Lane
Tce=Terrace
Ave=Avenue
Pde= Parade
Pl=Place

Ct=Court
Dr=Drive
Hwy=High Way
NP=National Park
Mt=Mount
St.=Saint

行程介紹使用説明

景點介紹圖解

❶ 建議行程的景點安排順序
❷ 地圖頁碼與座標
❸ 中文譯名
❹ 英文原名
❺ 建議停留時間（僅列出緊湊行程的建議時間）
❻ 景點分類ICON
❼ DATA
　　址：代表地址
　　電：代表電話
　　營：代表營業時間
　　票：代表門票費用
　　休：代表公休日
　　網：代表網址
❽ 趣味大發現：作者個人的趣味發現、不思議體驗

小常識

在19世紀時，捕鯨船就在圓屋下方的沙灘宰殺鯨魚，為了方便捕鯨者出入，便在圓屋的下面建造了一條隧道，而隧道正好連接高街（High St），好讓捕鯨小船便進出城市

❾ 小常識：旅遊景點相關的人物介紹、名詞解釋、歷史典故

小叮嚀

弗里曼特觀光可多加利用免費的弗里曼特貓巴士（Fremantle Cat），週一～週五7:30～18:30，每10分鐘一班。週六、週日與國定假日10:00～18:30，每10分鐘一班。貓巴士路線請參考P.43

❿ 小叮嚀：旅遊途中省錢、導覽、找路、翻譯字卡、行程規劃…等各種狀況的小叮嚀

每條行程示意圖解

❶ 本日行程路徑圖，最好在前一天晚上先於住處將路線圖再詳閱一次，讓第二天能迅速前往下一個景點。
❷ 每日建議行程可視年齡、體力，自行選擇、自由搭配。
❸ 每日花費表詳列當日一位成人所需門票費用。

購物大街介紹圖解

❶ 購物大街的名字與介紹
❷ 店家介紹
❸ 購物大街的交通方式
❹ 購物大街的路線示意圖

22家 澳客推薦店

初來乍到，想嚐點新鮮、有趣又道地的花樣，卻又不知從何下手？我們特地找來資深澳洲背包客，以好康、省錢、只有這裡才有……等背包客嚴選下手原則，推薦你在地非去不可的精彩好店！跟著走包準玩得盡興、吃得滿足！

COTTON ON

最超值、最夯、最特色大搜羅！

8位跑遍澳洲的資深背包客、留學生，
不藏私推薦！

44號國王街

No. 44 King Street　　　● MAP P.42-B1

柏斯老字號烘焙名店

位在柏斯市中心的44號國王街餐廳已開業18年，店內空間寬敞氣氛悠閒，從早上開始，就提供豐富又創新的西式早餐，菜單並且會隨著季節改變，因此只要來國王街44號，一定都能吃到當季最新鮮的蔬果食材，當然還有最引以為傲的麵包和糕點。國王街44號是柏斯少數仍以傳統手工技術製作麵包的餐廳之一，每天從磚窯烤爐烘焙出來的新鮮麵包，口感紮實，飄散天然香氣的芬芳，而且完全不添加人工添加劑，每天從中午開始，在店門口的麵包櫃上可選購新鮮出爐的各式麵包，喜愛麵包的遊客，一定不能錯過。

←French Toast, Blueberry Compote ,Vanilla Bea Creme Fraiche ／ 14.9澳幣
香脆的法式土司搭配新鮮藍莓以及香草牛奶醬，嚐來酸中帶甜不膩口的平衡滋味，恰到好處。

↓ Mushroom&Baby Spanish Crepes, Concasse Tomato,Parmesan ／ 14.9澳幣
現點現炒的新鮮蘑菇，搭配嫩菠菜和蕃茄，再加上香濃的帕馬森起司，外層以煎得漂亮的薄皮包覆，一刀切下，鮮嫩多汁的內餡配上軟Q的薄皮，口感層次豐富。

↑ Fresh Seasonal Fruit Salad, Natural Yoghurt ／ 13.9澳幣
選用野莓、草莓、香瓜等當季新鮮的水果，淋上自製的天然優格和酸酸甜甜的果醬，是一道既健康又營養的豐富早餐。

↑ Long Black ／ 3.95澳幣
豐盛的早餐當然得搭配一杯香醇的咖啡，濃郁醇厚的咖啡香氣，為一天的活力揭開序幕。

↓ 新鮮的麵包和美味的手工甜點，是國王街44號最大特色之一。

D·A·T·A

址：44 King St, Perth
電：08-9321-4476
營：週一～週日 7:00 ～午夜；
　　週六、日 8:00 ～午夜
休：無
卡：可
網：無

莫得糕點麵包坊 吃 02

Miss Maud Pastry House　　　● MAP P.42-C2

市區物美價廉的驚奇好味

位在柏斯市中心小瑞典飯店旁的莫得糕點麵包坊,是一家以瑞典的傳統蛋糕甜點聞名的麵包坊,多樣的蛋糕甜點,無論是巧克力,或是水果口味,只要是擺在櫃上的每一種甜點都讓人回味無窮,感覺在莫得的店裡絕不會踩到「地雷」。此外,店內售有豐盛的三明治,從冷盤到現做的熱食都有,就連醬汁都為每一種口味的三明治做了特調,加上愈嚼愈香的特製麵包,讓人忍不住一口接一口,這時再配上一杯口感細膩的咖啡,滿足的滋味讓人讚不絕口。

D·A·T·A

址：97 Murray St, Perth
電：08-9325-3900
營：週一～週五 7:30～17:30；
　　週六 8:30～17:00、
　　週日 10:00～16:00
休：無
卡：否
網：www.missmaud.com.au

推薦人Profile

姓名：Irene
年齡：25+
現職：金融業
待在澳洲有多久：兩年
最喜歡柏斯的哪個景點：Cottsloe beach和Kings park(實在無法抉擇)
請用一句話描述你對柏斯的城市印象：看似平凡,卻讓人一直想再回去晃晃的地方。

↑蝦沙拉三明治
Shrimp Baguette ／ 7.25澳幣
料多味美的三明治,裡頭夾有排排站的大蝦仁,加上新鮮的生菜沙拉,滿口鮮美,又有彈牙的鮮蝦口感,讓人飽足滿意。

→火腿蛋沙拉三明治
Norseman Baguette ／ 6.75澳幣
香氣濃郁的火腿加上綿密的蛋沙拉與番茄,外觀看似平淡無奇,可是嚐起來香潤爽口,香氣十足的三明治麵包,也為它加分不少。

→熱烤牛肉堡
Hot Roast Beef Roll ／ 5.60澳幣
這一個看似平淡無奇的牛肉堡,是瑞典的傳統口味,裡頭的醬汁與牛肉片搭配得天衣無縫,濃郁多汁,加上全麥麵包的麥香,絕對是美味滿分。

小叮嚀

每天下午快要打烊之前,擺放在莫得糕點麵包坊店門口的吐司麵包都會降價,想要撿便宜的人可別錯過了。

↑Miss Maud推出的環保咖啡隨身杯。

弗里曼特

穆爾與穆爾咖啡館 吃

New Edition ● MAP P.43-B2

舊城區裡的藝文好去處

穆爾斯當代建築藝術畫廊（Moores Building）旁，設立了一家風格獨特的咖啡館，咖啡館依循建築物本身的老舊粗獷特質，所有的擺飾品也跟著隨興復古，牆上貼著最近的藝文活動海報以及老相片，還有早期所使用的打字機或電話……等等，都能與隔壁相連的當代藝術家作品相互輝映，而且很有整體感。

↑坐在深富藝術氣息的穆爾與穆爾咖啡館，慢慢品嚐著一杯咖啡或是來上一份漢堡簡餐，都會像時光倒流一般，彷彿回到了年輕時的創作時光。

←進到咖啡館，就可以看到吊在天花板上的藝術造型吊燈，黑色的半身人檯下連接著紅色大寬裙，紅色裙子就是大燈罩，是咖啡館內一個非常有趣的藝術創作品。

D·A·T·A

址：46 Henry St, Fremantle
電：08 9432 9555
營：藝廊：週一～週日 10:00～
　　17:00／咖啡館：週一～週日
　　8:00～16:00
休：聖誕節、復活節、新年
網：www.mooreandmoorecafe.com

推薦人Profile

姓名：王艾登
年齡：28
現職：旅遊工作者
待在澳洲有多久：兩年
最喜歡柏斯的哪個景點：
Rottnest Island
請用一句話描述你對柏斯的印象：比悠閒更悠閒，說友善更友善的陽光之都。

New Edition書店（弗里曼特店）

New Edition ● MAP P.43-B2

風格獨具的複合式好店

弗里曼特的New Edition是一家複合式書店，除了書籍畫冊還有服飾精品區，書店牆上掛有現代油畫或是藝術活動海報，甚至可以看到亞洲風情的雕像藝品，很有悠閒溫馨與藝術人文風格。此外，最讓人覺得貼心的是店內有許多沙發座椅，書的種類很多，如果看書看累了，就可以坐下來休息，更可以舒適地繼續閱讀。

→高挑的大門和天花板，寬廣的空間與陳設方式，雖然和北橋區的風格不一樣，但它還是有讓人覺得溫馨的感覺。

D·A·T·A

址：82 High St, Fremantle
電：08-9335-2383
營：週一～週五 10:00 ～ 15:30、週六 10:00 ～ 21:30，週日 10:00 ～ 15:00
休：無
卡：可
網：www.newedition.com.au

↑弗里曼特New Edition是家複合式書店，與服飾精品店在同一個空間內，有包包、手飾、項鍊……等等並陳，使得它更多元了。

New Edition書店（北橋店）

New Edition ● MAP P.42-B1

發現意想不到的獨特藏書

Reading is sexy字樣圖案的T恤就掛在店門口的櫥窗裡，櫃檯後面的古典大海報，加上門口卡片架上頂端的一張彩虹卡片，眼尖的人便可以看到這家書店的獨特之處，店長也為這家書店的選書和分類上花了心思，所以它不像一般的大型連鎖書店什麼都有，喜歡看生活類、藝術設計類、兩性平權……等書籍的旅客，可不要錯過這家小書店，如果仔細選，還可以找到翻成英文的中國唐詩哦！

←北橋區的New Edition書店店面不大，但是可以感受到店長選書分類的用心。

D·A·T·A

址：212 William St, Northbridge
電：08-9227-0930
營：週一～週日 10:00 ～ 22:00
休：無
卡：可
網：www.newedition.com.au

↓書店雖然不大，但還是貼心地在店內放了一張圓型沙發，讓客人可以坐下來慢慢看。

小天使啤酒廠

弗里曼特

Little Creatures Brewery ● MAP P.43-B2 **吃**

活力滿點的獨特酒廠

喜歡啤酒的人,一定要來這家位在弗里曼特海港邊的小天使啤酒廠,它的外觀看起來像是一般的工廠,還有個大大的紅色小天使明顯標示,走近一看,才發覺它是一間人潮眾多的酒吧餐廳,裡面的坐位很多,但是只要在週末假日的用餐時間,可是一位難求,如果想避開人潮,可以在下午的時候來。小天使啤酒不像其他澳洲常見並大量生產的啤酒,在一般商店也比較難見到,但是弗里曼特的小天使啤酒,具有很高的評價。

小叮嚀

D·A·T·A

址｜40 Mews Rd, Fremantle
電｜08-9430-5555
營｜週一～週三 10:00～23:00；
　　週四、五 10:00～24:00；
　　週六、日 9:00～24:00
休｜無
卡｜可
網｜www.littlecreatures.com.au

>>價位
　小天使酒廠內的餐點不是以量取勝,啤酒的價位也比一般銷售全澳的啤酒還要高一些,但酒廠營造出來的氣氛,可稱得上是獨一無二。

>>晚上禁止未成年人士入場
　晚上六點後入場,門口的服務生會請剛要進入酒廠的客人出示年齡證明,並在客人手背上蓋小天使章,便可自由進出吧,此時也開始禁止18歲以下入場。

↓小天使啤酒廠很歡迎全家大小一起來用餐同樂,在戶外坐位區還設有兒童遊戲沙地,並備有小鏟子、小桶子或簡易安全的玩具供小朋友玩。

↑門口就停了一輛小天使的可愛復古小貨車,小天使啤酒廠的氛圍,從裡到外都讓人感到活力四射!

←辣味蕃茄淡菜22澳幣;各口味比薩10～22澳幣;沙拉16澳幣;啤酒小杯5.5澳幣
由酸甜辣椒醬炒出的香噴噴淡菜,鮮嫩爽口,讓人忍不住一口接一口,是弗里曼特一帶海域盛產的海鮮,搭配啤酒更對味。

↑吧台及用餐區的位置,皆可以看到旁邊釀酒的啤酒工廠,而且酒廠內用餐的空間寬廣,但想要一來就有位子坐的人,最好避開用餐時段。

→每個餐桌的桌號就寫在桌子旁的地板上,非常地隨興。

讚!

小天使啤酒廠
Little Creatures Brewery

位在弗里曼特海港邊的小天使啤酒廠，外觀看起來
像是一般的工廠，還有個大大的紅色小天使明顯標
示，是間人潮眾多的酒吧餐廳。

人氣滿分的歡樂好去處！

達爾文	雨季酒吧

Monsoons Bar&Cafe　　　● MAP P.105-B2

不可錯失的好康活動

雨季酒吧就位在米切爾街上,它有著開闊的露天用餐區,室內還有遊戲機,店家特地營造出歡樂悠閒的氣氛,並且提供很多種西式餐點和酒類,很適合做為朋友相約的聚餐地點。而比較有趣的是,雨季酒吧每一天都有不同的主題活動來吸引客人,甚至是提供超優惠價格的餐點或是飲料,除了星期一到星期日每一天都有不同優惠,甚至一天當中不同時段也有不同的活動,讓人忍不住會想進去看看今天又有什麼好康的了!

D·A·T·A

址：46 Mitchell St, Darwin
電：08-8941-7188
營：週日～週三 11:00 ～ 23:00、
　　週四 11:00 ～ 01:00、週五
　　和週六 11:00 ～ 02:00
休：無
網：www.monsoons.net.au

小叮嚀

店面優惠餐點不提供外帶服務,所以:
1.可呼朋引伴找多一些朋友去把它吃光光;2.自備容器或塑膠袋自行打包。

↑2個大比薩＋1壺啤酒（2 Pizzas & 1 Jug of Beer）／25澳幣
　平常單點下來大約要40澳幣以上的餐點,在活動內只要25澳幣就可以吃到兩個大比薩與一壺啤酒,可稱得上是非常地物超所值,到了店內,可別忘了睜大雙眼看看牆上的活動海報。

←白天的雨季酒吧顯得較為安靜悠閒,一旦到了晚上,這裡可是年輕人的最愛,特別是週末晚上,可以見到許多人特地打扮到酒吧狂歡!

←↑超優惠的主題活動都製成一張張海報貼在牆上或柱子上,並不會在菜單裡,進到店內可要張大眼睛,尋找有沒有適合自己的優惠餐點,再到吧台去點餐。

↑在此點餐或飲料,可以享有免費的無線網路服務,但需要向櫃台詢問詳細細節。

14

↑下大雨不想出門嗎？沒關係，二樓的公用空間設有住客專屬的簡易酒吧，可以在此休息或與朋友聊天打發時間。

舒適安心的住宿推薦

位在達爾文市中心的Melaleuca背包客棧，是一家乾淨又舒適的住宿地點，1樓是櫃台和網咖，付費便能使用公用電腦；2樓的戶外共用空間很大，除了有大廚房和很多的共用桌椅外，還有兩個一大一小的游泳池，加上附設小型酒吧吧台，販售各式調酒和啤酒，充滿濃厚的度假氣息。而從3、4樓起則是房間，Melaleuca的房型有雙人房、四人房和六人房，並且都設有置物櫃和電子門禁卡，讓住宿的客人都覺得安全與貼心。

小叮嚀

Melaleuca可提供短期寄放大型行李的服務，住宿的遊客如果參加當地旅遊團去卡卡度或是利奇菲爾等地，無法當天回到達爾文，可將行李寄放在行李間（luggage storage），但Melaleuca不負保管責任。

D·A·T·A

址：52 Mitchell St, Darwin
電：8941-7800、13-0072-3437
營：24 小時 Check-In
休：
網：www.melaleucaonmitchell.com.au

↑公用電腦區
一樓櫃台前的公用電腦區，只要付費便可以上網。

↑洗衣間設在三樓的陽台區，共有八台洗衣機，四台烘衣機，還貼心地放了幾張桌椅，讓住宿客人可以邊等衣服洗完，邊看書喝咖啡。

推薦人Profile

姓名：Renee
年齡：31
現職：程式設計
待在澳洲有多久：1年
最喜歡達爾文的哪個景點：明多海灘夜市
請一句話描述你對達爾文印象：有著濃濃的南洋風情，再加上威力無比的打雷、閃電、大雨和烈陽高照的奇妙城市。

↓Melaleuca最受歡迎的原因之一，就是二樓擁有很大的戶外公用空間，加上廚房就在旁邊，就算不花錢買吧台裡的冰飲，也可以從廚房拿自己準備的食物和飲料，並在此休息。

住起來平價又舒服！

茶吧

T Bar　　● MAP P.133-B3　　㉑吃

上百款茶品任君挑選

茶吧本店座落在熱鬧的中央市場內。就在轉角處的茶吧，是當地人在採買後習慣來此坐坐、喝杯茶、喘口氣的地方。走進店內，以年輕個性的紅黑色系為主調，輕快的音樂流瀉其中，大木桌和藤椅打造出樸實舒適的空間感，氣氛相當隨性自在，Menu有上百款的茶飲，從紅茶、綠茶、烏龍茶、白茶到花草茶等，都可以調配出數十種口味，現沖現泡，冷熱都有，這讓喝茶有五千年歷史的我們見識到，原來喝茶也可以如此變化多端！此外，擺滿整面牆的各國精美包裝茶葉和茶具等，也是很好的伴手禮，不時有客人駐足在茶櫃前精挑細選。

令人懷念的好茶味！

↑位於中央市場一角的戶外座位區。

↑店內除了上百種的茶飲外，也有各式輕食麵包類可供搭配。

← **Apple Oolong**
／3.5澳幣
加入天然蘋果香的烏龍茶，烏龍的回甘滋味又帶點淡淡的蘋果香，口感很新鮮。

← **Australian Breakfast Tea** ／
3.5澳幣
採用生長在昆士蘭的天然紅茶，低量的茶酸有益身體健康，飲用時也可以加點牛奶增添風味。

推薦人Profile

姓名：Sean Kuo & Harriet Liu
年齡：32 & 31
現職：業務 & 外商助理
待在澳洲有多久：10個月 & 1年10個月
最喜歡阿德雷德的哪個景點：袋鼠島
請一句話描述您對此阿德雷德的印象：小而美，小而巧。

D·A·T·A

址：44 Gouger St, Adelaide
電：08-8410-5522
營：週一至週三 8:00～17:00、週二和週四 8:00～18:00、週五 8:00～21:00、週六 7:00～16:00
休：週日和國定假日
卡：否
分：蘭朵購物商場店 Adelaide Central Plaza, Shop 15, Lower Ground（週一至週四 8:00～17:00、週五 8:00～21:00 週六 8:00～17:00、週日 11:00～17:00）
網：www.tbar.com.au

↑擺滿茶葉、茶具的牆面還貼心附上試聞香氣的茶葉罐，方便顧客選購。

← **Peach Ice Tea** ／4澳幣
夏日限定的冰茶系列，富含天然水蜜桃、草莓和檸檬水果的淡淡香氣，加上新鮮薄荷葉，沁涼消暑！

布烈可比糖果鋪 🍴

阿德雷德

Blackeby's Sweets ● MAP P.133-B2

重返古早年代的甜蜜時光

只要經過這家糖果鋪,鮮明逗趣的彩繪立體浮雕造型門面,幾乎沒有人能抵擋得住那夢幻醒目的誘惑!仔細瞧瞧門口微笑的老爺爺、做糖的老奶奶,還有吃糖的小女孩,這些栩栩如生的造型,呈現了布烈可比糖果鋪的甜蜜過往,在這間由糖果淵源自1883年的老店鋪裡,可以找到伴隨澳洲人成長的各種糖果和巧克力,還有進口自美國、英國等地的復古零食,吃不膩的古早味總是讓人最懷念。

↑手工製作的甜點專門櫃,琳琅滿目的各式巧克力和甜品,讓人想起小時候買糖的興奮心情。

→彷彿走進時光機的糖果鋪入口處。

←櫃台後一罐罐的糖果罐裝著五顏六色的糖果,復古風味令人懷念。

→棉花糖巧克力／3.5澳幣
在澳洲很常見的棉花糖巧克力,柔軟的棉花糖沾上脆口的巧克力,可以說是澳洲人的最愛。

←甘草糖（Licorice Candy）／4澳幣
經典的甘草糖有各種口味,造型大多以條狀出現,嚼勁十足,很受歡迎。

D·A·T·A
址：28 James Pl（off Rundle Mall）, Adelaide
電：08-8231-5166
營：週一至週四 8:30～18:00、週五 8:30～21:00、
　　週六 9:00～17:00、週日 12:00～17:00
休：國定假日
卡：否
網：www.blackebysweets.com.au

迪特斯 🍴

阿德雷德

Ditters Nuts ● MAP P.133-B2

飄香百年的天然乾果名店

已傳承三代的百年乾果老店迪特斯,據說是澳洲最早經營烘培堅果的商號,也是南澳知名的乾果品牌。來到澳洲,一定要嚐嚐頗具當地特色的堅果和乾果,除了新鮮且健康外,尤其是吃起來還有點濕潤、無添加物的天然水果乾,像是杏桃乾、葡萄乾、櫻桃乾等,漂亮又可口,值得一嚐!

↑混合乾果沙拉
內含花生、腰果、杏仁等堅果,再搭配葡萄乾、芒果乾等混合而成,堅果和水果乾混搭的滋味和口感十分豐富。

↑水果乾沙拉
混合杏桃、水蜜桃、蘋果、棗乾的水果乾沙拉,光是看就讓人垂涎欲滴,吃起來酸酸甜甜又帶點咬勁的水果乾,營養又健康。

D·A·T·A
址：26 Gawler Pl, Adelaide
電：08-8232-0915
營：週一至週四 9:30～17:30、週五 9:30～20:30、
　　週六 9:30～17:00、週日 12:00～17:00
休：週日及國定假日
卡：否
網：www.ditters.com.au

嚐遍巴伐利亞美酒佳餚

獅王啤酒館

Löwenbräu keller

●MAP P.236-B2

大口吃喝豪邁巴伐利亞料理

這家位在雪梨岩石區的德式啤酒餐廳在當地相當熱門,每回只要經過此地,總是高朋滿座且氣氛歡樂。Löwenbräu其實就是德國南部的「獅王啤酒」,以釀造傳統的慕尼黑啤酒聞名,來到這裡,除了大口喝德國啤酒之外,道地的巴伐利亞菜色也非常值得推薦,德國豬腳和香腸,搭配馬鈴薯泥和黑麵包,份量和口味都令人滿足!不過,店內最有趣的,是從帶位到點餐送餐的服務生,不論男女都身著德國南部鄉村的傳統服飾,且幾乎都是德國人,就連現場演奏的阿伯,也是格子襯衫加上牛皮吊帶短褲,彷彿真的置身德國慕尼黑。

↑ Bayerischer Brotzeitteller ／ 21澳幣
將多種生火腿、煙燻火腿、臘腸切片等配上醃瓜等醃菜和生菜沙拉放置於木板上,並附上香Q的德式鄉村麵包切片及沾醬,清爽美味又有飽足感,是一道份量十足、清爽又美味的前菜。

D·A·T·A

址：Cnr of Playfair & Argyle
　　Sts, The Rocks, Sydney
電：02-9247-7785
營：週一至週日 9:00～午夜
休：無
卡：否
網：www.lowenbrau.com.au

↓ Nürnberger Würste ／ 26.5澳幣
道地的德國南部紐倫堡香腸六條配上德式酸菜,佐以香滑綿密的馬鈴薯泥和德式芥末醬,最後淋上香濃農肉汁,吃起來相當過癮。

推薦人Profile

姓名：Erica
年齡：32
現職：活動公關業
待在澳洲有多久：2.5年
最喜歡雪梨的哪個景點：
雪梨歌劇院
請一句話描述你對雪梨的印象：
現代與自然最佳結合的城市： 海灣的藍天、鐵橋的深黑、公園的綠地、雪梨歌劇院的白頂,可以讓人悠閒消磨一整天的地方。

←Mango Weizen ／ 8澳幣（小杯）
若是喜歡水果風味的啤酒,推薦這杯芒果啤酒,香甜口味的啤酒也是店內的暢銷款。

↑石砌式的牆面和粗獷的木頭桌椅,身著傳統服飾的服務生穿梭其中,營造出不拘細節的鄉村氣息。

←餐廳內非常德國鄉村風的佈置,定時還有可愛的爺爺團現場演奏鄉村風民謠,氣氛非常親切熱絡。

↑蘭州牛肉拉麵／10澳幣
由二十多種香料和牛骨煲煮的鮮美湯頭，淋上些許特製辣油，搭配師傅現拉的手工細麵，牛肉片就細麵入口，香辣滑順的好滋味，讓人一口接一口，連鄰桌老外也豎起大拇指說讚！

香辣夠勁好味道

雪梨 **貫貫吉蘭州拉麵** 吃

GGJ　　　　　　　　　　● MAP P.236-A6

再三回味的香Q好勁道

想吃便宜又道地的中華料理，大部分的人會前往澳洲最大的雪梨中國城尋味，不過若是你不喜歡人擠人的中國城，那麼，就在市區喬治街上有家正宗的蘭州拉麵，開放式的廚房看得到來自蘭州的拉麵師傅現拉、現煮的牛肉拉麵，一點也不含糊的功力，一吃便知。蘭州拉麵講究師傅手工拉出的各種麵條，從圓形、扁形、菱形到由窄到寬的各種尺寸，用以搭配不同口味的湯頭配料，各式麵點湯頭鮮、麵Q彈、香辣的勁道更是過癮，一點也不輸蘭州當地的美味！

↑裝潢簡單、不算大的店面、親切的招呼聲，實實在在的感覺讓人吃得很安心。

↑開放式的廚房可以看到師傅精彩的現場拉麵實況，從麵團到均勻細滑的麵條，一下子就完成，功夫了得。

↑三棱酸鮮／13.8澳幣
手工拉成的立體三棱麵口感豐富，酸香的特製芡湯配上鮮魚片和時蔬，一口麵一小口醃製辣椒，愈吃愈開胃。

↑大寬火辣／13.8澳幣
寬薄帶勁的寬麵拌上火辣的特製醬汁，牛肉片增添風味、芝麻帶出香氣，寬麵使醬汁容易裹附其中，嚼來更是香辣有勁！老闆特別提醒，不吃辣的別輕易嘗試。

D·A·T·A
址：800 George St, Sydney
電：02-9212-5657
營：週一至週日 10:00 ～ 22:00
休：無
卡：否
網：無

©Koko Black

黑可可

Koko Black　　　　　　　● MAP P.188-D2

迷人又可口的巧克力藝術

澳洲知名的巧克力專賣店不在少數，但這家只在墨爾本看得到的後起之秀Koko Black，不僅僅是巧克力專賣店，各種特別的巧克力製品除了美味之外，更是美到不行。店內木質裝潢的低調奢華風，內用菜單上列著精彩的巧克力「菜色」且四季各異，從冰淇淋、口味獨特的甜點、冷熱巧克力飲品等，驚豔的甜點造型和無敵美味，絕對是一場視覺與味覺的藝術饗宴。透過櫥窗，見到巧克力師傅以幸福愉悅的神情製作著一塊塊巧克力，更讓人對Koko Black印象深刻，而為了維持手工巧克力品質的穩定性，目前堅持只在墨爾本開店的Koko Black，錯過可惜！

D·A·T·A

址：Shop 4 Royal Arcade, Melbourne
電：03-9639-8911
營：週一至週四 9:30 ～ 17:30、週五 9:30 ～ 19:0、週六 9:30 ～ 18:00、週日 10:30 ～ 18:00
休：無
卡：否
分：52 Collins St 和 167 Lygon St 等共 7 家
網：www.kokoblack.com

←冰櫃裡迷人的各式手工巧克力，也可以選幾顆中意的，再找個位子點杯茶或咖啡，坐下來好好享受一番。

©Koko Black

→位於皇家拱廊商場內的Koko Black是創始本店，雖座位較少，但氣氛古典高雅，有時甚至一位難求。

©Koko Black

↓ Strawberry Iced Chocolate ／ 7.75澳幣（夏季限定款）
只有在夏季特別提供的草莓巧克力冰飲，草莓的粉紅色、巧克力色和牛奶白三色組合而成的這杯特調，光看都賞心悅目，喝起來更是香甜又消暑，另外還有橘子和百香果口味。

↑ Belgian Hot Chocolate ／ 5.95澳幣
這款人氣的熱巧克力，以全脂牛奶、奶油和54％的黑巧克力調配而成，可可的香醇滋味不在話下。除了原味外，也可以選擇辣椒、巧克力摩卡、肉桂或榛果口味，喜歡清淡一點的，也有Light Hot Chocolate的特別配方。

©Koko Black

©Koko Black

推薦人Profile

姓名：Patrick
年齡：30
現職：行銷公關
待在澳洲有多久：一年
最喜歡墨爾本的哪個景點：Brighton Beach
請一句話描述你對墨爾本的城市印象：墨爾本，古典建築與現代城市的完美融合。

黑可可Koko Black Belgian Spoil Dessert ／ 13.5澳幣
也是店內人氣的比利時巧克力拼盤，由巧克力蛋糕、精選巧克力、冰淇
淋、慕斯和巧克力酥組成一盤，細緻又漂亮的擺盤常讓人捨不得吃下。

驚豔四座的超完美巧克力！

©Koko Black

墨爾本 維多利亞夏日夜市 買 吃
Suzuki Night Market ● MAP P.188-D1

聯合國般夏日狂歡派對

白天熱鬧滾滾的維多利亞女王市場，在夏天的每週三晚間5點半到10點，彷彿變身為一個大型異國派對，不僅各式異國美食攤位羅列、有趣的禮品、服裝飾品攤位也很好逛，來自各國的饕客更是擠滿市場內外，人聲鼎沸的景象就像我們熟悉的夜市。在這一年一度的夜市裡，是大啖異國料理的好時機，來自各國傳統的美食攤位，紛紛祭出10澳幣上下就能飽餐一頓的實惠價格！不論是西班牙海鮮飯、德國香腸堡、泰式炒麵、義大利麵、法式三明治等，平常能想到的異國料理都齊聚一堂，叫賣招呼聲此起彼落，是難得能在國外碰到的熱鬧場面。

D·A·T·A
址：Cnr Queen & Therry Sts & Peel St , Queen Victoria Market, Melbourne
電：無
營：每年夏季11月中旬至2月底或3月初（每年日期不同，可上網查詢），每週三 5:30～22:00
票：無
卡：否
網：www.qvm.com.au/snm/snm_home

異國美食大集合！

↑別小看這一大鍋西班牙海鮮飯，一出爐一下子就被掃光，攤位後面的廚師如備戰般汗如雨下，料理著一鍋鍋的海鮮飯。

→ The Greater Australian Bite ／7.5澳幣
鱷魚、鴯鶓和袋鼠肉BBQ組合，是在澳洲才嚐得到的特色料理，簡單火烤再淋上甜辣醬、BBQ醬或是番茄醬等，就是豪邁的澳洲野味。

←Crackling ／5澳幣
這攤義大利烤乳豬和香腸攤，除了香噴噴的綜合拼盤外，這一杯咬起來 哩啪啦的酥脆豬皮，邊逛邊咬很帶勁。

↓這攤法國輕食攤師傅們，忙碌中不忘對鏡頭調皮擺POSE。

↑澳洲式肉品BBQ大戰德國香腸，鐵板上火熱熱的香煎著各自拿手的美味。

and Hot Gourmet Sandwiches

→祭完五臟廟，一旁各式各樣的攤位等著來逛，有趣樹皮帽、手工圖騰T恤等都很吸引人。

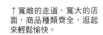

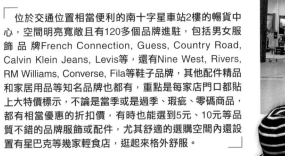

墨爾本 史賓瑟暢貨中心 買

Spencer Street Fashion Station ● MAP P.188-B2

品牌大特賣都在這

位於交通位置相當便利的南十字星車站2樓的暢貨中心，空間明亮寬敞且有120多個品牌進駐，包括男女服飾品牌French Connection, Guess, Country Road, Calvin Klein Jeans, Levis等，還有Nine West, Rivers, RM Williams, Converse, Fila等鞋子品牌，其他配件精品和家居用品等知名品牌也都有，重點是每家店門口都貼上大特價標示，不論是當季或是過季、瑕疵、零碼商品，都有相當優惠的折扣價，有時也能選到5元、10元等品質不錯的品牌服飾或配件，尤其舒適的選購空間內還設置有星巴克等幾家輕食店，逛起來格外舒服。

D·A·T·A

址：163-261 Spencer St, Melbourne
電：03-8689-7555
營：週一至週四和週六日 10:00～18:00、週五 10:00～21:00
休：聖誕節和新年
卡：可
網：www.spencerst.com.au

↑寬敞的走道、寬大的店面，商品種類齊全，逛起來輕鬆愉快。

←款式花色多元的帽子，通風的材質和遮陽的功能，是到澳洲必備的防曬商品之一。

好吃又好逛！

ALL DRESSES $40
SHORTS $30
FINAL DAYS
ALL LEGGINGS

FRAT HOUSE

2.$50

→店家推出的優惠價商品，常有讓人意想不到的驚喜。

←澳洲自有品牌COTTON ON，以柔軟舒適的棉質和基本款的樣式為主，很受年輕人喜愛，暢貨中心內一件只要5～10澳幣的價格，格外吸引人。

23

莊園鬆餅

Pancakes at the Manor

● MAP P.279-B2

⓳吃

24小時美味不打烊

暖紅色系的磚瓦所堆砌出來如莊園般的優雅氣勢，卻藏著令人愛不釋口的美味鬆餅料理，建於1904年的PANCAKES，原本是一座教堂，後於1979年重新翻修，保有教堂原本的獨特氣息，在挑高式的空間設計和木頭色調擺設中，提供多樣化的可口鬆餅。每次來都可點不同的口味品嚐，另外也有提供歐美料理；加上24小時的全天候營業，而成為布里斯本的著名地標，從早到晚都熱鬧非凡，在餐廳內還有吧台，不只鬆餅專賣，也是酒吧，是個令人感到非常放鬆的地方。

D·A·T·A

址：18 Charlotte St, Brisbane
電：07-3221-6433
營：24 小時
休：無
卡：可
網：www.pancakemanor.com.au

↑除了大啖多樣美食料理之外，室內景致更常殺掉不少人的底片，形成另一種觀光勝地的景像，到了夜晚更有許多人在此小酌。

←保存古式典雅的教堂設計，擁有寬廠的空間，是澳洲年輕人最愛的聚會之地，也很受家庭歡迎的用餐之地，常呈現熱鬧的氛圍。

↓ Hot 'n' Troppo Pancake ／ 12.95澳幣
香蕉巧克力鬆餅，現做的熱熱鬆餅，配上冰涼的巧克力冰淇淋和香蕉，及濃郁的巧克力醬，給人最對味的滿足，配上脆脆的核果，別有一翻滋味，大飽口福！

↓ Nice 'n' Simple Pancake ／ 9.95澳幣（中盤，三片鬆餅）
最人氣的招牌鬆餅，吃得到精緻道地的鬆餅原味，加上鮮奶油、再淋上一層蜂蜜醬，甜蜜滋味在口中隨之化開，還可再加上冰淇淋，感受不一樣的口感，甜而不膩，讓人一吃再吃。

在優雅莊園享受招牌鬆餅

推薦人Profile

姓名：Patti.C
年齡：32
現職：行銷企劃
待在澳洲有多久：1年
最喜歡布里斯本的哪個景點：
Brisbane Powerhouse Arts
請一句話描述你對布里斯本的印象：離藍天好近，彷彿伸手就可抓一朵白雲下來，當棉花糖吃！在這我是愛跟太陽公公玩耍的Sunshine Girl！

RG

RG

● MAP P.279-C1

週週超特價便宜牛排餐

　　RG位在布里斯本中國城The Valley區域內，熱鬧的酒吧街上，是Royal George Hotel附屬的餐廳酒吧，從白天就有許多澳洲人聚集在此品酒，最特別的是每週三和週日下午5點到9點會推出牛排特餐，只需要5澳幣，餐點包含一大塊的牛排和薯條、沙拉，份量大之外，價格也十分地划算，因此深受許多留學生和澳洲當地人的喜愛，另外還可選擇5澳幣的魚排特餐，或是8澳幣的牛、魚排雙拼特餐。週四晚上另有4澳幣的超值義大利麵特餐，在每個夜晚更有不同的音樂表演或是DJ秀，讓人盡興飽足也痛快玩！

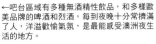

牛排大餐Happy Hour

↑牛排特餐／5澳幣
需另加點3或4澳幣的飲品牛排特餐，一餐下來，能品嚐鮮嫩厚實又大塊的牛排，還可自由選擇想要的熟度，省荷包又能大大滿足口腹之欲。

→極簡設計的RG有著親切的服務人員，在室內還設置有撞球檯的娛樂設施，在中國城內是知名的酒吧之所。

←吧台區域有多種無酒精性飲品，和多樣歐美品牌的啤酒和烈酒，每到夜晚十分常擠滿了人，洋溢歡愉氣氛，是最能感受澳洲夜生活的地方。

D·A·T·A

址：327 Brunswick St, Fortitude Valley
電：07-3252-2524
營：週日～週四 12:00 ～ 03:00、
　　週五六 12:00 ～ 05:00
休：無
卡：可
網：www.royalgeorgehotel.com.au

↑具有22種類之多的比薩口感，很適合三五好友和家庭聚會，點足不同的口味分享，盡情享受熱騰騰現做的新鮮好味。

↑ Australiana ／25公分6片，16.5澳幣
除了最大的一公尺尺寸的比薩外，另還有25公分和50公尺size可選擇。很有澳洲風味的Australiana比薩，以蕃茄、起士、培根、蛋這四樣當地人最基本的料理食材製成，爽口入味。

再見比薩

Arrivederci Pizzeria

完美呈現足球精神的長比薩

　　約30年歷史的Arrivederci Pizzeria，是位在Milton小巴黎咖啡街上的著名比薩店，最令人注目的原因是因為其比薩不是圓形的，而是有一公尺長的義大利口味長方形比薩，是家庭號的超級份量，加上有二十多種口味的選擇，令人愛不釋口，許多老饕常到此一聚。除此之外，最特別的即是全店完全環繞著足球為主題，從設計佈置以各國足球明星、足球衣、旗幟到相關的足球用品，和大螢幕放送的各國足球比賽，絕對可感染到Arrivederci Pizzeria的元氣因子，讓人享受美食也享受活力。

Milton Rd

Railway Tce

Park Rd

D·A·T·A

址：Shop 1/1 Park Rd, Milton,
　　Brisbane
電：07-3369-8500
營：週日～週四 11:30 ～ 22:00、
　　週五六 11:30 ～ 23:00
休：無
卡：可
網：www.arrivedercipizza.com

舊發電廠藝文中心

Brisbane Powerhouse Arts

音樂攝影戲劇藝術不插電

座落在優美的布里斯本河畔，與碧草如茵的New Farm公園為鄰，看似簡約又帶點斑駁的紅磚外觀，以寧靜之姿吸引著所有人的目光。1928年建立，前身為提供電力的發電廠，直到1971年歇業後的荒廢之所，反而成為塗鴉藝術家和藝術創作者的地下舞台，在歷經多年後才為人們所重視，再重新整修之後，於2000年正式開放成為Brisbane Powerhouse Arts，不定期會有攝影、美術等免費的展覽活動，而每晚都有不同的音樂、戲劇表演，有的場次甚至不需付費即可欣賞，或是點杯飲品即可，是個感受人文氣息、放鬆身心的好去處。

D·A·T·A

址：119 Lamington St, New Farm, Brisbane
電：07-3358-8600
營：週一～週五 9:00～17:00、
　　週六日 10:00～16:00
休：無
卡：否
網：www.brisbanepowerhouse.org

Hopetoun Way
Lamington St
Lamington St

免費享受藝術好時光

↑三層樓式的樓中樓設計，以大空間的開放性，穿插放置許多藝文訊息和展覽藝品，自在感受設計者的創作。

↑在Brisbane Powerhouse Arts內還設有餐廳、咖啡廳，可邊欣賞賞河邊景緻，邊飲用下午茶，而每到週六日在戶外空間，還有知名的澳洲傳統假日市集可逛逛。

↑室內以現代化的極簡設計，挑高又具明亮的光線感，在動向分明之中提供一處放逐心靈之處，大螢幕更是全天候播放不同的藝文表演或演出資訊。

↑水泥牆和塗鴉牆為背景，不造作的呈現攝影作品，在Brisbane Powerhouse Arts常可見各種攝影作品的參展，體驗來自世界各地的精彩照片集。

腰肉牛排
Porterhouse Steak

5元就能吃到牛排！

↑→便宜的Pub Meals是年輕人最常點的餐，簡單的一份牛排或炸雞肉排都會鋪上少量的薯條，對於必須省錢的自助旅行者，可別錯過了5元的牛排大餐。

赫伯特 **電訊餐廳酒吧**
The Telegraph Hotel | ● MAP P.165-B2

鎖定超優惠時段享大餐

位在赫伯特市中心的電訊餐廳酒吧，非常受到年輕人的歡迎，主要是因為它在每個不同時段會推出超低價餐點，像是只要5澳幣的Pub Meals，就可以吃到一客牛排與小份的薯條，或是只要12澳幣就有一份大比薩，都很吸引學生、背包客等年輕族群到此用餐聊天。而電訊餐廳酒吧一到了週末晚上，就變得非常熱鬧擁擠，好像全赫伯特所有年輕人都聚集在這裡一樣，活力十足。

D·A·T·A
址：19 Morrison St, Hobart
電：03-6234-6254
營：週二～週日 11:00～午夜
休：週一
網：無

小叮嚀
週五11:30～14:30；週三～週六18:00～20:30，還有更多其他時段的優惠餐點或酒類飲料，可到店內詢問，或是上Facebook搜尋The Telegraph Hotel，即可查詢相關優惠活動。

牛肉炸肉排
Beef Schnitzel

雞炸肉排
Chicken Schnitzel

推薦人Profile
姓名：Polly Chiang
年齡：29
現職：服務業
待在澳洲有多久：20個月
最喜歡赫伯特的哪個景點：
Battery Point和Waterworks Reserve
請用一句話描述你對赫伯特印象：
好一個可愛舒適的小地方。

塔索鮭魚店

The Salmon Shop　　● MAP P.165-B2

不能錯過塔斯特產鮭魚

說到塔斯馬尼亞美食，一定都會想到這裡盛產的鮭魚，而塔索就是全澳洲知名的鮭魚產品品牌，這家位在薩拉曼卡廣場的鮭魚專賣店在2007年成立，店內售有各種醬料醃漬過的新鮮鮭魚，有丁狀、片狀或塊狀的，可依自己烹調喜好選擇。除此之外，店內也販售烹調鮭魚的專用廚具、食譜或是調味料等，皆可在塔索鮭魚專賣店一次購足。如果不方便購買這些產品的遊客，也可以到隔壁的餐廳享用鮮美的鮭魚大餐。

D·A·T·A

址 / 2 Salamanca Square, Hobart
電 / 03-6244-9025
營 / 週一～週五 900～1800；
　　週六、日 900～1600
休 / 聖誕節與復活節
網 / www.tassal.com.au/salamanca

多樣化鮭魚料理，這裡一次滿足！

↑ 店門口擺設了一台大螢幕電視，播放塔索廚師的廚藝，並教導大家如何烹調鮭魚。

↑ 店裡的冷凍櫃有很多種切法的冷凍鮭魚可供選擇，並且全都是真空包裝，非常乾淨衛生。

MOVIE in Australia

動漫電影場景

不說你可能不知道，許多知名的動畫和電影，其靈感來源和場景來自於澳洲的某一角！澳洲獨特的動植物和奇景，成了日本動畫大師宮崎駿多部創作的構思源頭，諸多不可思議的電影場景更是澳洲真實美景！以下，我們將為你揭開這些動漫電影場景的廬山真面目，Action！

巴瑟爾頓碼頭（Busselton Jetty. WA）

　　還記得日本動畫大師宮崎駿作品《神隱少女》中，一幕千尋與無臉男搭海上列車去找錢婆婆的場景，這便是取自巴瑟爾頓碼頭為靈感創作。巴瑟爾頓碼頭長達1.8公里，是南半球最長的木製碼頭，並且已有百年以上的歷史。動畫裡和真實的巴瑟爾頓碼頭一樣，有著長長的火車軌道，小火車也會在固定時段開車，載著遊客一路抵達碼頭尾端。雖然小火車不能像動畫裡一樣開進海中，但是碼頭的另一端有座海底瞭望台，遊客們可透過大片的強化玻璃窗，觀賞到美麗的海底生態。 ▶▶ P.83

卡塔裘塔（Kata Tjuta. NT）

　　屬於原住民聖山之一的卡塔裘塔，有著風之谷的稱號，動畫迷馬上可以聯想《風之谷 ── 娜烏西卡》，故事描述當時世界文明達到巔峰，卻經歷一場「火之七日」的戰爭而毀於一旦。新世界被一種由菌類和巨型昆蟲構成，人類只能生活在僅存的小面積土地上。「風之谷」位在一個靠海的小王國，因為在海風的庇護下，不被腐海森林的孢子侵入而得以生存。

　　在真實世界裡，位於澳洲中部的「風之谷」，由36個風化後的巨岩連結而成，沿著步道走可進入被巨岩圍繞的谷地，當漫步走在岩群之間，可以想像當強大的風吹來時，會發出多麼驚人的呼嘯聲。 ▶▶ P.129

春溪國家公園 ── 螢火蟲洞
（Spring Brook National Park. QLD）

　　《天空之城 ── 拉普達》故事一開始，女主角希達從天空掉下來被巴斯接住後，自此展開一連串的搶奪追趕戰……情節來到巴斯與希達走在礦坑裡遇到一個老人，老人把燈火弄熄後，礦場本來一片黑暗，但逐漸一點一點在周圍亮起來！雖然片中造成點點發光的是飛行石，然而，黑暗中亮晃晃的光點奇景，就和春溪公園中的螢火蟲洞一模一樣，就像動畫裡的飛行石礦坑洞穴中發光的景色。▶▶ P.294

帕拉尼拉公園（Paronella Park. QLD）

　　古代拉普達人利用飛行石建造的大型空浮城市，後來族人和王室全部回到大地上，而拉普達城仍持續受到飛行石的影響而飄浮在空中，只有園丁機器人照顧著城中的花園，因無人居住而雜草叢生；位於昆士蘭的帕拉尼拉公園裡的城堡，也因年久失修、佈滿青苔，池邊被樹根抓緊的岩壁與荒廢的花園，像極了逐漸崩落的「天空之城」。▶▶ P.302

羅斯（Ross. TAS）

　　宮崎駿動畫《魔女宅急便》中，琪琪騎著掃帚並帶著同伴黑貓吉吉，離家到另一個新的城市去，展開獨立的新生活。於是琪琪來到了美麗的海邊城市，起初她不能適應城市的生活節奏，後來琪琪利用掃帚飛行的專長，在麵包店女主人的幫助下開了一家快遞公司。而片中麵包店與琪琪所住的小閣樓場景，就在塔斯馬尼亞的歷史小鎮羅斯，麵包店現在依然營業，並用傳統的蘇格蘭式烤窯燒烤麵包，值得一提的，還有「琪琪與吉吉住過的小閣樓」，特別提供給旅客住宿哦！▶▶ P.179

在麵包店或是小閣樓房間裡，皆擺放著與魔女宅急便動畫的相關小物。如果閣樓沒有旅客住宿，可以和麵包店櫃台借鑰匙到閣樓參觀，不知如何上閣樓的話，也可詢問櫃台的工作人員。

大堡礁（Great Barrier Reef. QLD）

　　在知名動畫片《海底總動員》中，小丑魚尼莫生長在擁有許多彩色珊瑚，和豐富海底生態的美麗海洋中，與過度保護兒子的小丑魚爸爸生活著。尼莫調皮悠遊於繽紛絢麗的海底世界的場景，正是世界最大最長的珊瑚礁群 —— 大堡礁。它位於澳洲東北昆士蘭外的珊瑚海，在退潮時部分的珊瑚礁會露出水面形成珊瑚島，遊船下綿延不斷、多彩多姿的珊瑚景色，同時也吸引著世界各地的遊客，前來探訪宛如奇幻世界的海底奇觀。▶▶ P.307

雪梨港（Sydney Harbour. NSW）

　　尼莫被人類抓住後，被帶到雪梨港旁一間牙醫診所的水族箱裡；焦急的小丑魚爸爸與天使魚桃莉，依照潛水員蛙鏡上的線索「42 Wallaby Way, Sydney」，跟著海龜群一路從大堡礁順著東澳洋流，來到了雪梨港尋找尼莫……在雪梨港灣區也許看不到小丑魚，但動畫中貪吃的海鷗和溫和的大嘴鳥（鵜鶘）倒是不少。

此外，登上雪梨大橋往雪梨灣眺望，海灣旁一整排高級豪宅，據說片中的牙醫診所靈感便源自於此！▶▶ P.244

卡卡度國家公園（Kakadu. NT）

　　曾經紅遍國際影壇的《鱷魚先生》（Crocodile Dundee），故事內容輕鬆詼諧，其中取鏡的澳洲場景就在卡卡度國家公園。影片中，澳客鱷魚先生帶著從美國來的女記者前往荒野叢林，途中的平原沼澤、黃水美景、蘊藏豐富的動植物生態、兇猛的鱷魚毒蛇，以及原住民文化等，電影裡呈現了當地的野性原始之美，與北領地野地生活的驚奇。而片中一開始出現的水牛，其標本更被掛在阿德雷德河鎮（Adelaide River）上、公路加油站旁的一間酒吧裡，長存澳洲荒野鏢客的精神！▶▶ P.114

鹽湖（Lake Gairdner. SA）

　　藍天無雲的艷陽下，金城武帥氣地走在雪白的「沙灘上」還是「雪地上」？還記得這支飲料廣告片嗎？其實，那可不是白色沙灘或雪地，而是位在南澳的鹽湖（Lake Gairdner），自地上隨手一抓，都是一塊塊的結晶鹽！從南澳往北領地或西澳的公路上，有好幾座巨大的天然鹽湖，看似無邊際的鹽湖，加上陽光的照射下，呈現出白色大地與藍天連成一片的不可思議奇景！

烏魯魯（Uluru. NT）

　　日本小說改編的電影《在世界中心呼喊愛情》，故事中朔太郎曾答應與亞紀一起到澳大利亞的烏魯魯岩（片中所說的「世界的中心」），但亞紀卻因血癌而過世。17年後，朔太郎來到了世界的中心 ── 烏魯魯，將亞紀的骨灰撒向天際。小說與電影推出後大受好評，之後推出電視劇版，其場景則是在烏魯魯以北的「國王峽谷」上拍攝，國王峽谷名氣雖未及烏魯魯，但劇組將朔太郎的心境和峽谷奇景拍攝得相當到位，也揭開國王峽谷壯觀雄偉的樣貌！▶▶ P.124~127

澳洲住宿全體驗

出國時的住宿選擇，除了大家熟知的飯店外，其實還有許多不同的住宿體驗。到澳洲自助旅行，不妨多嘗試各種住宿環境，不但可以接觸到更在地的澳洲生活與文化，也是自助旅行才能體會到箇中的獨特樂趣！以下7種不同的住宿體驗，絕對讓旅行樂趣加倍！

酒吧Hotel（Hotel Bar）

在澳洲經常可以看到外面寫著Hotel大大的字，裡面卻是一群人在喝酒聊天，甚至看不到訂房櫃台！那是因為這些大部份看起來有點年份的「Hotel」，早期主要是經營酒吧，為了提供喝到不醒人事的客人有地方可過夜，而在酒吧樓上設置了住宿服務。至今，這些頗具歷史的酒吧Hotel仍有部份還提供住宿，有的甚至加以裝潢並且維護得相當不錯，舒適度不亞於星級飯店。

星級飯店（Hotel）

在網站上自行訂購「機加酒」的行程，一般會搭配在市區裡的三星至五星級飯店，像是連鎖型的國際豪華飯店，或是具有當地特色的歷史建築飯店，它們設備齊全，並且有服務生為旅客做客房服務，因此住宿價格較高，適合短期度假旅遊。

汽車旅館（Motel）

自行駕車旅遊至人口較少的郊外，汽車旅館可說是很方便的住宿選擇。通常外觀和房型較為簡單，房間內有衛浴設備，小冰箱和電視；有些還設有附屬餐廳，住宿環境簡單、乾淨，價格也不會太高。

住在背包客棧通常會與來自世界各地的旅人共住一間房，因此背包客棧房間內，大部份備有置物櫃可放自己的私人重要物品，建議自備一副密碼鎖，將置放私人物品的置物櫃上鎖，以防白天出門在外時，室友「誤拿」了你留在房內的物品。

背包客棧（Backpackers）

　　背包客棧適合較長時間旅行、旅遊計畫較彈性，或是不想花太多錢在住宿上的旅客。一般以床位計價，有2、4、6……10人房的上下床通舖（Bunk Beds），一晚約30澳幣上下，並有分男、女生及混合房。客廳、廚房餐廳、衛浴等皆為共用空間，還有公用電腦、洗衣間等，設備相當齊全，有些會提供住客免費早餐。因處處為共用空間，因此是個認識異國朋友的好地方。雖然也被稱為青年旅社，但可在此看到不少全家一同出遊，並訂下4人房的遊客，若是仍想要有私人的空間，也有單人及雙人房可選擇，只是價格相對高一些。

鄉村小屋（Cottage）

旅行至澳洲郊區，若有多一點預算的話，不妨體驗一下當地鄉村式的民宿！規模不大的鄉村小屋，外觀有溫馨和精巧的風格，住起來也像在家一樣舒適，該有的設施一應俱全，並且有小花園或是鄉村風景等。適合多人同行入住，如果人少，也可選擇小型的鄉村小屋。

鄉村小屋的型式可以分為兩種，一般的Cottage有些會提供早餐，因此也稱為B&B（Bed & Breakfast），而有的則是出租整棟小屋空間給遊客，就沒有提供早餐的服務。

國家公園露營（Camping Site）

在澳洲長時間旅遊，露營是一項很普遍的過夜休息方式，大部份的國家公園範圍內（或附近），皆闢有露營場地給到此一遊的遊客紮營。在那麼偏遠的國家公園營地要上廁所、洗澡或是煮飯該怎麼辦呢？別擔心！澳洲露營場地都貼心設有簡易的公共廁所，和乾淨的淋浴間，有的甚至備有戶外式廚房，可以烤肉和料理三餐，都沒問題。重點是，在國家公園內露營，可體驗與大自然共眠的樂趣，是在城市無法體會的心靈與生態之旅。

露營除了可省下大筆旅費外，最大的樂趣是能與許多澳洲特有的野生動物相伴，像是袋鼠、無尾熊、笑翠鳥等零距離接觸，是非常難得的體驗。

拖車公園（Caravan Park）

　　拖車公園裡的住宿方式，主要分為度假小屋（Cabin）和露營場地（Camping Area），露營地則又分為電源供應區（Power site）與無電源供應區（Unpower site），開著旅行用拖車的遊客通常會停在電源供應區，好為拖車上的電燈、冰箱或空調等電器用品補充電力；而只開著一般轎車者，可選擇無電源供應區以自備的帳蓬紮營，需要為相機電池或手機充電時，可到共用廚房或廁所裡的插座上充電即可。如果沒開拖車也沒有自備帳蓬，也可選擇簡單舒適的度假小屋入住。

公路旅行時，建議自備多插座延長線，雖然廚房和浴室皆有電源，但可能會和其他遊客共用，如果使用多插座沿長線為自己的多項配備同時充電，而只佔用廚房一個插座，較不會造成其他人困擾。

澳洲獨有的野地睡袋（Swag），享受看著滿天星斗睡去的新奇體驗！

澳洲自遊行程

對生活在北半球的我們來說，澳洲遠在另外一端的南半球。不過，由於地球是圓的，澳洲其實就在台灣南方不遠處，以飛行時間來看，目前台灣直飛東岸雪梨和布里斯本的班機航程只須8～10小時，就算是藉由轉機飛到澳洲西岸或其他城市，總飛行時間也不超過10小時，比起飛往歐美近許多。

　　再就其他角度來看，澳洲四周環海，堪稱是世界面積最大的島嶼，至於到底有多大？以數字量化，它大約是台灣的200多倍大，與整個歐洲差不多；不過，人口卻和台灣總人口數差不多，甚至還少些零頭，地廣人稀的澳洲因此保留最豐富的生態物種與自然奇觀！此外，在這一塊古老卻散發年輕活力的國度裡，還有著世界上歷史最悠久的原住民文化、綿延無盡的美麗海岸線、舊時流放囚犯的遺址、古典與現代交融的城市景觀……對旅人來說，不管是來個3～5天、1週～2週、1～3個月，甚至是一年半載的旅程，都很適宜。帶著本書精心規劃精彩的城市觀光路線，以及城市周邊的主題自駕之旅，自遊澳洲，現在就出發！

40條

由7大省、11個城市出發，
暢遊澳洲精彩路線40條

按照路線走訪著名景點

陽光之都柏斯

顧名思義，西澳位於澳洲西部，總面積將近2千5百萬平方公里，是澳洲佔地最大的一省，超過72％的人口居住於首府柏斯附近。觀光名號雖未及東岸各大著名景點，不過，幅員廣大、資源豐富的西澳近年來發展相當迅速。柏斯市區景象繁榮，城市氛圍悠閒恬意外，市區內即有全澳最古老的鑄幣廠和比紐約中央公園還大的國王公園可參觀，北橋區多元文化的風格，天鵝河南岸的動物園與浪漫夜景，廣大的人行徒步購物區更是讓人逛到腳痠還逛不完。此外，位於港區的西澳第二大城弗里曼特，風韻猶存的舊時街景以及傳統市集的在地風光，港口城市獨特的迷人性格，久久讓人無法忘懷。

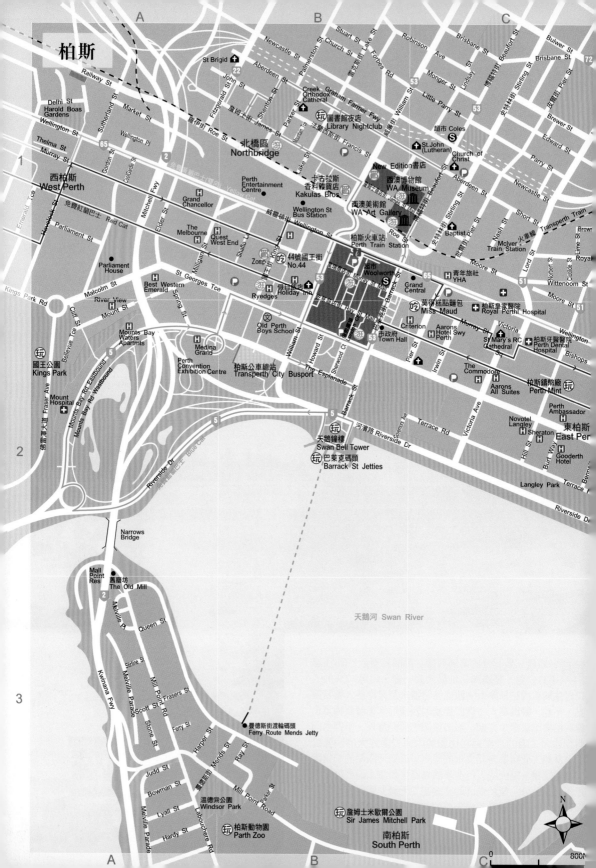

柏斯

A B C

Railway St
St Brigid
22

Delhi St
Harold Boas Gardens
Wellington St
Thelma St
Murray St
西柏斯
West Perth

Sutherland St
Market St
Fitzgerald St
Roe St
John St
James St

Newcastle St
Aberdeen St
Palmerston St
Parker St
Shenton St
Mountain St

Stuart St
Church St
Forbes Rd
Creek
Graham Farmer Fwy
Orthodox Cathedral
Francis St
Lake St
William St

Robinson Ave
Brisbane St
Monger St
Lindsay St
Little Parry St
53

Bulwer St
Brisbane St
Beaufort St
Stirling St
Brewer St
Edward St
Parry St
Church of Christ

Wellington St
Parliament St
Emerald Tce
Howard St
Mitchell Fwy
Gordon St
Cooldale La
Elder St

北橋區
Northbridge

圖書館夜店
Library Nightclub

書店
New Edition

超市 Coles
S

65
2
紅貓巴士 Red Cat

Perth Entertainment Centre
Grand Chancellor
卡古拉斯
香料雜貨店
Kakulas Bros

St.John
(Lutheran)
Aberdeen St

西澳博物館
WA Museum

New Edition書店

Parliament House
Parliament St

The Melbourne
Quest West End

Grand Chancellor

威靈頓街
Wellington St Bus Station
Wellington St

兩澳美術館
WA Art Gallery

柏斯火車站
Perth Train Station

Roe St

McIver
火車線 Train Station

Transperth Train
火車線

Brown St
Royal St

St Georges Tce
Best Western Emerald
Zomp

44號國王街
No.44
53

市市
Woolworth

65
Grand Central

青年旅社
YHA

Short St
Nash St
Baptist St
Lord St

Wittenoom St
51
Moore St
51

River View
Mount St
Spring St

Old Perth Boys School

Holiday Inn
Ryedges
假日飯店

市政府
Town Hall
53

Murray St Mall
S

莫德糕點麵包
Miss Maud

Aarons Hotel Swy
Criterion

柏斯皇家醫院
Royal Perth Hospital

St Mary's RC
Cathedral

柏斯牙醫院
Perth Dental Hospital
Bishops

Mounts Bay Waters Apartmts
Medina Grand
Perth Convention Exhibition Centre

柏斯公車總站
Transperth City Busport

Howard St
William St
Sherwood Ct
The Esplanade
Barrack St

Pier St
Irwin St

The Commodore
Aarons All Suites
柏斯鑄幣廠
Perth Mint

Victoria Ave
Terrace Rd

Wellington St

Novotel Langley
Sheraton

Perth Ambassador

東柏斯
East Per

國王公園
Kings Park
Mount Hospital
Mounts Bay Rd Eastbound
Mounts Bay Rd Westbound
5
5

Riverside Dr
Goderich St

河濱路 Riverside Dr
Governors Ave

Hill St
Burt Way

Langley Park

Gooderth Hotel
Terrace

天鵝鐘樓
Swan Bell Tower
巴萊克碼頭
Barrack St Jetties

Narrows Bridge

Mall Point Res
舊磨坊
The Old Mill
2

Melville R
Queen St
Stirling St
Mill Point Frasers
Scott St Rd
Stone St
Ferry St

Kwinana Fwy

天鵝河 Swan River

曼德斯街渡輪碼頭
Ferry Route Mends Jetty

Harper St
Mends St
Ray St
Mill Point Road
Parker St

Judd St
Bowman St
Lyall St
Labouchere Rd
Hardy St
Melville Parade

溫德索公園
Windsor Park

柏斯動物園
Parth Zoo

廣姆士米歇爾公園
Sir James Mitchell Park

南柏斯
South Perth

N

0   800m

1

2

3

柏斯城市之旅

4天精彩路線跟著走

活力都會風采巡禮 ^{Day 1}

有陽光之都稱號的澳洲第四大城柏斯，在豔陽照耀下，市容顯得特別愜意又有活力。柏斯市區規模不算大，但融合各種文化與品味的街頭，逛起來倒是相當有趣！柏斯市區裡就有澳洲最古老的鑄幣廠、博物館與美術館，這一帶可說是這座城市最雅致的區域，而橫跨兩條街、數個商場的購物徒步區，又是一個購物者的天堂，夜晚的北橋區堪稱城市亮點，絕對夠你玩樂一整天！

小叮嚀

>>免費貓巴士
　柏斯市區公營的免費巴士共有三線：紅貓、黃貓及藍貓，各走不同的路線，在柏斯市區只要靠這些免費巴士就能走透透！免費貓巴士路線請看 P.42

》》本日行程表

1	紅貓公車 3分鐘 +步行 5分鐘	柏斯鑄幣廠	（建議停留1小時）
2	步行 8分鐘	國王街巡禮	（建議停留40分鐘）
3	步行 3分鐘	倫敦廣場	（建議停留30分鐘）
4	步行 6分鐘	莫瑞商店街	（建議停留1小時）
5	步行 1分鐘	西澳美術館	（建議停留1小時）
6	步行 1分鐘	西澳博物館	（建議停留1小時）
7		北橋區	（建議停留2小時）

費用表	柏斯鑄幣廠	15澳幣
	合計	15澳幣

備註：
1. 購物或餐飲花費視每人情況而有不同，所以不予計算。
2. 以上費用以一個成人所需的費用計算，若遇優待票情形，請參考DATA的資料自行計算。

● MAP P.42-C2

1　柏斯鑄幣廠

④ 1 hr.　Perth Mint

澳洲最古老的鑄幣廠

　　你知道澳洲的第一枚硬幣是出自哪裡嗎？答案是依舊佇立於柏斯乾草街（Hay St）上古老的柏斯鑄幣廠。西元1899年啟用的鑄幣廠，目前除了記錄著豐富的西澳淘金史，以及收藏世界各地的純金金條與金幣外，現場還有工作人員實際解說及操作傳統煉金過程，相當精彩。展示館內不僅能看到硬幣的設計和壓模等製作過程，更可以打造專屬自己文字或姓名的硬幣，或者也可到商店區選購各種具澳洲特色的紀念幣。此外，一定要親自體驗一手拿起價值超過12,000,000台幣的純金金塊，這是來到鑄幣廠最不能錯過的重頭戲。

DATA
🏠 310 Hay St, East Perth
☎ 08-9421-7229
🕐 週一～週日9:00～17:00
休 聖誕節、新年、復活節等固定假日
💰 成人15澳幣、優待票13澳幣、小孩5澳幣、家庭票（2位大人+2位小孩）38澳幣
🌐 www.perthmint.com.au

》》交通方式
可搭市區免費紅貓公車，在紅貓6號 Perth Mint站下車即達

小叮嚀

》》導覽
　　買好門票後，櫃台人員幫你載上The Perth Mint紙手環後，便可以隨意進入開放給購票遊客的導覽行程區。入廠後，除了戶外區可攝影外，室內展區一律禁止拍照。

》》購票
　　出示學生證、YHA卡、Backpacker卡皆可以購買優待票。或是您有特殊身份的持卡證明時，可向櫃檯人員詢問。不知如何開口買票，請翻到P.323使用購票翻譯字卡。

→秤秤你的體重並計算出等同多少盎司的黃金價值，再請服務人員幫你蓋上鑄幣廠的印章，一張屬於自己的黃金證書就能免費帶回家做紀念。

↑→西元1890年，淘金熱潮延燒到西澳，各國淘金客只帶著簡單的採礦工具與家當，從柏斯出發，一路要走上600多公里才能到目的地Coolgardie尋找黃金。

↑大門一進去可看到兩位淘金客的銅像，他們手上拿的濾金砂篩盆和鍬等工具，是早期最原始的手工淘金方式。

2 國王街巡禮

40min. King Street

精緻小巧名店商街

　　位在柏斯市中心的國王街，曾經是淘金熱潮時眾人在柏斯聚集的一條街，一些當時的商業建築辦公室，現在成了高級精品店、餐廳或是巷弄裡的特色酒吧等。歐式的老建築加上澳洲特有的燦爛陽光，讓這條小巧精緻的精品街，顯得格外悠閒高雅。不過，以精品店為主的街道上也不乏平價設計品牌及個性咖啡館穿梭其中，雅致卻平易近人。比較特別的是，在國王街上有些店家是專門服務女性顧客，或是以訂製男士西服、皮鞋和配件為主的老字號店家，頗有英倫風味。

>>交通方式

自Perth Mint站搭乘市區免費紅貓公車，在紅貓17號Central Park站下車，下車後直行遇King St右轉即達

←Belgian Beer Cafe位於國王街和莫瑞街的轉角處，顯得低調又獨具風格，Biere Garden牆的小壁畫則是這家酒吧的特色角落。

↓國王街巷子裡的Biere Garden，其空間佈置與周圍的環境被稍微區隔開來，宛如是通往另一個祕密花園一般。

Zomp鞋店

　　女性朋友來到國王街時，一定不能錯過這家人潮絡繹不絕的女鞋專賣店。Zomp的創始店便設立於柏斯，在每季推出的新鞋款中，30％進口自義大利、西班牙、巴西以及澳洲當地製造的女鞋，從平底鞋、涼鞋，到八吋高的高跟鞋，中價位且各種款式應有盡有，品質和設計都具相當水準。若你在尋找一雙氣質獨特的鞋款，不妨走進這家擁有30年老經驗的精緻鞋店。

DATA

地 47 King St, Perth
電 08-9321 0765
營 週　一～週　四
10:00～18:00；週五 10:00～20:00；週　六 10:00～17:30；週　日 12:00～17:00
休 無

↓↘店內各式各樣的女性鞋款，每一雙都是美麗又風格獨具，讓人愛不釋手。

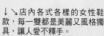

國王街
King Street

有點像是巷弄內的名店街，遊客不若市
區購物街上的擁擠人潮，是享受自在購
物樂趣或發現驚喜的好去處。

3 倫敦廣場

🕐 30min. London Court

童話故事場景的購物廣場

　　走進英式建築風格的倫敦廣場，獨特的場景彷彿掉入童話世界般，非常有趣。倫敦廣場其實是一個全長約100公尺的精緻小型商場，前後連接著聖喬治街（St Georges Terrace）和乾草街徒步區。廣場內除了紀念品店，還有咖啡館、珠寶店、煙草店……等特色小店，每家店的招牌都巧妙設計為中古世紀風格。位於廣場兩端入口處的倫敦大鵬鐘，每整點鐘響時，鐘內便會上演小型的聖喬治與敵人戰鬥的畫面，每每吸引路過行人的讚嘆目光。

>>交通方式

沿Hay St往William St方向步行至Hay St Mall廣場，右手邊即可看到倫敦廣場入口

←✓小巧精緻的咖啡館和茶葉店等，不只是受到觀光客青睞，同時也是在地人偷閒小憩的好選擇。

→大鵬鐘裡面的白色騎士聖喬治，每到整點便與敵人交戰，不同的時刻會有不同的小人型出現。

←特別富有英國中古世紀風格的廣場街道，是柏斯非常著名的地標之一。

小叮嚀
莫瑞街與其平行的甘草街都是柏斯市中心最熱鬧的徒步街道區，而且兩條路中間有很多相連的商場，對於喜歡逛街血拼的遊客，可以多花些時間在這區。

4 莫瑞商店街

🕐 1hr. Murray St Mall

盡情享受購物徒步區

　　莫瑞街與乾草街的徒步區之間，是柏斯市中心最大也最好逛的購物商圈，知名品牌服飾店、商場、咖啡連鎖店等比鄰而立，兩大百貨公司Myer和David Jones當然也在其中。喜愛逛街購物的人，可以在此花上大半天的時間慢慢選購。逛累了，可以選家街旁的咖啡館或速食店，坐下來享受一下輕鬆的午茶時光；也可以到大型的連鎖超市裡買簡單的熟食和飲料，坐在徒步區的公共露天座位，邊吃還能邊欣賞街頭藝人的表演，既省錢又能充分享受異國街頭風情。

>>交通方式

從Hay St Mall往Murray St Mall各商場都是相通的，各商場皆可通到莫瑞商店街

城市海灘
City Beach

澳洲衝浪品牌大本營

柏斯有陽光之都的稱號，不管是當地人或是觀光客都喜歡往海邊跑，因此只要有商店街的地方，幾乎就有販賣衝浪商品的店家，其中以市中心的City Beach店面最大，商品種類最多，款式也最齊全。喜歡衝浪品牌的人，絕對不能錯過這一家。

DATA
址 Ground Floor 242 Murray St, Perth
電 08-9229-6380
營 週一～週四9:00～17:30；週五9:00～21:00；週六9:00～17:00；週日11:00～17:00
網 www.citybeach.com.au

波伽利義式咖啡
Bocelli Espresso

地點好氣氛佳的人氣咖啡館

位於柏斯郵局前面大廣場上的波伽利義式咖啡館，不只店內提供多樣的蛋糕甜點和飲品，旁邊的大廣場就像是這家咖啡館的超級大露天座位，天氣晴朗的時候，想在此享受咖啡及美好的陽光，可是一位難求。

DATA
址 Forrest Pl, Perth
電 08-9325-1850　休 無
營 週一～週四10:00～17:00；週五10:00～21:00；週六10:00～17:30；週日12:00～17:00

（上排，由左至右）
Barrack st
Doogues
Camera Solutions
Australia The Gift
紀念品店
David Jones百貨公司
Jeans West
Merchant tea &coffee
Just Jeans
Tarocash
Angus & Robertson書店
Foot Locker
Jay Jays
yd
Mazzucchelli's手錶店
Body Shop
Supre
Dotti朵蒂
Yransit
Rubi
3
ANZ銀行
Price Attack
Target大賣場
nab Bank銀行
Quiksilver
Cotton on
Java Juice
Gelat Amico
Telstra
Travelex
Tele choice
William st

（下排，由左至右）
Barrack st
Gelare cafe
Discount Bookworld
Money change
Brere Cafe Bar
Vodafone
Bakers Delight
Woodwath超市
Gloria Jean's Coffees
Athletes Foot
Novo
Fossil
Live
Myer入口
Politix
Roads
Levi's
Cue
波伽利義式咖啡
Bocelli Espresso
Forrest Pl
City Beach
城市海灘
Commonwealth Bank銀行
Yes Optus
Swarovski
Fovever New
The Coffee Club
Perth Undergrund
William st

←每年在國慶日之前，這家澳洲連鎖服飾店會大力推出有澳洲國旗的T-shirt，以及相關的衣物飾品等，相當有話題性。

→全家六位兄弟姐妹都出來拉琴當街頭藝人，當中最小的小妹妹拉琴拉到完全走音，但可愛的模樣，還是讓人忍不住停下腳步觀賞。

朵蒂
Dotti

俏麗優雅的小女人

澳洲的新興年輕品牌之一，服裝以年輕女性為主，有點俏麗又有點典雅的風格，不過分誇張突兀的剪裁設計，加上平易近人的價格，短短幾年內，便在澳洲及紐西蘭兩地，成為年輕女性所喜愛的連鎖服飾店。

DATA
址 Shop 227A Murray St Mall, Murray Street, Perth
電 08-9322-1731
營 週一～週四9:00～17:30；週五9:00～21:00；週六9:00～17:00；週日11:00～17:00
網 www.dotti.com.au

→小碎花背心的沈穩配色，讓款式簡單的衣服，變得優雅了起來。尤其是再外搭一件毛毛編織的背心，使得整體更為大方有型。

● MAP P.42-B1

5 西澳美術館
⏱ 1 hr. Art Gallery of Western Australia

西澳藝術包羅萬象

　　美術館內展示澳洲近代的設計作品和繪畫，關於原住民的畫作與藝術品館藏也相當豐富，若對藝術或設計有興趣的遊客，也可以另外付費到特別的展覽區，參觀美術館當期邀請展出的藝術家作品，參觀完後，也可在館內一樓挑選品質和設計感兼具的商品。此外，美術館外廣場同時是Perth Cultural Centre整體設計的一部份，像是畫在地上色彩豐富的線條，每個顏色有各自代表的涵義，跟著這些彩色線條便可以找到答案，還有彩色階梯上的莎士比亞的名言錄，非常有創意的對話方式，更讓美術館這一帶顯得別出新裁。

>>交通方式

從莫瑞街上MYER百貨公司一樓往Wellington St方向，過天橋會經過柏斯火車站後，再過一個Roe St上的天橋即可到達

DATA
址 James St, Perth Cultural Centre
☎ 08-9492-6622
⏰ 週三～週一10:00～17:00
休 週二、國定節日
票 無
網 www.artgallery.wa.gov.au

城市菜園

　　美術館對面的小廣場近期規劃為城市菜園，裡面種了玉米、橄欖樹，還有西式料理愛用的各種香草，其儲水方式採用環保節約水源的設計，讓城市裡的人們也能享受菜園的自然風味與樂趣。

6 西澳博物館
⏱ 1hr. Western Australia Museum

大自然與人文的珍貴寶庫

　位在Perth Cultural Centre的西澳博物館,在1856年至1888年間曾經是殖民時期的監獄和法院。目前館內除了展示澳洲原住民文物,也會不定時展出原住民創作的特色藝術品。博物館分好幾個展示區,各有主題性展覽,像是動物和海洋生態的模型、昆蟲的標本、歐洲的古董車,以及許多古老生物的化石,還有博物館裡收藏的11噸重大隕石等,館藏十分多元且豐富,值得在此駐足領會其中奧妙。

DATA
址 Francis St, Perth Cultural Centre
電 08-9212-3700
營 週一～週日9:30 ～ 17:00
休 國定節日
票 無
網 www.museum.wa.gov.au

>> 交通方式
自西澳美術館門口出來往右走,遇到James St右轉,即可看到左手邊的西澳博物館

The stories of our lives

●MAP P.42-B1

7 北橋區

2hr. Northbridge

愈夜愈美麗的不夜城

　　北橋區是一個充滿文化氣息、異國美食、酒吧林立且走平價路線的市中心舊區，大致是威廉街（William St）、雷克街（Lake St）、羅伊街（Roy St）和巴萊克街（Barrack St）的周邊範圍。從柏斯火車站走人行徒步區只要過羅伊街就到了Perth Cultural Centre，也就是西澳美術館、西澳博物館以及亞歷山大圖書館這一帶。而柏斯的唐人街也在北橋區，美味的港式飲茶、越南河粉或是義大利餐點等，這裡都有，白天這裡是各國移民主婦或是留學生採買食材和用品的區域；但到了週末夜，北橋區成了熱鬧喧囂與五光十色的不夜城，連要進到酒吧裡都得排隊。至於治安呢？請放心！每個轉角處都會有警察駐守巡邏，還有騎著馬的警騎巡邏隊！

↑→詹姆士街（James St）是北橋區最熱鬧也是最靠近火車站的街道，各國料理餐廳都聚集在此街上，還有其它娛樂廣場或是電影院等，當然也少不了澳洲人最愛的酒吧。

→老上海美食廣場（Old Shanghai）就在詹姆士街上，物美價廉且選擇性多，來此飽餐一頓不用花大錢也能享受好滋味。

←週末夜也是狂歡夜，詹姆士街上的每家店都是高朋滿座，過了午夜這裡仍是燈火通明。

卡古拉斯香料雜貨店
Kakulas Bros.

來自南歐的家鄉好滋味

　　Kakulas是一家希臘移民家族所開的香料雜貨店，寬廣卻溫馨的空間裡擺滿了各式各樣的香料、乾果、咖啡豆（店內有專業磨豆機可使用）、罐頭、起司、火腿等上等食材，店內陳設很有南歐鄉村的傳統風味，以麻布袋裝盛的穀物、麵粉、地道口味的醃瓜，架上擺滿餅乾、茶包，濃濃的家鄉味總是吸引許多來此尋找家鄉的歐洲移民，就算是亞洲人也會喜歡上店裡的乾果製品，或是其它穀類食材。而這裡論斤兩的賣法更有種入傳統市場買菜的隨性與溫馨感，很令人懷念。

↑大門旁附設的小窗口，專賣外帶的咖啡和熱茶，讓採購完的主婦或是在門口等待的家人，順道來上一杯香醇的現磨熱咖啡。

>>交通方式

從西澳博物館出來右轉，直走到遇William St過馬路左轉經過幾個店家即可到達

DATA
址 183 William S, Northbridge
電 08-9328-5285
營 週一～週六8:00～17:00
休 週日

→↗麻布袋裝滿的各種香料及穀類，還有擺滿在木盒裡五花八門的麵條，各種歐式食材集合起來的不同視覺饗宴，光看就很過癮。

圖書館夜店
Library Nightclub

夜晚的另類新風潮俱樂部

　　位在雷克街上的圖書館夜店，週六夜晚人排長龍等待入內的景象，其受歡迎的程度可見一斑。氣派亮眼的夜店外觀本來就很突出，仿巴洛克和哥德式的設計更是夜店裡少見的，挑高的金屬天花板上懸吊著華麗水晶吊燈，舞池上投射五光十色的光芒，再加上現代歐式造型的舒適沙發等元素，前衛華麗的氣氛非常受年輕人歡迎。店內共三層樓的空間，也劃分成不同的主題內容呈現，地下室有適合朋友小聚品酒的包廂、一樓大廳設有吧台及座位，喜愛音樂和跳舞就一定得到三樓瞧瞧，DJ音樂High整晚！不過想要來這裡的朋友，可要注意它的營業時間，否則是很容易撲個空的。

←白天它看起來只是一棟古典氣質的建築物，一旦到了週末的夜晚，排隊等候的隊伍甚至排到隔壁家去了！

←位於詹姆士街與雷克街角的小公園，夜間也聚集不少在此悠閒散步與聊天的人群，旁邊的公共大圖椅，晚上還會發出藍光，是北橋區夜晚的另一番景色。

DATA
址 69 Lake St, Northbridge
電 08-9328-1065
營 週五、週六 20:00～隔日6:00 週日～週四
休

>>交通方式

從卡古拉斯香料雜貨店出來後右轉步行，遇James St左轉直走，走到Lake St右轉直行，會經Francis St後，看到左手邊的Library建築物即達

柏斯城市及市郊之旅

城市綠地踏青趣

Day 2

除了耀眼的陽光外，有蜿蜒美麗的天鵝河相伴，麗質天生的柏斯儘管是澳洲第四大城，但卻難掩其出眾的自然本色。就在柏斯市中心居然有佔地400公頃的公園綠地，幅員廣大的公園更有動植物生態與景觀的豐富資源，走上2小時也只能算是走馬看花！而位於天鵝河彼岸的南柏斯，則是屬於另一番悠閒面貌，再加上閒情逸致的氛圍與親子同樂的動物園，都使得柏斯城市近郊成為踏青的好去處。

≫≫ 本日行程表

1	步行 25分鐘	國王公園 （建議停留2小時）
2	步行 1分鐘	天鵝鐘樓 （建議停留20分鐘）
3	搭船 7分鐘	巴萊克街碼頭 （建議停留20分鐘）
4	步行 10分鐘	南柏斯河濱綠地 （建議停留2小時）
5		柏斯動物園 （建議停留3小時）

費用表		
渡輪		2.5澳幣
柏斯動物園		21澳幣
合計		**23.5澳幣**

備註：
1.購物或餐飲花費視每人情況而有不同，所以不予計算；
2.以上費用以一個成人所需的費用計算，若遇優待票情形，請參考DATA的資料自行計算。

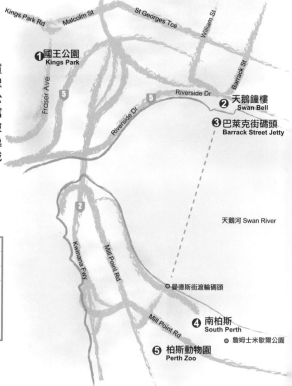

● MAP P.42-A2

1 國王公園
2hr. Kings Park 玩

幅員遼闊的植物生態天堂

　　國王公園所在地，在千年前就已是西澳原住民的居住地，直到1901年，在英王愛德華七世造訪後，此地正式命名為國王公園。它的視野遼闊，環境優美，可鳥瞰柏斯的市中心大樓和美麗的天鵝河，而且離市中心只有1.5公里，占地400.6公頃，比紐約中央公園大上許多，公園內甚至有好幾路公車行經。值得一提的是，公園中三分之二的佔地是以原本的地形和植被呈現，盡可能以不改變或破壞的原始自然生態的工法來開發。因此春天時，植物園裡長滿澳洲種的野花植物，夏天，園內常舉辦戶外演唱會、歌劇表演或是露天電影等多項活動，是一個很適合全家一起出門野餐的好去處；此外，國王公園也是柏斯著名的賞夜景之處。

小叮嚀

>>導覽
　園區內有免費的導覽活動，一日兩場分別為10:00和14:00，想參加的遊客可稍微提早至遊客服務中心集合。

>>防曬措施
　澳洲的毒辣陽光世界聞名，出門如果忘了塗防曬油或想再補強一下，國王公園的Information Center也為遊客貼心準備了一大桶防曬油。

>>紀念章
　Information Center櫃台旁特別設有紀念章蓋章處，二種不同圖案的印章可供遊客收集和紀念，不妨拿出你的筆記本來蓋一下。

DATA
地 Fraser Ave,West Perth
電 08-9480-3600
網 www.bgpa.wa.gov.au

>>交通方式

可搭市區免費藍貓公車，在Fraser站20號或21號站下車，兩站之間有階梯可往上走242階，便可以到達國王公園入口

Swan River

7 戰爭紀念碑
Cenotaph

利克紀念噴泉
Leake Memorial Fountain

3 2 沉思廣場
Court of Contemplation

1 植物園
Botanic Garden

6 藝廊
i Aspects
Gift Shop

5 維多利亞女王雕像
Queen Victoria Statue

弗雷澤大道 Fraser Avenue

Wadjuk Way

4 約翰佛斯特雕像
John Forrest Statue

9 玻璃空中步道
Glass Bridge

8

入口

10 水花園
Water Garden

Forrest Drive

1 植物園
Botanic Garden

生長在植物園內的澳洲原生種有三百多種，大多是屬於適合在乾燥環境生存的野花和植物，它們的長相和顏色之多，令人不禁嘖嘖稱奇，原來大自然的植物生態是如此奇妙。對於植物有興趣的遊客，不要忘了先到遊客服務中心認識一下園區內的植物特性，並索取簡介，逛起來會更有趣。如果春天來柏斯旅遊的人，不要錯過國王公園的Wildflower Festival，滿山遍野的野花絕對讓你印象深刻。

2 沉思廣場
Court of Contemplation

廣場中央水池上永不止息的燃燒火炬，象徵西澳人民永遠記得二次大戰時，陸、海、空軍與婦女們的貢獻。

趣味大發現

兩個人各坐在四分之一圓牆的兩端，並依著牆面講話，只要照平常講話的聲調不用太大聲，對方都可以聽得很清楚，非常神奇。

3 利克紀念噴泉
Leake Memorial Fountain

西元1901年是澳大利亞建國的第一年，喬治‧利克（George Leake）曾經是大力推動建國的功臣之一，也曾說服保守的立法會通過了授權聯邦公民投票等重要事件。建國後他也成為西澳的第一任總理，可惜只在位一年，利克紀念噴泉便是為他而設的。

4 約翰佛斯特雕像
John Forrest Statue

約翰‧佛斯特（John Forrest）雕像；他是第一位西澳省的總督。

5 維多利亞女王雕像
Queen Victoria Statue

此雕像是紀念大英帝國的維多利亞女王，她在位的64年間是英國最強盛的「日不落帝國」，她除了是英國迄今在位時間最長的君主，也是歷史上在位時間最長的女君王。雕像旁邊的兩座大砲，曾經在戰爭時真正的使用過。

6 Aspects藝廊
Aspects Gift Shop

來到國王公園可不要錯過這間像藝術中心的禮品店，它除了有觀光客喜愛的小紀念品外，各式各樣以木頭、玻璃或金屬所做的生活用品和飾品，都非常有特色又兼具藝術價值，且全都是在澳洲本地設計製作，只有這裡買得到！營業時間為週一至週日9:30～16:00。

7 戰爭紀念碑
Cenotaph

高18公尺的花崗岩方型尖碑，是為了紀念所有西澳大利亞人在一次和二次大戰其間，為國家犧牲而陣亡的戰士們所建立的。

8 弗雷澤大道
Fraser Avenue

高大直挺的兩排尤加利樹，就在紀念碑林立的弗雷澤大道的兩旁，柏油路無止盡的往前無限延伸，很是壯觀！

9 玻璃空中步道
Glass Bridge

由鐵和玻璃建造的空中步道，是遊客來此公園必訪的景點之一，體驗一下彷彿走在樹林頂端的奇妙感覺，與樹端等高的高度俯視景觀，與在平地上所看到的非常不一樣。每天只開放早上9:00～17:00，太晚來可就沒機會登上空中步道。

10 水花園
The Water Garden

此處有超過一百多種的澳洲水生植物，水池邊氣氛安靜迷人，會讓人忘了自己就在柏斯市中心不遠處的公園裡。

↑小水塘上的幾個裝置藝術，讓這裡的環境顯得活潑人文了起來。

● MAP P.42-B2

2 天鵝鐘樓

④20min. Swan Bell Tower　　玩

佇立河邊的溫柔黑天鵝

　　位在軍營廣場的天鵝鐘樓，是柏斯著名的地標，特殊的外觀是由玻璃和鋼鐵結構所組成，鐘樓的左右兩翼就像天鵝的翅膀，宛若一隻黑天鵝優雅站立河邊。鐘樓每天在特定的時間會播放不同的交響樂曲，只要在鐘樓的附近便可以聽到陣陣悅耳的報時鐘聲，中午十二點到下午一點時還會舉行敲鐘儀式，有興趣的人也可以付費進到塔內，親自登塔敲鐘，並能觀賞鐘樓內收藏從英國來的18個大鐘。

DATA
🏠 Barrack Square, Riverside Drive
　　via Barrack St
☎ 08-6210-0444　　　　　休 無
🕐 週一～週日10:00～17:00
💰 成人13澳幣、優待票與兒童票8澳幣
🌐 www.thebelltower.com.au

↓天鵝鐘樓旁的公園廣場，也有以黑天鵝為主題的裝置藝術，同時也是河畔碼頭邊美麗的造景。

>>交通方式

從國王公園下山後，沿著Mounts Bay Rd往市中心方向走，過了William St便來到The Esplanade，可穿過大草皮，遇到Barrack St右轉到底，即可抵達

↓整個由玻璃帷幕所建造的鐘樓，在夜幕低垂時的燈光秀，呈現各種不同顏色的燈光，讓天鵝鐘樓更為美麗優雅。

● MAP P.42-B2

3 巴萊克街碼頭
⏱20min. Barrack Street Jetties 🎋玩

美麗河畔的悠閒時光

　　要去羅特內斯島、佛里曼特、南柏斯或動物園方向的遊客，搭乘渡輪的地方就在巴萊克街碼頭，也就是天鵝鐘樓的前面，大約每半小時以內就會有一班往返南柏斯的渡輪，在等待渡輪的時間，不妨坐在碼頭邊的椅子上，或是附近的咖啡餐館裡，享受一下悠閒的時光，在這裡可以聽到天鵝鐘塔悅耳動人的報時聲，並欣賞美麗的柏斯摩天大樓天際線。

>>交通方式

巴萊克街碼頭就在天鵝鐘塔正對面，往河方向步行過去即為碼頭

DATA
📍 Barrack St Jetty ～ Mends Street Jetty
☎ 1800-812-808
🕐 夏天：週日～週四6:50～19:00，週五、六6:50～21:30；冬天：週一～週日6:50～19:36
🎫 南柏斯渡輪成人2.5澳幣、優待票與兒童票1.5澳幣

小叮嚀

Transperth是柏斯的主要大眾交通公司，在柏斯市區一張票可以在兩個小時內多次使用於搭乘公車、火車或渡輪。

● MAP P.42-B3

4 南柏斯河濱綠地
⏱2hr. South Perth 🎋玩

河岸邊的另一番悠閒景致

　　南柏斯的河濱綠地（詹姆士米歇爾公園），是絕佳的烤肉與休憩所在，周末假日的午後時光，可看到許多成群的家庭或朋友在此野餐烤肉，氣氛非常歡樂悠閒。夜幕低垂時，天鵝河對岸的柏斯摩天辦公大樓，會將辦公室靠窗的燈打開，在這裡可以看到高樓大廈群的點點燈光，而大樓與河面上的城市倒影相互輝映，美麗至極，就算是沒有專業拍照技術的遊客，都可以拍到跟明信片上一樣水準的好照片。

>>交通方式

從巴萊克街碼頭搭船到對岸，也就是曼德斯街碼頭（Mends St Jetty），下了船後左手邊的大草皮即是南柏斯

Let's BBQ

　　南柏斯河濱是欣賞美麗城市景致，也是最佳的烤肉野餐場地之一。詹姆士米歇爾公園（Sir James Mitchell Park）內設有多座免費的烤肉台，以及可以遮陽的涼亭與座椅，還有綠意盎然的大草皮和兒童遊戲區。誰說出國旅遊就只能逛街購物看古蹟，找個時間大伙一起來烤肉，體驗另一種不同風情的渡假方式。

>>BBQ很簡單

　　只要備齊簡單的烤肉用具，不需大肆張羅鍋碗瓢盆或烤肉架，就可以好好享受一場烤肉的樂趣。最基本簡便的必備用品：烤肉夾、刀子、筷子、盤子、廚房用衛生紙或衛生紙、濕紙巾、胡椒、鹽巴；再依個人喜好採買食材，如牛排、羊排、魚排、香腸、蘑菇、麵包、洋蔥、起司、TimTam（澳洲品牌巧克力餅乾）、飲料，現成生菜沙拉等，就是一場豐盛的野餐派對。

● MAP P.42-B3

5 柏斯動物園

⏱ 3hr. Perth Zoo　玩

探訪動物世界的珍奇

　　林蔭步道、綠油油的野餐區，茂密的棕櫚樹林……柏斯動物園就像一座花園般，不僅能觀賞到可愛的動物，也嘗許出一個舒適的園區空間。園區內可看到慵懶的無尾熊，做日光浴的袋鼠、各種鳥類及珍奇的企鵝等，大部分都來自西澳的不同地區，另外也有來自亞洲與非洲等地的動物，還有著名的兩棲動物區裡的各種珍貴蛙類，生態種類很多元，動物園詳細地將園區動物的資料一一向遊客介紹，同時也有各項動物保育活動，讓下一代能在寓教於樂中，學習到尊重大自然的真正意義。

>>交通方式

從巴萊克街碼頭（Barrack Street Jetty）搭渡輪到曼德斯街碼頭（Mends Street Jetty）後，依循指標沿Mends Rd直走到溫德森公園（Windsor Park），左轉進到公園小路，沿著地上的動物腳印前行即可抵達動物園

DATA

址 20 Labouchere Rd, South Perth
電 08-9474-0444
營 週一～週日9:00～17:00
休 無
費 成人21澳幣、學生票與優待票17澳幣、兒童票10.5澳幣（16歲以下）、家庭票55澳幣（2個成人＋2個兒童）

↑除了袋鼠、無尾熊，動物園內還是有很多各地來的超人氣小動物。

禮品店

　　柏斯動物園禮品店裡有許多可愛的動物副產品，像是筆記本、動物造型布娃娃……書籍或畫冊等相關商品，可以買回家當紀念。

→長頸鹿身高表／57.95元
印著可愛長頸鹿的身高表，配色活潑豐富，很適合掛在小朋友房間的牆壁上。

↑自碼頭從曼德斯街走到柏斯動物園，會經過這個小公園，公園裡的裝置藝術頗富趣味，從地板上的模擬動物腳印，就可以知道動物園就快到了。

柏斯市郊之旅

週末火車沿線逍遙遊

Day 3

西澳幅員之大，同樣的，距柏斯市區30分鐘內可抵達的景點也相對多出許多，搭乘火車出城也相當方便。週末搭乘弗里曼特線的火車，沿途蘇比雅克、高特斯洛海灘……再抵終站弗里曼特，一站站慢慢玩。首先抵達只有週末才有的蘇比雅克市集，嚐嚐物美價廉的蔬果後，再前往柏斯近郊最熱門的高特斯洛海灘，曬曬太陽玩玩水，接著前進假日熱鬧非凡的弗里曼特，跟著人潮玩樂，鑽進巷內發掘歷史。

往❶蘇比雅克市集
和❷高特斯洛海灘

◎弗里曼特火車站

Victoria Quay Rd
Phillimore St
Short St
Leake St
Henry St
High St
Mouat St
Cantonment St
Market St
Pakenham St
Bannister St
Nairn St
Collie St
Point St
Adelaide St
Queen St
High St
Parry St
Holdsworth St
William St
Essex St
News Rd

歷史遺跡民宿 ❽
Heritage Cottage B&B

卡布奇諾街 ❸
Cappuccino Strip

弗里曼特市場 ❹
Fremantle Market

穆爾斯當代建築藝術畫廊 ❻
Moores Building Contemporary Art Gallery

聖母院大學 ❼
The University of Notre Dame

濱海飯店 ❺
Esplanade Hotel

本日行程表

1	火車10分鐘+步行10分鐘	蘇比雅克市集（建議停留1小時）
2	火車15分鐘+步行5分鐘	高特斯洛海灘（建議停留2小時）
3	步行5分鐘	卡布奇諾街（建議停留1小時）
4	步行5分鐘	弗里曼特市場（建議停留1小時）
5	步行2分鐘	濱海飯店（建議停留5分鐘）
6	步行1分鐘	穆爾斯當代建築藝術畫廊（建議停留20分鐘）
7	步行1分鐘	聖母院大學（建議停留10分鐘）
8		歷史遺跡民宿（建議停留3分鐘）

小叮嚀

>>導覽
　本日行程以柏斯近郊的火車沿線景點為主，從柏斯市區出發，在30分鐘內都能抵達。兩個市集均為假日才開放，因此建議選擇週五～週日的時間前往。

費用表	火車票一日票	9澳幣
	合計	9澳幣

備註：
1.購物或餐飲花費視每人情況而有所不同，所以不予計算。
2.以上費用以一個成人所需的費用計算，若遇優待票情形，請參考DATA的資料自行計算。

1 蘇比雅克市集

① 1hr. Station Street Markets (玩)(買)

體驗週末趕市集樂趣

　　從柏斯市區搭火車至蘇比雅克，只需10分鐘便可抵達，它是柏斯西部近郊較早開發的一個區域，主要道路有著村落式的格局，小巧卻頗具特色，火車站周邊是不錯的逛街購物地點。不過，這裡最著名的便是週末的假日市集，同樣在火車站旁，所有的攤位只有在週末時聚集在此，新鮮又便宜的蔬菜水果、鮮花相當受到歡迎。來自各地的食材與生活雜物等，這裡都買得到，還有絕對不能錯過的美食區。蘇比雅克市場物美價廉的消費，到了週末總是吸引許多當地居民，專程自市區前來大採購，人潮把一箱箱蔬果食物搬回家的景象，在這裡很常見。

DATA

📍 52 Station St , Subiaco
🕐 週五～週日及國定假日的星期
　 一9:00～17:30
🚫 週一～週四

↓來到蘇比雅克市集，便可以真正看到澳洲當地人的生活，每個人都是滿滿好幾箱載回家！

>>交通方式

從柏斯市區可搭乘Fremantle Line火車到Subiaco站下車，出了車站即可看到位於車站左前方的Station Street Markets

↑市場裡擺放當地的免費華文報架，可見這一帶的華人移民也不少。

←美食區店家的看板上可看到來自世界各國的美食品項，從東南亞到墨西哥等的食物都有。

←大大小小的草編籃是一個年輕非洲女生的攤位，她不間斷的手編出一個個色彩和形狀都不同的可愛小籃子，相較於觀光區，這些籃子的價格平易近人許多。

2 高特斯洛海灘

① 2hr. Cottesloe Beach (玩)

柏斯近郊最熱門海灘

　　想要暫時離開一下豔陽高照的柏斯市區，找個海灘玩水消暑的話，高特斯洛海灘肯定是最好的選擇。搭乘火車自Cottesloe站下車，沿主要馬路往海邊的方向走約600公尺，就可以看到一整排高大聳立於海邊的南洋杉，前方的藍色海洋搭配眼前的綠意，非常搶眼。高特斯洛海灘半月型的潔白沙灣上有人做日光浴，岸邊綠油油的草地上有人野餐，渡假氣氛濃厚的近郊海灘人氣指數超高。而座落在海灘旁的一棟漂亮新殖民式樓房，可以說是高特斯洛海灘最美的地標，1910年便以優美之姿佇立岸旁，目前為遊客觀賞日落及海景的最佳餐廳，有時間的話不妨挑張靠海的桌子，享受美景佐餐的時光。

→印地安那餐廳（Indiana Cottesloe Beach）占有絕佳的地理位置，餐點以西澳的海鮮料理為主，每天早上10點開始供應咖啡，週末則自早上8點開始提供早餐服務。

>>交通方式

從蘇比雅克站搭乘Fremantle Line的火車，在Cottesloe站下車，往海邊方向走約10分鐘即可到達海灘

→坐在有高大南洋杉樹蔭下的大草皮上野餐或打牌，是來到海灘渡假的人一定要做的。

3 卡布奇諾街
🕐1hr.　Cappuccino Strip　02

瀰漫咖啡香氣的活力街道

　　如果從Fremantle火車站出來，沿著車站前的市場街（Market St）直走，就可以到卡布奇諾街。聽這名字便不難想像它是咖啡館林立的一條街，尤以聚集於南街（South Tce）一帶為主，兩旁還有許多小商店或各式餐館，來到弗里曼特千萬不要錯過這最著名的街道，坐在露天座位上，點一杯咖啡，享受一下人來人往卻悠閒無比的街道情調。週末假日這條街上會比平常更熱鬧，有時會有當地的古董車車隊在街上遊逛，不時可在街上巧遇驚喜。

>>交通方式

從Cottesloe站搭乘Fremantle Line的火車，在Fremantle站下，沿車站前的Market St走5分鐘即可到South Tce的起點，便是卡布奇諾街

圓頂咖啡館
Dome Café

享受午后時光最佳選擇

　　位於街角的圓頂咖啡館，其建築曾經是一座古老的銀行大樓，現在則被打造為具輕鬆、時尚風格的咖啡館。除了提供咖啡之外，也有各式各樣的甜點蛋糕、冰沙冷飲，以及比薩、三明治等多種選擇。尤其它絕佳的位置和空間，午後最多人來此悠閒坐在街旁啜飲咖啡看風景。不同於街上的其他咖啡館，這裡每天早上六點半就開始營業，早起的人不妨來此享受弗里曼特清靜的早晨。

DATA
🏠 13 South Tce , Fremantle
☎ 08-9336-3040
🕐 週一〜週日6:30 〜晚上沒客人時才打烊
休 無
🌐 www.domecoffees.com.au

墨西哥廚房
Mexican Kitchen

三十年老字號墨西哥手藝

　　已經開業有30年之久的墨西哥老式餐廳，就位在卡布奇諾街的中心位置，店內提供的各種墨西哥美食，可以說是弗里曼特最道地的美味。這裡的戶外座位總是最熱門的座位，另外也有可以供包場的地下室；而最讓老闆引以為傲的，則是他的雞尾酒台，超過一百種的墨西哥龍舌蘭酒，是這附近所找不到的。

DATA
🏠 19 South Tce , Fremantle
☎ 08-9335-1394
🕐 週一〜週五17:30 〜夜間、週六〜日12:00 〜夜間
休 無
🌐 www.mexicankitchen.com.au

水手與錨酒吧
Sail&Anchor

老式啤酒吧最對味

　　這家老酒吧位置就在弗里曼特市場的對面，旁邊緊鄰老上海美食廣場，在1903年時曾經是Freemasons Hotel，直到1985年時才又發展成澳洲式酒吧，陽剛味十足的水手酒吧很受男士們的喜愛。這裡的另一項招牌，便是它的手工啤酒，自釀的India Pale、Ale Chilli Beer、Sail Blonde以及Brass Monkey Stout等四種啤酒都曾經獲獎肯定，不喝可惜。此外，地下室還有早期包覆式的吧台，二樓則有露天陽台區，舒適自在的氣氛和消暑啤酒很搭。

DATA
🏠 64 South Tce , Fremantle
☎ 08-9431-1666
🕐 週日10:00 〜 22:00、週一〜二11:00 〜 23:00、週三〜四11:00am 〜24:00；週五〜六11:00 〜凌晨1:00
🌐 www.sailandanchor.com.au

● MAP P.43-B2

4 弗里曼特市場

🕐 1hr. Fremantle Market 🏷吃玩

吃喝玩樂樣樣都精彩

　　創立於1897年的弗里曼特市場已有超過百年的歷史，同時也是弗里曼特最著名的地標。只有在週末才營業的假日市場，可以看到西澳特有藝術氛圍和文化巧妙地融合在一起，各家商店都有屬於自己獨特的風格，整個市場空間裡充滿五顏六色的豐富色彩；再往裡面走，甚至有一家開放式的酒吧在裡頭，有時候會有現場的音樂表演。走到果菜區，便可聞到氣味芳香的新鮮農產品味道。在弗里曼特市場裡面，不只有吃的買的，還有塔羅牌算命、舒壓按摩的攤位等，每個角落都可能會有意想不到的發現。

咖啡品集
The Coffee Connection

咖啡豆創意調味很新鮮

　　這家專賣咖啡的攤位內，有數十種調味的咖啡豆，在還沒走到攤位的不遠處就聞到香味撲鼻而來。如果不知道該選擇哪些口味的話，可以拿一顆咖啡豆放在口中試試味道。選好咖啡豆後，店家也提供磨豆服務，並用自家品牌的包裝袋或鐵罐包裝。若只是想喝杯咖啡的話，很可惜這裡沒有座位只有外帶杯，若等不及想馬上來一杯現磨咖啡的話，只能邊走邊喝，或者帶到市場外的老上海美食廣場戶外座位區飲用也可以。

←松露巧克力口味 Chocolate Truffle／2.5澳幣（小杯）：咖啡香氣中帶點淡淡的巧克力可可味，喜歡嚐鮮的人可以試試看更多不同口味的組合。

←除了咖啡豆外，各種口味的牛軋糖（Nougat）也是店裡人氣的商品。

米歇爾的法國捲餅
Michele's Crêpe Suzette

法國平民小吃很道地

　　弗里曼特市場裡有許多異國的道地美食，這家米歇爾的法式捲餅絕對不能錯過，看到排隊的人潮跟過去就對了，如果看不懂黑板上的菜單，不用擔心，店內有多種暢銷捲餅的照片可以參考，攤位內只有大約八人座位，但大部份的客人都會選擇外帶，所以可能不用排隊就有座位可坐，而老闆娘親切開朗的態度，就算得排隊等待一下子，也不覺得太委屈啦。

←草莓肉桂捲Strawberry Cinnamon Suger／7澳幣 現點現做的草莓肉桂捲，麵皮由麵粉、雞蛋、牛乳和成的麵糊，再透過平板鍋煎烤而成，薄薄的餅皮口感軟嫩，再包上新鮮的草莓和肉桂粉內餡，香酸中帶甜的滋味，果然有招牌捲餅的架式。

獨特的木製創意
The Wood Experience

愛不釋手的木家具

　　喜歡木製家飾用品的人一定會被這個攤位所吸引，它主要的家飾用品都是使用西澳當地的堅硬木料，且都是可以再利用的回收木材所製，木頭上所上的油和蠟讓加工過的藝品看起來更精緻。如果對尺寸有要求的話，店家也可以特別為客人訂做。

蔬菜水果區
Fruit&Veges

傳統市場的新鮮味道

　　充滿果香與五顏六色的蔬果區，大多是來自西澳的農產品，也有來自其它省份或進口水果，雖然傳統市場和一般的超市所賣的蔬果大同小異，但奇妙的是，傳統市場的水果，總是有令人覺得特別香甜的感覺。

DATA
🏠 Corner of Henderson St & South Tce，Fremantle
☎ 08-9335-2515
🕐 外圍廣場區 週五9:00～20:00；週六、週日9:00～18:00；節日的週一9:00～18:00；中庭市場區 週五8:00～20:00；週六、週日8:00～18:00；節日的週一8:00～18:00
🚫 週一～週四、耶穌受難日、聖誕節
🌐 www.fremantlemarkets.com.au

>>交通方式
卡布奇諾街走到最後一家店——水手與錨酒吧，它的對面即是弗里曼特市場

目瞪口呆的鴯鶓
Stunned Emu Designs

活靈活現的鴯鶓藝術

　　鴯鶓（Emu）是澳洲一種大型不會飛的鳥類，也有人稱為食火鳥，體型和鴕鳥差不多大，牠的長相老實說並不是那麼可愛，不過，溫蒂‧賓克斯（Wendy Binks）這位西澳藝術家用她的畫筆與巧手，把呆呆的鴯鶓詮釋得活靈活現，而且非常的逗趣討喜！弗里曼特市場算是溫蒂在10多年前第一次擺攤過的地方，而她自行出版的童書繪本曾經在2005年時得了兩項大獎。喜歡她作品的人，不妨也可以到她在卡布奇諾街上的分店參觀她的作品。

5 濱海飯店

5min. Esplanade Hotel 玩

餘韻猶存的歷史老飯店

　　距離弗里曼特市中心大約只要走5分鐘就可以到達飯店，四星等級的濱海飯店門口，即面對著大片綠油油草地的公園和船艇港口，外觀看起來寬敞明亮，是個具有中古世紀風格的一家老飯店，也是濱海大道的美麗景致之一。而位於柏斯市區的濱海飯店在1935年時，飯店的主廚伯特·薩赫斯（Bert Sachse）特地為一位從俄羅斯來訪的著名芭蕾舞者安娜·帕芙洛娃（Anna Pavlova）創造出一個美味蛋糕，並以她的名字Pavlova來命名；但這款蛋糕卻引來「紐澳甜點大戰」，紐西蘭人認為Pavlova才是他們先發明的，雖然在牛津英語字典上表示該甜點是紐西蘭發明的，這場甜點戰到現在仍然沒有結束……

>>交通方式

從弗里曼特市場前的Essex St直走，與Marine Tce相接的右手邊轉角即是飯店門口

DATA
地 46 Marine Tce（Cnr Essex St），Fremantle
電 08-9432-4000
時 週一～週日　　休 無
網 www.esplanadehotelfremantle.com.au

---

6 穆爾斯當代建築藝術畫廊

20min. Moores Building Contemporary Art Gallery 吃玩

當代藝術活力展現

　　自1994年開始，弗里曼特便成立了藝術社區，穆爾斯當代建築藝術畫廊（Moores Building）就是藝術社區之中一個展覽空間，展出的作品通常是新興的藝術家或是剛畢業的學生。對喜歡藝術創作的藝術家來講，這裡是個非常棒的展示空間，也常是當地的藝術家聚集或學生辦活動開派對的地方，是個充滿活力的藝廊。而隔壁的穆爾與穆爾咖啡館，在欣賞藝術作品之後，建議可以在這家具有特殊風格的咖啡館休息一下。

↓穆爾斯當代建築藝術畫廊，曾經是穆爾家族的商業用辦公室，現在是弗里曼特的藝術社區之一。

>>交通方式

從濱海飯店的門口往右沿著Marine Tce走，遇Henry St右轉直行，便可看到Moores招牌

DATA
地 46 Henry St , Fremantle
電 08-9432-9555
藝廊 週一～週日10:00 ～ 17:00
休 聖誕節、復活節、新年

↑櫃檯前的桌上擺放著正在展出的藝術家作品的明信片、卡片或是簡介，可以自由索取。

● MAP P.43-B2

7 聖母院大學

⏱10min. The University of Notre Dame 玩

充滿歷史人文氣息的大學校區

聖母院大學遵循天主教的傳統，在世界各地設立大學高等教育已經有好幾個世紀了；位在弗里曼特的這所聖母院大學有別於一般的校園，它的校區分散在弗里曼特西邊的老建築區，有些是殖民時期的商業辦公室，或是堆放貨物的倉庫，而現在，部份都被列為受保護的老建築也改建成教室或學校的辦公室，整個校區就是一座歷史寶庫。學校在每週五的早上，提供免費的校區導覽，從中可了解一些具歷史意義的故事，有興趣的旅客可以事先預約參觀。

DATA
校區導覽
🏠 19 Mouat St , Fremantle行政大樓的大廳集合
🕐 導覽為每週五11:00
☎ 08-9433-0555
🌐 www.nd.edu.au

>>交通方式
自Moores門口出來這一區，部分的老建築牆上會有Notre Dame標示，即是大學的校區教室

→校區雖然離市中心不到10分鐘的距離，但校內的環境清幽，風格簡樸的歷史建築裡，學習的氣氛不輸給其它一般的大學。

↓大學內設有法學、商學、藝術、地理和語言等數十個專門學系，而且分布在各別的殖民時期所蓋的老建築物裡。

● MAP P.43-B2

8 歷史遺跡民宿

⏱3min. Heritage Cottage B&B 住

住進古典大宅見證歷史

這棟像巴伐利亞城堡的特色老建築，最早是德國領事館，在90年代時期，它也曾經是一家夜店；而再後來又成為巴黎聖母院大學（The University of Notre Dame）其中的一棟教室。近幾年它已重新裝修成B&B供旅客住宿，但其壯觀的外表還是保持著浪漫與神祕的過去，如果想體驗住在被弗里曼特市政府列入受保護的19世紀殖民時期遺產建築，不妨選擇這家靠近市中心的B&B，且價格也不貴。

>>交通方式
從Moores出來右轉，High St後左轉，到下一條街Mouat St再右轉，便可看到一棟與眾不同的老建築，就是歷史遺跡別墅

DATA
🏠 5 Mouat St , Fremantle
☎ 04-0886-6190 休 無
🕐 Check In14:00、Check Out10:00
🌐 www.fremantlebedandbreakfast.com.au

小叮嚀
它房間數不多，只有五間房，如果有興趣入住的旅客，記得及早訂位。

柏斯市郊之旅

港口城市懷舊印象 ^{Day 4}

自柏斯搭乘火車南下至弗里曼特，只需短短30分鐘，眼前的城市風貌卻
是截然不同。1829年被英國船長弗里曼特所發現而得名的港口城市，
目前仍保留許多屬於那個年代的建築，懷舊氣氛濃厚的街景是弗里曼特令人
印象深刻之處。再者，充滿人文藝術與港口風光的特色，則吸引氣味相投的
人來此聚集，雖觀光人潮不斷，但弗里曼特總是能讓人持續發現驚喜。

小叮嚀

　　弗里特觀光可多加利用
免費的貓巴士（Fremantle
Cat），週一～週五7:30～
18:30，每10分鐘一班。週
六、週日與國定假日10:00～
18:30，每10分鐘一班。貓巴
士路線圖請參考P.43。

弗里曼特歷史博物館及藝術中心
Fremantle History Museum&Arts Centre

戰爭紀念公園
Monument Hill
War Memorial

西澳海事博物館
WA Maritime Museum

弗里曼特市政府
Fremantle Town Hall

弗里曼特舊監獄
Old Fremantle Prison

圓屋
Round House

沉船博物館
Shipwrecks Galleries

西塞雷洛炸魚和薯條
Cicerello's Fish N Chips

小天使啤酒廠

本日行程表

1	步行 4分鐘	圓屋 （建議停留20分鐘）
2	步行 8分鐘	西澳海事博物館 （建議停留40分鐘）
3	步行 3分鐘	沉船博物館 （建議停留30分鐘）
4	步行 15分鐘	Cicerello's 炸魚和薯條 （建議停留30分鐘）
5	步行 8分鐘	弗里曼特舊監獄 （建議停留1.5小時）
6	公車 3分鐘 +步行 5分鐘	弗里曼特市政府 （建議停留10分鐘）
7	步行 5分鐘 +公車 1分鐘	戰爭紀念公園 （建議停留20分鐘）
8		弗里曼特歷史博物館及藝術中心 （建議停留2小時）

費用表		
	西澳海事博物館	10澳幣
	弗里曼特監獄	18.5澳幣
	合計	**28.5澳幣**

備註：
1.購物或餐飲花費視每人情況而有不同，
　所以不予計算。
2.以上費用以一個成人所需的費用計算，
　若遇優待票情形，請參考DATA的資料
　自行計算。

● MAP P.43-A2

1 圓屋

🕐20min. Round House 🎡

現存西澳最早的殖民時期古蹟

　　圓屋是西澳最早建設的公共建築，建於西元1830年，當時只是用來關輕刑的罪犯或是原住民的牢房，但後來卻是西澳第一個執行吊刑的監獄。由石灰岩砌出十二面牆所圍起來的小監獄，裡面總共有八間牢房和兩個開放式廁所，所有牢房的門口都對著中央的大天井，狹小又封閉的空間很難想像像外頭卻是廣闊的大海。現在圓屋已經開放參觀，並有志工在現場導覽解說，到了下午一點時，圓屋後方的砲台會鳴砲報時，並降下黑色的報時球，如果有外地船隻逮駛港內，也會升旗表示觀迎。

↑監獄內的八個牢房裡面，陳列了一些歷史資料，可以清楚得知殖民時期圓屋內關犯人的狀況。

小叮嚀

　　大砲發射時間是13:00整，如果參加免費導覽甚至可以參與擊發大砲，港口內的船隻都可以聽到你發砲報時聲，是個很不錯的體驗。

小常識

　　在19世紀時，捕鯨船就在圓屋下方的沙灘宰殺鯨魚，為了方便捕鯨者出入，便在圓屋的下面建造了一條隧道，而隧道正好連接高街（High St），好讓捕鯨人方便進出城市。

→從圓屋的砲台區，可以俯瞰一望無際的印度洋和天鵝河河口。

≫交通方式

從弗里曼特火車站（Fremantle Train Station）出去沿著Market St直走到高街（High St）右轉，再直走到底即達

→在監獄中的古老刑檯，有導覽志工會在一旁解說，而遊客們也可以嘗試坐在上面，體驗當年受刑人被處罰的情形。

2 西澳海事博物館

⟳40min. Western Australian Maritime Museum

發現弗里曼特的航行之旅

　　西元1829年4月25日，查爾斯·弗里曼特船長（Captain Charles Fremantle）率領了一群從英國來的人民，沒日沒夜的航海到了西澳，並建立了天鵝河殖民地；船長以自已的名字來命名這個港口城市，也就是今天弗里曼特的由來。緊鄰印度洋的西澳海權博物館的設立訴說著弗里曼特的過去、現在與未來，館內分為多個展覽館，展示西澳與海洋有關的船隻航海物品等。博物館外廣場更有模擬剛從挑戰者號下船人民的銅像，博物館旁更停了一艘潛水艇，可供遊客進去參觀。

>>交通方式

圓屋出來後，往左邊走下坡，直走會經過夫利特街（Fleet St）和史利普街（Slip St），遇到彼得休斯路（Peter Hughes Drive）左轉，即可達

DATA

地 Victoria Quay , Fremantle　　　☎ 08-9431-8334
休 無　　🕐 週一～週日9:30～17:00
票 博物館／成人10澳幣、小孩3澳幣、優待票5澳幣；潛水艇／成人8澳幣、小孩3澳幣、優待票5澳幣
🌐 www.museum.wa.gov.au/museums/maritime

←館內展示著各種捕龍蝦工具，西澳的大龍蝦煮熟後，會呈現紅紅亮亮的色澤，比其它產地的龍蝦看起更鮮美，是西澳著名的特產之一。

↑博物館戶外的廣場裡有幾個銅雕，模擬當時下船的人們手提大皮箱，一臉疲憊來到了新殖民地弗里曼特的樣子。

↑博物館內除了可以看，還可以玩，這個機器是模擬水手划船時所需的力氣，有從輕量級到重量級的開關可以調整，可操作機器體驗一下當水手的辛苦。

→博物館內陳列了不少近代的各種船隻或木筏，而且就吊在館內的空中，彷彿自已就在海中看著上方的船底。

→博物館旁的黑色大潛艇不用買門票就可以看到，並與之合影，但若想一窺潛艇內部的話，就可要付費買票才能進去。

● MAP P.43-B2

3 沉船博物館

30min. Shipwrecks Galleries

沈船殘骸追憶航海探險年代

　　西澳大利亞博物館之一的沉船博物館，是南半球公認最重要的海洋考古博物館。此博物館建於19世紀，重新修復整建後，目前館內陳列著數百種文物，都是與在西澳海岸線失事的沉船相關，其中也包含了更早期荷蘭人在西澳時的沉船。豐富完整的沉船文物展示，值得一看。

DATA
- 址 Cliff St , Fremantle
- 電 08-9431-8444
- 營 週一～週日9:30～17:00
- 休 聖誕節、耶穌受難日
- 票 免費
- 網 www.museum.wa.gov.au/museums/shipwrecks

>>交通方式
從海事博物館出來往市區方向走，經過停車場後接克里夫街（Cliff St），走到底的右手邊即是

● MAP P.43-B2

4 西塞雷洛炸魚和薯條

30min. Cicerello's Fish N Chips

大啖港邊平價正點海鮮

　　逛了一早上監獄和博物館，中午可以到港邊享用弗里曼特著名的炸魚和薯條。西塞雷洛店內依照當天進貨的魚種去搭配薯條，因此魚肉特別新鮮，除了魚之外還有其它海鮮，包括牡蠣、貽貝、螃蟹、小龍蝦等，也都是港灣才有的正點海鮮。店內的座位區相當寬敞，並設有大型的水族箱，水裡悠游著各種弗里曼特海域裡的海洋生物，像是小丑魚與海葵、海鰻等50多種，邊排隊點餐之餘也可觀賞到色彩豐富的美麗海洋生物。

>>交通方式
出沉船博物館裝置走穿過演海區大草皮（The Esplanade Reserve）和火車鐵軌，即可看到馬路對面的Cicerello's Fish N Chips

DATA
- 址 44 Mews Rd , Fremantle
- 電 08-9335-1911
- 營 週一～週日10:00～21:00
- 休 無
- 網 www.cicerellos.com.au

趣味大發現

原本西裝筆挺頭載紳士帽的兩個年輕人，一邊特技表演一邊脫衣，最後只剩國旗小褲褲和襪子，表演內容非常專業精彩。店外旁邊的草皮上空地，週末假日時常會有街頭藝人的表演，引人圍觀。

↑炸魚和薯條Fish and Chips/12.95澳幣
每一份由紙包著的炸魚和薯條都有兩大塊新鮮的魚排，以及很有飽足感的大份薯條，是店內的招牌人氣推薦。

→為當地漁夫的貢獻而設的一個小碼頭，遊客到這裡總不會忘了要與漁夫銅雕一起拍照紀念。

→西塞雷洛的戶外座位就是個店家專有的小碼頭，但由於是海邊的緣故，海鷗特別多，只要用餐的旅客離開坐位，海鷗們便會撲向餐桌搶食，蔚為奇觀。

5 弗里曼特舊監獄

世界遺產

⏱1.5hr. Old Fremantle Prison　玩

西澳唯一的世界遺產建築

在英國殖民時期，自英國押解的罪犯原本被押送到圓屋，但由於囚犯愈來愈多，使得圓屋不敷使用，因此西元1850年至1860年時又建造了弗里曼特監獄，並且是由當時的罪犯興建而成。這所監獄一直使用到1991年，是西澳監獄中使用最久的一間，其間共執行絞刑44次，絞刑工具和牢房等都仍保存供參觀。比較有趣的是，當時囚犯們最大的癖好就是在不到5平方公尺內的牢房牆上畫畫，他們一定沒想到百年後，他們的畫被當成監獄裡的遺跡供人參觀。

←弗里曼特舊監獄在2010年時，已被列入為西澳唯一的世界遺產建築名單，它除了曾經是監獄的功能，也是一個西澳大利亞發展的縮影。

DATA
🏠 1 The Terrace , Fremantle
☎ 08-9336-9200
📅 週一～週日9:00～17:00
💰 成人18.5澳幣、小孩10澳幣、優待票15.5澳幣；夜遊行程：成人25澳幣、小孩15澳幣、優待票21澳幣
🌐 www.fremantleprison.com.au

↓夜遊Tour

為了讓遊客有機會體驗在監獄裡的陰森恐怖，除了白天入場參觀外，還有晚間入場的Torchlight Tour，拿著手電筒在黑暗中感受監獄裡的悲傷與鬼魅氣氛。

小叮嚀
1. 持有學生證、YHA卡或Backpackers卡的遊客，可以購買優待票。
2. 膽子大的朋友可以參加週三和週五的夜遊行程（Torchlight Tours）。

>>交通方式
從Cicerello's Fish N Chips出來後右轉走穆斯路（Mews Rd），再穿過濱海區大草皮接諾福克街（Norfolk St），邁南街過馬路後直走則是帕瑞街（Parry St），會經過弗里曼特足球場再右轉到費爾貝恩街（Fairbairn St），便可看到監獄大門口

---

6 弗里曼特市政府

⏱10min. Fremantle Town Hall

市中心歷史與文化的象徵地標

在19世紀時所建的維多利亞建築是弗里曼特的市政府，目前建築內除了有圖書館和遊客服務中心等多項功能，內部還有音樂表演的場地，氣勢恢弘的外觀也是弗里曼特的重要地標之一。每到週末假日，戶外的廣場有時也會有小型園遊會，攤子上賣著自製的手工特色藝品，有時也有小型樂團在一旁表演，非常熱鬧。

DATA
🏠 8 William St , Fremantle
☎ 08-9432-9702　💰 無
🌐 www.fremantle.wa.gov.au

>>交通方式
從監獄出來後，走回費爾貝恩街和左轉帕瑞街，遇威廉街（William St）右轉，直走到底即可看到市政府

---

7 戰爭紀念公園

⏱20min. Monument Hill War Memorial　玩

居高臨下遠眺海灣絕佳視野

弗里曼特戰爭紀念館位於紀念碑山（Monument Hill）上，周圍有漂亮的玫瑰花園和綠意盎然的大草坪，是一處幽靜美麗的公園。在此可以俯瞰整個弗里曼特港和花園島，是弗里曼特視野最佳也最遼闊的一個制高點。此戰爭紀念碑是紀念第一、二次大戰、朝鮮戰爭、越南戰爭和馬來西亞事變而立。離市中心約有20分鐘的路程，但搭貓巴士就可抵達，相當方便。若想要到一個觀光客較少的景點，紀念碑山是一個不錯的選擇。

DATA
🏠 Cnr High & East St , Fremantle
💰 無

>>交通方式
從市政府走到皇后街（Queen St），看到Fremantle Cat站牌，2號Queen St站後搭乘免費貓巴士，到4號High Street站下，到了高街時往上坡的方向走5分鐘即可抵達。

8 弗里曼特歷史博物館及藝術中心
⏱2hr. Fremantle History Museum & Arts Centre

小山丘上的歷史與藝術寶庫

　　弗里曼特藝術中心與歷史博物館位於相同地點，比鄰而建的兩棟建築裡，石牆打造的建築在1860年代曾是犯人流放場所，隨後又作為精神療養院等使用，建築本身就已深具歷史意義。目前藝術中心不定期舉辦當代視覺藝術和工藝品的展覽，以及開設藝術方面的工作室，像是陶藝、素描、油畫、縫紉等課程，並設有藝品商店，販售精美的工藝品。隔壁的歷史博物館則收藏諸多早期弗里曼特歷史資料，遊客可以透過這些陳列品，了解西澳人民早期的生活情景。

DATA
🏠 1 Finnerty St , Fremantle
☎ 藝術中心08-9432-9555、歷史博物館08-9430-7966
🕐 週一～週日10:00～17:00
💰 無　休 無　🌐 www.fac.org.au

≫交通方式
從高街往市中心方向走，遇奧德街（Ord St）右轉，可看到Fremantle Cat 5號Ord St站搭乘免費貓巴士，到6號Fremantle Art & Leisure Centres站下

西澳主題之旅

西澳，總是被人不經意脫口而出的「他×的大」來形容，不過，其驚艷的成份絕對多過於咒罵，也正因為太大，由南到北、甚至外海，景點多不勝數，遊覽過西澳的旅客絕對會給按「讚」推薦！除了有鄰近柏斯外海的羅特內斯島，西南澳的瑪格麗特河酒莊、最長最美的巴瑟爾頓碼頭、濱海的沙漠奇岩陣與中部的波浪岩、西北澳名列世界自然遺產的鯊魚灣與貝殼海灘、以及有西北澳綠洲之稱的布隆姆鎮，觀光資源之豐富與破表的驚奇程度，讓人直呼實在太過癮！

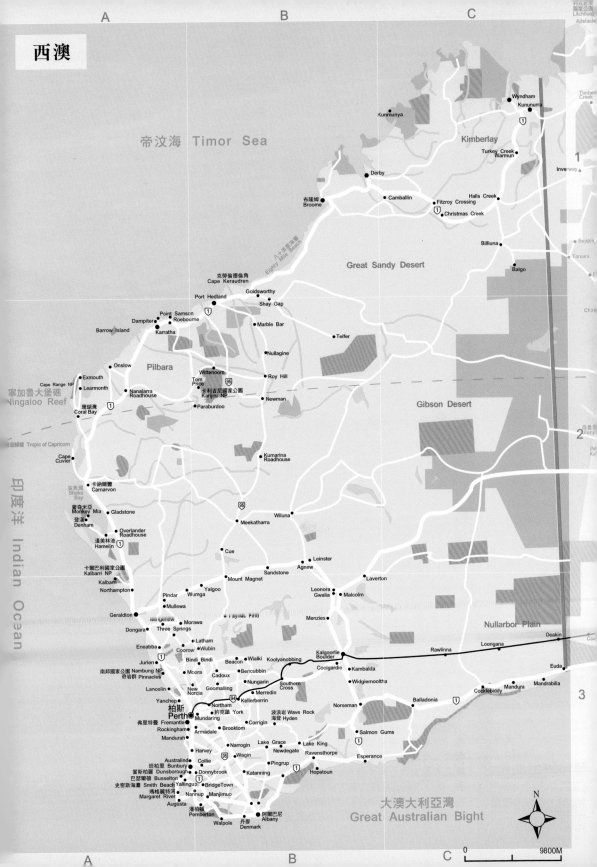

西澳

帝汶海 Timor Sea

Kimberlay

印度洋 Indian Ocean

Great Sandy Desert

Gibson Desert

Pilbara

寧加魯大堡礁
Ningaloo Reef

Tropic of Capricorn 迴歸線

Nullarbor Plain

大澳大利亞灣
Great Australian Bight

Wyndham
Kununurra
Kunmunya
Turkey Creek
Warmun
Inverway
Derby
Camballin
布隆姆 Broome
Fitzroy Crossing
Halls Creek
Christmas Creek
Billiuna
Balgo
克勞倫德倫角 Cape Keraudren
Goldsworthy
Shay Gap
Port Hedland
Marble Bar
Point Samson
Roebourne
Dampier
Karratha
Barrow Island
Telfer
Nullagine
Onslow
Wittenoom
Roy Hill
Exmouth
Learmonth
Tom Price
卡利吉尼國家公園 Karijini NP
Newman
Cape Range NP
Nanalarra Roadhouse
珊瑚灣 Coral Bay
Paraburdoo
Cape Cuvier
Kumarina Roadhouse
卡納爾灣 Carnarvon
鯊魚灣 Shark Bay
Wiluna
蒙奇米亞 Monkey Mia
Gladstone
登漢 Denham
Meekatharra
Overlander Roadhouse
漢美林池 Hamelin
Cue
Leinster
卡爾巴利國家公園 Kalbarri NP
Sandstone
Agnew
Kalbarri
Mount Magnet
Laverton
Northampton
Yalgoo
Leonora
Gwalia
Malcolm
Pindar
Wumga
Mullewa
Geraldton
Mingenew
Morawa
Paynes Find
Menzies
Dongara
Three Springs
Latham
Eneabba
Coorow
Wubin
Kalgoorlie
Boulder
Rawlinna
Loongana
Deakin
Jurien
Bindi Bindi
Beacon
Wialki
Koolyanobbing
Coolgardie
Euda
南邦國家公園 Nambung NP
奇岩群 Pinnacles
Mcora
Cadoux
Bencubbin
Kambalda
Cocklebiddy
Mandura
Mandrabilla
Lancelin
New Norcia
Goomalling
Nungarin
Southern Cross
Widgiemooltha
Yanchep
Northam
Merredin
Balladonia
柏斯 Perth
約克鎮 York
Kellerberrin
Norseman
弗里曼 Fremantle
Mundaring
波浪岩 Wave Rock
海登 Hyden
Salmon Gums
Rockingham
Brooklyn
Corrigin
Lake King
Mandurah
Armadale
Narrogin
Lake Grace
Ravensthorpe
Esperance
Harvey
Wagin
Newdegate
澳林德 Australind
Collie
班柏里 Bunbury
Pingrup
Hopetoun
當斯柏羅 Dunsborough
Donnybrook
Katanning
巴瑟爾頓 Busselton
史密斯海灘 Smith Beach
Yallingup
瑪格麗特河 Margaret River
BridgeTown
Nannup
Manjimuo
Augusta
潘柏頓 Pemberton
Walpole
丹麥 Denmark
阿爾巴尼 Albany

N

0   9800M

離島綠色環保之旅

羅特內斯島（2天1夜）

位於澳洲本島西邊約19公里遠的小島——羅特內斯島（Rottnest Island），是一個具有豐富天然生態的渡假勝地，島上有六個主要棲息地：沿海、鹽湖、半鹹水沼澤、林地、荒地，和人類的居住地區，大部份都未經人工開發，還保留了原始的大自然生態。澳洲政府為了保護島上的生態不被破壞，這裡禁止車輛（除了特定申請的車）以及貓狗寵物進到島內。島上有簡單的小型超市、咖啡館、商店和遊客中心等，遊客中心可供訂房或售票等服務，島上也有出租腳踏車或水上活動用具等。此外，島上也有免費導覽帶你認識小島的歷史與生態，也可選擇參加付費的旅遊團，一次玩透透！

>>交通方式

1 從柏斯出發 在Barrack Street,Jetty買票和搭船，從弗里曼特出發在西澳海事博物館旁的維多利亞港（Victoria Quay）於C-Shed或B-Shed買票和搭船，各家渡輪公司所推出的船票和套票都因服務不同，所以價錢也不一樣，可依自已的需求買票。

2 購買船票時，船公司也會順便詢問是否有代訂島上租借腳踏車需求，若有需要的話可一次訂購比較方便。

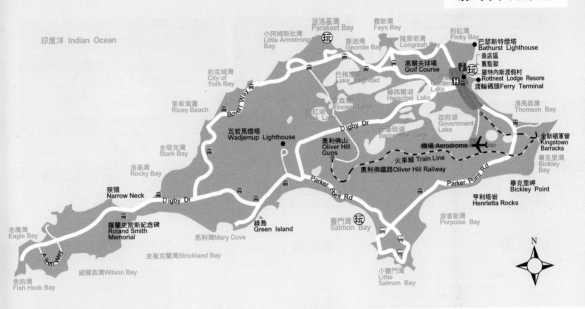

羅特內斯島 (地圖)

印度洋 Indian Ocean

派洛基灣 Parakeet Bay
小阿姆斯壯灣 Little Armstrong Bay
喬迪灣 Geordie Bay
費斯灣 Fays Bay
隆里奇灣 Longreah Bay
粉紅灣 Pinky Bay
巴瑟斯特燈塔 Bathurst Lighthouse
商店區
舊監獄
羅特內斯渡假村 Rottnest Lodge Resore
渡輪碼頭 Ferry Terminal
約克城灣 City of York Bay
巴格達湖 Lake Baghdad
高爾夫球場 Golf Course
赫西爾湖 Herschel Lake
菜希海灘 Ricey Beach
Boyer Way
森湖 Vincent Lake
粉紅湖 Pink Lake
湯馬森灣 Thomson Bay
史塔克灣 Stark Bay
瓦哲馬燈塔 Wadjemup Lighthouse
Digby Dr
賽潘坦湖 Serpentine Lake
政府湖 Government Lake
金斯頓軍營 Kingstown Barracks
洛基灣 Rocky Bay
奧利佛山 Oliver Hill Guns
機場 Aerodrome
畢克里灣 Bickley Bay
火車線 Train Line
奧利佛鐵路 Oliver Hill Railway
Parker Point Rd
畢克里角 Bickley Point
狹頸 Narrow Neck
Digby Dr
Parker Point Rd
亨利塔岩 Henrietta Rocks
羅蘭史密斯紀念碑 Roland Smith Memorial
綠島 Green Island
賽門灣 Salmon Bay
波普灣 Porpoise Bay
老鷹灣 Eagle Bay
Aiken Way
馬利灣 Mary Cove
史崔克蘭灣 Strickland Bay
小賽門灣 Little Salmon Bay
魚鉤灣 Fish Hook Bay
威爾森灣 Wilson Bay
N

費用表

船票來回	Perth ～ Rottnest（Barrack St Jetty）	成人船票 79澳幣	Fremantle Rottnest Express-B Shed / Oceanic Cruises-C Shed	成人船票 59澳幣
入島費		19澳幣		19澳幣
小計		98澳幣		78澳幣

1.腳踏車
　Rottnest Express腳踏車出租41澳幣，Oceanic Cruises腳踏車出租28澳幣
2.Bayseeker一天公車票
　成人13澳幣，優待票10澳幣，小孩5.5澳幣
3.住宿費
　視個人不同，所以不予計算。

渡船公司DATA

1.Rottnest Express
C-Shed, Fremantle 08-9335-6406
Barrack St, Perth 08-9421-5888
www.rottnestexpress.com.au

2.Oceanic Cruises
B Shed, Fremantle 08-9335-2666
Barrack St, Perth 08-9325-1191
www.oceaniccruises.com.au

小叮嚀

>>購票
●到碼頭或在網路上購買往羅特內斯島的船票時，每家渡輪公司提供的服務不同，所以票價也會跟著不一樣，可依需求買自已適合的套票或來回票。有時船公司會在星期二推出特價票，但要注意相關的使用規定。
●由弗里曼特搭船到羅特內斯島距離較近，約30～45分鐘，因此船票會比從柏斯出發便宜；但由柏斯出發則會沿天鵝河航行，可順道飽覽河畔風光，約需2～3小時左右，各有優缺。

>>導覽
下船到了羅特內斯特島後，建議先到遊客中心詢問預約免費或付費導覽，以方便安排島上的遊覽行程。

>>飲水
島上有多景點離商店區都有一段距離，雖然很多地方也都有加水站可供加水，但還是需特別注意是不是有足夠的飲用水，以免在炎炎夏日時中暑。

>>騎腳踏車
澳洲規定騎腳踏車一定要戴安全帽，且不可以載人，不然會開罰，不過腳踏車出租公司通常也會有租借安全帽的服務，不需要自備。

羅特內斯島

2day　Rottnest Island

探索與大地共生的美麗生態島嶼

　　想體驗正夯的綠色小島之旅嗎？來羅特內斯島就對了，這裡沒有突兀的飯店大樓，也沒有城市的喧囂，島上禁止汽車進入，遊客可以盡情的騎腳踏車、溜直排輪，在路上不用閃避呼嘯而過的車輛。這裡的大自然生態在澳洲政府實施環保政策下，被保護得很周全，從陸地上的動物棲息地，到海裡的珊瑚礁都沒有被破壞，到了傍晚還有島內的明星動物短尾矮袋鼠（Quokka）來作伴，整個羅特內斯島只有約百分之十是屬於早期殖民時期的人工建設居住地，目前皆為舒適的VILLA住宿，很適合全家人或三五好友來此渡假，喜愛大自然生態的遊客，更能盡興而歸。

DATA
Rottnest Island Visitor Information Centre
☎ 08-9372-9732
🕐 週一～週日8:30 ～ 17:00
休 無
網 www.rottnestisland.com

75

Quokka短尾矮袋鼠棲息地

島內最有名的地主就是短尾矮袋鼠（Quokka）了，羅特內斯島的名字也是因為有這個小動物才有這個名字；Quokka體型小，乍看之下會誤以為是超大老鼠，但牠是屬於體型較小的有袋動物，非常可愛。牠們白天不太愛出來行動，可能只有在樹蔭下草叢邊找找，但機率不高。不過也別太失望，因為天黑後，整個小島可就是牠們的天下了，不管是在馬路、廣場、草地或戶外餐桌上……到處逛大街的短尾矮袋鼠這時候只能用「滿出來了」來形容。因此，四百年前荷蘭人第一次到這島上時，便誤以為他們是老鼠，因此便將這小島取名為「Rats nest」，也就是老鼠巢的意思。

→野生的短尾矮袋鼠個性溫馴，也不太畏懼人類，一旦聞到食物的味道就會跑來，甚至跳到桌上或翻購物袋找食物。但為了保護這些野生動物的健康與習性，請不要餵食牠們。

商店區

下了渡輪走路5分鐘就會先到島上最熱鬧的商店區，遊客們可以在這裡補足一些食物或是租借腳踏車、潛水用具等，也有一些咖啡館和餐飲店，可以對著美麗的湯姆遜灣（Thomson Bay）坐一下午也不錯，還有在街上走來走去的孔雀，大概也只有在這裡看得到吧！住宿的渡假小屋也是在這一帶，只要步行幾分鐘就會到，相當方便。只不過得注意一下商店的營業時間，通常還沒天黑店家就可能打烊了。

海灘

據記載，羅特內斯島可能是在七千年前就已脫離大陸本島，因海平面上升而形成了一座島嶼。現在的羅特內斯島上有多達63處海灘，像是賽門灣（Salmon Bay）、派洛基灣（Parakeet Bay）等，都是適合從事水上活動的人氣景點，蔚藍的天空、碧綠的海水，天海交融的美景可以說是這裡最大的天然資源，不僅可以游泳，或是浮潛觀賞珊瑚礁和海裡的海洋生物，同時也是衝浪的好去處，而且只要搭乘島上的Bayseeker公車就能抵達各海灘景點，非常方便。

生態和鹽湖

羅特內斯島上的內陸鹽湖面積佔了全島百分之十之多，美麗的粉紅色湖泊也是鳥類和當地生物的重要棲息地，各種野生水鳥在湖中覓食和鹽湖的靜謐風光，不被打擾的生態之美，著實令人著迷。在鹽湖區這一帶還可以看到滿地的結晶鹽，整片的鹽湖若不是呈粉紅色，就彷彿是結成冰的湖一般。

舊監獄

原本這裡是關著輕刑犯或是原住民的牢房，現在已經改建成渡假飯店，可以想像房間不會太大，每間都是單人房，如果喜歡來點不一樣的住宿體驗，可以選擇住在舊監獄裡看看。位在舊監獄旁的小教堂，則是以前除了是當地的獄卒或居民的中心信仰外，也是關在獄中的囚犯可以去做禮拜的地方，這也是為什麼教堂會蓋在監獄旁的原因。

↑渡假村為了配合環保的政策，皆以大地色做為渡假小屋的主要色系，融入大地並保護原始生態是羅特內斯島最大的使命。

羅特內斯島
Rottnest Island

這裡沒有突兀的飯店大樓，也沒有城市的喧囂，島上禁止汽車進入，遊客可以盡情的騎腳踏車、溜直排輪，在路上不用閃避呼嘯而過的車輛。

搭公車環島

　　來到島上建議租借一天的腳踏車，第一天可騎著腳踏車以悠閒的速度走逛島上景點，第二天則建議買張公車票，搭乘輕鬆遊覽島上風光最方便的Bayseeker公車，大約每一小時或半小時就有一班車，全島共設有18個公車停靠站。沿著海岸線環島一圈的路線，非常適合隨時上下車到海灘景點玩水或欣賞海景。由於公車路線沒有包含內陸的鹽湖區，所以建議趁有腳踏車時，先到鹽湖區和森林地遊玩，無交通工具時則可以換搭Bayseeker公車去海邊行程。

　　→公車會停靠在景點的附近，停靠站也會註明下個景點位置與距離，還有標示最近的公共設施方向，是島上最佳的遊覽工具之一。

內陸古老奇岩之旅

波浪岩（1天來回）

西澳大利亞的奇景之一「波浪岩」（Wave Rock），擁有令人難以置信的巨大海浪外型，是經過數千萬年的大自然變化而產生的奇岩。如果剛從照片上看到它的外型，還以為它是位在西澳沿海一帶，但它卻是遠在距離柏斯約三百多公里的內陸，與海沒有直接的關係。從柏斯到波浪岩的路上，必經的歷史小鎮約克（York Town），同時也是西澳第一個內陸殖民小鎮，未經改建的小鎮風情，反倒保有獨特風情，路經此地不妨下車體驗小鎮的純樸氣氛。

小叮嚀

1. 去波浪岩可選擇自行開車前往，一離開柏斯市區，一路上幾乎都是沿著筆直的路往東開，只是路程較遠，開車時間較長些。如不方便開車也可以在柏斯報名參加旅遊團，遊客服務中心內有多家旅遊團資料可供參考，選定後服務中心可免費幫忙代訂。自行開車和參加旅遊團各有優缺點，可視個人狀況選擇；例如開車也許較累，但可以隨意調配時間在喜歡的景點上多多停留，而旅遊團則是完全會幫團員排好時間地點，行程非常緊湊，價格也相對較高。

2. 澳洲的夏季幾乎都是非常炎熱，最好是在下午抵達波浪岩，一方面除了可以稍微避暑外，最重要的是，想要捕捉波浪岩各種顏色的祕訣，在於午後的光線會使得岩石產生更奇妙的變化，也是線條最鮮明的時候。

柏斯 Perth
Great Eastern Hwy
① 約克鎮 York Town
120
Great Southern Hwy
40
22
Brookton Corrigin Rd
40
○ Brookton
波浪岩 Wave Rock
海登 Hyden ○ ②
Kondinin ○
2
120

>>> 本日行程表

	約 266公里	約克鎮（建議停留30分鐘）
1		
2		波浪岩（建議停留2小時）

費用表	波浪岩門票	7澳幣
	合計	7澳幣

備註：
1.波浪岩門票以一部車計算。
2.以上不包含租車費用及油資、餐飲和個人花費。

>>交通方式

1.出了柏斯市區後，沿Great Eastern Hwy（94號公路）一路向東行駛至約克鎮，約96公里，車程1小時40分鐘可達。

2.自約克鎮走Great Southern Highway（120號公路）南行，再接Brookton Corrigin Rd向東行駛，沿途依指標前往Hyden可達，約260公里，車程約3.5小時。

●MAP P.73-B3

1 約克鎮

⏱30min. York Town 🎡

古老優雅的氣質內陸小鎮

　　約克鎮是一個典型的殖民時期小鎮，位在雅芳河谷（Avon Valley）旁，距離柏斯約96公里。1836年時西澳政府派官兵到此地保護定居內陸的居民，便開始在約克鎮建設，因而成為殖民地的第一個內陸區。鎮內的建築風格集合了巴洛克、維多利亞式等各種古典藝術手法，為古樸的約克鎮點綴上獨特的人文氣味。雖然這小鎮已有百年的歷史，但它未經太多的改建，街道上也沒有明顯的現代建築物，仍完全保有十九世紀的面貌。

趣味大發現

鎮上一輛可愛的改造古董貨車就停在馬路旁，後面還載著稻草和假乳牛以及一個捐獻箱，原來是為某項活動募款。

具有維多利亞建築風格的市政廳，是約克鎮上最鮮明的地標，遊客中心則設在市政廳裡，可索取地圖、詢問資訊，也有當地的特產或紀念品販售。

小叮嚀

約克鎮是去波浪岩路遇到的第一個城鎮，建議可以在此稍作停留休息，以免舟車勞頓影響了出遊的興致。

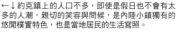

←↓約克鎮上的人口不多，即使是假日也不會有太多的人潮，親切的笑容與問候，是內陸小鎮獨有的悠閒樸實特色，也是當地居民的生活寫照。

波浪岩奇觀

25億年的大岩石，經年累月的日曬雨淋與季節交替，成就今日眼前奇石與奇異生態的寶庫。

● MAP P.73-B3

2 波浪岩
⏱2hr. Wave Rock 玩

體驗內陸奇岩的衝浪趣

波浪岩的所在位置是柏斯以東約340公里的內陸小鎮海登（Hyden）附近，據記載這顆大岩石可能已經在25億年前就存在，由於長時間的風化及雨水的侵蝕，使其中一面的岩石形成了一個110公尺長、15公尺高的巨大海浪形狀的花崗岩峭壁，而雨水從峭壁上面流下來的黑色痕跡，讓海浪的形象更加生動。波浪岩的形成至今也6千萬年了，當你站在這個古老的大峭壁下，確實有快被大浪吞沒的想像空間，如此奧妙的波浪岩，絕對是澳大利亞最具特色的地形之一。

DATA
址 Wave Rock, Hyden
電 08-98005022
營 全年開放
費 停車費一輛車7澳幣
網 www.waverock.com.au

→↗到了波浪岩要買票，一輛汽車7澳幣，摩托車3.5澳幣，停車場旁有機械式的售票亭，也可以進到旁邊的遊客中心買票。

趣・味・大・發・現

波浪岩上有許多大岩石，經長時間的風化和雨水侵蝕，形成奇特的外型。雖然石頭不會動，但各種造型的石頭激發人的想像力。不妨發揮想像力，創造一張張有趣的照片！

這顆平凡的大石頭經風化後造成一個凹洞後，形狀有如設計師所設計的造型名椅，可坐在上面欣賞這遼闊的大地。

環岩步道
Wave Rock Walk Circuit

在波浪岩上看完壯麗遼闊的美景後，不妨沿著指標散步到河馬打哈欠，它的環岩步道全長約0.0公里，如果時間人裡，可以只收波浪岩到河馬打哈欠這一段，約步行20分鐘，其步道平緩易走，可以觀賞到身旁巨大岩石風化的特殊景觀。沿著步道走也有機會漫步在鮭魚膠樹林（Salmon Gum）裡，在黃昏時刻，脫了皮的光滑樹幹經夕陽的陽光照射，顯得金碧輝煌，Salmon Gum就像一棵棵黃金樹一般，猶如置身在黃金森林裡，非常奇妙特別。

↑從波浪岩沿著峭壁的步道走，可以看到巨大石頭受到風化和侵蝕過的痕跡，石頭上裂縫的寬度，可以容納一個人走上去。

河馬打哈欠
Hippo Yawn

波浪岩附近有一個大洞窟，外觀近似河馬張開大嘴巴打哈欠的模樣，也是因為風化後造成凹洞後的模樣，遊客站在洞口感覺懷是快要被吃掉一樣。河馬打哈欠岩石離波浪岩不遠，沿著指標走不用多久就會到，若是有時間建議可以在這附近的步道散步，觀賞這一帶的奇岩巨石。不過夏天時這裡白天的溫度常會高達四十度，建議準備足夠的水或防曬用品，以免曬傷或中暑。

鄉村風情畫之旅

西南澳（5天4夜）

西南澳，顧名思義為柏斯西南邊，也是西澳景色最優雅迷人的區域。離開柏斯市區後，往南開上寬敞的公路，沿途不僅農莊、樹林、酒莊等景致交織，每個小鎮風光更是獨一無二，有沿海的衝浪客天堂、漁港風情、鄉村農莊，也有森林小鎮等，極為適合全家大小一同出遊渡假。此外，西南澳最具盛名的，還有瑪格麗特河美如詩畫般的酒莊之旅，腹地廣大且集中的酒莊，美麗偌大的莊園不在話下，有葡萄美酒的加溫更讓西南澳之旅餘韻悠長。

>>交通方式

1. 由柏斯出發向南行駛走1號或2號國道，皆可至班柏里；之後接Busselton Hwy（10號公路）至巴瑟爾頓；進入巴瑟爾頓市區後接沿海岸線的Caves Rd，即可到達當斯柏羅和位於Yallingup小鎮的史密斯海灘。
2. 自Yallingup沿海岸線Caves Rd向南行駛，再依指標即可達瑪格麗特河。
3. 由瑪格麗特河走Busselton Hwy（10號公路）向南行駛後，遇Brockman Hwy左轉直行即可達潘伯頓；自潘伯頓接Vasse Hwy向東行駛，遇South Westen Hwy（1號國道）後南行駛即可達丹麥和阿爾巴尼。
4. 自阿爾巴尼回柏斯建議走內陸的Albany Hwy（30號公路）較近，約400公里。

柏斯　●約克鎮

Mandurah●

班柏里Bunbury
巴瑟爾頓Busselton
當斯柏羅Dunsborough
史密斯海灘
Smith's Beach
瑪格麗特河
Margaret River

潘伯頓
Pemberton

丹麥
Denmark

South Coast Hwy

阿爾巴尼
Albany

Bunbury Hwy
Albany Hwy
Western Hwy

⟫⟫⟫ 行程表（5天4夜）

1	約53公里	班柏里
2	約23公里	巴瑟爾頓
3	約8公里	當斯柏羅
4	約42公里	史密斯海灘
5	約140公里	瑪格麗特河
6	約186公里	潘伯頓
7	約54公里	丹麥
8		阿爾巴尼

費用表	巴瑟爾頓碼頭來回小火車＋海底觀賞台40分鐘導覽	28澳幣
	潘伯頓周邊國家公園一日票	11澳幣
	合計	**39澳幣**

備註：
1.以上費用以一個成人所需的費用計算，若遇優待票情形，請參考DATA的資料自行計算。
2.費用不含租車、油資、住宿、餐飲和購物，視每人情況不同自行計算。

●MAP P.73-A3

1 班柏里
Bunbury 玩

童話故事般的可愛小鎮

　　班柏里是一個安靜美麗的小鎮，距離柏斯約180公里，鎮上的馬爾斯頓山坡（Marlston Hill）是鎮上的制高點，可以開車或步行到山坡上的瞭望台（Bunbury Tower）俯看全城風光，從瞭望台也可看到海邊旁的黑白燈塔，視野極佳，旁邊的綠色小公園也是一個適合野餐的地點。位在庫巴納灣（Koombana Bay）的海豚探索中心，有個互動淺水區可和野生瓶鼻海豚近距離接觸，有興趣的遊客可前往觀賞。

>>交通方式

由柏斯出發向南行駛走1號或2號國道，皆可至班柏里

●MAP P.73-A3

2 巴瑟爾頓
Busselton 玩

南半球最長的碼頭景色

　　綿延1.8公里長的巴瑟爾頓碼頭（Busselton Jetty），是南半球最長的木製碼頭，從海岸此端可以搭乘小火車到碼頭的尾端，並買票進入海底觀賞台（The Underwater Observatory）觀賞壯麗的海底生態。而碼頭上幾棟藍白相間的小屋即為巴瑟爾頓的解說中心和禮品販售處，也是明信片上常看到的著名西澳美景之一；據說日本動畫大師宮崎駿作品《神隱少女》裡的水上公車站場景，便是以巴瑟爾頓碼頭為創作靈感。

>>交通方式

往南行駛走1號國道可達

↑如果到了巴瑟爾頓碼頭看不出它和《神隱少女》有何相關的話，再看看這張解說中心販賣的卡片，應該就不難知道是動畫裡的哪個橋段了吧。

1.解說中心裡特別展示了巴瑟爾頓碼頭的歷史簡介，以及進到碼頭最底端的海底觀賞台（The Underwater Observatory）可以看到的景象。
2.巴瑟爾頓碼頭上的解說中心，除了販賣一般的旅遊紀念品，還有各式各樣與海洋有關的特色商品。
3.Kombi Money Box／34.5澳幣
在澳洲路上常會讓人眼睛為之一亮的Kombi車，是各國背包客們最喜愛的小箱型車款，不僅是交通工具，也是吃飯睡覺的空間，把Kombi車做成存錢筒的模樣，既實用又十分有澳洲風味。

DATA
🏠 Main Beachfront,Busselton
☎ 08-9754-0900　🕐 週一～週日9:00～17:00　休 無
💰 碼頭進入費2.5澳幣；搭小火車成人10澳幣，小孩5澳幣；海底觀賞台40分鐘導覽＋來回小火車成人28澳幣，小孩14澳幣
🌐 www.busseltonjetty.net

3 當斯柏羅
Dunsborough 玩

平靜無波的藍色啤酒海

　　當斯柏羅是個漂亮的海濱渡假小鎮，鎮上的沿海步道可以一覽清澈的喬格拉非灣（Geographe Bay），這裡的海灘因海灣地理位置的關係，平靜無浪的海面，美到令人屏息。夏天時，這裡碧海藍天，淺灘的海水呈現令人舒服的淡淡水藍色；在冬天，天空少了藍色，厚厚的白色雲層卻讓淡黃色沙灘上的海水，變成了啤酒色澤，加上海面輕輕打來的水波泡沫，整個喬格拉非灣就如同啤酒海一般，非常特別。

>>交通方式

從巴瑟爾頓市區走沿海岸線的Caves Rd，即可到達當斯柏羅

↑離鎮中心約3公里的Beachouse Backpackers，位在喬格拉非灣旁，坐在院子裡就可以看到大海，足以媲美5星級飯店的渡假休閒氣息。

↑背包客棧戶外的設備齊全，像是沙灘排球場、桌球桌、沙灘椅、吊床……等，也可以向櫃台借腳踏車騎到鎮上購物，受到許多背包客的喜愛。

當斯柏羅背包客棧
Dunsborough Beachouse Backpackers

　　當斯柏羅背包客棧，是澳洲最受歡迎的背包客棧之一，隨性自由的氣氛，沒有太多規定或是門禁森嚴的多重警戒門鎖，讓住宿的客人體驗海濱渡假的自在感。不過，最值得推薦的是這裡得天獨厚的海灘美景，脫了鞋就可以漫步到沙灘，簡直就是專屬的客棧沙灘，甚至比高級飯店還要享受。此外，多樣化的免費室內外設施，晚上客棧還提供免費白飯給住客旅客，很是貼心。不管是學生或青年背包客，甚至一般家庭在這裡都能享受無價的美景。

→Beachouse的慵懶小貓算是客棧的巡邏員，每個人都得跟牠打聲招呼！

DATA
📍201-205 Geographe Bay Rd, Dunsborough
📞08-9755-3107
🌐www.dunsboroughbeachouse.com.au

---

4 史密斯海灘
Smith's Beach 玩

海天一色的海濱渡假天堂

　　史密斯海灘就位在Yallingup的海灣上，從海灣上滿滿的衝浪客和山坡上多家的渡假別墅，可以看出這裡是非常受歡迎的海濱渡假勝地。由於地理位置已進入瑪格麗特河葡萄酒產區，因此這裡也是夏日瑪格麗特河品酒之旅時，另外一個值得一遊的海岸風光勝景點。

>>交通方式

沿海岸線Caves Rd往西走，遇Quindalup左轉，直走到Yallingup，附近便有許多美麗海灘

小叮嚀

Yallingup鎮一帶，從北到南的沿海除了著名的史密斯海灘，還有不少值得一去的美麗沙灘。

●MAP P.73-A3

5 瑪格麗特河
Margaret River   吃 玩

有「小波爾多」之稱的葡萄酒鄉

　　位在柏斯以南約280公里的瑪格麗特河，同時是一條河流的名字，也是小鎮的名字和葡萄酒區名，這裡屬於地中海型氣候，是西澳最大也最重要的葡萄酒產業重鎮。西元1965年時，John Gladstones發現瑪格麗特河的地中海型氣候，與滲透性佳的土質，和法國波爾多地區很相似，因此開始開墾經營葡萄酒產業。三十多年後，目前瑪格麗特河區域共有54座葡萄園，其中有40多家是製酒的酒莊，酒莊規模大小皆有，但大部份都歡迎遊客進到酒莊內參觀和品酒。瑪格麗特河風光迷人、莊園美景如詩如畫，這裡除了葡萄酒酒莊可以遊玩，還有適合衝浪等水上活動的海岸線，是西南澳觀光的重點城市。

>>交通方式

自Yallingup沿海岸線Caves Rd向南行駛，再依指標即可達瑪格麗特河

糖果店
Ye Olde Lolly Shoppe

　　瑪格麗特河鎮上有一家老糖果店，最具傳統風味的薄荷糖就有40多樣的口味，而且在許多角落還會放上古董秤，或是老收銀台，是很有懷舊復古風格且難得一見的糖果店。

DATA
地 Shop 3/103 Bussell Hwy, Margaret River
電 08-9758-7555
營 週一～週日9:00～17:00
休 無
網 www.yeoldelollyshoppe.com.au

↑店門口停了一輛舊腳踏車，上面的紅色牌子告訴大家糖果店有提供送貨到府的服務，這種專門提供糖果送到家的專賣店，幾乎不曾看過。

坎柏瑞羊起司農場
Canbray Sheep Cheese

　　由家族所經營的坎柏瑞起司農場，專門生產羊奶製品為主，自2005年起每年幾乎都獲得金牌獎和許多獎項的肯定，口味和品質絕對沒話說。它的位置就在Vasse Highway上，農場主人也歡迎遊客在參觀過瑪格麗特河的酒莊後，帶著剛買的葡萄酒，搭配農場生產的濃郁起司拼盤，兩者一起品嚐，相得益彰。若是不想喝酒，農場也有英國茶或是咖啡，都可以讓遊客好好享受農場的悠閒時光。

↑進到農場的店裡，老闆娘親切的拿出自家生產的起司產品給遊客試吃，並說明每種起司的口感與製作原料。

DATA
地 RMB 470 Vasse Highway, Nannup
電 08-9756-2037
網 www.cambraysheepcheese.com.au

↓Handmade Ewes Milk Soap羊奶手工皂/6澳幣

標榜對人體肌膚很溫和的羊乳手工皂，放在粗獷的木盒裡，看起來非常天然好用，還有蜂蜜、椰香…等多種香味可供選擇。

↑坎柏瑞起司農場也販賣一些自製的手工果醬、橄欖油和蜂蜜等相關產品，還有自家種的水果，相當有鄉村風味。

↑酒莊二樓有著現代鄉村風格的餐廳，餐廳的中央有個懸空的大壁爐，很具設計感。

↓酒窖裡展示著歷年來得到的葡萄酒獎項。

↑葡萄酒莊非常適合全家一起來玩，大人可以品嚐各式葡萄酒，而小孩也能在佔大的葡萄酒莊園內玩耍，或者是到酒莊內的餐廳享美食佐美酒，都是不錯的體驗。

←走到試飲區的吧台，試酒師便會過來為客人服務，吧台桌上的試飲酒單，可讓客人知道目前有哪些紅白酒可供試飲。

瓦斯菲利克斯
Vasse Felix

瓦斯菲利克斯是瑪格麗特河地區第一個同時有葡萄園和釀酒廠的酒莊，在1967年時，由湯姆‧克利緹博士（Dr.Tom Cullity）所經營。現在這家葡萄酒莊園內，除了有美麗的葡萄園和大草皮，還有不少裝置藝術在裡面，可以邊散步邊參觀；進到室內馬上就可以看到品酒區以及禮品區，並有展示畫作或定期舉辦展覽的藝術中心。到瓦斯菲利克斯酒窖時，建議可以品嚐帶有葡萄柚和熱帶果香及燻烤橡木桶味的夏多內白酒（Chardonnay），是酒莊內頗受歡迎的酒款之一。

DATA
地 Cnr Caves Rd & Harmans Rd South, Cowaramup
電 08-9756-5000
營 酒窖：週一～～週日10:00～17:00
休 無
網 www.vassefelix.com.au

小故事
酒莊的商標是一隻遊隼（老鷹的一種），在早期由於當地的野鳥會去吃味道香甜的果實，所以當酒莊的葡萄第一次結出果實時，常難以倖免於受到鳥害，所以克利緹博士花了很多時間去訓練一隻獵鷹，專門用來嚇走吃葡萄的鳥類；可是有一天這隻老鷹被放到天空自由的飛翔後，從此消失無蹤，為了紀念牠，酒莊就以遊隼做為瓦斯菲利克斯的酒標。

旅行者酒莊
Voyager Estate

旅行者是一家頗年輕的酒莊，規模並不是非常大，不過卻是瑪格麗特河一帶最美麗的酒莊之一。現在的老闆Michael Wright在1991年買下這家酒莊後，便積極地擴張並往觀光酒莊發展，也由於這裡的第一株葡萄種是來自南非，因此酒莊的建築是以南非Cape Dutch的風格為主體，室內的裝飾也相當吸引人。最值得一提的是，戶外的玫瑰園裡種了各式品種與花色的玫瑰花，精緻優雅的玫瑰花園相當令人讚嘆，也是到此一遊的旅客在品嚐美酒之餘，最美麗的印象。

DATA
地 Stevens Rd, Margaret River
電 08-9757-6354
營 週一～週日10:00～17:00
休 無
網 www.voyagerestate.com.au

→Truffle Oil／16.95澳幣
具有松露風味的橄欖油，適合加在各式的義大利麵及米飯等西式料理食用，可藉由松露的提味，增添餐餚風味。

→紅白葡萄酒禮盒／69.95澳幣
酒莊貼心的為客人準備送禮用的酒盒，送葡萄酒時如果有個精緻的禮盒裝起來，讓這禮品顯得氣派大方，並且顯出其珍貴與價值。

↑Voyager Estate室內高挑明亮，莊園內除了出售各系列的紅白酒外，還有不少副產品像是橄欖油、果醬、牛軋糖……等，都讓人忍不住想買回家。

小常識

常去酒莊的遊客應該會發現，為何酒莊總是會種著玫瑰花，而不是其它的花呢？其實是有原因的。
1. 玫瑰花可以幫助農莊主人提早預測葡萄感染疾病的作用，因為玫瑰花和葡萄會感染同樣的白粉病（Powdery mildew），而較嬌嫩的花朵會比葡萄先受到感染，所以以玫瑰花就擔起了預測疾病這個重大任務。
2. 酒莊裡所栽種的各種製酒葡萄，有時會因為季節的不同而受到蟲害，所以便會種一些美麗的花朵來吸引昆蟲，而讓真正有價值的葡萄不被蟲兒騷擾，因此美麗搶眼的玫瑰花便擔任了這個重要的角色。
3. 因為前兩項理由，在葡萄園裡種玫瑰花已經變成了一個傳統；現在，酒莊種玫瑰花最大的理由是為了美觀，它不只是葡萄的警報器，還吸引了小飛蟲讓葡萄不被騷擾，更重要的是吸引了大批觀光客，算得上是莊園裡的大功臣。

小叮嚀
當斯柏羅至瑪格麗特河一帶酒莊眾多且分布密集，只要沿著連接西南澳各主要城鎮的Bussell Hwy（10號公路）開，再依路邊各酒莊的指示標誌轉進路邊或小徑即能抵達，距離皆不遠。遊客可以隨心所至，看到喜歡的酒莊便進入，也可先到瑪格麗特河鎮上的遊客中心索取詳細的酒莊地圖後，按圖索驥。

●MAP P.73-B3

6 潘伯頓
Pemberton　　　　　　　(玩)

沉浸山城森林的無限芬多精

潘伯頓早期為伐木大鎮，為了將木頭從森林裡運送出來，因而建造了一條鐵道以運送大量的木材，但隨著伐木業漸漸沒落，小鎮的人口慢慢外移，當年留下的火車及鐵道和相關機器，便成了小鎮上令人回味的歷史景觀。不過，來到這森林小鎮依舊能體驗其優美寧靜的環境，到處都可以看到高大聳立的凱利樹（Karri）。在距離鎮上約3公里的格勞斯特國家公園（Gloucester National Park）裡，便有棵高達數十公尺的凱利樹，而且還能沿著梯子爬到樹頂端，不過，這是在1930年至1940年代為了從高處察看森林大火所設立的瞭望台，現在則是遊客訓練高度膽量的指標。

>>交通方式
由瑪格麗特河走Busselton Hwy（10號公路）向南行駛後，遇Brockman Hwy左轉直行即可達潘伯頓

↑伐木時代所保留下來的舊火車頭，就展示在鎮上的小公園。

→爬完樹後，也可以到附近的環狀步道散步，讓自己沉浸在充滿芬多精的森林浴中。

←這棵高聳的凱利樹高達86公尺，可供遊客爬到樹頂的瞭望台，爬到中間時有個中途可以休息的小平台，也是當做爬上樹與往下走的遊客的一個交會點。

小叮嚀
潘伯頓附近有幾座知名的國家公園，包括格勞斯特（Gloucester）、瓦倫（Warren）、畢德魯普（Beedelup）、安垂卡斯圖（D'Entrecasteaux）與夏儂（Shannon）等國家公園，進入國家公園需付費，以一輛汽車或摩托車為單位，一輛汽車一日票為11澳幣，摩托車為5澳幣，也有4星期票40澳幣則不分汽車或摩托車，均可在遊客中心買票。

●MAP P.73-B3

7 丹麥
Denmark

無限美好的田野風光

丹麥小鎮的最大特色就是威廉灣國家公園的海灣地形，此地雖然以堅硬的花崗岩為主，可是當岩石置身在潔白的沙灘上與海水交會時，竟然可幻化成優美夢幻般的美景。著名的的海景有象石（Elephant）與綠池（Green Pool），而小鎮的周圍還是有不少酒莊以及畜牧的農場、大片的草原、純樸的農莊，隨處都可以看到放牧牛羊的牧場之美。

→西南澳的田野風光除了常看到的牛羊馬之外，有時還可看到澳洲的特有的鴯鶓（Emu）。

小叮嚀
從九月至十一月時是澳洲的春天，是觀賞鯨魚和野花的最好時節，如果想到海邊賞鯨，最好多準備防寒的衣物，澳洲的春天還是會冷的。

≫交通方式
自潘伯頓接Vasse Hwy向東行駛，遇South Westen Hwy（1號國道）後往南行駛即可達丹麥

●MAP P.73-B3

7 阿爾巴尼
Albany

地質景觀豐富的海港山城

阿爾巴尼是西澳最早的殖民地點，比柏斯早三年建城。捕鯨曾經是阿爾巴尼的最重要產業，也是當時英國和澳洲往返時的蒸汽船隻加煤站，城鎮面對的皇家公主港（Princess Royal Harbour）則是世界最深的港口之一，非常適合大船進出，但由於冬天時的風浪過大不適合船隻停靠，因此才移到柏斯發展。時至今日，在海岸線一帶仍可以看到殖民時期的房舍，坐擁美麗的山海景色與海蝕地形，吸引不少旅客前往。

↑位於市中心路旁的狗岩（Dog Rock），是一塊突出的大岩石，昂首注視天空的形狀，甚是有趣。

≫交通方式
自潘伯頓接Vasse Hwy向東行駛，遇South Coast Hwy（1號國道）後往南行駛即可達

↑阿爾巴尼小鎮雖是個西南澳的歷史小城，人口及商業活動雖不及大城市，但小鎮上不定期舉辦的活動，使小鎮活力不減。

→克拉倫斯山（Mt Clarence）山頂上，可以眺望皇家公主港的壯闊海景，並可欣賞每個時段天空千變萬化的色彩，黃昏時的粉紅色，十分夢幻。

托迪拉普國家公園
Torndirrup National Park

就在阿爾巴尼南方不遠處的托迪蘭普國家公園，著名的的風力農場（Windfarm）景色相當壯觀，一座座巨大無比的風力發電機就矗立在廣闊的海邊懸崖上，景色之壯觀令人難忘。國家公園裡設有步道可近距離接觸風力發電機，是到阿爾巴尼必到的重要景點。

↑托迪拉普國家公園內的自然橋（Natural Bridge），是海邊的岩盤經過海浪長年累月的拍打沖刷，脆弱的部份便破裂崩塌形成如拱門一般的海蝕岩。

DATA
via Frenchman Bay Rd, Albany
全年開放　　無

小叮嚀
托迪蘭普國家公園入園不需門票，可自由進入參觀。

→就位在自然橋旁的裂口（The Gap），一樣是受到海水的侵蝕所形成的裂口，此處的岩石受到海浪拍打聲勢驚人，轟隆聲不斷。

托迪拉普國家公園
Torndirrup National Park

一座座巨大無比的風力發電機就矗立在廣闊的
海邊懸崖上，景色狀觀令人難忘。

生態樂園之旅

西北澳（9天8夜）

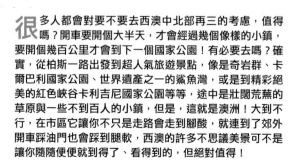

很多人都會對要不要去西澳中北部再三的考慮，值得嗎？開車要開個大半天，才會經過幾個像樣的小鎮，要開個幾百公里才會到下一個國家公園！有必要去嗎？確實，從柏斯一路出發到超人氣旅遊景點，像是奇岩群、卡爾巴利國家公園、世界遺產之一的鯊魚灣，或是到精彩絕美的紅色峽谷卡利吉尼國家公園等等，途中是壯闊荒蕪的草原與一些不到百人的小鎮，但是，這就是澳洲！大到不行，在市區它讓你不只是走路會走到腳酸，就連到了郊外開車踩油門也會踩到腿軟，西澳的許多不思議美景可不是讓你隨隨便便就能到得了、看得到的，但絕對值得！

>>交通方式

1. 開車：由柏斯出發向北行駛走Brand Hwy（國道1號公路），到了Geraldton鎮以北路名會變成North West Coastal Hwy，以及到了Port Hedland以北的路則變成Great Notthern Hwy，期間再依指標即可到達各景點。
2. 灰狗巴士：如果沒有自行開車，可搭乘灰狗巴士到西澳沿岸離著名景點最近的各小鎮，再依自已的喜好選擇當地的旅行團即可。

八十英里海灘
Eighty Mile Beach ⑦
⑧ 布隆姆
Broome

克勞倫德角
Port Hedland ○

①

⑨5

⑥ 卡利吉尼國家公園
Karijini National Park

珊瑚灣 ⑤
Coral Bay
Nanalarra
Roadhouse

④ 卡納爾豐
Carnarvon

③ 鯊魚灣
Shark Bay
蒙其米亞
迪漢
漢美林池

②

卡爾巴利國家公園
Kalbarri National Park

①

奇岩群
The Pinnacles ①

行程表（9天8夜）

	約	
1	425公里	奇岩群
2	284公里	卡爾巴利國家公園
3	235公里	鯊魚灣
4	230公里	卡納爾豐
5	638公里	珊瑚灣
6	440公里	卡利吉尼國家公園
7	323公里	八十英里海灘
8		布隆姆

費用表		
	西澳國家公園通行票	40澳幣
	蒙其米亞門票	8澳幣
	克勞德倫角門票	10澳幣
	合計	58澳幣

備註：
1.以上費用以一個成人所需的費用計算，若遇優待票情形，請參考DATA的資料自行計算。2.費用不含租車、油資、住宿、餐飲和購物，視每人情況不同自行計算。
3.西澳國家公園通行票皆以一輛車或摩托車為單位，一輛汽車一日票為11澳幣，摩托車為5澳幣，也有4星期票40澳幣則不分汽車或摩托車。建議如果沿途會到國家公園的遊客可購買4星期的西澳國家公園通行票。

●MAP P.73-A3

1 奇岩群
The Pinnacles 🎮

沙漠中群起的黃色尖錐奇景

奇岩群奇景位在柏斯以北245公里處的南邦國家公園（Nambung National Park）裡，公園內的黃色沙漠上佈滿了許多尖錐狀的高大岩石，有的可高達4公尺，也有些只像手指般大小的石筍，數以萬計大大小小的石灰岩就在平坦的沙丘上矗立著，且每一尖錐都擁有6000年以上歷史，景色壯觀又獨特；而形成這些尖塔式岩石的景觀，則是地質變化的自然景象，在3萬年前，這裡原本是由許多貝殼堆積成的石灰岩，而生長在石灰岩上的樹不斷生長，樹根則緊緊的抓著這些貝殼石灰岩土，但後來隨著樹和樹根的枯萎消失，沙丘也不斷的移動，讓這些鈣化的石灰岩露出地表，再經過長年的風化而形成了現在奇岩群石的模樣；且風化作用持續不斷進行，景觀也會跟著時間而有所改變。

↑從瞭望台上可以看到奇岩群佔地廣大，由於此地大多是沙丘地形，不適合一般車輛進入，但可以停在離奇岩群區約100公尺外的停車場，再步行進入奇岩群；但如果是四輪傳動車輛，則可穿越行駛在奇岩群中。

小常識
橫著長的樹
Leaning Trees

公路旁的幾棵傾斜樹相當令人好奇，其實它們是澳洲西部的原生種植物，屬於尤加利樹的一種；此樹的生存力非常頑強，經過長時間的強風吹嘯，造成樹在生長時，樹幹貼著地面並順著風吹的方向持續生長，而形成傾斜彎曲的奇異特徵。

>> 交通方式

由柏斯出發向北行駛走Brand Hwy（國道1號），依路旁指示標誌前往南邦國家公園，即可到達奇岩群

DATA
📍 Pinnacles Drive , via Nambung National Park , Cervantes
☎ 08-9652-7913
⏰ 奇岩群遊客中心9:30～16:30
💲 以車輛為單位，每輛車11澳幣
休 無

●MAP P.73-A3

2 卡爾巴利國家公園
Kalbarri National Park 🎮

奇岩陡壁的壯麗紅色峽谷

卡爾巴利國家公園占地186,096公頃，同時擁有海岸線及內陸地區的壯觀景致，海岸峭壁約100公尺高，崎嶇的海岸線上可以看到許多形狀奇特的岩石，像是Red Bluff、Pot Alley Gorge、Rainbow Valley、Eagle Gorge、Shell House和Mushroom Rock，其中最著名的則是島岩(Island Rock)和自然橋(Natural Bridge)，這些景觀都能在安全的瞭望台上一窺奇景。而長達80公里的默奇森河(Murchison River)的紅色峽谷風光，則穿越了整個卡爾巴利國家公園，內陸峽谷地像是The Loop、Z Bend和Nature's Window可居高臨下欣賞其壯闊的景色，而再往東沿公路行駛，則可到達Ross Graham Lookout和Hawk's Head，這兩處以特殊景觀為主。卡爾巴利國家公園除了觀賞這些特殊景觀，騎馬、游泳和划獨木舟等活動也相當受歡迎；喜歡大自然的遊客則可以依國家公園內的指標走步道，每條步道長短及難度各異，可依自己體力安排走步道的所需時間。

小叮嚀

進入卡爾巴利國家公園內陸景點，以四輪傳動車輛為佳，國家公園內未經太多人工開發並保持原始的景觀，因此路況較為崎嶇顛簸。

1.崎嶇的海岸線經過印度洋的風和海水不斷拍打侵蝕，因而形成了島岩和自然橋等景觀。此外，這一帶的石灰岩地質也因有豐富的珊瑚生態，而聚集了許多海洋生物，像是龍蝦便成為卡爾巴利主要輸出的海產，是澳洲盛產龍蝦的大鎮之一。
2.卡爾巴利國家公園有許多美麗的峽谷，從Ross Graham和Hawk's Head這兩個瞭望台附近，則有步道可走下河谷，河谷依地形而深淺不同，夏天的卡爾巴利氣溫可高達40度左右，炎炎夏日在沁涼的河谷裡游泳嬉水是極佳的避暑良方。

>> 交通方式

North West Coastal Hwy（1號公路）向北走，經Geraldton及Northampton小鎮後，遇Ajana Kalbarri Rd左轉，或依路旁指示標誌前往Kalbarri National Park即達

DATA
📍 Ajana Kalbarri Rd , Kalbarri National Park
☎ 08-9937-1104
💲 以車輛為單位，每輛車11澳幣
休 無　🌐 www.kalbarri.org.au

●MAP P.73-A2

3 鯊魚灣
Shark Bay

世界遺產

玩

五彩繽粉的世界自然遺產

　　西澳中部最西邊的鯊魚灣幅員之大，約有220萬公頃，其中包含了半島和眾多島嶼，鯊魚灣因擁有各種地球演化史、生態與生物進化的遺跡，以及超自然現象和多種被列入保護的動植物，具備四大罕見的自然特徵標準，而在1991年被列入世界自然遺產保護區。在鯊魚灣這個區域匯集了3種氣候，且地處於大植物學區的中間地帶，這些天然條件讓鯊魚灣的海洋和陸地上形成各種不同的地形和生物棲息地，從崎嶇的懸崖海岸、貝殼堆積成的海灘、五彩繽紛的珊瑚海底世界，甚至是在此發現到許多前所未見的鳥類和植物等，奇特的地形樣貌和豐富的生物世界，著實讓人大開眼界。

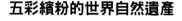

 趣味大發現

在進入鯊魚灣保護區時，除了有標示牌提醒遊客鯊魚灣即將抵達外，經過出口的柵欄時居然有狗吠聲大聲警示，原來這是柵欄上刻意裝上機械感應設備，只要人或車經過都會輕感應而播放出狗吠聲，是恫嚇還是頑皮一下？各有所解。

漢美林池
Hamelin Pool

最古老的活化石依舊呼吸中

　　位在鯊魚海灣南邊的漢美林池（Hamelin Pool），是一處微生物所聚集搭建成的疊層岩（Stromatolites），每個疊層岩是由一個個單細胞所組成，至今已經存在35億年了，而且仍持續生長中。因為長期受到海浪的沖刷和貝殼等生物的磨擦，而形成現在的形狀，這群令人嘆為觀止的疊層岩微生物，被認為是世界上最古老的活化石，因此吸引了世界各地的科學家前來研究它的起源祕密。疊層岩生物喜歡生活在有海水的地方，現在遊客可以走在已搭建好的木棧道上，觀賞這群看似石頭的奇特史前生物，仔細瞧，還會看到岩石上的微生物因呼吸而形成的氣泡，代表還活著！

DATA
票 免費

>>交通方式

自North West Coastal Hwy（1號公路）繼續往北走，遇Shark Bay Rd左轉（路口處可見Overlander Rdhouse 或見往Denham指標），約行駛29公里可看到右轉往Old Tekeohone Station指標，依指標前行即達停車處，再步行進入漢美林池

登漢鎮
Denham

海岸小鎮的迷人靜謐氣息

　　登漢鎮是通往知名的蒙奇米亞時必經的美麗小鎮，它位在柏斯以北833公里的比隆半島（Peron Peninsula）上，鎮上有迷人的雪白沙灘、清澈的海水，以及一個可供小船靠岸的小碼頭，是澳洲領土最西邊的城鎮。據記載最早在此地上岸的是荷蘭人，後來英國人也陸續抵達後，因看到海灣有著許多鯊魚群，因此取名為鯊魚灣。登漢鎮雖地處偏遠，但也有著一般城鎮的機能，像是郵局及超市商店等，遊客可在此地採買食物或休息。

>>交通方式

交通方式：自Shell Beach由Shark Bay Rd往Denham方向行駛，約50公里即達

貝殼海灘
Shell Beach

遍佈潔白貝殼的夢幻海灘

　　貝殼海灘（Shell Beach）是經由數十億個白色小貝殼所形成、長達60公里的沙灘，且貝殼深達7至10公尺，雪白的沙灘邊則是湛藍澄澈的海洋水域，如夢似幻的奇景可說是獨一無二。觀察家發現這樣的奇特景致是由遠在蒙奇米亞的大量貝殼，在自然死亡後，經過四千年來風浪流動和堆積而成；如此不可思議的自然美景，也成了鯊魚灣保護區的另一個著名景點。

>>交通方式

走回Shark Bay Rd後繼續往Denham方向行駛，沿途可見往Shell Beach指標，依指標前往約50公里即達

DATA
票 免費

貝殼礦產
這一帶的貝殼不僅形成海灘上的美景，持有開採許可證的公司，可以在特殊的礦場開採貝殼礦；它可以作為園藝的花器，也可以做為家禽用的含鈣飼料，或是在登漢鎮（Denham）上看到運用貝殼礦凝固製作成塊的建築材料，使用範圍相當廣。

蒙奇米亞
Monkey Mia

近距離接近海豚的歡樂天堂

　　蒙奇米亞是鯊魚灣裡最受歡迎的景點之一，這裡最重要的活動就是能夠近距離接觸野生瓶鼻海豚。每天早上約7點至中午，固定會有一小群的海豚游到岸邊，志工們幾乎都能依據海豚背鰭特徵叫出每一隻海豚的名字，同時也了解每隻的個性，而奇妙的是，牠們好像聽得懂志工的指令，知道何時要保持距離，何時要向前更靠近遊客，調皮搗蛋又聰明的模樣非常討喜。此外，志工會詳細解說與海豚保育有關的事情，並且會準備好食物，邀請遊客親手體驗餵食海豚，但為了不讓海豚們過於依賴人類，所以只會給少量的食物，確保牠們不會失去了獵食的本能。

>>交通方式

自Denham走Monkey Mia Rd，約23公里即可達Monkey Mia遊客服務中心

DATA
☎ 08-9948-1366
票 成人8澳幣、小孩3澳幣、優待票6澳幣、家庭票（2大人+2小孩）15澳幣；蒙其米亞門票不適用西澳國家公園Holiday Pass

←↓蒙奇米亞在觀賞海域區只能走到海水及膝蓋處，此海域禁止游泳或浮潛以保護海豚；若想從事釣魚或晶浮潛游泳等活動，可以到鄰近的海域，商店也提供各種水上用品的出租服務。

←↓不太怕生的大嘴鳥鵜鶘，也是海岸線上的主角之一。在海邊經常看到牠們的身影，而且為了不讓鵜鶘跟海豚搶奪食物而傷到了海豚，所以會另外準備食物給鵜鶘們。

<small>小常識</small>
瓶鼻海豚在海底尋找食物的時候，會用海綿來保護自己的嘴部，讓自己不會撞傷，是目前已知唯一會使用工具的海洋類哺乳動物。而有實驗證明，只有母海豚會把這項技能教給兒女。

<small>小叮嚀</small>
想下水近距離觀賞海豚的遊客，請注意這個海域禁止擦防曬油和任何人工保養品，以免海水被污染而影響到海豚健康。另外，目前蒙奇米亞管理單位已規定遊客不能主動觸摸海豚，只能靠近觀賞，但有時也會遇到不怕生的海豚主動親近觸碰，是相當難忘的生態體驗。

4 卡納爾豐
Carnarvon

純樸寧靜的美麗農莊

卡納爾豐是位於鯊魚灣與珊瑚灣之間的城鎮，由於地理位置接近南迴歸線，氣候溫暖且面向印度洋，因此盛產豐富多樣的熱帶水果，隨處可見的香蕉園便是卡納爾豐給人的第一印象，是一個純樸的農業小鎮。但1911年時，就在卡納爾豐以北73公里處，發現了一處天然的噴水孔（Blowholes），此噴水孔會因海上的浪撲向岩岸時所產生的巨大壓力，形成岩石孔由下往上噴射出達20公尺高的水柱，壯觀的天然噴水景象，加上礁岩地貌奇特的海岸線，成為西澳中部沿線重要景點之一。

>>交通方式

沿North West Coastal Hwy繼續往北行駛，再依路邊指標往市區即可達

→有許多海蝕洞孔的崎嶇且高聳的海岸線，經過海浪的拍打，形成了一片潔白的泡沫，讓此地的景觀更添加了一份美麗奇特的景致。

南迴歸線 Tropic of Capricorn

澳洲因被南迴歸線所貫穿，歸線上下幾度的地區都屬於熱帶地區，而澳洲南迴歸線以北地區的氣候一年只有兩個季節：乾季（也就是冬季4月～10月）和雨季（也就是夏季11月～3月）。卡納爾豐以北，接近珊瑚灣的公路上，會有個明顯的南迴歸線標示牌，和地上的白線表示南迴歸線橫跨的位置，不妨在此處下車拍照紀念。

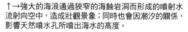

↑→強大的海浪通過狹窄的海蝕岩洞而形成的噴射水流射向空中，造成壯觀景象；同時也會因潮汐的關係，影響天然噴水孔所噴出海水的高度。

5 珊瑚灣
Coral Bay

海洋生物的美麗家園

受保護的珊瑚灣（Coral Bay）海岸線綿延約2公里長，在平靜清澈的水域裡擁有數以萬計的海洋生物與珊瑚品種，海底世界之美是喜歡浮潛者的天堂。如果想到更遠的海域探索，珊瑚灣就是造訪世界自然遺產寧加魯大堡礁（Ningaloo Reef）最方便的地點，寧加魯大堡礁就位在埃克斯茅斯（Exmouth）與珊瑚灣之間的海域，遊客可搭乘玻璃船或是參加浮潛團出海，海域內可見到海龜、海牛、海豚及魟魚等大型海洋生物，而且四月～六月之間，世界上最大的魚類——鯨鯊會在此出沒，是觀賞牠們的最佳時節。

↑平靜無浪的珊瑚灣，不只適合小朋友，連寵物狗狗都可盡興的在海邊游泳。

←珊瑚灣鎮上有小型超市和販賣紀念品等商店，部分的商店也有出租水上活動用具，不管是長短期在此渡假，都能夠採買或租到所需的用品。

小常識

1. 在寧加魯大堡礁最大的活動，除了是潛水觀賞海底生物，另一個就是參加與鯨鯊（Whale Shark）在海裡一同游泳的行程，而這裡也是全澳洲唯一能觀賞到鯨鯊的地點。鯨鯊是目前世界上最大的魚類，可長到18公尺長，最大的特徵就是表皮上的黃白色斑點與條紋，而且每隻鯨鯊的斑點都是獨一無二的，可以藉此辨識不同的個體。牠是一種濾食動物，並且生活在熱帶和亞熱帶的海域中，雖然有著1.5公尺寬的大嘴巴，和300～350排細小的牙齒，但主要的食物是小型的動植物。而且牠身體的結構不像一般的魚類，平均時速只在5公里左右，因此與鯨鯊游泳時可以慢慢欣賞牠，唯一需要注意的只有小心不要被牠游動時擺動的巨大尾鰭打中。

2. 蝠魟（Manta Rays）也是寧加魯海域中經常可以看到的海洋生物，牠展翼時可達2～4公尺寬，而且游泳時速緩慢，由於是濾食性動物，只攝食浮游生物和磷蝦。牠沒有鋒利且倒鉤的尾巴，與蝠魟一起游泳也是安全的，而且全年在珊瑚灣海域都可以看到。

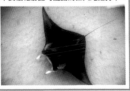

玻璃船

搭乘玻璃船到較遠的寧加魯大堡礁海域，是珊瑚灣最熱門的活動之一，船上的導覽員會詳細的介紹此海域擁有的各種生物與地形，也會讓遊客提出相關問題。玻璃船出海行程為時一小時，一天內有多種時段可供選擇；另外也有搭乘玻璃船出海再加浮潛的兩小時行程，一天只出團一次，建議事先預約。

DATA

地 Robinson St , Coral Bay
電 08-9942-5955
費 玻璃船一小時32澳幣；玻璃船加浮潛兩小時45澳幣；四月～六月與鯨鯊同游390澳幣

＞交通方式

自Carnarvon沿North West Coastal Hwy往北行駛，約141公里遇雙叉路（路口有Minilya Rdhouse），走左邊的Minilya Exmouth Rd，約77公里即可達珊瑚灣市區

6 卡利吉尼國家公園
Karijini National Park

紅色峽谷的絕美景色

　　卡利吉尼國家公園是西澳最壯觀古老的峽谷，也是西澳第二大的國家公園，總面積共627,442公頃，園區內共有五座峽谷，分別是Hancock Gorge、Weano Gorge、Joffre Gorge、Red Gorge和Knox Gorge，由於地盤擁有豐富的鐵和矽礦，因此峽谷盡是紅色的層狀岩石，且深長約100公尺。卡利吉尼原本位於海平面底下，在經過幾千萬年的演化後才有了現在的面貌。國家公園內可步行走進峽谷的步行難易程度不一，但只要注意踏穩步伐就不至於有危險，非常適合喜愛岩和挑戰刺激的遊客前來；就算是沒有攀岩經驗的人，也會因手腳並用走到峽谷內而成就感十足，甚至是愛上攀岩這項運動，峽谷內絕美的景色，絕對是辛苦的最好代價。

DATA
☎ 08-9189-8121
以車輛為單位，每輛車11澳幣
🌐 www.tompricewa.com.au

≫交通方式

自珊瑚灣走回North West Coastal Hwy後繼續往北走約220公里處遇雙叉路口（路口有Nanutarra Rdhouse），走右邊的Nanutarra Wittenoom Rd約350公里可達Tom Price小鎮，可入小鎮補貨或加油並至遊客中心索取前往Karijini National Park免費地圖，或可直接依路邊指標前往Karijini National Park即達

←看似非常艱難的峽谷步道，只要踏穩步伐小心的走，便能走到水池邊，如果不小心跌到水池裡也不用擔心水位會太深，而且池裡的地形也和上面的層狀岩一樣，如階梯般很容易便可走上來，但全身泡在接近冰點的水溫，則要小心別在冬天時感冒了。

小叮嚀

≫氣候
　　卡利吉尼國家公園主要屬於熱帶半乾旱氣候，夏天時氣溫經常超過攝氏40℃，而冬天的夜晚則會有結霜的現象，需特別注意氣候的變化以免中暑或感冒。

≫購票
　　進到卡利吉尼國家公園需付門票，公園內設有一個自付門票的涼亭，沒有管理員收票。

趣味大發現

≫蜘蛛式行走 Spider Walk
　　當你穿越在卡利吉尼的峽谷時，導遊會教你如何手腳並用輕易走在層狀岩間，這種攀岩方式有個很酷的名字，稱為Spider Walk。

↑以為已經是路的盡頭了嗎？其實這才是Spider Walk的開始。

→紅色的層狀岩石是卡利吉尼的最大特色，想要爬下峽谷的底部得要手腳並用才行。而看似已經不能再往前的陡峭岩壁，居然都能看到還是有人在岩壁上走動。

●MAP P.73-B1

7 八十英里海灘
Eighty Mile Beach

玩

藍白漸層色的無邊際視野

　　八十英里海灘就位在黑德蘭港（Port Hedland）和布隆姆（Broome）之間，無限綿延的白色沙灘和清澈淺藍的海水，宛如人間仙境！純天然的美景讓人讚嘆萬分外，這裡同時也是候鳥的重要覓食地，每年都有五十萬隻遷徙水鳥來到海岸邊，極長的潮間帶上孕育著豐富的食物來源，因此這裡也成了理想的賞鳥地區。八十英里幾乎與世隔絕的美麗與純淨，造就了極為完美的大自然生態系，每年九月～十一月的夜晚，是母海龜上岸下蛋的旺季，只要晚上八點以後走在沙灘上，很容易遇見海龜慢慢走上岸、挖洞、下蛋再掩埋洞口的精彩產卵過程；十二月～二月則可以看到破蛋而出的小海龜奮力爬行於海灘上，回歸大海的動人景象，八十英里海灘可謂是體驗生態寶藏的美好境地。

小叮嚀
若在沙灘上遇到上岸產卵的海龜，務必將手上的燈源關掉或是避免直接照射海龜，以及拍照時請勿開閃光燈，以免嚇壞了正準備下蛋的海龜，因而造成生態的破壞。

>>交通方式
走回North West Coastal Hwy繼續往北走，過了Port Hedland後，約142公里處即可達Cape Keraudren，即為八十英里海灘的起點，往北延伸共240公里

↑在整個八十英里的沙灘上，可以清楚看見海龜上岸下蛋的爬行蹤跡，而海龜腳印最尾端的大凹洞洞則是下蛋的地點，這片大地是大自然生物與人類共同享有的，在這裡完全體現。

→在沙灘上的釣客，如果釣到尺寸較小尚未長大的小魚，必須將小魚放回海中，只帶走符合規定尺寸的成魚，藉此讓萬物生生不息的觀念，是澳洲關注生態的做法。

克勞德倫角
Cape Keraudren

難能可貴的海洋生態樂園

　　克勞德倫角位在八十英里海灘的最南端，一樣有著美麗遼闊的海岸景致，最大特色是擁有數不清的螃蟹和寄居蟹，成群結隊地走在白色沙灘上，在海灘上漫步，無意間還能看到章魚和各種不知名的海洋生物就在腳邊，一同漫遊沙灘；眼睛再睜大一點，或許還有機會看到遠方的海龜在游泳，生態如此富足的克勞德倫角，讓人不禁感嘆：原來這世界還有這樣一片海洋生態樂園。

DATA
Cape Keraudren Reserve
☎ 08-9176-4979
🅿 以車輛為單位，每輛車最多4人10澳幣，若一人則為2澳幣。

>>交通方式
North West Coastal Hwy繼續往北走，過了Port Hedland後，約142公里處即可達Cape Keraudren

↑海水湛藍清澈的克勞德倫角呈現渾然天成的美麗，幾乎完全未受到人為的破壞，生態系統之豐富更叫人讚嘆。

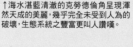

←在克勞德倫角的沙灘上，可以看到許多約掌心大的螃蟹到處走動，或者是剛從沙灘底下鑽出來作日光浴的景象，都讓人不忍心去打擾牠們。

珍珠原鄉之旅

布隆姆（1日行程）

亞熱帶海洋渡假天堂

垂落在西澳綿延千里海岸線上的布隆姆（Broome），100多年前因採珍珠而聞名，當時珍珠總產量曾居世界80％產量之多；而採珠人以東方人居多，尤以日本人為最，布隆姆小鎮也因此散發著濃濃的東洋風。然而布隆姆前不著村、後不著壁的荒蕪地理位置，形同沙漠中的綠洲，只能解穿越千里而來旅人的飢渴。距柏斯2千多公里、至北領地也將近還有2千公里的路程，布隆姆可算是人煙罕至的西北澳和北領地裡，讓人卸下裝備與換上狂歡心情的熱鬧小鎮，遺世獨立的特殊風情，著實擄獲人心。

>>交通方式

1. 前往布隆姆的交通方式，可分為開車及搭機，由柏斯至布隆姆約2200公里，開車約需30多小時，但沿途海岸景致及國家公園風光相當迷人，且沒有擁擠的觀光人群，是相當不錯的旅遊路線。搭機自柏斯約2.5小時左右可達布隆姆機場，機場至市區很近，有巴士可搭乘或洽住宿旅店是否有接送，10分鐘內可達。

2. 市區觀光若沒有開車，可以步行搭配公車進行。公車票價成人單程為3.5澳幣、優待票及兒童票皆為1.5澳幣，一日票為10澳幣（只賣成人票），上車購票。公車時程表會依乾濕季做調整，請以公車亭公佈的為準。另外，大部份的住宿地點每天會有定時的免費巴士往兩大海灘及市區，可先詢問住宿櫃台，可以省下不少交通費用。

布隆姆國際機場 Broome International Airport
Gus Winckie Rd

丹皮爾大道 中國城 China Town
Short St

採珠船 Pearl Luggers

超市 Coles
Male Oval

金柏利青年旅社 Kimberley Klub YHA
弗雷德里克街 Frederick St

醫院 Community Health Center Hospital

Mercure Inn Broome

羅巴克灣 Roebuck Bay

Oaks Broome

唐恩海灘 Town Beach

電纜灘 Cable Beach

日本墓園 Japanese Cemetery

聖母大學 University of Notre Dame

N

克萊門森路 Clementson St

>>> 本日行程表

1	公車 6分鐘 +步行 5分鐘	唐恩海灘 (建議停留30分鐘)
2	步行 5分鐘	採珠船 (建議停留30分鐘)
3	公車 5分鐘 +步行 8分鐘	中國城 (建議停留1.5小時)
4	公車 5分鐘	日本墓園 (建議停留10分鐘)
5		電纜灘 (建議停留3小時)

費用表	成人公車一日票	10澳幣
	合計	10澳幣

備註：
1. 參加珍珠解說行程或電纜灘騎駱駝等依個人興趣付費參加，價格請參考景點介紹。
2. 購物或餐飲花費視每人情況而有不同，所以予不計算。

小叮嚀
>>導覽
　布隆姆市區不大，熱鬧的商店街都集中在半島的東岸，也就是中國城附近，徒步即可遊遍四周。兩大著名海灘則分別距市區6公里左右，建議可開車或搭乘公車前往。另外，布隆姆地處亞熱帶氣候，全年如夏，分乾溼兩季，11月至隔年3月間的雨季因常有暴風雨，天候較差因此為淡季。

1　唐恩海灘
🕐 30min. Town Beach 🔣

登上月光之梯的奇幻海灘

　唐恩海灘距離市區約6公里左右，位於市區的東南方，雖名氣不如電纜灘大，因此遊客比較少，悠閒的氣氛更適合喜歡寧靜早晨的旅客。其實一早帶著早餐到海灘邊的草地公園上野餐，或是乾脆到唐恩海灘旁的咖啡屋享用餐點，是最享受不過的了，因為早晨涼爽的氣溫和美好的景致，只有此刻才能擁有。此外，遇退潮時，潮間帶的生態相當豐富，脫下鞋赤腳在潮間帶上漫步，寄居蟹、海星、水母等，各種知名與不知名的海洋生物都聚集於此，令人興奮。

小叮嚀
　登月之梯的時間表和天象潮汐有關，每年都不同，可先上網查詢www.broomebus.com.au/staircase.html。另外，欣賞登月之梯的位置在唐恩海灘沿岸皆可，這3天也都特別在沿岸有夜市共襄盛舉，但若不想被嘈雜的人聲與閃不斷的閃光燈打擾美景，唐恩海灘沿岸很長，可選擇人煙較少的區域，好好地享受。

>>交通方式
搭乘公車至「Town Beach Club Village」站下車，往海邊方向走即達

↑退潮時除了寄居蟹在腹地廣大的潮間帶爬上爬下外，還有水鳥等生物在此覓食。

←登月之梯（Staircase to the moon）是澳洲西北海岸特殊的奇景，尤以布隆姆唐恩海灘最為知名。每年3月至10月間，每月有3天的滿月，月光映照在退潮時的泥濘海灘上反射出一階階的月影，彷彿是登上月亮的梯子，因此而得名，不少遊客慕名而來。

2 採珠船
⏱30min. Pearl Luggers 🎠

潛進海底珍珠的世界

布隆姆市區範圍不大，主要圍繞著中國城附近的街道延伸，而最有看頭的當然就是聞名小鎮的珍珠歷史與商店，位於海邊的丹皮爾大道（Dampier Tce）就是一條頗具特色的珍珠街。沿著丹皮爾大道，來到由幾座組合屋及隱約可看見草地上幾艘展示的採珠船，這是結合採珠船展示和珍珠商品販售的Pearl Luggers。Pearl Luggers這兩字即為「採珍珠船」的意思，因此在店內可以實際上搭珍珠船觀賞，館內也有各種採珠相關的歷史與文物展示。若是有興趣的話，也可以參加專人導覽行程，深入瞭解及體驗採珠人在船上的工作情景。店內販售的各式海洋相關及珍珠商品，樣式和價格多元，都可依個人預算挑到不錯的紀念品。

DATA
🏠 31 Dampier Tce, Broome
☎ 08-9192-2059
🕐 9:00 ～ 17:00
休 無
🌐 www.pearlluggers.com.au

>>交通方式
搭乘公車返回市區在「Chinatown」站下車，沿Dampier Tce走逛，即可看到靠近海岸線一側的Pearl Luggers

↑進入店內可欣賞部份的布隆姆珍珠歷史與珍珠情形，也可與採珠船拍照或選購珍珠商品，但若想要更進一步進入船艙與深入的採珠歷史，則須報名參加解說行程。

小叮嚀
採珠船專人導覽行程須額外付費，為時1小時，1天四場，分別為9:00、11:00、13:00、15:00，可直接向櫃台報名參加。成人票費用20澳幣、優待票16.5澳幣、小孩10澳幣、家庭票50澳幣（2成人＋2小孩）。

↑採珠船上還原採珠作業時的各種景象，裝滿珍珠母貝的麻布袋散落甲板上，瞭解船上各空間的運用等，早期設備並不太完善，採珠人的生活是相當辛苦與危險的。

---

3 中國城
⏱1.5hr. Chinatown 🎠🛍

熱鬧與活力的小鎮中心

與澳洲其他地區的中國城相比，布隆姆的中國城雖小，卻頗具特色。當初布隆姆幾乎都是離鄉背井來此尋富的亞洲採珠人，也因此中國城的建立為因應當地人的需求，同時也是下工下船後的聚會場所。如今的中國城仍舊是布隆姆最熱鬧的區域，有大型連鎖超市、餐館咖啡店，肯定特別令人回味。

DATA
🏠 Carnarvon St, Broome
🕐 乾溼季及各店家營業時間各異，以當地店家公佈為主
休 無

>>交通方式
位在鎮上主要街道Carnarvon St，見紅色中式拱門即是

↑各式各樣的珍珠首飾，從以貝殼拋光製作的低價商品到高級珍珠首飾通通都有，街上也可找到各種創意海洋藝術商品，值得抽空挖寶。

←中國城內有不少飾品、服飾和紀念品店，當地很流行串珠珠店，不論是要買來自己串或是乾脆買成品，都很有布隆姆的南洋風。

→將養珠的貝殼以網子結成的養珠板，將之降入海裡，未來便自板上收成珍珠。依樣做出來的特色商品，從1 ～ 6個不等數量的貝殼結成的裝飾物，是非常有布隆姆特色的商品，價格約25 ～ 30澳幣不等，也依貝殼大小及多寡不同。

4 日本墓園
⏱10min. Japanese Cemetery 🎠

東洋採珠人的長眠地

在布隆姆成為珍珠大鎮的時期，吸引許多日本人飄洋過海來此擔任採珍珠的潛水夫；而早期潛水設備並不完善，也因此增加了這項海上工作的危險性，不少人因船難或罹潛水夫病而葬身他鄉。墓園裡則是當時因故身亡的日本採珠人的長眠處，從墓碑上可看到有人僅16歲便喪命，或是僅存姓名便無其他任何字樣，顯示當時客死異鄉的遊子可能都是無親或隻身前往，更令人遙想這群曾在異鄉努力生活著的人。現在的日本墓園是後人為紀念這些採珠先驅而整修過，並立有紀念碑供後人追思。在日本墓園的附近有其他各國的採珠人墓園，也有中國人墓園等，只是日本人的墓園規模較大也較整齊，共有900多座。

↑華人墓園就在距日本墓園不遠處。

小叮嚀
布隆姆的亞熱帶氣候遇乾季時相當炎熱，建議在街上行走一定要攜帶足夠的水，盡量走在樹蔭下，以免中暑或發生不適現象。

>>交通方式
建議搭公車至「Broome Recreation & Aquatic Centre」站或「Ocean Lodge」站下車，再沿Port Drive步行前往

DATA
🏠 Port Drive, Broome　☎ 無

5　電纜灘

2hr.　Cable Beach　玩

欣賞夕陽的無限美好

電纜灘可以說是西澳最美麗的海灘之一，全長22公里的海岸線，距市區約6公里，大好的陽光、沙灘與浪花，幾近完美的海灘美景，每年吸引不遠千里的觀光客來此享受日光浴的洗禮。位於市區另一側、面臨印度洋的電纜灘，由於有海底纜線連接至印尼爪哇島，故以此為名。這裡是以優美的海岸線與景致聞名的海岸天堂，從海灘上擠滿人群以及岸邊多家高級度假村得以驗證，不過除了戲水與日光浴外，這裡迷人的日落美景更具人氣。不同於白天的戲水人群，黃昏時刻吉普車開上岸邊，悠哉地喝著美酒等待夕陽的人們已羨煞旁人，但遠方駱駝大隊踩著沙灘追落日的景象更是一絕。夕陽無限好，而電纜灘人們更懂得把握這近黃昏的分秒美好。

↑騎著駱駝優遊漫步沙灘，夕陽陪襯下的海上帆船更顯浪漫，這樣的美景只有在電纜灘能擁有。

↑一望無際的白沙與海天一色的美景，是電纜灘讓人無法抗拒的魅力所在。

 小常識

大肚子的猴麵包樹

在布隆姆的路旁常，可以看到樹幹粗大像瓶子般、樹枝向四面八方伸展的樹種，奇特的造型相當受矚目。這種只生長在西澳金百利區（Kimberley，起點自Broome往北至Kununurra）的樹種為猴麵包樹（Boab Tree），是生長在非洲旱地沙漠的原生樹種，粗大的樹幹可儲水12萬公升，最粗大的樹幹甚至得由十多人聯手才能合抱，最高則可達30米。據說猴麵包樹通常可以活500年，最老的樹可能有千年，非常不可思議。不過，如果你曾看過宮崎駿的龍貓動畫，對這樹便不陌生，他筆下的龍貓樹洞靈感，就是來自於澳洲的猴麵包樹，而這棵千年猴麵包樹也還活著，就位於布隆姆東北方約180公里處的得比鎮（Derby）。

小叮嚀

若想親自體驗騎駱駝賞夕陽，可請遊客服務中心或住宿櫃台幫忙預約，目前約有三家騎駱駝公司可供選擇，黃昏駱駝騎乘（Sunset Camel Rides）約1小時，成人每人價格約在50～70澳幣，淡季會更便宜些。或者也可以選擇下午時段的駱駝騎乘（Pre Sunset Camel Rides），約30分鐘，價格約25～40澳幣；騎乘結束後再欣賞夕陽美景也不錯。

>>交通方式

搭乘公車至「Cable Beach」站下車即達。

冒險地帶 北領地

被澳洲人稱之為「Top End」的北領地，落在澳洲最北的邊陲地帶，同時也是開發最晚的一省。正因為如此，這塊原始的紅色大地裡，交雜著潮濕悶熱的亞熱帶氣候和沙漠氣候，造就出極為天然壯觀的卡卡度國家公園，征服號稱「死亡沙漠」的荒野沙漠就能到達世界的中心大聲呼喊愛情！蜥蜴、鱷魚、毒蛇等「特產」，更是增添北領地的冒險氣氛。不過，位於北海岸的首府達爾文，市容卻是新穎現代，乾季時街頭上熱鬧非凡，原住民、東南亞移民和來自各地的遊客，將這熱帶風情的城市交織出一股和諧的混搭，原民藝術、酒吧、港口、東南亞美食，都輝映出達爾文的多元特色。

北領地

Arafura Sea

Melville Island

達爾文
Darwin　Howard Springs

濕地之窗
Window on
the Wetlands

Jabiru

Yellow Water

利奇菲爾
國家公園
Litchfield NP

Adelaide River

卡卡度國家公園
Kakadu NP

Arnhem Land

Daly River

Pine Creek

尼特米魯克國家公園
Nitmiluk NP
凱薩琳峽谷
Katherine Gorge

凱薩琳
Katherine

Tindal

Roper Bar

卡本塔里灣
Guif of Carpentaria

Mataranka

Willeroo

Timber Creek

Larrimah

Borroloola

Wyndham

Kununurra

Cape Crawford

erlay

Victoria River Downs

Top Springs

達利水域
Daly Waters

Turkey Creek
Warmun

Inverway

Kalkaring

Newcastle Waters

Elliott

Creek

Barkly Tableland

Iliuna

Supplejack

Central Desert

Tanami

Barkly Homestead

Camooweal

Balgo

Rabbit Flat

Karlantijpa South

Wauchcpe

Tennant Creek

Mt

惡魔彈珠
Devils Marbles

China Well

Lake Nash

Barrow Creek

Dj

Ti Tree

西麥克唐納國家公園
West Macdonnell NP

Glen Helen

Iwupataka

Ross River

愛麗絲泉
Alice Springs

南迴歸線 Tropic of Capricorn

國王峽谷
Kings Canyon

Watarrka NP

Henbury

烏魯魯-卡塔裘塔國家公園
Uluru-Kata Tjuta NP
Yulara

Eridunda

Simpson Desert

Kata Tjuta (Mt Olgal)

Uluru (Ayers Rock)

Curtin Springs

Finke

Kulgera

N

A87

0　　　　　　400M

熱帶北方之旅

達爾文（2天1夜）

1839年英國生物學家查爾斯‧達爾文考察南太平洋時，曾到過此地，1911年北領地成立後，將首府正式稱為達爾文市，這個位於澳洲最北邊的市城，屬於熱帶氣候，經常受到颶風的侵襲，1974年的熱帶氣旋 —— 翠西颶風（Tropical Cyclone Tracy）幾乎摧毀了達爾文市，成為澳洲有史以來最慘重的一場風災；達爾文市也是澳洲唯一經歷過世界大戰的城市。1942年日本開始對達爾文進行轟炸，電影《澳大利亞》故事就是以北領地的大山大景為背景，故事主角們將牛群趕到的港口便是達爾文港，後來被日軍轟炸襲擊的劇情也就是當時二戰前的情景。如今的達爾文已經是現代化都市，當地融合了亞洲文化，有著濃濃的南洋風情，被稱為Top End的達爾文，可說是澳洲人的後花園與度假勝地。

小叮嚀

>>季節

達爾文位在澳洲北部，有著亞熱帶熱氣候，全年只有乾季與雨季兩個季節，乾季為五月至十月，是旅遊旺季，建議提前訂房；雨季為十一月至四月，此時非常的潮濕悶熱且多雨，常有閃電打雷不斷的奇景，也是颶風來襲的季節，如果只能在雨季造訪達爾文的遊客，一定要注意天氣預報。

明多海灘夜市 ⑧
Mindil Beach Sunset Market Mana Liveris Dr
Gilruth Ave
Smith St
Gardens Rd
Daly St
Cavenagh St
McMinn St

米切爾街 ⑦
Mitchell Street
萊恩斯小屋 ①
Lyons Cottage
Knuckey St
② 史密斯街廣場Smith St Mall
達莫拉公園 ⑥
Damoe Ra Park
總督官邸
③ 達爾文州立老建築區State Square
Bennett St
Harry Chan Ave
Kitchener Dr
濱水區 ④
Water Front
⑤ 司托克斯山碼頭
Stokes Hill Wharf

行程表（2天1夜）

1	步行 3分鐘	萊恩斯小屋
2	步行 2分鐘	史密斯街廣場
3	步行 4分鐘	達爾文州立老建築區
4	步行 10分鐘	濱水區
5	步行 15分鐘	司托克斯山碼頭
6	步行 10分鐘	達莫拉公園
7	步行 25分鐘	米切爾街
8		明多海灘夜市

費用表	波浪泳池（半天）	5澳幣
	露天電影院	15澳幣
	鱷魚灣	28澳幣
	合計	48澳幣

備註：
1.以上費用以一個成人所需費用計算。
2.此路線為市區之旅不用租車或搭車，購物、餐飲花費視每人情況而有不同，所以不予計算。

↑進到萊恩斯小屋，可看到原住民在屋裡面專注地繪畫，以天然的顏料畫出褐紅、土黃、黑和白色為主的圖畫。商店販售有澳洲原住民的畫作外，還有編織器皿、天然染布和圖騰T恤等藝術品。

←萊恩斯小屋裡的牆上掛有早期達爾文的歷史照片，以及英國殖民時期來此地開墾、搭設電纜工作人員的照片。

>>交通方式

位 在The Esplanade與Knuckey St的轉角處

● MAP P.105-B2

1 萊恩斯小屋
Lyons Cottage 玩

展示達爾文歷史的小博物館

萊恩斯小屋建於1925年，當時功能是英澳的電信站，如今已經是達爾文市區的一間小博物館，展示著達爾文的歷史資料與照片，像是英國人在達爾文開拓的過程，也有早期中國人在此地開採珍珠的歷史紀錄；比較有趣的是，現在還有澳洲原住民文化加入，進到小博物館裡，可見到原住民在屋裡作畫。萊恩斯小屋也設有商店區，販售澳洲原住民特有的圖騰相關商品。

DATA
🏠 74 The Esplanade, Darwin
📞 04-4832-9933
🕐 週一～週五9:00～17:00；週六、週日9:00～14:00
休 無
黑 無
www.aboriginalbushtraders.com

● MAP P.105-B3

2 史密斯街廣場
Smith St Mall

深受喜愛的逛街場所

史密斯街廣場是達爾文市中心最熱鬧的一條行人徒步商店街，有著大大小小的零售商店和露天咖啡館，遊客來到商店街上，也可以買到北領地的特色紀念商品，像是代表北領地的原住民文化相關圖騰紀念品，還有與澳洲和原住民有關的主題二手書店。雖然史密斯商店街沒有其他大城市繁華，悠閒的氣氛卻也是當地居民以及到此度假的遊客所喜愛的逛街場所。

>>交通方式

從Lyons Cottage離開後往市中心走Knuckey St，遇Smith St右轉即達

星際廣場
Star Village

↑入口處的牆上，展示Star Village早期的照片，並訴說著達爾文與此地曾受到戰爭與颱風的摧殘，經過幾次的重建後才有現在的面貌。

>>>在達爾文市中心必買的特色商品

如果説想要買具有澳大利亞特色的紀念品，該買什麼好呢？由於它是英國殖民地，加上融合世界各國的移民，可在澳洲各地看到許多異國風格，但想要有真正的澳大利亞文化特色的，就非澳洲原住民文化與本土動物莫屬。澳洲原住民分布在全國各州，但以北領地為最多，因此，在達爾文購買到具有千百年文化的圖騰商紀念品，是最適合不過了。

↓書籤
繪有原住民圖騰含義説明的書籤，像是最下面有兩個向下箭頭的圖案，則是代表袋鼠，如果了解每個圖騰代表的意義，就很容易能欣賞他們的畫作。

↑迴力鏢
迴力鏢（Boomerang）是用來打獵的木製工具，它被用力擲出去後，還會飛回原處，主要可用來獵取鳥類；除了是打獵的工具，也被原住民用來當作近身肉搏的武器（此為迷你版觀賞用迴力鏢）。

↑國旗徽章
黑色天空、紅色大地與黃色太陽是北領地的旗幟，把每到一個國家或領地的旗幟熨燙在自己旅行的背包上，徽章輕巧又具代表性，也深具紀念價值。

→T恤
繪有澳洲明星動物的T恤，是來到澳洲必買必穿的衣服，一般的紀念品專賣店都可以選購到各種圖案花紋的觀光T恤，具有澳洲特色的T恤，穿起來顯得活力十足！

←迪吉里度
迪吉里度（Didgeridoo）是澳洲原住民特有的吹管樂器，一般約一個人的身長，空心的樹幹可吹出低沉雄厚的聲音。原住民也會為樂器畫上精美的圖案，據記載，迪吉里度也是人類最早發明的樂器之一。

←袋鼠拳擊布偶
袋鼠站立時兩腳在胸前的模樣很像拳擊手在打拳的動作，以此做為發想的袋鼠拳布偶相當可愛又傳神，並且兼具澳洲特色，很適合買回家當紀念品！

小叮嚀
想要購買當地紀念品並且有較多時間的遊客，建議貨比三家。雖然店家所售的商品大同小異，但價錢多少有一點差異。

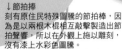

↓節拍棒
刻有原住民特殊圖騰的節拍棒，因為是以兩根木棍相互敲擊製造出節拍聲響，所以在外觀上施以雕刻，沒有漆上水彩色圖騰。

↑夾腳拖
印有圖騰或澳洲國旗的夾腳拖，圖案五花八門，炎炎夏日隨處都可看到路人穿人字拖鞋在街上走，也是年輕背包客身上必備的配件之一。

● MAP P.105-B3

3 達爾文州立老建築區
State Square 玩

颱風後殘存的殖民風貌

　　在1839年時，第一位英國海軍上尉來到了達爾文港，並以英國生物學家達爾文命名，市區可看到殖民時期風格的老建築。但是，從19世紀末的淘金熱到日本的轟炸襲擊，再加上颱風多次的摧毀破壞，達爾文的跌盪起伏不是一般城市會經歷到的。電影《澳大利亞》劇情中，男女主角歷經無數困難，從內陸將牛群趕到達爾文港口 —— 當時的殖民時代城市風貌，現在已較難看到；今天的達爾文已是完全重建，並成為現代化的都市。

↑政府議院 Government House
位在國家廣場對面的政府議院，建於1879年，是一棟造型獨特的殖民時期建築，因濱海的地理位置，可俯瞰達爾文港。而這棟白色建築則是少數躲過颱風和二次大戰摧毀的建築物。

>>交通方式
從Smith St一直往海邊方向走，就可接到州立老建築區

→舊市政廳Palmerston Town Hall ruins
1974年的猛烈颱風幾乎毀了達爾文。在布朗劇場對面的舊市政廳遺址，建於1883年，曾經有著圖書館、法院和銀行的機能，後來被颱風摧毀後只剩幾面牆。毀壞的老建築，成為達爾文近代歷史上的最佳見證。

↓布朗拍賣場劇院 Brown's Mart Theatre
布朗拍賣場劇院就位在史密斯街上的歷史區，它在十九世紀時，是一家定期舉行拍賣的拍賣場，如今已是達爾文重要的劇院和表演場所。

←↑舊法院與舊警署
Courthouse & Old Police Station
舊法院與舊警署建立於1884年，也像其它當地的建築物一樣，遭過好幾次颱風和戰爭的破壞。經過幾次的重建，現在還是使用中的公家單位辦公室。

↓教堂Christ Church Cathedral
基督教堂在1974年時也受到翠西颱風的破壞，之後在1976年重建，原來的教堂與一般無異，經重建後有著特殊造型屋頂外觀。但達爾文多雨的雨季，也讓這間教堂每年都要修補教堂的屋頂。

↑達爾文曾經是當地原住民Larrakia族的居住地，後來亞洲人和歐洲人陸續移民過來，讓本地擁有許多的異國文化。而澳洲政府為了尊重這裡曾是原住民的土地，並在特定地點告示Larrakia族才是達爾文最傳統的主人，並以當地原住民具有涵義的貓頭鷹做為吉祥物。

北領地議會大廈
Parliament House

　　擁有現代化設計的北領地議會大廈於1994年竣工，座落於國家廣場（State Square），是北領地地區首屈一指的公共建築，也是澳大利亞中最新的議會大廈。議會大廈裡可供參觀，除了每週六早上有免費的導覽外，在其他時間也免費提供簡介小冊，可以進到大廈裡隨小冊做自助導覽（A Self-Guided Tour）。加上北領地議會大廈裡設有完備的圖書館與網路設施，可讓當地居民或遊客自由進出使用，其便民開放的程度，打破一般人對政府重要機構的嚴肅印象。

DATA
🏠 Cnr of Bennett St and Mitchell St, Darwin
☎ 08-8999-7177、08-8946-1448
🕐 週一～週日；免費導覽每週六 9:00～11:00
休 無
票 無
🌐 www.nt.gov.au

4 濱水區
Waterfront 玩

新登場的親水休閒區

　　面對達爾文港的達爾文濱水區,在2009年建設完成,在開發之前,曾經是原住民、亞洲人和歐洲人的小村落,在二次大戰中,這區是達爾文首次被日本轟炸的地點。如今全新且視野遼闊的濱水區,包含海濱長廊、公園綠地、渡假飯店和酒吧餐廳,以及適合全家大小遊玩的泳池區,穿梭在濱水區裡可以欣賞到周圍的花園和綠地。除此之外,水池區與港口之間,分布著人行步道和腳踏車道,為慢跑者和住在這裡的遊客,提供了很好的環境。

>>交通方式
從Smith St的老建築區一直往海邊方向走,過Bennet St再直走會遇到電梯,搭電梯下去即是濱水區

↑晚間的濱水區可看到議會中心的外圍打著藍色燈光,建築物倒映在水池上,讓濱水區看起來有另外一種風貌的美。

波浪泳池
Wave Lagoon

　　這個有人工造浪的泳池,除了有高達1.7公尺的大浪和由淺到深的水池之外,裡面有大游泳圈可自由取用,讓不識水性的遊客也可盡興的在池中玩水。如果玩累了,周圍還有許多陽傘、涼亭和沙灘椅可供休息或做日光浴;最重要的是,隨時都有救生員在岸上觀察每個人的安全,就算是不會游泳的旱鴨子也會想跳下去玩。

DATA
📍 Kitchener Drive, Darwin Waterfront Precinct
📞 08-8999-5155
休 無
🕐 早上10:00～14:00;下午14:00～18:00;全天10:00～18:00
💰 半天:成人5澳幣、兒童3.50澳幣、優待票3澳幣;全天:成人8澳幣、兒童5澳幣、優待票5澳幣
🌐 www.waterfront.nt.gov.au

5 司托克斯山碼頭
Stokes Hill Wharf 吃 玩

享受異國風味與港口美景

　　司托克斯山碼頭可稱得上是達爾文市區最有吸引力的景點之一,碼頭上聚集了各國美食小吃的外賣餐館,主要以海鮮及亞洲料理為多,點好餐後可以在碼頭上的戶外用餐區享用,傍晚時總是高朋滿座。在碼頭的用餐區可欣賞到夕陽西下,海鷗飛翔和船隻進出的港口美景,晚間在司托克斯山碼頭,也可看到達爾文新建設的濱水區夜景,雖然與墨爾本、雪梨等大城市的規模有所差異,卻也有一番獨特與輕鬆的南洋風味。

→司托克斯山碼頭室內的點餐區,有各式的當地海鮮、異國美食和冰飲等,雖然遊客喜歡在露天座位用餐,但雨季時,室內座位就顯得格外重要。

↓在充滿熱帶氣息的達爾文,傍晚時分到司托克斯山碼頭享用一盤鮮美的海鮮沙拉,再搭配冰涼的飲料,絕對是最好的選擇。

DATA
📍 Tinter Street, Darwin
📞 08-8981-4268

>>交通方式
從濱水區可走Kitchener Dr,再接McMinn St往碼頭方向直走即可達

↓串燒Taste of the Top End／20.90澳幣
在司托克斯山碼頭可以吃到澳洲的動物食材,像是袋鼠、鱷魚、駱駝和水牛的綜合串燒,再加上薯條沙拉,一次嚐鮮全北領地的特殊食材,來一趟味覺冒險之旅。

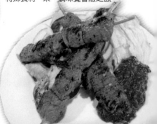

↑Greek Style Calamari／15.90澳幣
滿滿一盤的花枝圈,光看就令人食指大動,香酥的口感很有台灣鹽酥花枝的家鄉味,旁邊再鋪上沙拉與番茄以增加口感與豐富色澤,怎麼吃都吃不膩。

● MAP P.105-B3

6 達莫拉公園
Damoe Ra Park 玩

達爾文最涼爽的綠蔭步道

　　達莫拉公園位在國會大廈的懸崖下的熱帶樹林裡，這塊保留完好的海邊叢林地，是當地原住民具有特殊傳統意義的地區。如今設有人行步道以及在各處標示解說牌，讓遊客漫步在小叢林時，還可以了解沿路馬賽克圖騰所蘊涵的意義。此外，沿著指標也可走到世界二次大戰時所建的儲油隧道（WWII Oil Storage Tunnels），還有只在乾季時才開的露天電影院（Deckchair Cinema），走在綠樹成蔭的步道上，可説是達爾文市區最舒服涼爽的路線了。

↑→在達莫拉公園的步道旁，可看到富有紀念意義的馬賽克拼圖以及立體雕紋，讓遊客在此散步時，也能了解當地的文化歷史。

>>交通方式

1. 從Stokes Hill Wharf走原路回到北領地議會大廈（Parliament House），沿The Esplanade走，看到指標再往下走，即可達Damoe Ra Park
2. 從濱水區走海岸邊的Walking Cycling Track，也可到達Damoe Ra Park

露天電影院
Deckchair Cinema

　　在1994年開設的露天電影院，只有在四月至十一月乾季期間才開放，它就位在國會大廈旁的懸崖下的熱帶樹林裡，在這座被保護的原住民樹林中的露天電影院，晚間有供應熱食和飲料，在滿天星光下，躺在躺椅上悠閒地看電影，可看出達爾文的熱帶氣候中，當地居民偏好戶外的悠閒生活方式。

DATA
🏠 Jervois Rd, off Kitchener Drive, Darwin Waterfront
☎ 08-8981-0700
🕐 乾季4月中～11月中（每年沒有固定日期），每天18:30開始賣票，19:30放映
🚫 雨季
🎫 成人15澳幣、優待票11澳幣、小孩7澳幣
🌐 www.deckchaircinema.com.au

7 米切爾街
Mitchell Street　玩

熱力四射的夜生活中心

　　米切爾街上餐廳酒吧比鄰而立，也有好幾家背包客棧都在這條街上，可稱得上是達爾文市中心裡最熱鬧最有熱力的一條街，不管在炙熱的陽光下或是籠罩在特有的雷雨中，總是具有南洋熱帶風格的懶散悠閒氣氛。在白天時，可以到鱷魚灣（Crocosaurus Cove）參觀北領地的明星動物，並且體驗零距離接觸鱷魚，到了晚上，米切爾街則沉醉在酒吧的歡樂氣氛中，是當地居民與遊客最愛聚集的地方，也是達爾文的夜生活中心。

>>交通方式

從Damoe Ra Park走回The Esplanade，與The Esplanade平行的下一條路即是Mitchell St

夏納尼根斯
Shenanigans

　　夏納尼根斯是米切爾街上的一家愛爾蘭酒吧，店內裝潢與其他酒吧相比顯得講究且具有復古風。夏納尼根斯除了啤酒外也提供各式的紅白酒，以及多種的西式餐點。在愛爾蘭酒吧還有一項特色，就是店內會播放目前最新的運動賽事，讓客人在飲酒聊天之餘，也可以為自己喜歡的隊伍加油打氣，讓酒吧內熱鬧萬分。

DATA
- 址 69 Mitchell St, Darwin
- 電 08- 8981-2100
- 營 週一～週日10:30～02:00
- 休 無
- 網 www.shenannigans.com.au

→Scotch Fillet Burger ／ 23澳幣

滿滿一盤的蘇格蘭式漢堡，漢堡堆得又高又厚實，加上漢堡麵包皮經烤過後，吃起來香脆脆的口感更是加分許多，漢堡周圍鋪滿了色彩豐富的沙拉與吃不完的薯條，雖然價位不便宜，但份量確實是超滿足。

鱷魚灣
Crocosaurus Cove

　　位在市中心的鱷魚灣，是一家以鱷魚為主題的鱷魚動物園，在館內可以零距離接觸到北領地的明星動物 ── 鱷魚，像是在餵食的時間可以參加「釣鱷魚」的活動，體驗釣鱷魚的手感；在工作人員的帶領下，可以親手摸到小鱷魚，觸感與想像中不同的小鱷魚皮膚，不像表面看起來那麼粗糙堅硬；還有，館內最大的賣點就是與大鱷魚同游，它被稱為是澳洲最刺激的活動之一，有膽量的遊客可別錯過了。

© Wade Huffman

© Wade Huffman　© Wade Huffman

DATA
- 址 58 Mitchell St, Darwin
- 電 08-8981-7522
- 營 週一～週日9:00～19:00
- 休 聖誕節
- 票 成人28澳幣、小孩（4～15歲）16澳幣，與鱷魚同游（CAGE OF DEATH）：1人120澳幣、2人160澳幣
- 網 www.crocosauruscove.com

小叮嚀

鱷魚灣的入場票價稍微貴了一點，但入場票有1年的使用期限，記得請售票員登記你提供的證件。如果是長時間在達爾文度假的遊客，建議可以考慮購票，不過入場票不含與鱷魚同游。

鱷魚平時的習性是在岸邊或是潛在水中，不會輕舉妄動，除了餵食時間，不然是不會跟遊客有互動的，所以建議到了現場觀察鱷魚的興奮度，再報名與鱷魚同游會比較有趣。

● MAP P.105-C1

8 明多海灘夜市

Mindil Beach Sunset Market 玩

露天海邊夜市風情獨具

　　明多海灘夜市有全澳洲最有名的露天海邊夜市，在乾季時來到達爾文最不能錯過的活動之一。明多海灘夜市與台灣的夜市最大不同的地方，是它位在海灘旁，在日落黃昏時，可邊欣賞夕陽美景邊享用小吃美食，更有輕鬆悠閒的氣氛。夜市內有來自東南亞重口味的小吃、與歐洲各國的特色道地美味，還多了街頭藝人或是樂團的表演，讓這個夜市更加歡樂。除此之外，選購特色商品是一定要的，像是具有澳洲原住民傳統風格的小物，或是鱷魚商品配件等，都非常具有當地特色。但明多海灘夜市的價位是以澳洲的物價為基礎，對背包客來說，可能很難盡興的掃街吃到飽，但在這個別具異國風，而且規模可比台灣夜市的明多海灘夜市，是非常值得到此一遊。

DATA
地 Mindil Beach, Maria Liveris Dr, Darwin
電 08- 8981-3454
時 每年的四月最後一個週四到十月最後一個週四，週四19:00 ～ 22:00、週日16:00 ～ 21:00
休 雨季，十一月～四月底
網 www.mindil.com.au

>>交通方式

從Mitchell St或Smith St往State Square的 反方向直走，遇Gilruth Av右轉直走，再遇到左手邊的Mindil Beach Reserve大草皮，再往人群的方向走，即可達

↑明多海灘以及旁邊的夜市，是最受觀光客與當地居民喜愛的場所之一，在這裡可欣賞達爾文夕陽的美景，又可以品嚐到異國的小吃，是乾季時不可錯過的好去處。

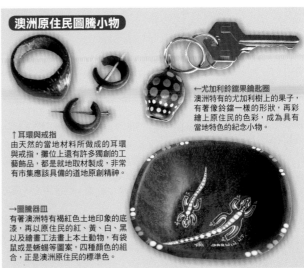

澳洲原住民圖騰小物

←尤加利鈴鐺果鑰匙圈
澳洲特有的尤加利樹上的果子，有著像鈴鐺一樣的形狀，再彩繪上原住民的色彩，成為具有當地特色的紀念小物。

↑耳環與戒指
由天然的當地材料所做成的耳環與戒指，攤位上還有許多獨創的工藝飾品，都是就地取材製成，非常有市集應該具備的道地原創精神。

→圖騰器皿
有著澳洲特有褐紅色土地印象的底漆，再以原住民的紅、黃、白、黑以及繪畫工法畫上本土動物，有袋鼠或是蜥蜴等圖案，四種顏色的組合，正是澳洲原住民的標準色。

原始大地之旅

世界遺產

卡卡度國家公園（3天2夜）

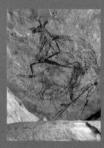

卡卡度（Kakadu National Park）是澳洲最知名的國家公園，從達爾文市開車過去大約167公里，在造訪這塊古老大地之前，不妨先順路到裘克賓國家公園（Djukbinj National Park）的濕地之窗（Window on the Wetlands）遊客中心，體驗與了解已有五萬年歷史的澳洲原住民文化；再沿路進到被列入自然和文化世界遺產的卡卡度國家公園。由於澳洲北部雨量充沛，一年之中有六個月悶熱潮濕，因此讓卡卡度充滿生機，在這個與世隔絕的環境中沒有被人為破壞，目前還保存著遠古時期的自然風貌，讓人不禁期待接下來要造訪的大地風光。

小叮嚀

卡卡度國家公園位在北領地以北，有著亞熱帶氣候，全年只有乾季與雨季兩個季節，乾季為五月至十月，雨季為十一月至四月，因此國家公園內會因過多的雨量關閉一些景點，有計畫要前往卡卡度的遊客，必須在出發前做好功課。

卡卡度國家公園7大區

South Alligator River ❶
East Alligator River ❸
- Ubirr Merl
- Border Store

Arnhem Hwy
- Mamukala
- Auroro Kakadu Resort ●
- Bowall Visitor Centre ●
- Park Headquarters
- Jabiru East
- Jabiru ❷
- Burdulba
- Mulrella park ●

Information Bay
Arnhem Hwy

Yellow Water
- Warradjan Cultural Centre ❺
- Gagudju Lodge Coolnda
- Mardtigal
- Nourlangle ●
- Mirral Lookout ●
- Nourlangie ❹

Kakadu Hwy

Mary Rivier Gunlom ❼
- Gungurul
- Bukbukluk
- Information Bay

Kakadu Hwy
- Garnamarr ●
- Jim Jim Falls ●
- Twin Falls ●
- Jim Jim Falls & Twin Falls Gorge ❻

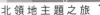

⟫ 行程表（3天2夜）

| 1 | 約94公里 | 濕地之窗 |
| 2 | | 卡卡度國家公園 |

費用表

卡卡度國家公園入園證（期限14天）	25澳幣
合計	25澳幣

備註：
1.16歲以下與北領地居民免費
2.以上費用以一個成人所需費用計算
3.購物、餐飲、租車和油資花費視每人情況而有不同，所以予不計算。

⟫交通方式

從達爾文市區出發，可沿著Stuart Hwy（國道1號）往南走，約35公里處左轉轉進Arnhem Hwy，沿路直走再35公里可先到達Window on the Wetlands，再往前直走約94公里即可達卡卡度國家公園境內

● MAP P.104-B1

1 濕地之窗
Window on the Wetlands 玩

認識生態環境與原住民文化

在進入卡卡度國家公園前，會經過裴克賓國家公園（Djukbinj National Park），建議可以在濕地之窗（Window on the Wetlands）遊客中心參觀休息，再前往卡卡度國家公園。進到遊客中心便有裴克賓國家公園生態的展示館，上到二樓還有當地原住民為遊客解說國家公園，也就是他們家園的生態環境，最有趣的是，原住民也會教遊客們認識當地文化等知識。

小叮嚀

卡卡度水域是鱷魚的棲息地，在國家公園內曾經發生過鱷魚引起的嚴重傷亡事故，如果接近水域時，一定要遵守告示牌上的提醒標示，並且遠離水邊。

趣味大發現

澳洲以北的熱帶地區可以常見到綠樹螞蟻（Green Tree Ant），牠們有著淺咖啡色的頭與身體，還有翠綠色的腹部，遇到敵人時會從尾部噴出蟻酸。有趣的事來了！膽子大的或是喜歡挑戰新奇口味的人，可以抓一隻綠樹螞蟻，再舔一下牠的腹部，對，就是舔螞蟻的屁股！此時，便能嘗到具有檸檬口味的蟻酸！綠樹螞蟻對澳洲原住民來說，具有醫療用途，也是原住民從中攝取甜水的來源。

↓年輕的澳洲原住民女孩，一一的向遊客介紹他們生活上常用得到的編織物品，而每件編織物上有色彩的部分都是天然染色外，其顏色還會因季節與濕度的不同而有深有淺，所以幾乎每個編織物都可以看出製作每一段花約所田植的時間（顏色愈多，製作時間也可能相對愈久）。

↑在遊客中心裡的二樓，澳洲原住民會向遊客解說他們的文化、如何生活在北領地北部這片大濕地，還有教遊客吹奏他們的迪吉里度等有趣的知識。

2 卡卡度國家公園
Kakadu National Park
玩

自然與人文和諧相處的聖地

　　卡卡度國家公園在1981年被列入自然與文化世界遺產名單裡，也是澳洲第一個被列入名單的國家公園，不僅如此，它還是澳洲最大的國家公園，廣達1萬9千多平方公里，光從入口開車進入各知名景點，就得花上至少1～2小時。五萬年前卡卡度就有當地原住民的歷史遺跡，一直到現在也是原住民的部落居住地，據研究，國家公園境內有五千多個岩畫遺址，是澳洲數量最多，也是歷史最悠久的遺跡；而屬於熱帶地區的卡卡度國家公園，雨季時帶來豐沛的雨量，也因此蘊藏著極為豐富的動植物與昆蟲，並且保有原始的生態，在這個充滿生機的熱帶雨林棲息地，可以感受到卡卡度絕對是大自然與人文和諧相處的一塊聖地。

1 南鱷河區 South Alligator River

　　進到卡卡度國家公園後，先造訪的是南鱷河，河的周圍有馬木卡拉濕地（Mamukala Wetlands）與崗加利步道（Gungarre Walk），南鱷河這一塊區域整年都很美麗，而在每年的九月至十月，也就是乾季末期的時候，可見到成千上萬的喜鵲鳥在濕地聚集覓食，感受數大之美的狀況。

2 賈比魯 Jabiru

　　賈比魯是卡卡度內的主要小鎮，鎮上有超市、郵局、銀行、醫療中心、咖啡館、餐廳及理髮店……等，距離賈比魯鎮約五分鐘路程的布瓦利遊客中心（Bowali Visitor Centre），是座設備齊全的遊客中心，其中設有展示中心、圖書館與小型電影院，播放卡卡度國家公園的生態影片，而遊客中心的服務員也能為遊客提供國家公園內的旅遊規劃，相當的便利。

DATA
布瓦利遊客中心Bowali Visitor Centre
🏠 Bowali Visitor Centre　　📞 08-89381120
🕐 8:00～17:00　　休 無　　🌐 www.kakadu.com.au

卡古裘度假旅店
Gagudju Crocodile Holiday Inn

　　卡卡裘度假旅店是卡卡度國家公園最大的度假村，從上空往下看可看到它的外觀如鱷魚的外型所建，相當的有趣，也符合當地特色。

DATA
🏠 Flinders St, Locked Mail Bag 4, Jabiru　　📞 08-8979-9000
🕐 check in 14:00；check out 10:00　　休 無
🌐 http://www.holidayinn.com/hotels/us/en/jabiru/jabgg/hoteldetail

3 東鱷河區
East Alligator River

　　在東鱷河可觀賞到壯麗的恩漢姆地（Arnhem Land）懸崖與生態豐富熱帶的雨林，並且可以走在叢林步道上，探索這一塊美麗的大地。而東鱷河地區的又貝爾（Ubirr）有著澳洲原住民的岩畫遺跡，而沿著步道攀登到高250公尺的岩石頂觀景台，可在此觀賞到美麗的日落美景。

4 諾蘭吉 Nourlangie

諾蘭吉區設有五條以上的人行步道，遊客可以盡情享受在熱帶雨林裡散步的樂趣。諾蘭吉的岩石峭壁上，有著澳洲原住民的岩畫藝術遺跡，沿著環行步道指標，便可以到達這些古老的原始岩畫區，這些地區也是原住民的早期住所。步道旁也可看到標示牌清楚的解說著諾蘭吉區，而一路登上諾蘭吉岩頂，則可以看到一望無際的國家公園濕地。

5 黃水 Yellow Water

壯觀的黃水與周圍的濕地景觀，也是卡卡度國家公園裡最有名氣的景點之一，遊客可以在此參加遊船行程，一覽這座世界級的國家公園自然美景。或者，也可以到哇拉捐文化中心（Warradjan Cultural Centre）參觀澳洲原住民文化展示區，可在此地深入了解原住民的生活與歷史，感受大自然與人文和諧相處的一塊寶地。

6 金金瀑布與雙瀑布谷
Jim Jim Falls & Twin Falls Gorge

這兩座國家公園內的知名瀑布，只能在乾季時駕乘四輪傳動車進入，遊客可以漫步在具有挑戰性的步道中，也可以搭乘遊船穿梭在金金瀑布與雙瀑布清澈的水道上，並遊覽壯闊的雨林景觀，但也只有在雨季時瀑布會有大量的泉水落下，因此在雨季時搭乘小飛機遊覽，才能觀賞到瀑布美景。

7 馬利河 Mary Rivier

馬利河一區擁有壯觀的熱帶叢林，大部份景點都需要四輪傳動車才到得了。來到馬利河可以漫步在叢林步道中，在乾季時可以放鬆的在露營區野餐，欣賞卡卡度不同區域的美景，其中岡郎（Gunlom）的水池瀑布與亞密克步道（Yurmikmik Walks），是馬利河很受遊客歡迎的景點。

紅色中部之旅

探險者拓荒之路・6天5夜

北領地東接昆士蘭、西鄰西澳大利亞，南與南澳大利亞三州相鄰，幅員遼闊，貫穿整個澳大利亞的Strart Hwy，被稱為Outback Hwy，也是探險者之路（The Explorer's Way），道路兩旁盡是無邊無際的荒野，沿著它將重溫昔日的拓荒精神。從首府達爾文所在的北端（Top End），一路上將會來到利奇菲爾以及尼特米魯克國家公園，它們被譽為北領地最佳的避暑之地，沒有鱷魚出沒的瀑布和水池，廣受達爾文居民的喜愛；再往南走則開始進入紅色中部，也就是澳洲的心臟地帶，從惡魔彈珠到愛麗絲泉和她的周邊國王峽谷，也都是獨特而迷人，最後再來到聞名世界的烏魯魯，千里來到這個紅色太古巨岩，不難想像它會被稱為世界的中心，到此也一定要到卡塔裘塔，體驗漫步在風之谷間的步道；澳洲的紅色大地上，擁有悠久的原住民文化，認識這個古老居民的文化與藝術，也是不可錯過的旅遊體驗。

小叮嚀

乾季時是造訪利奇菲爾與尼特米魯克國家公園的最佳時節，如果雨季時到這兩個地點遊玩，一定要注意天氣預報，經常有河水暴漲的情況發生。但是一到紅色中部則相反，四月～十月天氣涼爽，適合在愛麗絲泉到烏魯魯一帶旅遊，十一月～三月時，荒漠地區非常的炎熱，需準備各種預防中暑的衣帽和飲用水。

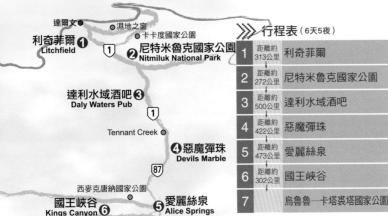

達爾文
濕地之窗
卡卡度國家公園
利奇菲爾 **1**
Litchfield
尼特米魯克國家公園 **2**
Nitmiluk National Park

達利水域酒吧 **3**
Daly Waters Pub

Tennant Creek

惡魔彈珠 **4**
Devils Marble

西麥克唐納國家公園

國王峽谷 **6**
Kings Canyon
愛麗絲泉 **5**
Alice Springs
Henbury
魯—卡塔裘塔國家公園 **7**
Uluru-Kata Tjuta National Park
Eridunda
Kata Tjuta Uluru

>> 行程表（6天5夜）

1	距離約313公里	利奇菲爾
2	距離約272公里	尼特米魯克國家公園
3	距離約500公里	達利水域酒吧
4	距離約422公里	惡魔彈珠
5	距離約473公里	愛麗絲泉
6	距離約302公里	國王峽谷
7		烏魯魯—卡塔裘塔國家公園

>> 交通方式

1. 開車：由達爾文出發向南行駛走Stuart Hwy（87號公路），沿路往南走，或依路上的指標，即可到達各景點。
2. 灰狗巴士：如果無自行開車，可搭乘灰狗巴士到Stuart Hwy上的著名景點小鎮，再依自己的喜好選擇當地的旅行團即可。

費用表	烏魯魯—卡塔裘塔國家公園入門票	25澳幣
	合計	25澳幣

備註：
1. 門票費用以一個成人所需的費用計算，一張票為期三天25澳幣，年票32.50澳幣，16歲以下免費。
2. 費用不含租車、油資、住宿、餐飲和購物，視每人情況不同自行計算。

● MAP P.104-A1

1 利奇菲爾國家公園
Litchfield National Park 玩

熱帶乾季避暑勝地

　　利奇菲爾國家公園成立於1986年，位在達爾文南邊120公里處，是個非常受達爾文居民喜歡的一個國家公園。園內有許多迷人的瀑布和熱帶雨林，像是旺吉瀑布（Wangi Falls）、托爾默瀑布（Tolmer Falls）、弗羅倫斯瀑布（Florence Falls）……等與其它他瀑布，水質冰涼清澈，在炎炎夏日的乾季時，這些地方則成為大家的避暑勝地，而且園內設有步道，可漫步在森林裡。

 小叮嚀

>> 交通
　　如果有四輪傳動車，則可進入到更多的景點區，像是有著柱形沙岩奇石的失落城市（The Lost City）或是布萊斯農場（Blyth Homestead）歷史遺跡等。

>> 安全
　　利奇菲爾國家公園中的瀑布水池，大部份都是沒有鱷魚的安全游泳場所，但還是請遊客注意標示牌，如有警告標示則不要下水。

趣味大發現
北領地以北的野外郊區可以常看到高大眾多的扁平狀土丘，看起來像石碑，其實這是巨大白蟻窩，最特別的是，這種白蟻為了日光照射以便調節溫度，所以建造的窩都呈現坐南朝北的方向，所以被稱為磁性白蟻家（Magnetic Termite Mounds）。據研究，高達五～六公尺的白蟻家，約住有200萬隻白蟻，並且至少有80～100年了，在利奇菲爾國家公園也可看到，而全世界只有北領地才有這麼一大片的磁性白蟻家。

DATA
營 全年開放
休 在雨季時可能會因雨量過多而關閉部份景點
票 無
網 www.litchfieldnationalpark.com

>> 交通方式
從達爾文走Stuart Hwy，往南走約82公里後，見指標右轉Litchfield Park Rd，沿路直走即可達Litchfield National Park

2 尼特米魯克國家公園
Nitmiluk National Park 玩

由峽谷組成的水路迷宮

　　尼特米魯克國家公園由13個壯麗的峽谷所組成，是北領地第二大的國家公園。這座國家公園經凱薩琳河在數千萬年間沖刷形成的水路迷宮，所以又稱為凱薩琳峽谷（Katherine Gorge），遊客可以在這裡加入遊河、健行、划獨木舟或是游泳等活動。建議剛到的遊客可以先參觀尼特米魯克遊客中心，遊客中心設有當地生態資訊區，還有餐飲販賣部等，相當便利。

DATA
Nitmiluk Visitor Centre
☎ 08-8972-1253、13-0014-6743
🕐 週一～週日7:00～19:00
🚫 在雨季時可能會因雨量過多而關閉部分景點
💰 無
🌐 www.nitmiluktours.com.au

→澳洲每個國家公園內的生態環境都非常豐富，在尼特米魯克國家公園也不例外。笑翠鳥模樣可愛討喜，當地放鬆時羽毛會膨脹，而有警戒時則貼緊身體，讓自己不顯眼。　而袋鼠是澳洲最多的居民之一，在黃昏時分經常可以看到牠們。

>>交通方式

從Litchfield走回Stuart Hwy，往南走約240公里可Katherine鎮，再依指標走30公里即可達Nitmiluk National Park

小叮嚀
　　雨季11月～4月期間暫停泛舟，遊船的班次也會減少，想遊河的旅客須注意。

↑→如果不想花錢參加遊河或是租獨木舟，遊客中心附近還是有許多徒步路線，走在凱薩琳峽谷上，還可遠眺峽谷的壯麗美景。

↑搭船遊凱薩琳峽谷，可以在多處河岸設好的小碼頭靠岸，再悠遊內陸的徒步區，而划獨木舟的遊客，則可以更隨意地在容易靠岸的地點上岸。

3 達利水域酒吧
Daly Waters Pub 吃 玩

欣賞歷年遊客留下的特色裝飾品

　　這家具有歷史意義的達利水域酒吧，由當地礦工比爾‧皮爾斯與妻子於1930年開設，當初只是一般商店，八年後才申請了酒照，成為酒吧。在二次大戰前，達利水域鎮是澳洲第一個飛往倫敦的國際機場和飛機加油站，因此酒吧當時主要是服務來往澳洲與倫敦之間的乘客，也包含幫飛機加油。如今的達利酒吧一樣受到旅行紅色中部的遊客所喜愛，與一般酒吧不同的是，店內的特色裝飾品都是遊客留下的，牆上掛有從足球運動制服、夾腳拖、汽車車牌到女性內衣，而且都是以量取勝，非常吸睛！

↑酒吧外可以看到一個加油站，曾經是給飛機加油的加油站，如今加油站還在運作中，只是加的是汽車汽油。

←在達利酒吧的戶外坐位區，掛有非常多的夾腳拖或是車牌等，上面簽滿曾經到此一遊的旅客名字，無形中讓人覺得親切又有趣！

DATA
📍 Stuart St, Daly Waters
☎ 08-8975-9927
🕐 週一～週日7:00～23:00之後
🚫 無
🌐 www.dalywaterspub.com

>>交通方式
從Katherine鎮往南走Stuart Hwy，約走276公里，再依指標右轉即可達

● MAP P.104-B2

4 魔鬼彈珠
Devils Marbles 玩

原住民的神聖之地

　　魔鬼彈珠是散落在澳洲中部探險者之路（Explorer's Way）上的巨大花崗岩圓石。在十幾億年前，這塊古老的大地地底下曾經有著弧形花崗岩盤，花崗岩因地球內部的壓力，造成岩石相互垂直的裂痕，地表的砂岩經年累月雨水沖刷，而使地下的岩石露出表面，堅硬的巨石也因千萬年的風化雨蝕，形成現在的巨人石蛋奇景。在這魅力非凡的魔鬼彈珠保護區，曾經是當地原住民舉行儀式的祕密聖地，雖然這塊大地已不再神祕，但至今也是有著原住民古老傳說的神聖之地。

↑天剛亮之際，便可看到年輕背包客們已坐在高高的石堆上等待日初，這些巨蛋會因陽光的變化而產生不同的顏色，特別是在日初或傍晚夕陽的照射下，散發著美麗多彩的紅光。。

小叮嚀

>>住宿
　　魔鬼彈珠保護區設有露營區，強烈建議喜愛接近大自然的遊客，可安排在傍晚時到達，並在此露營過夜，第二天便可欣賞到魔鬼彈珠的日出。

>>飲水
　　此露營區沒有提供水或是多種人工設施，更沒有綠色大草皮，只有一間簡易廁所，如計畫在此露營的遊客，可在沿途會經過Tennant Creek鎮，備齊水和食物。

>>交通方式

從Daly Waters鎮往南走Stuart Hwy，約走500公里即可達（沿路會經過Tennant Creek鎮）

DATA

營 全年開放
票 無

↑魔鬼彈珠這堆奇妙的巨岩，是由長時間的風化侵蝕而形成，看起來像是被一顆顆疊起來的石疊。

↑從正中間裂開成兩半的巨蛋，難道是恐龍或巨蛇寶寶破蛋而出？

愛麗絲泉被開發的主要原因是為了設電信站，來到此地別忘了到陶德河畔參觀拓荒時期的舊電信站（Old Telegraph Station）及週圍的歷史遺跡。

● MAP P.104-B3

5 愛麗絲泉
Alice Springs 玩

重溫拓荒時代的沙漠之城

　　愛麗絲泉是位在澳洲中部的沙漠城市，它的發展起因是為了在南澳阿得雷得與達爾文之間建立電信中轉站，剛好在這南北三千公里中間發現水源，也就是陶德河（Todd River），便以此地為電信站，也逐漸開發愛麗絲泉這個地方。如今愛麗絲泉已經是個現代化的都市，到此可參觀早期的電信站遺跡，重溫昔日拓荒時代，而且它是通往舉世聞名的烏魯魯─卡塔裘塔國家公園重要門戶，在市中心便有當地旅遊團可報名前往。

>>交通方式

從Devils Marble往南走Stuart Hwy，約走400公里即可達Alice Springs

↑愛麗絲泉被稱為是原住民藝術的誕生地，也是世界上最古老的傳統藝術畫之一，市中心有許多原住民藝術相關的藝廊，而原本傳統的繪畫也有新的當代形式，並且蓬勃發展中。

↑市中心的陶德商場，是愛麗絲泉最熱鬧的地方，有餐廳、咖啡館和商店，除了是遊客最佳補給站外，也是當地居民舉辦各種慶典的場所。

趣 味 大 發 現
位在愛麗絲泉以北30公里處，也就是Stuart Hwy上，有著南迴歸線（Tropic Of Caprion）休息站，並且地上畫有白線標示南迴歸線橫跨的位置，如果有經過，別忘了下車拍照紀念！

↑位在愛麗絲泉市中心的紐澳軍團山（Anzac Hill），登上山頂可一覽這座沙漠之城，並能遠眺包圍愛麗絲泉的麥克唐納山脈。

西麥克唐納國家公園
West MacDonnell National Park

　　而澳洲中部著名的麥克唐納山脈，全長223公里，橫跨愛麗絲泉，遊客可前往西麥克唐納國家公園（West MacDonnell National Park），沿途景觀壯麗，如有四輪傳動車也可前往特諾拉拉保護區（Tnorala Conservation Reserve），在一億多年前，曾被隕石擊中的五公里大隕石坑，一窺這塊神祕之地。

DATA
全年開放
無

>>交通方式
從愛麗絲泉鎮上往西走Namatjira Dr，沿路直走約110公里即可達

國王峽谷

Kings Canyon

地表裂開深入地下270公尺的峽谷，是澳洲最深也最陡峭的的峽谷，景觀特殊，氣勢非凡

● MAP P.104-B3

6 國王峽谷
Kings Canyon

壯麗的風化砂岩迷宮

國王峽谷位在瓦特卡國家公園（Waterrka National Park），其地表裂開深入地下270公尺，是澳洲最深也最陡峭的的峽谷，景觀特殊，氣勢非凡，是澳洲中部紅色大地的奇景之一。登上國王峽谷，可沿著步道小徑走完全程，約3～4小時，穿梭在一丘丘的巨大風化砂岩迷宮裡，感受峽谷上無與倫比的壯麗景色。沿著步道走也會走到峽谷下，這裡曾經是原住民的居住地，陰涼的峽谷下成為動植物最佳的生長地帶，生態豐富的水源區則被稱為伊甸花園（Garden of Eden）。

>>交通方式

1. 從Alice Springs往南走Stuart Hwy，若是開四輪傳動車可在往南約133公里處右轉往西走非柏油路，路況較差的Giles Rd，直走107公里再接柏油路Luritja Rd，往西直走98公里即可達Kings Canyon

2. 或者，一般車從Alice Springs往南走Strart Hwy，約走200公里到Erldunda右轉接Lasseter Hwy，直走約106公里再轉入Luritja Rd，沿途走約166公里即可達Kings Canyon

小叮嚀

>>藍色箭頭指標
登上國王峽谷後，沿途可以看到藍色箭頭指標，沿著指標的方向走在小徑上，就不會在巨大的風化砂岩迷路。

>>飲水
澳洲中部的夏天經常是非常炎熱難耐，每年四月～九月會涼爽一些，在登上國王峽谷之前，一定要備好飲用水或是乾糧小零食，以免中暑了。

DATA
全年開放　　無

←從停車場處沿著指標走，一開始往上走20分鐘路程的石階步道，是這段步道最辛苦的路程，一旦走到峽谷上，你會發現這小段石階絕對是值得的。

↓→眼尖的日劇迷，應該可以認出這裡就是「在世界中心呼喊愛」的電視版場景，主角就曾站在與跪在這個凸出的風化砂岩斷層上。

←↑經風化侵蝕而形成的巨大圓丘群，其地質樣貌奇特，令人嘆為觀止，這裡可說是澳洲中部最有魅力的景觀之一。

→風化的砂岩地表裂開後形成了峽谷，堅硬的岩石切面卻像奶油被切過一樣，讓這個巨大峽谷有著特殊的景觀。

烏魯魯
Uluru

1873年歐洲探險家發現這塊大巨岩時，便以當時的南澳總督亨利·艾爾斯（Henry Ayers）名字命名為艾爾斯岩（Ayers Rock）；直到1985年，澳洲政府將此地歸還給原住民，才將它稱為烏魯魯。這一顆巨岩長約3.6公里，寬2.4公里，繞行一周9.4公里，而高出荒野地表的高度為348公尺。它不是世界上最大的獨岩，但是，烏魯魯孤傲獨特的英姿，成為澳洲最知名的自然地標，大概不會有人在乎它是否是世界最大的單一石塊。

↓環岩步道

烏魯魯步道繞行一圈約9.4公里，沿著石壁步道走上一圈也是另一個來到此地必遊的行程，沿路可看到早期原住民的岩畫，以及岩洞住所，值得一遊。

↑攻頂

千里來到烏魯魯，許多人都想挑戰登上世界第一知名巨岩，並在這個世界的中心眺望紅色大地的壯麗美景。烏魯魯岩石上雖然設有攀登用的鐵鍊，但已無任何其他的安全設施了，登上烏魯魯一定要衡量自己的體力選擇往上再爬或是慢慢往走下，千萬不要逞強。

←欣賞

烏魯魯巨岩旁設有公用坐椅，是個可·距離觀賞這座太古巨岩的好地方，除此之外，國家公園內也在烏魯魯與卡塔裘塔之間設有多處觀景台，可供遊客遠望風情萬種的兩處巨岩美景。

▼景點距離

1	距離 5公里	艾爾斯岩度假村
2	距離 10公里	國家公園入口
3	距離 5公里	日落瞭望台
4	距離 50公里	烏魯魯
5	距離 3公里	卡塔裘塔步道起點
6		風之谷步道起點

小常識

烏魯魯被稱為是世界上第一大獨岩，然而真正的第一名是位在西澳的奧古斯都山（Mt. Augustus），它高於地表860公尺，約是烏魯魯的兩倍多大，其位在西澳卡納芬（Carnarvon）以東約490公里處，此地鮮為人知。

世界遺產

● MAP P.104-A3

7 烏魯魯－卡塔裘塔國家公園
Uluru-Kata Tjuta National Park 玩

紅色古老大地上的巨岩奇景

　這座被列入文化與自然世界遺產的烏魯魯─卡塔裘塔國家公園，位在澳洲中部的荒野沙漠內，而聳立在這片紅色古老大地上的烏魯魯與卡塔裘塔巨岩群，顯得特別壯觀與神祕。烏魯魯和卡塔裘塔是國家公園內的兩處巨岩，皆是經過五億年風化侵蝕的結果，大約在四百萬年前才有現在的面貌，而且最特殊的是這些太古巨岩就像冰山一樣，人們看見的只是岩石頂部，看不見的部分在地底下則深達六公里。據考古研究，澳洲原住民在此地已生活兩萬兩千年，如今澳洲政府與原住民們共同管理這座國家公園，對原住民文化有興趣的遊客，可在當地參加付費行程，讓原住民帶你一同體驗他們幾萬年來的生活與文化。

經過幾億年來的風化侵蝕，形成了許多奇特地形，黑色線條是水流過的痕跡，在雨季時，運氣好的話可見到雨水從上流下來的難得景觀。

小叮嚀

>>請不要攀登烏魯魯
　來到烏魯魯巨岩前，可清楚的見到提醒遊客攀登前的注意事項，並有斗大的中文字寫著「不要冒生命危險！請不要攀登。」其原因有兩種：1.烏魯魯是原住民的聖山，依傳統律法不可攀登。2.依當地資深導遊說，攀登烏魯魯是一件非常危險的事，原住民的原意是擔心攀登者的生命安全，所以勸遊客不要爬上烏魯魯，並非因為它是聖山。

>>如果還是想攀登烏魯魯
　請注意氣溫如高過攝氏36℃，則禁止登山，登山前需準備好足夠的飲用水；並在一天中最涼的時間攀登，穿結實的膠底鞋和戴有綁帶的帽子；攀登前不要吃大餐或喝酒；不要試圖把被風吹走的任何東西撿回來。

DATA
🏠 Uluru-Kata Tjuta National Park
📞 08-8956-1128
🕐 全年開放
💰 25澳幣，為期三天；年票32.50澳幣；16歲以下免費
🌐 www.environment.gov.au/parks/uluru

>>交通方式

從Kings Canyon沿Luritja Rd往回走到Lasseter Hwy，依指標往Yulara方向即可達

↑烏魯魯以其獨特的外型，孤傲地聳立於浩瀚無邊的紅色原野上，加上季節因日光的不同，有著千變萬化的身影，而贏得世人的矚目。

↑↓烏魯魯也有波浪岩（Wave Rock）？是的，這座小型的波浪岩，形成的原理與西澳的波浪岩一樣，是由雨水侵蝕風化所造成。

↑走在烏魯魯環岩步道上，可看見這座雄偉巨岩的各個角落，甚至可走到早期原住民的岩洞居所，以及可觀賞到幾千年前的岩畫。

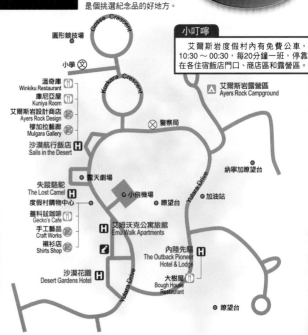

↑艾爾斯岩度假村內的飯店都設有餐廳,遊客可選擇有提供戶外用餐服務的餐廳用餐,或是自己準備外食餐點,在烏魯魯的星空下享用晚餐。

→綠色的杯子上彩繪有烏魯魯的圖案,杯子材質輕便,非常適合旅行時帶著走。在艾爾斯岩度假村裡的商店裡,可以選購烏魯魯周邊商品,是個挑選紀念品的好地方。

艾爾斯岩度假村

Ayers Rock Resort

　　來到國家公園前必到的艾爾斯岩度假村,是烏魯魯-卡塔裘塔國家公園這一帶的唯一住宿地點,在未造訪世界知名的大石頭前,可先在度假村下榻休息,這裡設有六種住宿設施,從貴婦等級的飯店,到背包客級的露營區都有,而像是警察局、小學、銀行、郵局、購物中心……等一應俱全,最重要的是,在度假村內可觀賞到遠方紅色烏魯魯的美景。

DATA

	電話	營業時間	休息
遊客中心	08-8957-7324	7:00～20:30	無
郵局	08-8956-2288	9:00～18:30 週六、日10:00～14:00	無
ANZ銀行	08-8956-2070	9:30～16:00 週五9:30～17:00	週六、日
超市	—	8:00～21:00	無

圓形競技場
小學 文

溫奇庫 Winkiku Restaurant
庫尼亞屋 Kuniya Room
艾爾斯岩設計商店 Ayers Rock Design
穆加拉藝廊 Mulgara Gallery
沙漠航行飯店 Sails in the Desert
失蹤駱駝 The Lost Camel
度假村購物中心
薑科茲咖啡 Gecko's Cafe
手工藝品 Craft Works
襯衫店 Shirts Shop
沙漠花園 Desert Gardens Hotel

露天劇場
小飛機場
瞭望台

艾姆沃克公寓旅館 EmuWalk Apartments
內陸先驅 The Outback Pioneer Hotel & Lodge
大樹屋 Bough House Restaurant

Gosse Crescent
Kurkara Crescent
警察局
艾爾斯岩露營區 Ayers Rock Campground
納寧加瞭望台
加油站
Yulara Drive
瞭望台

小叮嚀

　　艾爾斯岩度假村內有免費公車,10:30～00:30,每20分鐘一班,停靠在各住宿飯店門口、商店區和露營區。

卡塔裘塔

Kata Tjuta

　　卡塔裘塔於1872年被英國出生的澳洲人所發現，並以當時的西班牙皇后奧加（Queen Olga of Württemberg）來命名，後來歸還給原住民管裡後，正式稱為卡塔裘塔。烏魯魯是獨岩，卡塔裘塔則是巨岩群，一樣是此地原住民的聖山，而卡塔裘塔在原住民語言中有多頭的意思，是由36個風化後頂部呈圓狀的巨岩連結而成，其最高約546公尺。這群巨岩因地形的關係，有著風之谷的稱號，當漫步走在岩群之間，可以想像當強大的風吹來時，會發出驚人的呼嘯聲。

↑漫步風之谷

遊走在風之谷（Valley of the Winds）之間，可以感受到卡塔裘塔地形的獨特之處，大約三小時的步道行程，會穿過巨岩群並且到氣勢恢宏的紅色沙漠平原中心。

↑從烏魯魯到卡塔裘塔約53公里，需有交通工具才能到達。在接近中午的時間到此，可看見焦褐色的卡塔裘塔。

↑漫步於岩石之間，可感受到身旁岩石肌理因光線的不同有所變化，每一段斷層都出現不同的風貌。

↓進到風之谷一路上有箭頭標示，大部分的路段都算是能輕鬆地走，然而還是有需要攀爬的地方。

觀賞色彩變化　　卡塔裘塔因著一整天陽光的變化和季節的不同，會呈現千變萬化的迷人色彩，從日出的螢光橘色，正中午的焦褐色……到傍晚的深橘紅色等等，都非常迷人。

綠意莊園 南澳

南澳左鄰廣大的西澳，右接繁華的維多利亞，上行便是北領地，算是通往幾大省的門戶之地，早期諸多歐洲移民就從此地上岸，在新大陸拓荒建設新家園，南澳並成為目前德國裔人口數最多的省分。由於這樣的歷史背景，歐洲移民帶來了家鄉種植葡萄與釀酒的技術，使得南澳今日擁有「葡萄酒故鄉」的美譽，葡萄酒產量和品質都居澳洲第一，南澳領地的景觀更是精彩怡人，著名的巴洛薩谷地四處綠意、花園的景緻，猶如歐洲鄉間風情畫。此外，位於南方的袋鼠島，擁有豐富的動物生態，相當引人入勝。至於南澳首府阿德雷德，是個小而美的精緻城市，市容綠意滿眼且一年到頭活動眾多，有「嘉年華之都」的稱號，人氣旺盛又舒適的氛圍，很適合放慢腳步，細細品味。

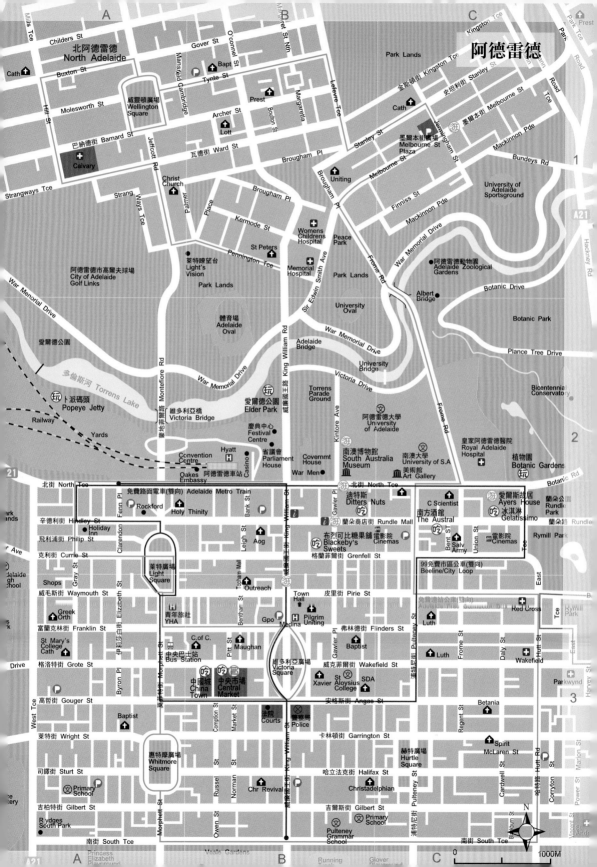

阿德雷德城市之旅

2天精彩路線跟著走

市街購物人文漫遊 Day 1

　　年輕的南澳首府阿德雷德，市區街道規劃整齊、市容綠意盎然，清新的氣息讓任何人都想一親芳澤。市區規模精緻小巧，卻處處滿足挖寶的慾望。澳洲最古老的中央市場、人文歷史與現代摩登兼具的蘭朵徒步商店街，都是南澳獨有的精彩氣息。才隔一條街，轉入北街馬上進入藝術人文的世界，博物館、美術館、愛爾斯故居，還有植物園內令人驚歎的豐富植栽造景、三座精美玻璃溫室和有趣的經濟作物博物館，雖看似平凡，深入究極不難發現細節裡的用心之處，這也是阿德雷德予人的城市印象。

小叮嚀

>>導覽
阿德雷德市市區雖小，但卻貼心的為遊客和市民規劃了三種不同路線的免費交通路線。
1. 移動於North Tce至South Tce之間的King William St，任何電車均免費。
2. 繞行市區的99C免費公車。
3. 連結南和北阿德雷德的綠色免費公車（Adelaide Free Connector Bus）。詳細路線圖請翻至P.133。

Frome Rd
Kintore Ave
North Tce
King William St
Gawler Pl
Pulteney St
Rundle Rd
East Tce
Wakefield St

南澳博物館 ❸
South Australia Museum

植物園 ❺
Adelaide
Botanic Gardens

❹ 愛爾斯故居
Ayers House

❷ 蘭朵購物街 Rundle Mall

中央市場 ❶
Adelaide
Central Market

維多利亞廣場

費用表	愛爾斯故居	8澳幣
	植物園熱帶雨林溫室	4.9澳幣
	合計	12.9澳幣

備註：
1.門票皆以1成人之票價計算，其他票種請參考各景點DATA資料自行計算。
2.購物或餐飲花費視每人情況而有不同，所以不予計算。

● MAP P.133-B3

1 中央市場

⏱ 1hr. Adelaide Central Market 吃買

最新鮮美味的有趣市場

　　阿德雷德中央市場可說是澳洲最古老、同時也最有趣的市場，從1869年營業至今，走過140個年頭的市場裡，看不到一點老舊頹圮的樣子，反倒是充滿歷史與故事的店鋪，讓逛市場有如挖寶般驚喜！有人說：「逛市場是了解一個城市最好的方法。」的確，在阿德雷德中央市場80個攤位上，本地直銷的新鮮蔬果、肉品、加工食品、麵包、咖啡茶館等，每一間店鋪都有著自己的特殊風味，蘑菇專賣店貼心製作蘑菇食譜教學、店家自釀自製的橄欖製品、糕餅店裡傳統點心樣樣令人垂涎……，整齊乾淨且樣式齊全的中央市場，正像阿德雷德的城市風格，整潔中帶著自在的人文氣息。

DATA
🏠 45 Gouger St, Adelaide
☎ 08-8231-5115
🕐 週二7:00～17:30、週三和週四9:00～17:30、週五7:00～21:00、週六7:00～15:00
休 週日和週一
🌐 www.adelaidecentralmarket.com.au

↑堅果、乾果和蜂蜜等食品，也是南澳本地相當受歡迎的健康食材。

↑一盆盆鋪滿鮮豔彩色水果和堅果的優格，傳統手工製作、標榜天然無人工添加物，招牌的希臘優格，口味濃郁香醇，一定要試試，小杯約4.5澳幣。

↓鄰近的巴洛薩谷是南澳重要的農牧產和葡萄酒產地，不論是香腸、起司、橄欖製品等，都以品質優異著稱。

↓南澳當地最新鮮的蔬果，都集中在中央市場內，葡萄、櫻桃、蕃茄、蘋果等都是南澳出名的水果。

>>交通方式

可搭乘市區電車或99C免費市區公車至「Victoria Square」站下車，下車後沿Gouger St步行約5分鐘即達；或由市區直接步行前往亦可

Providore

手藝高超的糕餅食品專賣店

　　櫃位上醒目的三層熱巧克力塔吸引人們停下腳步，因為巧克力沾上棉花糖或草莓的魔力無人能擋。在中央市場經營多年的Providore，以高超的手藝做出各種食品，不論是節慶食品、蛋糕、派及各種點心都是道地又美味，在這裡還得到澳洲著名的糕點Pavlova，不過也由於太好吃常常缺貨，若是遇到甜點櫃上還有Pavlova的身影，千萬別錯過！

↑櫃上的Povlova蛋白蛋糕看來其貌不揚，但只要吃過便難忘其美妙滋味，有巧克力、白巧克力和杏桃等口味。整條24澳幣、一片4澳幣。

←各式各樣美味又可愛的糕點，光是看就很過癮。

DATA
🏠 Stall 66, Adelaide Central Market
☎ 08-8231-5977
🕐 同中央市場營業時間

Dough

賞心悅目又美味的新鮮麵包

　　在中央市場營業已超過10年的Dough麵包店，每日提供最新鮮和健康的各種麵包，琳瑯滿目的各式造型和口味的麵包，更以別緻的店頭擺設迎接前來挑選的顧客。Dough最近也在市場旁設立廚房以提升架上糕餅的新鮮度，每週六並有試吃活動！

DATA
🏠 Stall 45, Adelaide Central Market
☎ 08-8211-9640
🕐 同中央市場營業時間

↓各式各樣的麵包不僅擺滿櫃位，相當驚人，抬頭往上看還有籃子裝著麵包，相當有趣。

2 蘭朵商店街
🕐 2hr.　Rundle Mall

古典繁華與現代摩登的交錯

　　蘭朵商店街就位於阿德雷德市區的蘭朵街（Rundle St）上，1976年起，蘭朵街自威廉國王街（King William St）至普特尼街（Pulteney St）規劃為行人徒步購物街，全長雖只有520公尺，卻匯聚了700家商號、3家百貨公司，以及15個拱廊商場等，集結現代化購物商城與19世紀殖民時期建築於一條街，走逛蘭朵購物街不僅可以暢快購物，更能從中發現南澳的歷史演進。

>>交通方式

自中央市場沿King William St往市區方向步行，遇Rundle St右轉即達

DATA
址 Rundle Mall , Adelaide
網 www.rundlemall.com

黑氏巧克力
Haigh's Chocolate

南澳創始巧克力品牌

　　就位在蘭朵商店街入口處，華麗醒目的古典大樓原為1895～1897年所建置的哥德式教堂，結構複雜又經典的蜂巢般外型，成為著名的地標「Beehive Corner」。此外，這裡也是澳洲著名巧克力品牌黑氏的創始店，自1915年以阿德雷德為基地營業至今，黑氏是少數仍自己烘烤可可豆，並以純手工製作巧克力的店家，多樣化且美味的巧克力紅遍全澳，堪稱是澳洲最老字號的巧克力品牌。

DATA
址 2 Rundle Mall, Adelaide
電 08-8231-2844　　休 無
營 週一～週四8:30～18:30、週五8:30～21:00、週六9:00～17:30、週日10:30～17:30
網 www.haighschocolates.com.au

→小熊行李箱巧克力組／27.35澳幣：小熊帶著裝滿巧克力的遊歷澳洲城市貼紙字樣行李箱，非常有旅行紀念意義。

←黑巧克力小禮盒／6.6澳幣：包裝精美的各式巧克力禮盒，不僅好吃又好看。

King William Street

Haigh's Chocolate 黑氏巧克力

Myer

Rundle Mall Plaza

Gawler Place

● Ditters Nuts

Woolworthes 超市

ℹ️ ○A Day Out 小豬外出

Girl on a Slid 溜滑梯小女孩

King William Street

Darrel Lea Chocolate

Jame's Place

🅿️ Country Road

Gawler Place

Clorado

Francis Street

Sussan

● Blacheby's Old Sweet Shop

裝置藝術
Sculpture Art

用藝術妝點街道上的購物光景

　　蘭朵商店街上有多處青銅雕塑裝置藝術，像是作品「小豬外出」（A Day Out）這四隻小豬就足以吸引許多遊客目光。四隻小豬各名為松露Truffles（站著的）、賀瑞斯Horatio（坐著的）、奧利佛（Oliver）（翻垃圾桶的）和奧古斯都Augusta（小跑步的），生動地表現出小豬逛大街以及問候上街購物的人們。

　　邊走邊逛，一路上還有著名的裝置藝術「溜滑梯小女孩」（Girl on a Slide），是由南澳知名的雕塑裝置藝術家道伊（Dowie）在1977年所創作，象徵不經意發現的美好。再往下走還有「銀球」（Spheres），也被稱作是購物街之球，4公尺高且醒目的造型，成為蘭朵購物街最著名的地標。

←「小豬外出」逛大街的可愛模樣，是遊客爭相拍照的景點之一。

↓「溜滑梯小女孩」天真無邪地在街上兀自玩耍起來，調皮卻生動。

↑「銀球」是徒步購物區街上重要的約會集合地點。

攝政商場
The Regent Arcade

風華絕代的潮流購物氛圍

　　在1928年時，攝政商場原址為一座大型的高級劇院，可容納整個樂團的表演廳曾是風光一時的娛樂場所。隨著時代演進，1967年更進駐多家商店，並於2006年結束劇院的功能。目前攝政商場內擁有最新潮、流行的服飾配件商店，還有咖啡館和珠寶店、美容沙龍等，阿德雷德最具代表性的店家都可以在這裡找到。

DATA
址 Regent Arcade, Adelaide
電 店家各異
營 店家各異
休 無

阿德雷德拱廊商場
Adelaide Arcade

精緻古典的復古購物樂趣

1885年完工的阿德雷德拱廊商場，在文藝復興主義興盛的當時堪稱為「最現代」的代表作之一。精緻的馬賽克地板、每家店舖大面的落地玻璃窗及高挑拱廊帶進的天然採光，一樓雖曾經過部分裝修，但一樓以上仍是保留原來的樣貌，華麗古典的拱廊內店家走的也是精緻路線，各種時代紳士淑女該有的行頭，老字號的修鞋舖與刮鬍店等，復古風格獨樹一幟。

↑阿德雷德拱廊商場外的華麗噴水池，也是具有歷史和藝術意義的地標。

←澳洲知名的Helen Kaminski草編帽品牌，在Adelaide Hatters店裡有售。

DATA
班 Adelaide Arcade, Adelaide
電 店家各異
營 店家各異
休 無

→商場內的Adelaide Hatters帽子專賣店，販售各式各樣具澳洲特色的高質感帽子，男女樣式皆有，頗受歡迎。

魯斯文大廈
Ruthven Mansions

老屋新生華麗氣勢不減

位於蘭朵商店街末端、普特尼街上的魯斯文大廈，外觀以磚紅與白色相間設計的大樓，是阿德雷德市第一棟公寓大樓。建立於1911～1914年間的哥德式大樓當年為最現代化的公寓住宅，現代配備一應俱全。1970年經翻修後目前依舊作為公寓使用，一樓則為商店街，復古懷舊風格仍不減當年氣勢。

DATA
班 15-27 Pulteney St, Adelaide

Adelaide Central Plaza/David Jones
Charles Street
Charles Street Plaza

Ruthven Mansions ●
魯斯文大廈

Pulteney Street

Spheres 銀球　　●噴水池

The Regent Arcade
攝政商場
Adelaide Arcade
阿德雷德拱廊商場
Renaissance Tower

Twin Street

Twin Plaza Arcade
Citi Centre Arcade

Pulteney Street

● Rundle Latern
蘭朵燈光秀

蘭朵燈光秀
Rundle Lantern

夜晚最有活力的幻象地標

同樣座落在蘭朵徒步購物街末端的這棟大樓，白天看起來是俐落大方的現代化購物商店及商業大樓，天黑後，大樓外觀便開始精彩的燈光秀表演直到午夜，非常吸引人。大樓外觀特別運用綠能LED設計在一片片的飾片上，並以電腦系統控制出五顏六色且不停變化主題的燈光秀，遇上特殊節日還有更精彩的主題設計，別出心裁的創意，為阿德雷德市區夜景帶來迷人的焦點。

↑白天看來是線條俐落簡潔的辦公大樓。

DATA
班 Cnr of Rundle St & Pulteney St

↑→一到夜晚，大樓外牆開始精彩的燈光秀演出，燈光變化相當豐富，非常精彩。

小叮嚀

>>蘭朵商店街短程接駁車
要是逛街逛到腳痠了，購物街上還貼心備有像這樣可愛的小巧接駁車可供免費搭乘，隨招隨停。司機阿伯大部分為遊客服務中心的志工們，有任何南澳旅遊相關問題，也可以順道請教喔！

3 南澳博物館
40min. South Australia Museum

博物館尋寶樂趣無窮

阿德雷德許多重要的歷史建築和地標，都集中在北街（North Terrace）上，美術館、阿德雷德大學、圖書館，還有全澳原住民文物館藏最豐富的南澳博物館。博物館就在美術館旁邊，莊嚴恢弘的建築足以令人屏息，館內除了豐富的原住民文物及藝術作品展覽，各種動物的標本及多媒體互動展示也相當有趣。此外，還有泛太平洋地區及埃及等地的各種古老文物展覽，並不定期舉辦各種影像展和特展等，相當值得花點時間參觀。

DATA
🏠 South Australian Museum, North Tce, Adelaide
☎ 08-8207-7500
🕐 週一至週五10:00～17:00
🈺 復活節和聖誕節　💰 免費
🌐 www.samuseum.sa.gov.au

> 小叮嚀
>
> 博物館也提供免費導覽，若有興趣參加可自由前往，週一至週五為11:00、週末及國定假日則為14:00和15:00兩場。

>>交通方式

由Pulteney St往North Terrace方向步行，遇North Terrace過馬路左轉直行即達

→博物館的入口由本館旁邊的新館進入，若身上背有大包請先至櫃台寄放後再進入參觀。

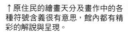

↑原住民的繪畫天分及畫作中的各種符號含義很有意思，館內都有精彩的解說與呈現。

←博物館內詳盡又豐富的原住民文物展示，同時也受國際好評。

←二樓展示的太平洋島嶼文物，讓人驚豔其文化罕為人知的面向。

---

4 愛爾斯故居
20min. Ayers House

重現十九世紀殖民時期生活情景

據記載，愛爾斯故居最初建立於1845年，為地方士紳Robert Thornber所有，直到1871年南澳州長愛爾斯（Henry Ayers）將它買下，並開始逐步規劃成現在的雛形，並與家人在此地生活。愛爾斯過世後，這裡又曾被作為其他用途，直到1972年由政府出面將之重新整修後，將這個充滿19世紀殖民風格的建築和室內擺設等，開放給民眾參觀。

DATA
🏠 288 North Tce, Adelaide
☎ 08-8223-1234
🕐 週二至週五10:00～16:00、週末及國定假日13:00～16:00
🈺 週一
💰 成人8澳幣、小孩4澳幣、優待票6澳幣、家庭票17澳幣
🌐 www.adelaidecentralmarket.com.au

→愛爾斯故居內部有專人導覽，15:30前為1小時的導覽，15:30後則為15導覽，進入購票門口前便貼心提示下一場導覽時間。

>>交通方式

自南澳博物館出來後，左轉North Terrace直行，遇Frome St過馬路至對街繼續走North Terrace，即可看到右手邊的愛爾斯故居

> 小叮嚀
>
> 進入愛爾斯故居庭園參觀不須購票，想進入室內一窺維多利亞時期的各種家居擺設和生活情景，才須要購票進入。

● MAP P.133-C2

5 植物園
🕐 2hr. Adelaide Botanic Garden 玩

驚豔花卉植物的美妙生態

　　位於阿德雷德市中心的植物園建於1855年，佔地共30公頃，園區內種植了各種本地與國外的花草植物，再加上環境規劃良好，有步道、樹蔭、草坪、涼亭、噴水池和溫室等，景色多元且環境優美。自市區徒步僅需10分鐘的路程，阿德雷德植物園成了名符其實的城市綠洲，園區內的植物相關設施也相當精彩，三座玻璃溫室花房各自有其主題和功能，還有一座有趣的經濟作物博物館，當然還有豐富的植物生態花園，像是著名的玫瑰、睡蓮、熱帶雨林、沙漠植物等，漫步在植物園讓人完全沈浸於蔥鬱森林和美麗花園中，令人心曠神怡。

↑花團錦簇的美景，在植物園內處處都可以看到，不同季節也有著各異的色彩表現。

DATA
🏠 Adelaide Botanic Garden, North Tce, Adelaide
☎ 08-8222-9311
🕐 一至週五7:15開放、週末和國定假日9:00開放；閉館時間每月不同，12至1月為19:00、2至3月和10至11月為18:30、4月和9月為18:00、5月和8月為17:30、6至7月為17:00
🚫 無
🎫 免費
🌐 www.environment.sa.gov.au

→地中海花園（SA Water Mediterranean Garden）旁的水流造景，不但增添清涼與水流活力，小朋友們更戲水其中，玩得不亦樂乎。

↑地中海花園的植物攀藤綠色隧道，既創意又美觀，走入其中感受來自地中海植物的綠意。

>>交通方式
自愛爾斯故居出來後，繼續往下走North Terrace，即可看到對街的植物園入口

↑美麗的玻璃屋內溫度比室外溫度高，是為了營造出喜歡乾燥且溫暖的熱帶植物生長環境，植物種類繁多且新奇，也都標示有植物名稱和特性，值得好好認識一番。

棕櫚房
Palm House

熱帶沙漠植物之家

棕櫚房是1875年自德國進口的精緻維多利亞玻璃溫室，設計精良與悠久的歷史，使棕櫚房不僅只有植物培育和研究的功能，也是當今僅存相當經典的溫室設計建築。棕櫚房目前集結了各種馬達加斯加的奇妙植物，這些屬於熱帶沙漠的植物其實在150萬年前可能與澳洲物種是同根生，因為據研究澳洲與馬達加斯加都同屬於網瓦納古陸地，板塊移動後才導致分離，因此這些植物也可以說是現代澳洲植物的始祖。

←棕櫚房內的各種熱帶沙漠植物，大多有著肥厚的葉片與鮮豔的花朵是為了適應氣候而生成的特性。

DATA
🕙 10:00～16:00
🎫 免費

熱帶雨林溫室
Bicentennial Conservatory

重現雨林棲息地的植栽生態

熱帶雨林溫室是為了紀念澳洲建國兩百週年而設立，並於1989年完工，同時也是南半球最大規模的玻璃溫室。由南澳建築師親手操刀設計的特殊曲線外型，使得此玻璃溫室也成為阿德雷德的地標之一。館內培育許多來自北澳洲、巴布亞紐新幾內亞、印尼和太平洋群島附近的熱帶雨林植物，這些植物目前瀕臨生存危機與棲息地受破壞的威脅。

↑溫室內特地以各種人工方式重現熱帶雨林環境，造就茂盛又豐富的熱帶雨林植物景象，值得一探究竟。

DATA
🕙 10:00～16:00（夏季至17:00）
🎫 成人4.9澳幣、小孩及優待票2.7澳幣、家庭票10.2澳幣

亞馬遜睡蓮展示館
Amazon Waterlily Pavilion

蓮花清新脫俗之賞

造型精美的玻璃屋裡展示的是一株株別具特色的水生睡蓮，除展館外型以睡蓮大片的葉子為靈感設計外，館內並以圖文並茂的方式探討睡蓮的特殊習性和生物特徵，進而對文化的象徵意義等。而野生的睡蓮花朵在亞馬遜流域可大到40公分，2008年展示館內首度綻放的睡蓮花朵便測量到30公分大小，相當驚人。

↑各式品種的睡蓮在展示館都可看到，從葉片、根莖到花朵的樣貌，都有不同特徵之處。

DATA
🕙 10:00～16:00
🎫 免費

經濟作物博物館
Santos Museum of Economic Botany

美感與樂趣十足的精彩展示

在耗費長達一年精心修復後的博物館，於2009年重新開放給民眾參觀，而博物館建築本身即為重點之一，遺留自殖民時期的建築仍保有高挑的天花板、華麗的維多利亞風細節及希臘古典浪漫的外觀特色等。館內的巡迴展和永久典藏展，都與植物帶給人類生活的重要性相連結，從過去、現在到未來，博物館內的陳設相當富創意與美感，不僅具知識性，視覺上也相當享受。

↓博物館後方廣場設計為舒適的露天咖啡座，走累了不妨在此歇歇腳。

DATA
📅 週三至週日 10:00～16:00；遇有特殊展覽時則每日開放
🚫 週一和週二
🎫 免費

↑博物館內展示各種人類演進的生活文物，從食物、布料到生活器具等，都有相當豐富精彩的呈現。

←利用逼真的特殊技法，將人類的蔬菜和烹調演進，還有各品種的蘋果、松果或蘑菇等排排站後的壯觀呈現，非常引人注目。

>>超市採買趣

對自助旅行者來說，超市可以說是大家的好朋友！澳洲各地大型連鎖超市不外乎Coles、Woolworth、IGA，從生鮮蔬果、食品到日用品，到底該買些什麼與有什麼新鮮有趣的？一起到超市發現吧！

白標與特價商品幫你省荷包

對於荷包吃緊的旅行者來說，白標商品絕對是首選！超市自有品牌通常將包裝設計減到最低，價格也最低，若沒有什麼品牌喜好，其實白標商品也不錯，更是省錢必買品！而大大的超低價貼紙的特價商品，往往是半價就能買到，超划算！

方便午餐帶著走

午餐除了吃速食店或是三明治外，還能有什麼選擇？超市除了麵包、蛋糕等，不妨試易攜帶、不用擔心帶出門酸掉或臭掉的「Lunch Kit」，裡面有幾片餅乾外加一盒鮪魚罐頭，口味可自行選擇；或者，可以試試看「義大利麵罐頭」，雖稱不上美味，但不失為飽足又省錢的方法之一。

零食飲料推薦

國外的零食飲料種類不如亞洲品項多，但嘴饞時還是有些好東西可以解解饞，各式口味的洋芋片，還有薄片切和粗片可選；另外，超富咬勁的澳洲甘草糖也不賴，但難以形容的特殊味道，並非人人愛。至於飲料，若是喝膩了可樂汽水，到櫃上找找薑汁汽水（Ginger Beer），清淡爽口的味道很不賴！

料理晚餐很簡單

若是想自己料理美味晚餐，又不想太過於麻煩或購買太多調味料等，建議可以選擇澳洲特產－新鮮的牛排、羊排、袋鼠排或香腸等，只要簡單煎一煎，撒上點鹽巴和黑胡椒，就是豐盛的一餐。或者，也可以買包義大利麵和現成的義大利麵醬，輕輕鬆鬆就能完成美味的晚餐！

亞洲食品區

出門在外，有時還是會想念亞洲味道，不少旅人常會帶著泡麵乾糧出國，不過到澳洲其實可以省點行李空間，因為大型超市裡都有「亞洲食品區」，從泡麵、河粉、咖哩、罐頭、醬油、調理包等，貨色齊全！

阿德雷德城市之旅
香波綠野現代遊蹤

Day 2

有「花園城市」之稱的阿德雷德，不管走到哪，觸目所及若非綠意即百花怒放，自威廉國王街一路漫步，途經維多利亞廣場、林蔭大道與街角、愛爾德公園、慶典中心為終點，讓人見識到這城市匠心獨運的造景功力。此外，穿越市區的多倫斯河更添城市景致層次，也造就南與北阿德雷德氛圍各異的城市個性。搭上遊船飽覽多倫斯河畔的好風光，漫步北阿德雷德時尚悠閒的墨爾本街區，城市中難能可貴的綠野香波，近在咫尺。

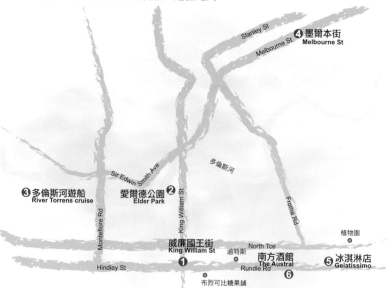

本日行程表

1	步行 10分鐘	威廉國王街（建議停留40分鐘）
2	步行 3分鐘	愛爾德公園
3	搭遊船 20分鐘	多倫斯河遊船（建議停留20分鐘）
4	免費公車 20分鐘	墨爾本街（建議停留1小時）
5	步行 3分鐘	Gelatissimo冰淇淋店（建議停留20分鐘）
6		南方酒館（建議停留40分鐘）

費用表		
多倫斯河遊船		8澳幣
Gelatissimo冰淇淋		約4澳幣
南方酒吧啤酒		1杯約5澳幣
合計		**17**澳幣

備註：
1. 門票皆以1成人之票價計算，其他票種請參考景點DATA資料自行計算。
2. 購物或餐飲花費視每人情況而有不同，所以不予計算。

趣味大發現

阿德雷德市區街道規劃是非常整齊的棋盤式設計，要迷路也難。不過有趣的是，你會發現，東西橫貫的一條街，只要經過縱貫街道威廉國王街（King William St），就會有出現左右兩邊不同的路名！原因是，沒有人可准許跨過高高在上的國王街，因此只要穿過威廉國王街，就得換街名，以免有犯上之嫌！

● MAP P.133-B2

1 威廉國王街

40min. King William St

現代古典皆美的林蔭大道

　　威廉國王街是阿德雷德主要的南北縱貫街道，多倫斯河則將市區劃分為南北不同風情，阿德雷德市區整齊的棋盤式規劃和比例甚高的都市綠地，很適合以步行的方式，細細品味這個年輕且充滿活力的城市，而寬敞優美的威廉國王街便是最佳選擇。由南往北可經維多利亞廣場（Victoria Square）、市政府（Town Hall）、省議會（Parliament House）慶典中心（Festival Theatre）到阿德雷德橋等，一路上除了遺留自殖民時期的古典建築和地標林立外，蔚藍的天空和美麗的花園綠地，漫步威廉國王街最能感受阿德雷德的城市之美。

↑維多利亞廣場是阿德雷德市中心的大地標，也是多條道路交會的中心點。廣場上整潔的綠地花園規劃，還有一座漂亮的噴水池，既愜意又悠閒。

↑慶典中心有演奏廳、美術館和戶外劇場等，四周廣場則設計有各式裝置藝術，走逛其間也很有雅興。

←位於北街和威廉國王街交口處的省議會，莊嚴古典的風格讓人印象深刻；與省議會隔著威廉國王街相望的則是政府官邸。

↑完全由太陽能點亮的葉片燈，在天黑之後上演著七彩的燈光秀，兼具藝術及環保功能。

↑欣賞公園內時而可見的各種裝置藝術，也是走訪公園時的一種樂趣。

→公園旁的壯觀建築即為賭城，也算是阿德雷德天際線美麗的成員之一。

→有河流、有天鵝，遠處還有阿德雷德橋為背景，愛爾德公園的景致總是散發優雅氛圍。

● MAP P.133-B2

2 愛爾德公園

⏱40min. Elder Park　　玩

河岸公園洋溢活力與綠意

　　緊鄰多倫斯河南岸的愛爾德公園，是市民休閒的開放空間，不僅如此，佔地寬廣的公園除了綠地和多條步道外，河裡悠游的天鵝和遊客忽遠忽近的拉鋸嬉戲，河上的噴水裝置和裝置藝術造景更增添美感；而山坡草地上精雕奪目的白色圓頂涼亭，則是1882年設置的古董地標；遊走公園內還可發現不少藝術造景，靠近北街方向還能看到醒目的賭城大樓。此外，愛爾德公園同時也是阿德雷德重要節慶舉辦戶外大型活動的地點，尤其每年聖誕節，萬人在星光下聆聽交響樂已成為焦點。

>>交通方式

自King William St往北走，過了North Tce後，遇阿德雷德橋時可走橋下即達；或自King William St往北走，遇North Tce左轉，自賭城旁的人行道進入公園

DATA
址 Elder Park, South Bank of Torrens Lake, King William St, Adelaide
電 08-8203-7203
營 24小時
票 免費
休 無

● MAP P.133-A2

3 多倫斯河遊船

⏱20min. River Torrens cruise　　玩

河畔綠意美景盡收眼底

　　有人說：「有河流經過的城市最美。」多倫斯河橫貫阿德雷德市區，將它巧妙劃分為南商業區、北住宅區，然而其美化市容的功用絕對功不可沒。多倫斯河畔兩旁綠意盎然的好風光，唯有沿河道而行最能飽覽。就在愛爾德公園內的河畔便有卜派碼頭（Popeye Jetty），可沿河道搭乘遊船至阿德雷德動物園，全程20分鐘的航程，可好好享受河畔明媚風光。

←↑卜派碼頭
搭乘遊船的上岸碼頭就在愛爾德公園內的河邊，只要看到豎有圓形卜派立牌的標示就是了，立牌上也會標示當天船班的時間。

小叮嚀
購買船票請翻至p.xx字卡

DATA
POPEYE Motor Launch
址 Elder Park Wharf, King William St, Adelaide
電 08-8295-4747
營 全年皆不同，請事先電洽或到碼頭邊詢問
休 不定
票 成人來回12澳幣、小孩6澳幣；單程成人8澳幣、小孩4澳幣

>>交通方式

搭乘碼頭就在愛爾德公園內河畔

→多倫斯河遊船由愛爾德公園出發，與河中的黑天鵝同行上，有時也會巧遇其他從事水上活動的好手，船行至阿德雷德橋下後，便進入紀念雕像林立的和平公園，沿途在青蔥綠意的天然景致相伴下，心情也格外放鬆。

● MAP P.133-C1

↑在墨爾本街頭上名車隨處可見，足見此區高雅的時尚品味頗受青睞。

↑多家藝廊各自展現不同的風格，像這間歷史石屋就是展售古董藝術的店家。

↑墨爾本街一帶有為數不少的歷史建築作為民居、商家或是民宿使用，使得這裡的街景格外獨特。

4 墨爾本街
🕐 1hr. Melbourne St

悠閒時尚雅痞生活區

走進位於北阿德雷德的墨爾本街道區，不同於市區的嘈雜熱絡，小巧精緻的街區，讓人立即感受到一股時尚悠閒的高雅氣氛襲來。墨爾本街自Jerningham St至Mann Rd一帶氣氛清幽且風格獨具的店家林立，最知名的是位於Jerningham St和Melbourne St街口的獅子飯店（The Lion Hotel），自1870年自營自釀啤酒至今，是當地非常受歡迎的老字號美食和品酒去處；繼續沿著墨爾本街往下走，咖啡廳、藝廊、個性精品服飾店等都頗具特色，再往旁邊的小巷子鑽，則進入優雅美麗的住宅區，其中不乏殖民時期的歷史民居，在妥善的照顧下依舊閃耀著亮麗的光芒，走在唯美的住宅街巷中也算是一種悠閒享受。

>>交通方式

搭乘遊船至阿德雷德動物園終點站下船後，沿Frome Rd步行往北阿德雷德，遇Melbourne St右轉即達

● MAP P.133-C2

5 Gelatissimo冰淇淋店
🕐 20min. Gelatissimo 吃

純正義式冰淇淋的濃純香

來自義大利的正統冰淇淋品牌Gelatissimo，光是看冰櫃櫥窗內琳瑯滿目多達80種以上的冰淇淋口味，就足以讓人食指大動，吃過後更難忘其濃純香的滋味，且訴求健康低脂和新鮮食材，吃了也不怕胖。Gelatissimo在澳洲已有20多家分店，南澳就有兩家，位於蘭朵街上的Gelatissimo由於地利之便且餐廳酒吧林立，夜生活相當熱鬧，因此Gelatissimo的營業時間也順勢拉長，就算午夜想吃冰淇淋也不是問題。

>>交通方式

自墨爾本街可搭乘免費的Adelaide Free Connector Bus，其往來於北阿德雷德和南阿德雷德之間，但因其運行於北阿德雷德的住宅區，因此約20分鐘左右抵達North Tce站，但沿途可趁機休息並觀賞窗外風景優美的高級住宅區。在North Tce下車後，過馬路至Rundle St再行，Gelatissimo則位於左手邊

DATA

📍 280 Rundle St, Adelaide
📞 08-8232-4882
🕐 11:00～深夜
休 無

→Passion Fruit百香果杯裝冰淇淋（小）／4澳幣：色澤鮮艷的百香果口味冰淇淋，還能清楚看到百香果籽顆粒，香甜滋味和滑順綿密的冰淇淋口感，很令人滿足。

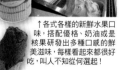

↑各式各樣的新鮮水果口味，搭配優格、奶油或是核果研發出多種口感的鮮美滋味，每樣看起來都很好吃，叫人不知從何選起！

←Forest Berries綜合莓冰淇淋筒（小）／4澳幣：集各種野莓調配出來的綜合莓口味冰淇淋，酸酸甜甜的莓果香氣濃郁，口感卻很清爽。

小叮嚀

點用Gelatissimo冰淇淋除了口味和大小之外，也可選擇以小紙杯盛裝或搭配甜筒。點用冰淇淋相關字句請看字卡P.325

● MAP P.133-C2

6 南方酒館
🕐 40min. The Austral 吃

夜晚輕鬆小酌好去處

位於蘭朵街上的南方飯店是一處結合住宿、餐飲和酒吧的老字號店家，石牆打造和維多利亞風格的陽台的建築建於1800年左右，跨越好幾個世代依舊經營得有聲有色。南方飯店空間分為邦卡餐廳（The Bunka）和南方酒館（The Austral），而南方酒館也是全澳第一家販售Coopers Ale和Coopers Stout桶裝生啤的酒吧，目前店內販售諸多澳洲自有和進口品牌生啤，室內裝璜裝潢也以盛裝啤酒的大木桶作擺設，以木質調帶出復古味道的氣氛，很受年輕人歡迎，一、二樓的露天座位更是一位難求。

DATA

🏠 205 Rundle St, Adelaide
📞 08-8223-4660
🕐 週一至週四及週日11:00～午夜，週五和週六11:00～凌晨3:00
休 無

>>交通方式

自Gelatissimo冰淇淋店沿Rundle St往Rundle Mall方向走，左手邊與Bent St交口處的建築即為The Austral Hotel

小叮嚀

如何在南澳以當地的說法點用各種容量啤酒，請翻閱P.259

↑鎖定不定時推出的特價啤酒，一杯只要5澳幣，便宜又新鮮才是酒吧啤酒的魅力所在。

小常識

Coopers是南澳自傲的啤酒品牌，種類也很多元，但較常見的可以商標顏色來區分，分別為紅色Sparkling Ale、綠色Pale Ale和黃色Best Extra Stout，紅色酒精濃度和口味較濃郁、綠色較淡、黃色則為黑啤，到了南澳別忘了品嚐一下新鮮道地的Coopers！

東蘭朵街夜生活

蘭朵徒步購物街底，過了Pulteney St後的蘭朵街，大部份的人稱之為東蘭朵街（East Rundle St），這裡也是阿德雷德市區內眾家餐廳與酒吧雲集的地段。白天這裡是逛街與悠閒喝下午茶的好地方，到了晚上更是熱鬧，蘭朵街兩旁的歷史建築在燈光的打扮下，形成漂亮的街景，餐廳和酒吧內擠滿用餐的人，燈火通明的街道與熱鬧的氣氛，是阿德雷德夜生活最豐富的區域。這裡餐廳酒吧多屬休閒型店家，來客較為年輕單純，不用太擔心治安問題。

澳洲境內有許多來自世界各地的移民，尤以歐裔和亞裔為最。1839年第一批德國移民來自南澳港口登陸，一行人步行至內陸谷地展開拓荒生活，也就是今日位於阿德雷德山陵上的漢道夫德國村（Hahndorf），自古除了自給自足外，也是南澳重要的農產供應地。這個全澳現存最古老的德國移民村落，百年歷史建築仍傳承著德國血脈，此處的德式風味美食美酒甚至比德國還正宗，林蔭大道上林立著一棟棟石屋和熱絡的鄉村風光，就像走進古老又夢幻的格林童話世界般。

小叮嚀

>>導覽
漢道夫德國村店家和建築，大部分都在主要道路（Main St）兩旁，主要街道雖不算長，但店家和景點分佈十分密集。喜歡悠閒步調的遊客，可以選擇在此享用德國香腸或豬腳午餐，或者喝喝下午茶，店家一間間慢慢逛，傍晚再搭車回市區。若是喜歡緊湊行程的遊客，可以報名參加一天的旅行團，上午參觀漢道夫、下午前往巴洛薩酒莊，也是不錯的安排。

>>交通方式

漢道夫德國村，位於阿德雷德東南方約28公里處的阿德雷德山丘（Adelaide Hills），不論是自行開車前往或是搭乘大眾交通工具都相當簡單且方便。

1. 自行開車前往：自阿德雷德市區走South Eastern Freeway（M1）向東行駛，依路邊指標Hahndorf下交流道，再行駛約2公里即達漢道夫主要道路，全程約25分鐘可達。

2. 搭公車前往：自阿德雷德市區搭巴士到漢道夫也非常方便，可搭864或864F公車，只要到市區公車站牌D1和G2搭乘；D1（站名：City, Currie St），位置在Currie St上靠近日光廣場（Light Square），G2（站名：City, Grenfell St），位置在介於Gawler Place和Pulteney之間的Grenfell St上，可選擇離住宿地點較近的站牌搭乘。
上車後可向司機購買一日票（Day trip）／成人8.6澳幣，小孩及優待票4.3澳幣，並至第55站漢道夫主要街道（Stop55,Hahndorf Main street）下車，車程約40分鐘可達。

小叮嚀

若不知如何購買公車票和請司機提醒到站下車，可翻至P.324出示字卡。

費用表	公車一日票	8.6澳幣
	合計	**8.6澳幣**

備註：
1. 以上費用以一個成人所需費用計算。
2. 購物、餐飲、租車和油資花費視每人情況而有不同，所以予不計算。

● MAP P.132-C2

漢道夫德國村

⏱3-4hr. Hahndorf　　　　玩

飄洋過海打造德國家鄉情

位於阿德雷德山丘上的漢道夫，是澳洲現存最古老、最大的德國移民聚集地，充滿歷史、遺跡與好客的友善氛圍，也已被列入南澳歷史遺產區域。在德國移民尚未登陸前，只有原住民在此荒蕪之地採集果實等食物。直到1838年，德國船長漢（Hahn）率領眾人展開篳路藍縷開墾生活，1839年為紀念漢船長而將此地命名為Hahndorf，Dorf在德文的意思即為村落。在漢道夫村落內的學校、教堂和住宅，都保有相當傳統的德國風格，像是刻意將木頭結構顯露在外的建築形式（Half-timbered），在這裡都可一窺風貌。目前漢道夫村落雖為觀光重鎮，但風光明媚的山林小鎮，再加上各種德國佳餚、文化和藝術的增色，獨特的德國風情讓人回味無窮。

↑漢道夫主要街道兩旁綠蔭如畫，更添小鎮美麗古樸的迷人風采。

←漢道夫德國村不大，但店家林立且傳承著德國歷史與文化，來此的遊客都能感受古老德國風情。

漢道夫酒館
The Hahndorf Inn

正統德國風味飄香百年

　　來到德國村一定不能錯過知名的德國料理，那就是香腸、豬腳和啤酒！百年老店 The Hahndorf Inn 可以說是品嚐道地德式佳餚最好的選擇。自1863年營業至今，除了搶眼的歷史石屋外觀早已成為漢道夫重要地標之一，店內口碑傳誦的道地料理、牛角麵包與鮮釀啤酒，樣樣都是水準之上，餐點價位大約每人20～35澳幣，堪稱物美價廉；每達週六和週日早上9點至11點也提供豐盛的早餐服務！

←承載著拓荒歷史的百年石屋，見證著當年漢道夫堅毅與刻苦的精神象徵。

DATA
址 35 Main St , Hahndorf
電 08-8388-7063　休 無
營 週一至週五11:00～21:00、週末9:00～21:00
網 www.hahndorfinn.com.au

Leathersmith & Bush皮革店
Leathersmith & Bush Gallery

體驗舊時牛仔拓荒精神

　　自營自製的當地皮件店鋪，設計製作各種生活皮件用品，像是皮夾皮包、皮帶、澳洲皮帽、皮衣、皮鞭等，什麼樣的牛皮製品都有，同時也有部分使用袋鼠及食火鳥皮製作的特色商品。此外，店內格局有許多角落擺設不同主題商品，總能讓人在轉角發現驚喜，在這裡也能找到富有代表性的澳洲紀念品與當地藝術家的文學作品。

↑店頭外面擺設有特別推薦的皮帶，堅固耐用且展現粗獷瀟灑風格。

DATA
址 46 Main St , Hahndorf
電 08-8388-1095
營 週一至週日10:00～17:00
休 無

Ambleside Road

One Planet Cellars
一個星球酒窖

The Old Mill

公車停靠站

The White House
白星廚房

Balhannah Road

Hahndorf Academy

←往阿德雷德　　　　**Main Street**

Udder Delights

Hereford Ave

Storison

Pioneer Gardens

Jahn's Lane

German Arm Hotel

一個星球酒窖
One planet Cellars

體驗環保酒窖品酒情趣

　　在1845年建造的石屋裡面，卻隱藏著一處充滿摩登概念的特色酒窖，走進一個星球，沒有刻意的裝潢、老舊古董都能拿來裝飾成個性的角落，連MEMO貼滿牆壁都成了獨特風景，自然不造作的美感展現了不一樣的理念。酒窖裡看不到酒櫃、酒瓶，只有一落看似飲料的利樂包飲品擺放四周，仔細看，這便是一個星球特殊的設計，利樂包裝的葡萄酒。黑白兩色的簡約風格包裝，裡頭裝著的是當地釀造的紅酒與白酒，還有以再生紙箱包裝成送禮的6包組合。驚人的創舉其實來自經營者簡單的訴求，因為紙的重量比起酒瓶輕許多，自然而然在運送過程中降低碳排放量，再加上運用在地食材，以及善用資源回收等環保概念，就如同店名，是珍惜「一個地球」的環保酒窖。

→利樂包的紅酒和白酒，在飲用和攜帶上都很輕巧又美觀大方，創意的手法顛覆了傳統葡萄酒的印象，4包15澳幣的價格更是親民。

↓將爬滿綠色植物牆面巧妙佈置成後院露天座位，讓此空間顯得特別有氣氛。

↓酒窖內看似隨性的擺設其實都暗藏著貼心的幽默與美感，軟性的訴求也和一般的酒窖形象大不相同。

DATA
址 102 Main St , Hahndorf
電 08-8388-7155
營 週一至週日10:30～16:00
休 無
網 oneplanetwine.com

Storison
Storison

用創意作環保與關懷

　　位於老鐵匠之家歷史石屋內的Storison概念雜貨鋪，精心挑選澳洲設計製作、具創意環保的商品外，並蒐羅來自世界各地講求人道關懷手工藝品，商品種類相當多元，從珠寶首飾、布包衣服、卡片、音樂、書籍等精緻小物，每一件都代表不同的故事、創意與個性，讓人愛不釋手。

→有機棉T-SHIRT／50澳幣：完全採用有機棉且澳洲本地製作的T-SHIRT，觸感相當柔軟，圖案設計也頗具理念。

↓環保袋／24澳幣：以回收塑膠瓶製成的防水材質布料，再設計製作成實用且風格獨具的環保袋。

DATA
地 73 Main St , Hahndorf
電 08-8388-7331
營 週二～週六10:00～17:00、週日及國定假日11:00～17:00
休 週一、聖誕節

白屋廚房
The White House

舒活隨性享樂空間

　　樸實的外觀卻又散發迷人悠哉氣氛的白屋，路經此地絕對讓人忍不住駐足。老舊房舍漆上白漆、隨意吊掛的橘色氣球，連屋外隨性停放的單車也都顯得特別有型，看似隨心所欲的空間讓人很放鬆，就連餐點也沒有固定的菜單，想吃什麼，門口大大的板子上寫著今日本地新鮮食材有某某農場的雞蛋、某某肉鋪的培根、蜂蜜、牛奶等料理的菜單，再佐以法式手法烹調菜色。若不想用餐，這裡上等的咖啡、葡萄酒和各式飲品、手工點心等，都很適合在悠閒的午後伴佐美好的氣氛享用。

DATA
地 90 Main St , Hahndorf
電 08-8388-7669
營 週三至週四9:00～16:00、週五～週六9:00至晚一些、週日～週二

Johnston Park

Leather smith & Bush Gallery 皮革店

Gallery Gifts

Ophelia Cottage 奧菲莉亞小屋

English Street

Beerenberg Strawberry farm

Braun Drive

往Mt Barker→

Taste in Hahndorf 漢道夫滋味

Hahndorf Inn 漢道夫酒館

Chocolate @ No5

Auricht Road

奧菲莉亞小屋
Ophelia Cottage

歷史小屋裡發現精彩

　　奧菲莉亞小屋是一間建於1847年，擁有美麗的花園、前庭還有一棵老樺木相伴的優雅樺木屋舍，目前為一家結合B&B、餐廳、藝廊和禮品販售的複合式店家。屋舍旁的院子裡大方擺著各式各樣精彩的裝置藝術作品，許多遊客忍不住驚呼讚嘆，爭相與之拍照留念；店內還有展示販售服飾、配件等精品，有興趣不妨入內參觀。

↑→院子裡的可愛動物造型藝術，以鐵皮製作的牛、羊、花朵等，色彩鮮艷、造型逗趣，很有意思。

DATA
地 34 Main St , Hahndorf
電 08-8188-1195
營 週一至週日10:00～17:00
休 無

漢道夫滋味
Taste in Hahndorf

在地美味食材最佳選擇

　　在漢道夫街頭上，有幾家專門販售南澳及當地精彩手工食品的店家，Taste in Hahndorf便是其中頗受歡迎的一家。店內集結南澳重要農業產地知名的優良精緻產品，從巧克力、餅乾、起司、煙燻肉和香腸、蜂蜜、果醬等，還有當地特別聞名的德國醬菜和佐料，店內懸掛著各種德式香腸和小物等，使店內飄散一股煙燻的美妙香氣，全都是味蕾嘗鮮的全新體驗。

DATA
地 35B Main St , Hahndorf
電 08-8388-7388
營 週一至週日9:00～18:00
休 無

酒鄉朝聖之旅

巴洛薩谷地（1天來回）

南澳是澳洲最大的葡萄酒產區，澳洲輸出葡萄酒有一半以上都是來自南澳，也有著澳洲波爾多的美譽；也因此來到了南澳，沒有理由不到澳洲最著名且歷史最悠久的酒鄉瞧瞧。南澳的葡萄酒產區共有17個，酒莊更有幾百家之多，但以位於阿德雷德東北約70公里處的巴洛薩谷地規模最大，除了山坡上滿布的葡萄園與知名的酒莊外，沿途也有不少畜養綿羊、駱馬等農牧場，鄉村田園景致極為優美。

小叮嚀

>>導覽
到巴洛薩谷地建議以自行開車前往，路途不遠且很容易走，更能充分享受酒鄉的自在氣息。不過，在澳洲當然喝酒也是不能上路的，為了行車安全著想，駕駛還是聞聞酒香就好，或是試個一兩款即止，美酒帶回到市區或帶回國再慢慢享受。

○ Nuriootpa

③
Chateau Dorrien
Martin Cellars
○ Tanunda

Mcguigan
Cellar Door **①**

○ Gawler
Barossa Valley Hwy

②
Grant Burge Cellars

Lyndoch ○

A20
←to Adelaide

≫ 本日行程表

1	約12公里	曼克根酒莊
2	約10公里	格蘭特伯爵酒莊
3		多里恩酒莊

費用表	本日無須購票
	備註：
	1.以上費用以一個成人所需費用計算。
	2.購物、餐飲、租車和油資花費視每人情況而有不同，所以不予計算。

≫交通方式

1. 開車：巴洛薩谷地距離阿德雷德市區僅70公里，車程約需1.5小時。自阿德雷德市區往北走Main North Rd（A20）一直走進Gawler鎮後轉Barossa Valley Way（B19），沿著Barossa Valley Way會經過Lyndoch、Tununda、Nuriootpa等鎮，都是巴洛薩谷地重要的葡萄酒鎮，葡萄酒莊也都聚集在這一帶。

2. 旅行團：也可自阿德雷德市區參加前往巴洛薩谷地的一日或半日行程，先至遊客服務中心報名後，在指定的時間和地點跳上車，跟著旅行社安排的酒莊參訪，每家旅行社安排的酒莊皆不同。

● MAP P.132-C2

巴洛薩谷地
🕐3-4hr. Borassa Valley　玩

澳洲葡萄酒鄉品質與規模之最

位於南澳的巴洛薩谷地，是全澳最古老、規模最大的葡萄酒釀造區。由於這裡的地中海型氣候和土質，與歐洲適合栽種葡萄的產地雷同，因此自19世紀便吸引許多歐洲移民在此以釀酒為業，並成為澳洲最著名的Shiraz跟Riesling葡萄產區。主要道路巴洛薩公路（Barossa Valley Way）沿途連結巴洛薩谷地主要大鎮，像是Nuriootpa、Tanunda、Lyndoch等以釀酒為主的產地，上百家各有特色的酒莊除了對品牌或酒的喜好度外，建議可以特意挑選知名的、在地經營、非商業型的小規模酒莊等不同類型，如此一來，便可以從中比較並發掘箇中的美妙之處。

小叮嚀

少數較為知名的酒莊會收取試酒費，入內前可先詢問清楚。

←↑沿途的農村景致，是來到巴洛薩谷地令人興奮的小驚喜，不經意就會遇到駿馬、綿羊、駱馬……就在路旁的草原上悠悠地吃著草，路過沿途一家家不同風格的酒莊也是一種獨特的風景。

巴洛薩葡萄酒嘉年華

兩年一度的巴洛薩葡萄酒嘉年華（Barossa Valley Vintage Festival），每到奇數年的四月底到五月初為期一週的節慶，自1947年舉辦至今未曾間斷，以盛大的遊行、品酒會、葡萄園競賽、音樂會和美食等款待自世界各地前來共襄盛舉的遊客，平日寧靜的鄉村頓時熱力四射，同時也是饕客們品嚐美食美酒最佳的時機！

↑不同的季節來到巴洛薩谷地有截然不同的景色，秋冬枯枝蕭瑟、春夏綠意盎然乃至結實纍纍，各有不同的優美氛圍，但都能品嚐到同樣好喝的葡萄美酒。

↑專業的試酒師能夠與試酒客聊上幾句，並從旁輔助品酒入門的知識，更能幫助入門者了解自己喜好口味，並推薦適合的酒款。

曼克根酒莊
Mcguigan Cellar Door

城堡莊園裡享用頂級佳釀

　　坐落在風景秀麗迷人的谷地中、四周葡萄園環抱的曼克根酒莊，宛如位居山丘上的城堡俯視著美麗的北帕拉河（North Para River）。壯麗的城堡式建築建於1947年，早期原為Chateau Yaldara酒莊，而後由釀酒世家曼克根家族買下，四代都堅守以傳統的釀造技術，再加上現代改良方法製做出優質的葡萄酒，也是享譽國際的澳洲葡萄酒品牌之一。獲獎無數的曼克根酒種和等級相當多元，各式紅白酒、氣泡酒、甜酒都有，就算是平價酒款也有不錯的質感表現。

DATA
- 📍 Hermann Thumm Drive, Lyndoch
- ☎ 08-8524-0200
- 🕐 週一至週日9:30～17:00，酒莊導覽10:15及13:30
- 休 國定假日
- 費 無
- 🌐 www.mcguiganwines.com.au

>>交通方式
　　自阿德雷德市區走Main North Road(A20)至Gawler小鎮後走Barossa Valley Way(B19)，遇Hermann Thumm Drive左轉直行即可達曼克根酒莊

↑走進寬敞的試酒大廳，深色高級木質格調的吧台和親切的服務人員，開始為來客準備杯子與試酒單。

↑特價的酒款以釀酒桶盛放於試飲區旁，超值的酒款只有酒莊內才有，有興趣的話不妨挑選幾支。

↑酒莊內販售品酒相關的各式器具，像是各種造型的酒瓶塞、起司切板、燭台等都有。另外，酒莊主體建築旁也有紀念品販售中心，可順道入內參觀。

↑酒莊旁另設置有Y Café供應南澳特產的起司、橄欖和調味製品，還有精緻的餐點料理。有時間的話，也不妨坐下來點盤起司，搭配剛剛在酒莊選購的紅酒，盡情沉浸在美麗酒鄉的懷抱。

↓若是炎炎夏日來到酒莊，不如選款新鮮的氣泡酒（Sparkling Wine），冰鎮後飲用最暢快，一瓶約20澳幣。

↓大廳旁櫃子裡擺滿了歷年來得獎獎狀與獎杯紀錄，遊客也可從中知曉該酒莊擅長的酒款種類。

格蘭特伯爵酒莊
Grant Burge Cellars

享受精緻品味的頂級美酒

來到格蘭特伯爵酒莊，首先映入眼簾的是酒窖四周佔地廣闊的葡萄園與美麗的花園造景，走進酒窖內原木裝潢的溫馨空間，專業又不失親切的試酒師熱情地招待，不似大型觀光酒莊豪華，格蘭特酒莊歷史悠久且深沈獨特的風味反倒餘韻長存。1988年才成立的格蘭伯爵酒莊已是巴洛薩地區第五代的葡萄酒且擁有絕佳的釀酒聲譽，酒莊內知名的Shiraz紅酒由20至百來澳幣的價位，都呈現絕佳口感，難能可貴的表現也是巴洛薩地區最具代表性的酒莊之一。

DATA
址 Barossa Valley Way, Tanunda
電 08-8563-7471
營 週一至週日10:00～17:00
休 國定假日
票 無
網 www.grantburgewines.com.au

>>交通方式
自Hermann Thumm Drive往回走Barossa Valley Way上，繼續往Lyndoch方向走，過Lyndoch約6公里即可看到左手邊的Grant Burge Cellars指標即達

→一支支精彩的美酒，醒目地陳列在酒莊中。

←不甚起眼的酒窖裡卻藏著無數贏得國際好評的格蘭特伯爵好酒，酒窖內也展示著獲獎紀錄與家族歷史等。

↓原木打造的品酒室空間，不僅質感和美感兼具，更散發溫馨的氣息。

↑酒莊內美麗的歐式花園和酒窖旁的葡萄藤品酒招待室，不舖張卻別具心裁地營造最美好的氣氛。

多里恩酒莊
Chateau Dorrien Martin Cellars

家庭式酒莊溫暖親切的魅力

多里恩家族自1985年開始在巴洛薩地區釀酒、1912年開設酒窖，目前第二和第三代的父子聯手釀造並經營酒廠生意。與一般酒莊不同，多里恩酒莊手工釀製的酒款相當多元，從紅白酒、白蘭地、各種調味酒都有，大部分酒款售價都在15到20多澳幣之譜，但品質卻是相對地高水準。此外，多里恩家族擅長各式傳統的歐陸美酒，像是傳統的蜂蜜酒（Mead），整個巴洛薩地區僅有這裡才喝得到，千萬別錯過！來到這就像造訪友人的家，不用擔心懂得不多，多里恩總是以親切熱情的態度款待，並帶領你進入酒香世界。

DATA
址 Cnr Barossa Valley Way & Seppeltsfield Rd, Tanunda
電 08--8562-2850
營 週一～週日10:00～17:00
休 國定假日
票 無
網 www.chateaudorrien.com.au

>>交通方式
自Grant Burge Cellars出來後走Barossa Valley Way，往Tanunda方向行駛，過Tanunda後約3公里，遇到Seppeltsfield Rd即達，Chateau Dorrien Martin cellars就在左手邊

↑釀酒木桶上擺著多里恩酒莊自釀的各種美酒，種類之多美不勝收。

↑酒窖內成排釀酒桶上一幅幅彩繪故事，訴說著早期多里恩家族自歐洲移居於此的艱辛開墾歷史，上頭所描繪都是真實故事，也都確有其人！

→蜂蜜酒（Mead）是一種由蜂蜜和水經發酵後的酒類，歷史悠久且各地也有屬於自己獨特的配方和釀造方式，通常帶點果香和甜味，風味獨特。

←傳統在地的家庭式經營酒莊也是多里恩的最大特色，因為多里恩所產的酒只有這裡才喝得到，外面是買不到的！

←多里恩還有多種不同口味的蜜酒，像是這款帶有巧克力香味的甜蜜酒，也可以和其他飲品做搭配調飲。

環遊
袋鼠島・2天1夜
野生動物樂園

袋鼠島是澳洲的第三大島，與南澳弗勒里厄半島隔海遙遙相望，島上天然原始的棲息環境孕育著無數美麗的動植物生態，在這裡與野生動物不期而遇的頻率高達百分百！當駕著車，遇到針鼴寶寶來擋路而緊急煞車；露營時袋鼠就在一旁與你共進晚餐；走上沙灘時，海豹若無旁人地慵懶曬太陽……也許在動物園都曾見過牠們的身影，但在袋鼠島上和野生動物的第一類接觸，絕對永生難忘。

>>交通方式

1. 搭船＋自行開車：自行開車至袋鼠島必須至阿德雷德以南約110公里的哲維斯岬渡口（Cape Jervis）搭船，車程約1小時45分鐘。自市區出發往南走South Rd（A13）南卜，接Main South Rd（A13）繼續走，再接Main South Rd（B23）一路南下即達Cape Jervis渡口，沿途也有指標可參考；搭上船後至袋鼠島東岸的佩納紹（Penneshaw），航程約45分鐘。

2. 訂購船票：行前可至市區遊客中心請服務人員代訂船票，但建議可自行上網至Sealink船公司訂購網路優待票較便宜，也記得幫自己的車子買張船票，這樣才能連人帶車順利在袋鼠島上岸。

   另外若是租車，可從阿德雷德市區租車過去，或是選擇Sealink公司的代租服務都很方便。

3. 當地旅行團：若是無法開車，也可以參加旅行團，只要到阿德雷德市區遊客中心詢問相關前往袋鼠島旅行團，各家行程和停留天數不一，可自行比較選擇後，請服務人員代為報名即可；Sealink船公司也有推出各種袋鼠島上套裝行程，也可上網先查看。不過，通常參加旅行團的費用較高且時間有所限制，建議為次要選擇。

↑到了哲維斯岬渡口，依指標將車開到碼頭排隊車道，過了檢查票口，再依服務人員指示需自行將車子開到船上定點停妥後，人再到上層的座位區入座前往袋鼠島。

DATA Sealink船公司
■ 440 King William St, Adelaide
■ 13-13-01
■ www.sealink.com.au

小叮嚀

由於前往哲維斯岬渡口路途甚長，後段山路因稍崎嶇，行駛速度不快；且抵達後還需要點時間辦理上船等手續（也不會太久），因此建議提前20～30分鐘前抵達渡口較為保險。

費用表	Sealink來回船票	88澳幣
	攜車來回船票	172澳幣
	弗林德契斯國家公園門票	9澳幣
	海豹灣門票	12.5澳幣
	合計	**281.5**澳幣

備註：
1. 以上費用以一個成人所需費用計算；若要參加導覽活動，價格請參考景點DATA。
2. 以上以一個人攜帶一部車的船票計算，若乘客為2人，則每人平均分攤86澳幣；乘客愈多分攤愈便宜划算，依此類推。
3. 購物、餐飲、住宿、租車和油資花費視每人情況而有不同，所以不予計算。

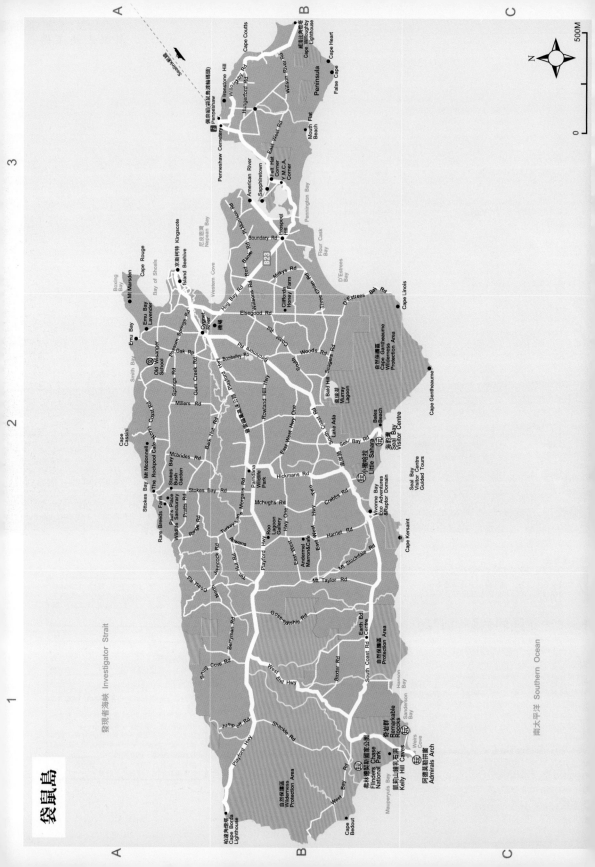

● MAP P.132-C3

袋鼠島

2day. Kangaroo Island 玩

徜徉自然原始的野性呼喚

　　約一萬年前，由於地殼板塊的運動使袋鼠島自澳洲大陸脫離，因而形成一座與世隔絕的小島，原始自然的森林和海岸地形自此成為野生動物的棲息天堂，無尾熊、袋鼠、海豹、企鵝、海獅和海豹，還有種類繁多的鳥類，完全自然的環境讓人驚呼不可思議。不僅如此，全長155公里、寬55公里的袋鼠島上，2小時左右的路程是南澳駕車旅行最美麗的路線之一，全島超過三分之一的面積為國家公園和保護區，其中包括弗林德契斯國家公園及保育區、凱利山鐘乳石保育公園、海豹灣保育公園及威洛比角燈塔公園，天然景觀涵蓋森林、動植物保護區、沿海奇岩風貌等，沿途綺麗的迷人風光，無可取代。

小叮嚀

建議順便在佩納紹鎮上，補足兩天需要的飲食和用品等，接下來就一路都是荒野與國家公園，即使不至於渺無人煙，但相對價格也較高。

↑自佩納紹港口下船後，可先至港口旁的遊客服務中心，索取相關住宿和島上地圖資訊，也可順便到港口邊尋找1803年法國人尼可拉斯，鮑丁發現並上岸的原始地點，並在岸邊岩石刻上紀錄，被稱為「法國人的岩石」（Frenchman's Rock）。雖原石已被移至佩納紹遊客中心展示，但原址刻意建置紀念地標供遊客遊覽。

威洛比角燈塔
Cape Willoughby Lightstation

南方海域最古老的守護者

　　坐落在袋鼠島東岸的威洛比角燈塔建於1852年，是南澳最古老的一座燈塔。登上102階、高達27公尺的燈塔，若有興趣參觀燈塔必須參加付費的導覽行程，登高遠眺袋鼠島壯闊的海岸線美景；不過即使無緣參加導覽，光是自地面上觀賞燈塔及遠處的海灣，景致一樣美麗；或者，也可到威洛比角遊客中心內的博物館內參觀燈塔的相關展示，以及購買燈塔紀念品。

DATA
📍 Cape Willoughby Conservation Park, Willoughby Rd, Willoughby
📞 08-8553-4466　　　　　🌙 聖誕節
🕐 9:00～15:30；夏季、秋季及春季學校假期9:00～17:00；燈塔導覽時間為11:30、12:30、14:00
💰 無，燈塔導覽成人13.5澳幣、優待票11澳幣、小孩8澳幣、家庭票36.5澳幣

>>交通方式
自佩納紹往南走Howard Drive（B23），遇Willoughby Rd左轉後直行即達，全程約28公里

弗林德契斯國家公園
Flinders Chase National Park

完全天然原始的生態天堂

　　位於袋鼠島最西側的弗林德契斯國家公園，是袋鼠島上最大的原始森林國家公園，自非常早期就開始的野生動植物保護措施，更讓這裡成為許多澳洲瀕臨絕種動物的主要棲息地，還有許多袋鼠島特有種也都因此得以生存，像是毛色更深且長的袋鼠和小袋鼠，還有針鼴、無尾熊、鴨嘴獸、負子鼠等都能在森林中不經意相遇。再往海岸線走，Cape du Couedic附近有7000隻海獅的棲息所在地，岸邊岩石布滿享受著日光浴與海浪拍打的海獅，甚為壯觀。就在一旁的阿德莫勒拱窗（Admirals Arch）奇景，則是長年風蝕而成的天然岩洞，就像從一面美麗的窗櫺望著遠處的浪濤，令人嘖嘖稱奇。此外，不遠處的另一個岬口上美不勝收的花崗岩奇石群（Remarkable Rocks），足以讓人見識大自然力量的神奇奧祕。

小叮嚀

>>過夜
建議第一天到袋鼠島可在弗林德契斯國家公園過夜，可選擇露營或住宿，因為傍晚過後除了容易見到一點也不怕生的可愛野生動物外，隔天一早可以再到國家公園內其他未完成的景點參觀，再一路向東邊沿路玩，最後回到佩納紹港口搭船。

>>弗林德契斯國家公園必看景點
弗林德契斯國家公園幅員廣大，想要短時間觀賞完畢幾乎不可能，建議造訪重要景點，必看野生動植物、阿德莫勒拱窗（Admirals Arch）、賞海獅、奇石群（Remarkable Rocks）等，景點和景點之間距離約10多公里，均須開車才能到達。

↑行駛在鄉間小路或國家公園中，非常容易遇見外出覓食的野生動物，像這隻世界唯二的卵生哺乳動物——針鼴，外型和刺蝟非常相似，但仔細看牠長長的嘴巴就像吸管一樣，正吸吮著洞口中的螞蟻，因此又叫蟻蝟。

>>交通方式
從威洛比角燈塔走原路往回走遇到Howard Drive（B23）左轉後，順著路往西邊走接South Coast Rd，依弗林德契斯國家公園指標前行即可達

DATA
📍 Flinders Chase National Park, Cape du Couedic Rd, Flinders Chase
📞 08-8553-4450　　　　🌙 聖誕節
🕐 弗林德契斯遊客中心9:00～17:00，國家公園則24小時開放
💰 成人9澳幣、優待票7澳幣、小孩5.5澳幣、家庭票24.5澳幣

←阿德莫勒拱窗步道
Admirals Arch Walk

沿著木棧步道一路走,來回約15分鐘,除了可看到Cape du Couedic壯闊的海岬風光,岬上的海獅棲息地和風蝕形成的阿德莫勒拱窗(Admirals Arch)奇景,精彩萬分。

↑海獅棲息地
從阿德莫勒拱窗海岸步道上向遠處的海岬眺望,可以見到海灘岩石上躺著一隻隻深色、不時還扭動著身軀的海獅,數量之多相當驚人。

←奇岩群步道
Remarkable Rocks Walks

來回步行15分鐘的步道,從遠處就已看到經50億年的風蝕作用,而形成大岩石上又疊著許多大大小小奇形怪狀的奇岩群,360度繞一圈,每個角度風景皆不同,且風蝕作用依舊持續,地貌也隨時在改變。

↑驅車前往奇岩群的路上,又直又長的馬路向海灣延伸,海灣上方的巨大奇岩已明顯可見

←↑各式各樣的奇岩讓人忍不住玩起創意拍攝遊戲,把奇岩當作道具背景,獨一無二的照片就憑個人想像力。

小撒哈拉
Little Sahara

海邊滑沙樂趣無窮

　　壯觀的白色沙丘宛如沙漠般，周圍僅被灌木植被包圍，形成一個景觀獨特且適合滑沙活動的地形。只要帶著簡單的厚紙板或板子，帶著板子爬到最高點，坐上板子，享受滑下沙丘的快感！只不過要爬到沙丘頂端可不是件容易的事，試試看就知道其中的難度。

DATA
 Off the South Coast Rd, Vivonne Bay
 無
24小時
休 無
票 免費

>>交通方式

自弗林德契斯國家公園出來後走South Coast Rd，過Vivonne Bay不久後，便可看到右轉至小撒哈拉的指標即達

海豹灣
Seal Bay

和海豹一起曬曬日光浴

　　海豹灣保育公園是來到袋鼠島絕不能錯過的景點，因為這裡棲息著500多種海豹，佔全球總數的10％，是世界最大的海豹自然保育區之一。在公園內可以沿著800公尺長架高的木棧橋上漫步，一路從石灰岩壁、沙丘一直延伸到觀景台，不僅能近距離觀賞到沙灘上的海豹，還能欣賞迷人的海濱風光。如果還想再更進一步接近海豹又不驚嚇到牠們，最好的方式就是參加海灘導覽（Guided beach tour），由導覽員帶領進入海灘，直接與海豹面對面接觸並聆聽解說海豹相關知識。

小叮嚀

>>導覽

　　想觀賞到海豹，必須購買基本的木棧道賞海豹票（Boardwalk and lookout），才能由遊客中心走進海灘上設置的步道參觀。若參加海灘導覽則務必抓準抵達時間，每場共10梯次，9:00、9:45、10:30、11:15、12:15、13:00、13:45、14:30、15:30、16:15，每場約45分鐘，抵達時報名參加即可。

>>交通方式

自小撒哈拉出來後走South Coast Rd繼續往東，遇到Seal Bay Rd右轉走到底即達

DATA
址 Seal Bay Rd, Seal Bay
電 08-8559-4295
時 9:00 ～ 17:00
休 國定假日
票 木棧道賞海豹成人12.5澳幣、優待票10澳幣、小孩8澳幣、家庭票35.5澳幣；海灘導覽成人27.5澳幣、優待票22澳幣、小孩16.5澳幣、家庭票75澳幣

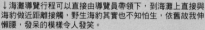

↓海灘導覽行程可以直接由導覽員帶領下，到海灘上直接與海豹做近距離接觸，野生海豹其實也不知怕生，依舊故我伸懶腰，發呆的模樣令人發笑。

↑只要海豹願意走上岸邊多一點，其實在木棧道上也可以非常近距離觀賞到可愛海豹逗趣的模樣。

澳洲動物
新奇大發現

位於南半球的澳洲，除了四季與北半球相反之外，就連生長在這裡的物種都是獨一無二的，其中尤以澳洲動物最為新奇，除了有袋類動物特別多之外，還有許多澳洲特有動物的奇聞趣事，等你來發現！

Q: 你知道澳洲國徽上的動物嗎？

A: 袋鼠和鴯鶓，是澳洲國徽上的代表動物。因為這兩大澳洲動物都只能勇往直前，不會向後退，因而獲選喔！

Q: 除了袋鼠，有袋的動物還有誰？

A: 澳洲動物最大的特點就是擁有育兒袋，除了大家熟知的袋鼠外，還有無尾熊、袋熊、塔斯馬尼亞魔鬼、負子鼠等，目前已知的有袋類物種約300多種，澳洲就佔了200種之多。

Q: 澳洲3大吉祥動物明星？

A: 2000年雪梨奧運會上，獲選為3大吉祥動物明星的動物，分別為叫聲很像人類狂笑聲而得名的笑翠鳥、稀有的「唯二」卵生哺乳類鴨嘴獸和針鼴寶寶。

Q: 澳洲也有土狗？

A: 3500年前便生存於沙漠地帶的澳洲正宗土狗「丁狗」（Dingo），兇猛如狼，有趣的是，牠不曾吠而是像狼一樣嚎叫！

Q: 天鵝都是白的嗎？

A: 一直相信只有白天鵝的歐洲人，在18世紀登陸澳洲後發現，原來有黑天鵝的存在！這才知道自己的無知，因而衍生後來的「黑天鵝效應」理論。

Q: 沙漠中的惡魔？

A: 生存在澳洲紅色沙漠中的生物中，造型最為奇特的非「沙漠惡魔」蜥蜴莫屬！巴掌大的身形、全身像佈滿釘釘般的酷勁，是相當有型的小惡魔！

沙漠惡魔
Thorny Devil

塔斯馬尼亞惡魔
Tasmanian Devil

鴯鶓
Emu

丁狗
Dingo

袋熊
Wombat

沙袋鼠
Wallaby

無尾熊
Koala

笑翠鳥
Laughing Kookaburra

黑天鵝
Black Swan

負子鼠
Possum

針鼴
Echidna

鴨嘴獸
Platypus

野性之島
塔斯馬尼亞

塔斯馬尼亞島位於澳洲本島南方，以巴斯海峽隔海相鄰。塔斯是澳洲面積最小的一省，不過仍大於台灣近2倍，而人口卻僅有約50萬，除了首府赫伯特和第二大城隆西斯頓人口較為密集外，僅有東部沿海和中部公路沿線的零星小鎮稍有人煙，寧靜舒適的氛圍相當適合喜歡大自然和登山健行的遊客前往。然而，小巧的塔斯卻擁有許多澳洲之最！澳洲最老的啤酒廠卡斯卡特、最老的監獄古蹟亞瑟港、還有位於里奇蒙小鎮最古老的石橋等。不僅如此，這裡也是世界上最多山的島，聞名於世的搖籃山國家公園絕對是必去的景點，絕美的高山與湖泊景致外，原始的森林和豐富的生態教人讚嘆不已。濱海的酒杯灣、火焰灣奇景，以及羅斯和雪菲爾德的可愛小鎮等，整座島上驚奇不斷，更別忘了探訪瀕臨絕跡的塔斯馬尼亞惡魔！

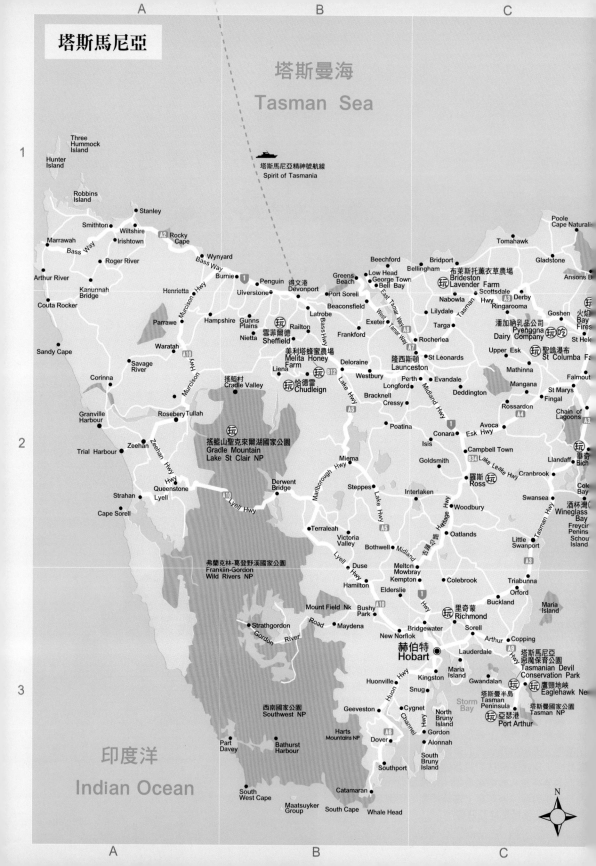

赫伯特

Macquarie Point

1

北赫伯特
North Hobart

Theatre Royal 皇家劇院

Hobart Royal Hospital 郝伯特皇家醫院

博物館與美術館
Tasmania Museum & Art Gallery

海洋博物館

市政府
Town Hall

電訊餐廳酒吧
Telegraph Hotel

聖大衛教堂

RACT

聖瑪利教堂
St Marys Cathedral

西赫伯特
West Hobart

舊粟橋工廠
The Jam Factory

塔斯馬尼亞藝術學校
Tasmanian School of Art

麥格里碼頭
Mcguarie Wharf

富蘭克林碼頭
Franklin Wharf

蘇利文斯灣
Sullivans Cove

Ferries

渡輪碼頭

省議會
Parliament House

議會廣場
Parliament Square

王子碼頭
Princes Wharf

Castray Esplanade

薩拉曼卡市集
Salamanca Market

薩拉曼卡廣場
Salamanca Square

王子公園
Princes Park

貝特利廣場
Battery Sq

St Davide Park 聖大衛公園

St Helens Hospital 聖海倫醫院

納利納民俗博物館
Narryna Heritage Museum

貝特瑞岬
Battery Point

貝特瑞岬
貝特瑞岬

Anglesea Barracks

Royal Hobart Bowls Club

2

南赫伯特
South Hobart

Fitzroy Gardens

Parliament Street Reserve

沙灣 Sandy Bay

3

戴耐爾斯
Dynnyrne

沙灣
Sandy Bay

Wrest Point Hotel Casino

Wrest Point

N

港灣山城發現之旅

赫伯特及周邊（2天1夜）

赫伯特（Hobart）是塔斯馬尼亞的首府，建於1804年，是澳洲歷史上第二古城，擁有優美的地勢位置和優良的深水港口，赫伯特也橫跨德文特河（Derwent River）兩岸，且依靠著雄偉的威靈頓山（Mount Wellington），山清水秀的風光，加上殖民時期的砂岩建築與城市裡的喬治式樓房，無言地訴說著赫伯特的歷史。此外，澳洲最古老的卡斯卡特啤酒廠，至今仍以最傳統的釀製法釀啤酒；知名的吉百利巧克力工廠也位在赫伯特以北不遠處的小鎮，是世界第二大的巧克力工廠，也難怪老城的魅力愈陳愈香。

小叮嚀

>>導覽
赫伯特市區不大，幾乎步行都可以抵達，且路邊也為遊客設置了路標指示，除了指向觀光地點還寫上步行時間，相當貼心。薩拉曼卡市集只有每週六才有，且到下午3點過後便陸續撤攤，若要前往薩拉曼卡市集千萬得把握週六的時間。市郊景點建議自行開車前往，赫伯特大眾交通工具僅有公車，且班次少。

行程表（2天1夜）

1	步行1分鐘	薩拉曼卡市集
2	步行10分鐘	薩拉曼卡廣場
3	步行10分鐘	貝特瑞岬
4	步行8分鐘	蘇利文斯灣
5	約12公里	塔斯馬尼亞博物館&美術館
6	約18公里	吉百利巧克力工廠
7		卡斯卡特啤酒廠

費用表

吉百利巧克力工廠	7.5澳幣
卡斯卡特導覽	20澳幣
合計	27.5澳幣

備註：
1. 以上費用以一個成人所需費用計算。
2. 購物、餐飲、租車和油資花費視每人情況而有不同，所以不予計算。

● MAP P.165-B2

1 薩拉曼卡市集
Salamanca Saturday Market 玩

週末最令人期待的道地盛宴

來到赫伯特千萬別錯過了每週一次的薩拉曼卡市集（Salamanca Saturday Market），每週六薩拉曼卡廣場（Salamanca Place）就會成為赫伯特最熱鬧的露天市集所在地，為平日寧靜的港口小城帶來了繽紛熱絡的氣息。市集裡吃喝玩樂樣樣都有，除了有當地盛產的水果、蔬菜和蜂蜜等，以及各式異國美食攤位，市集裡也少不了當地藝術家的手創工藝品或畫作，還有琳瑯滿目的手工珠寶飾品等，它不僅是當地人生活上很重要的活動，同時也是赫伯特最受歡迎的觀光勝地。

>>交通方式

在蘇利文港邊的Salamanca Place旁

DATA
地 Salamanca Pl, Hobart
時 週六8:30～15:00

↑人山人海的薩拉曼卡露天市集就坐落在濱海港口旁的廣場上，除了豐富多樣的攤販，遊艇和漁船就停泊在附近碼頭，加上擁有19世紀的歷史建築為背景，風景如畫般的市場，自1972年開市之後，就不斷吸引當地居民和遊客，很快的就成為享譽盛名的市集。

↑市集裡不乏販賣農產品的攤位，像杏桃（Apricot）正是塔斯馬尼亞主要盛產的水果之一，果香濃郁的杏桃，多汁且帶點微酸，含有豐富的維他命A、鐵、鈣及纖維質，在台灣看到的通常是杏桃果乾，比較少看到新鮮的杏桃，既然來到了產地不妨買來嚐鮮一下。

↓彩色玻璃做成的吸睛小蘑菇，五顏六色的花紋，還有各種大小尺寸，實在令人愛不釋手。

↑澳洲的木工藝術品兼具美觀與實用的價值，這個小櫃子造型奇特又可愛，像是魔戒裡哈比人家中才會有的生活用品，許多人看了驚呼連連。

←塔斯馬尼亞的天然蜂蜜也是相當知名的，在市集或超市裡普遍可以看到一種乳白色的蜂蜜，也就是蜂蜜等級中最高的一等蜜，此等級蜂蜜的味道具有蜜源植物特有的花香味，而且口感甜潤，到了市集可別忘了品嚐一下塔斯馬尼亞的正宗特產。

↑販售各種口味的西洋芥末醬和糕餅的攤位上，還擺有得獎商品的獎狀，讓試吃的遊客不會錯過店家的招牌商品。

↑如果不知道吃桃，美味的紅櫻桃（Cherry）總該知道吧！它也是塔斯馬尼亞盛產的水果，挑選櫻桃時可挑硬度高、顆粒大、顏色深和無爆痕的為佳。另外也建議進到市集多逛幾攤，每攤價位可能有所不同，可以貨比三家再買。

↑薩拉曼卡市集的街頭藝人，在街上使出渾身解數與圍觀的群眾互動，幽默的表演內容不只讓觀眾放聲大笑，還有精彩的魔術表演也讓大家拍手叫好，表演結束後，別忘了掏掏口袋裡的零錢，給街頭藝人一些鼓勵！

2 薩拉曼卡廣場
Salamanca Place 🏛 🍴

港口邊的休閒藝文特區

薩拉曼卡廣場曾經是30年代作為港口倉庫之用，建築材質是由貝特瑞岬上的砂岩所建成，從典雅的石磚與建築工法可看出明顯的殖民時期建築風格，還有以鵝卵石鋪成的廣場地板。如今，這個歷史悠久的砂岩倉庫已經成為赫伯特的文化中心，其建築物及周邊林立著畫廊、藝品店、咖啡館、餐廳和酒吧，街頭上更時而可見街頭藝人的表演。每週五晚上五點半到七點半的音樂之夜，在舊倉庫改建建築物旁的空間裡，有固定的樂團在此演出，薩拉曼卡廣場早已是名符其實的藝文廣場。

>>交通方式

市集就在薩拉曼卡廣場上，如果想到薩拉曼卡商場，可穿過一棟舊倉庫之間的巷弄往後走過去

DATA
🏠 41 Salamanca Pl, Hobart
📞 03-6223-2700
🕐 週一～週日7:00～19:00

↑改建後的舊倉庫已成為藝術商店區，裡面有二手書店、藝廊和工藝品等，以當地藝術家的作品居多，對於喜歡收集各地紀念品的遊客，薩拉曼卡廣場是個不錯的購物地點。

↑舊倉庫旁的凱利階梯（Kelly Steps），是1839年時由詹姆士‧凱利（James Kelly）所建，從薩拉曼卡廣場可由這個古老的階梯，通往貝特瑞岬上的古典住宅區。

←薩拉曼卡商場餐廳酒吧林立，是休憩的好地方，週末假日時的戶外露天座位總是坐滿了人，偶爾也可聆賞樂團清新純淨的演奏。

薩拉曼卡新鮮水果超市
Salamanca Fresh Fruit Market

DATA
🏠 41 Salamanca Pl, Hobart
📞 03-6223-2700
🕐 週一～週日7:00～19:00

本地新鮮蔬果與食品的好味道

薩拉曼卡水果超市，是赫伯特市中心少數幾家超市之一，裡面除了有塔斯馬尼亞各地的當季新鮮蔬菜水果外，還販賣肉類和一些加工食品，例如香腸、火腿、起司、香草和雜貨等，而像是一般的食材和生活必需品也都具備，功能就像一般超市一樣，而且不用等到週六市集開始，在這裡就可以採買到新鮮的農產品。

3 貝特瑞岬
Battery Point

遠眺美麗山城的絕佳高點

貝特瑞岬是赫伯特市中心的一個區域，從古老的凱利階梯走上來後，就到了曾經是捕鯨時期十分繁榮的港口和漁村風貌，遺留自十九世紀的房屋充滿了古典氣息，隨處可見維多利亞式和喬治亞式的美麗住宅，這裡超過四十幢具有歷史價值的雅緻建築和早期漁民的房舍，加上濱海的地理位置可俯瞰德文特河（Derwent River）與薩拉曼卡廣場如畫般的風景，優越的條件使這裡成為赫伯特環境清幽的高級住宅區。

↑從貝特瑞岬上可眺望整個薩拉曼卡廣場的美景，許多攝影師最愛從這裡捕捉赫伯特最具代表性的畫面之一。

>>交通方式

1.可從薩拉曼卡商場旁邊的巷子走上凱利階梯，沿階梯上去即達貝特瑞岬
2.沿著薩拉曼卡廣場往市區的反方向沿岸邊馬路走，順著走上坡後這一區即是貝特瑞岬

亨利瓊斯有限公司IXL果醬廠（H.jones & CO. IXL JAMS）曾經是一家知名的果醬工廠和食品公司，原址如今已改建成為精品飯店和藝術中心。

● MAP P.165-C2

4 蘇利文斯灣
Sullivans Cove

港灣浪漫美景如詩如畫

位在赫伯特市中心旁的蘇利文斯灣，由王子碼頭（Princes Wharf）、富蘭克林碼頭（Franklin Wharf）以及麥格理碼頭（Macquarie Wharf）從三面包圍，是個著名的深水港。港口停靠著許多漁船、帆船與私人遊艇，由淺至深的湛藍海水陪襯下，景色甚是迷人。港灣這一帶從高級餐廳到平價餐館都有，讓人在此盡情大啖新鮮海產；港邊的木製碼頭在傍晚時分，遊客可搭乘帆船或遊艇出海，一覽赫伯特的日落美景，到了夜晚，漁火點點的蘇利文斯灣，也十分浪漫。

←路易斯‧班那奇（Louis Bernacchi）是第一個前往南極極地的澳洲探險家，在西元1898年12月17日這天，路易斯帶領著一群科學家、攝影師、作家，駕駛著南十字星號離開了赫伯特前往南極洲；路易斯之後也加入了由英國海軍上校史考特（Scott）率領的發現號探險隊前往南極。富蘭克林碼頭上的銅像便是用來紀念這位澳洲探險家，以及和他一起去南極的哈士奇愛犬喬（Joe）。

>>交通方式

從貝特瑞岬下來到薩拉曼場場後，過Castray esplanade就到達王子碼頭，沿著碼頭往北走即接富蘭克林與麥格理碼頭，蘇利文斯灣即是被這三座碼頭所環繞

←富蘭克林碼頭邊的企鵝和海豹銅雕，象徵著路易斯所抵達的南極景象。

國際帆船大賽

雪梨每年的十二月下旬都會舉辦一場雪梨到赫伯特的帆船大賽（Rolex Sydney Hobart Yacht Race），比賽的帆船將會從雪梨港出發，一路從塔斯曼海（Tasman Sea）往南方向航行，最後停靠在蘇利文斯灣的憲法船塢。超過65年的國際帆船賽每年吸引許多參加隊伍及觀光人潮，已是澳洲重要的運動盛事之一。

←在蘇利文斯灣裡的憲法船塢（Constitution Dock），就位在富蘭克林碼頭後方，船塢裡有幾家海鮮船屋停靠在岸邊，販賣像是炸魚片與薯條（Fish and Chips）或是其他熟食海鮮，大部分船屋只提供外帶服務，但可坐在船屋前的公共椅子上享用平價的海味。

5 塔斯馬尼亞博物館&美術館
Tasmania Museum & Art Gallery

了解塔斯生態與人文的好去處

在塔斯馬尼亞博物館和美術館裡，有著豐富的動物模型標本館藏，其中部分標本也包括了在塔斯馬尼亞島上生活與已滅絕的動物，像是可看到最後一隻塔斯馬尼亞虎的珍貴影像播放外，遊客還能體驗到實際觸摸一些澳洲動物皮毛的感覺，這是一般博物館所沒有的；館內還展示了化石、礦石、原住民遺留下來的物品器具以及殖民時期的藝品，各主題展覽廳像是南極展覽廳或中國展覽廳等，都分別展示著相關文物資訊，非常值得前來一看。

>>交通方式

從富蘭克林碼頭往市中心方向走Argyle St，遇Macquarie St右轉即達

DATA

🏠 40 Macquarie St, Hobart
☎ 03-6211-4134
🕐 週一～週日10:00～17:00
休 國定假日
票 免費
網 www.tmag.tas.gov.au

←塔斯馬尼亞博物館&美術館的服務台前，放了一台壓製紀念幣的機器，有塔斯虎、塔斯惡魔、袋熊和袋袋鼠四種特色動物的花紋可供遊客選擇，只要一元澳幣便可把紀念幣帶回家。

小常識 塔斯馬尼亞虎 Tasmania Tiger

塔斯馬尼亞島上曾經住著一種有著狼模樣的頭，像狗的身子，以及能張很大很開的利爪，背後披著像老虎一樣的黑色條紋，肚皮上也有袋的肉食動物，那就是著名的塔斯馬尼亞虎，也稱為塔斯馬尼亞袋狼（據研究，袋狼早在三千年前就已經在澳洲大陸消失滅絕）。塔斯馬尼亞虎個性狡猾卻又十分害羞，在一百年前還活躍與這個大島上，但是肉食性的塔斯馬尼亞虎會襲擊歐洲移民飼養的羊群，自此便開始被大量獵殺，甚至在1850年起還被當地政府獎勵捕殺，世界上最後一隻塔斯馬尼亞虎在1936年的塔斯馬尼亞動物園去世了。

6 吉百利巧克力工廠
Cadbury Chocolate Factory

在巧克力工廠嚐鮮最過癮

吉百利於1824年創立，是由約翰‧吉百利（John Cadbury）所創立的英國老牌糖果製造商，而塔斯馬尼亞的吉百利巧克力（Cadbury Chocolate）成立於1921年，是澳洲第一大，也是世界第二大的巧克力生產公司，其公司最大的巧克力生產線就設在赫伯特以北12公里處。遊客可以到工廠參觀，親眼觀賞巧克力生產的程序，而且工廠裡也有免費試吃的巧克力供遊客品嚐，也可以購買到由吉百利所生產的各種巧克力產品。

>>交通方式

從赫伯特市中心走Elizabeth St往北直走，會變成New Town Rd和Main Rd，遇吉百利路（Cadbury Rd）右轉順著路直走即達

DATA

🏠 Cadbury Estate , Cadbury Rd , Claremont
☎ 1800-627-367、03-6249-0333
🕐 九月～五月8:00～16:00、六月～八月8:00～15:00，全年週一～週五營業
票 成人7.50澳幣、小孩4澳幣
休 週六、日
網 www.cadbury.com.au

↑吉百利公司有巧克力、糖果、口香糖和飲料等產品，共有兩千五百多種，而其最大的巧克力工廠則設在塔斯馬尼亞，多種口味的巧克力皆可在澳洲各大小超市買到，而且連台灣也有進口。

7 卡斯卡特啤酒廠
Cascade Brewery

澳洲最老牌啤酒新鮮體驗

卡斯卡特啤酒廠（Cascade Brewery）成立於1824年，是全澳洲歷史最悠久的啤酒釀酒廠，從它的花園望過去，老酒廠就像一個巨大的城堡，加上威靈頓山為背景，顯得氣勢非凡。利用傳統製法釀製的卡斯卡特啤酒，是由得天獨厚的塔斯馬尼亞純淨無污染的山泉水，與當地種植的大麥及啤酒花所釀製，其啤酒品質有相當不錯的評價，工廠內的博物館展示著酒廠相關實物與照片，而對釀製啤酒有興趣的遊客也可參加需付費的工廠導覽，工廠旁也有餐廳、商店和花園可供遊客休息。

>>交通方式

由吉百利巧克力工廠回到赫伯特市中心，往西南方向走Macquarie St，之後會變成Cascade Rd，遇McRobies Rd右轉，再遇第一條路左轉，即可看到啤酒工廠

DATA

🏠 140 Cascade Road , South Hobart
☎ 03-6224-1117
🕐 週一～週五9:00～16:00、週六、日11:00～16:00，啤酒廠導覽11:00、13:00與14:30，各兩個小時
票 無，導覽成人20澳幣、優待票15澳幣、小孩10澳幣
休 國定假日
網 www.cascadebreweryco.com.au

↑走進餐廳，可看到一隻塔斯馬尼亞虎就在吧台後方，顯示它在卡斯卡特酒廠有著重要的意義。

←在卡斯卡特的花園座位上，可觀賞到整個老酒廠與威靈頓山的美景，加上一杯新鮮釀製的冰啤酒，可以在這裡度過美好的午後時光。

↑酒廠內的博物館展示成立以來的相片與廣告海報，還有早期的物品，像是酒廠的古書資料，樣樣都代表著酒廠的歷史與發展。

←來到了卡斯卡特啤酒廠一定要品嚐它的啤酒，而工廠生產各種特色啤酒，建議可以到遊客中心的餐廳點六種組合的綜合組啤酒，即可喝到卡斯卡特最暢銷的酒了。

↑卡斯卡特啤酒商標上的動物，就是1936年絕種的塔斯馬尼亞虎，一開始是由塔斯馬尼亞的畫家威廉（William Piguenit）為啤酒廠做畫，之後在1870年時繪製了第一張加入了塔斯虎為元素的啤酒廠廣告，因此開啟了卡斯卡特啤酒廠與塔斯虎的關聯，而且從此成為卡斯卡特的品牌象徵。

歷史見證之旅

里奇蒙至亞瑟港

塔斯馬尼亞雖為澳洲南方的一處小島，但深究其中才發現，這小島上卻羅列著許多全澳歷史上最具榮銜的史蹟。赫伯特近郊不到30公里的里奇蒙，居然有著全澳最古老的石橋、天主教堂和監獄，靜靜隱身在純樸的小鎮裡。而佇立在塔斯曼半島的亞瑟港，則是昔日大英帝國流放罪犯的監獄遺跡，曾經與世隔絕的驚人壯闊遺址，如今榮登世界文化遺產之列，成為世人爭相到訪之地。沿途中，更別錯過塔斯馬尼亞惡魔保育公園，除了看看已瀕臨絕種的塔斯惡魔，也為保育這些可愛的野生動物盡份心力，別再讓僅存的牠們成為歷史。

小叮嚀

>>導覽
塔斯馬尼亞有些觀光景點的營業及導覽時間，會依季節不同而有前後大約一至半小時的調整，請遊客多加注意，也可在出發前向飯店服務台詢問。

由於這一天行程有介紹到兩家監獄都需付費參觀，對罪犯歷史遺跡有興趣的遊客，可選兩者都參觀，如果為了節省旅費的話，建議可以選擇較經典的亞瑟港世界遺產。

里奇蒙 **Richmond**
Richmond Bridge
Richmond Gaol

Sorell

Cambridge

Tasman Hwy A3

Arthur Hwy A9

Copping

赫伯特 **Hobart**

Arthur Hwy

鷹頸地峽 **Eaglehawk Neck**

塔斯馬尼亞惡魔保育公園 **Tasmanian Devil Park**

亞瑟港 **Port Arthur**
Port Arthur Historic Site

≫≫ 本日行程表

1	約88公里	里奇蒙	
2	約10公里	塔斯馬尼亞惡魔保育公園	
3	約20公里	亞瑟港	
4		鷹頸地峽	

費用表

里奇蒙監獄門票	7澳幣
塔斯馬尼亞惡魔保育公園門票	30澳幣
亞瑟港門票	30澳幣
合計	**67澳幣**

備註：
1.以上費用以一個成人所需費用計算。
2.購物、餐飲、租車和油資花費視每人情況而有不同，所以不予計算。

≫交通方式

1.開車：
從赫伯特出發往東北方向走Tasman Hwy（A3），過Sorell鎮則變成Arthur Hwy（A9），期間再依指標即可到達各景點。

2.當地旅遊團：
如不方便開車的遊客，可以參加當地的旅遊團，可以在飯店或市中心的遊客中心預訂行程。

● MAP P.164-C3

1 里奇蒙
Richmond 玩

走進古老優美的鄉村風情畫

里奇蒙是塔斯馬尼亞最早立鎮的地方，寧靜的街道上豎立了許多喬治亞式住宅，並且約有五十多座19世紀的歷史建築，不僅如此，在這個古典美麗的鎮上有著澳洲最古老的石橋，建於1823年的里奇蒙橋（Richmond Bridge）以塔斯馬尼亞盛產的砂岩所建成，是由當時的囚犯所建造。橋另一端的聖約翰教堂（St John's Catholic Church）建於1837年，也是澳洲最早的天主教堂，並於1859年改建呈現在的樣貌。不過，里奇蒙還有第三個澳洲之最，就是建於1825年的里奇蒙監獄（Richmond Gaol），它是澳洲最古老的監獄！風光秀麗的里奇蒙可以說是塔斯馬尼亞具有意義的小鎮。

DATA
Richmond Gaol
🏠 37 Bathurst St, Richmond
☎ 03-6260- 2127
🕐 週一～週日9:00～17:00
休 無
💰 成人7澳幣、小孩4澳幣

≫交通方式
從赫伯特出發往東北走Tasman Hwy，遇Cambridge Rd左轉直行接Richmond Rd，沿著里奇蒙路直走即可達里奇蒙鎮，全長約30公里

←↑這座線條簡單柔美的里奇蒙石橋橫跨煤河（Coal River），石橋下的河畔草地是野鴨的棲息地，時而可見野鴨在綠油油的河岸上做日光浴，河畔上的美麗住宅與附近的山水景色，自然地融合成一幅夢境般的圖畫。

小故事
里奇蒙橋
一百多年前由囚犯所建的里奇蒙橋，有個靈異傳說；當時的監督員經常殘暴的虐待造橋犯人，因此有個囚犯受不了就跳河自殺，而其他的囚犯見狀更引發了一場暴動，而殺害了那位虐待造橋犯人的監督員，從此之後，便傳說那位殘暴監督員的鬼魂就在橋上游蕩。

↑聖約翰天主教堂
這個位在山坡上的教堂至今還有著殖民時期的簡樸風格，教堂雖小，但莊嚴的氣氛不減。

←↑里奇蒙有著比知名的亞瑟港監獄更為古老的監獄，約早5年。後來亞瑟港監獄建好之後，這裡則成為運送犯人的中繼站。

2 塔斯馬尼亞惡魔保育公園
Tasmanian Devil Conservation Park 玩

傾聽可愛塔斯惡魔的呼喚

　　位在塔斯曼半島的塔斯馬尼亞惡魔保育公園成立於1978年，在這個公園內可以近距離看到塔斯馬尼亞超人氣明星——塔斯馬尼亞惡魔（Tasmanian Devil），以及其他本地的動物，像是全身佈滿斑點的袋鼬，和空中之王楔尾鷹自由飛行的表演秀，還有開放空間可以零距離接觸到袋鼠和其他塔斯馬尼亞特有動物外，保育公園內最重要的任務，是致力於養護患有面部腫瘤疾病的塔斯惡魔，而且設有針對瀕臨絕種動物的研究計劃，以健康的方式繁殖這些塔斯馬尼亞島上的稀有動物們。

>>交通方式

從里奇蒙鎮走回Tasman Hwy再往東 直走，過Sorell鎮則變成Arthur Hwy，沿Arthur Hwy直行，即可達在右手邊的塔斯馬尼亞惡魔保育公園

DATA

地 5990 Port Arthur Highway, Taranna
電 03-6250-3230
時 週一～週日9:00～17:00、
　 塔斯馬尼亞惡魔餵食時間：
　 10:00、11:00、12:15、13:00、
　 15:00、17:00（冬天16:30）
休 無　　票 30澳幣
網 www.tasmaniandevilpark.com

↑→塔斯馬尼亞惡魔
塔斯馬尼亞惡魔雖然是夜行性動物，但他們喜歡做日光浴，喜歡在太陽底下睡午覺，平常白天會棲身在茂密的灌木林裡或是地洞中，較難看到他們。

←木棧步道
走在塔斯馬尼亞惡魔保育公園園區裡，就好像走進大自然林區一般，只有少數的人工建築，讓整個公園融合在塔斯曼半島周圍的森林環境裡。

小常識

塔斯馬尼亞惡魔又稱袋獾，是塔斯馬尼亞島上的特有生物種類，也是世界上體型最大的肉食性有袋哺乳動物，胖胖小小的體型非常可愛（大約和中小型犬一樣大），胸部和臀部上方帶有小塊白色的毛，因為有著魔鬼般的紅色耳朵和兇狠的咆哮攻擊行為；在夜晚時，夜行性動物的袋獾常發出可怕的嚎叫聲，嚇壞了早期居住在此的居民，再加上天生暴躁的脾氣，因此被稱為塔斯馬尼亞的惡魔。

據研究，袋獾也曾生活在澳洲大陸，但在六百年前便已絕跡，只剩塔斯馬尼亞島上才有。由於在早期，塔斯馬尼亞惡魔會攻擊居民飼養的家畜，而和塔斯馬尼亞虎（在1936年已絕種）一樣被下了允許獵殺令，直到1941年，塔斯馬尼亞惡魔被正式公告為保育類動物，對牠們的獵殺行為才停止。

可是，這些可愛惡魔的惡夢並未結束，在1990年代，塔斯馬尼亞惡魔染上了一種袋獾面部腫瘤的怪病，在這種病症出現之前，塔斯馬尼亞惡魔的數量約有13～15萬隻，至今因這種病死亡的已經達七萬多隻，目前當地政府正進行一系列的保育計劃，以減少袋獾面部腫瘤對塔斯馬尼亞惡魔的影響。也因此塔斯馬尼亞惡魔在2008年時，已被列入瀕臨絕種動物名單。

←禮品區
塔斯馬尼亞惡魔保育公園的禮品區裡，有許多和塔斯馬尼亞惡魔相關的紀念品，有興趣的遊客可以在此選購相關商品。

←↑袋鼠
開放性的袋鼠區可以近距離觀賞到慵懶的袋鼠們，而遊客中心備有飼料可以餵食園區裡的袋鼠，是個適合全家大小一起前來的保育公園。

←↑袋鼬
袋鼬和金色袋鼬身上的白色斑點模樣十分可愛，牠們也是屬於肉食性動物，通常只在傍晚開始出來活動，別看牠們個子小又有一身漂亮的大衣，牠們搶起食物來可是兇巴巴的。

3 亞瑟港
Port Arthur

世界遺產 玩

無人半島上的懾人監獄遺址

亞瑟港位在塔斯曼半島（Tasman Peninsula）上，這座監獄從西元1830年啟用，直到1877年才停止使用而荒廢，是歷史上重要的殖民時代罪犯遺蹟，如今則成為舉世聞名的旅遊勝地。亞瑟港歷史遺址（Port Arthur Historic Site）擁有30多處建築，包含廢墟和重建的仿古屋，監獄的部分在十九世紀末期，遭到兩度祝融之災，但建築主體仍保持良好的外觀，雖然亞瑟港是一個孤立無援的絕佳監獄地形，加上塔斯曼半島的水域有無數的鯊魚，讓囚犯無處可逃，在當時來說真的是人間地獄；不過，監獄依山傍海，殘舊的外觀可看得出昔日的雄偉可觀，稱得上是世界上最美的監獄，在2010年時已被列為世界遺產的文化與自然雙重遺產。

DATA
Port Arthur Historic Site, Arthur Highway, Port Arthur
1800-659-101、03-6251-2316
週一～週日8:30～21:00；幽魂之旅18:00與20:00各一場
無
兩日券（Gold Pass）100澳幣、一日券（Silver Pass）68澳幣、半日券（Bronze Pass）30澳幣、夜間票（After Dark Pass）61澳幣；幽魂之旅（Historic Ghost Tour）22澳幣
www.portarthur.org.au

≫交通方式
從塔斯馬尼亞惡魔保育公園出來後，再沿著Arthur Hwy往南走約10公里，即可達亞瑟港

小叮嚀
1. 持有學生證、YHA卡或Backpackers卡的遊客，可以購買優待票；4～17歲的小孩可購買兒童票。
2. 門票會因為季節不同而有所增減；每種券的等級不同而所提供的服務也會增減。

←↑導覽
買票進入亞瑟港歷史遺址的遊客，皆有40分鐘的專人導覽行程，遊客中心後面有個站著顯示導覽等待的地點，也清楚地告訴遊客下一次導覽的時間，可以多加利用，想隨性遊覽的遊客也可按著買票時附贈的導覽地圖，按圖索驥自行參觀遊玩，就不必在等候區浪費時間。

←監獄的主體共有四層樓，最上面樓層有個小圖書館，表現較好的囚犯住在上面的樓層，一般的囚犯都住在較低的樓層，而行為最惡劣的囚犯則在最下面那層樓，值得一提的是，這些犯人從大英帝國一路航行到亞瑟港，在船上的時間，軍方會安排識字的囚犯教導不識字的囚犯閱讀寫字，是具有教化功能的監獄，在當時是面對犯人問題的一大創舉。

←在遊客中心裡即可看到整座亞瑟港監獄的模型，還原殖民時期的社區形式模樣，讓遊客清楚知道除了監獄本身關著的囚犯，還有其他在此地工作的定居者。

↑博物館
遊客中心樓下的小型博物館，展示當時囚犯從英國遠渡而來的船上生活，還有囚犯的詳細資料和在監獄裡的生活介紹，買票進入園區時會拿到一張撲克牌，再依照牌的指示找到撲克牌上所標示的犯人，上面則會寫著犯人的名字、職業、年齡還有被關進來的原因，所以你就是這位從大英帝國被押送過來的囚犯，正要進入到惡名昭彰的亞瑟港監獄了。

→每位遊客會拿到不同的撲克牌，而每張牌就代表著一位囚犯。

亞瑟港教堂
Port Arthur Church

亞瑟港上的指揮官官邸與教堂，分別建在兩個制高
點上，其意義是要彰顯上帝與大英帝國王室的權
威。當監獄建成啟用時並沒有教堂，只能在戶外舉
行每週的禮拜儀式，後來在1837年教堂建設完成，
獄方為了落實教化政策，每個囚犯都必須上教堂，
但看守1000多名囚犯在教堂裡可是一件大工程，因
此成為獄方軍官最忙碌的時候。

↑亞瑟港從1830年使用到1877年這段期間，大約有12500名囚犯被關押在此，而且大多是來自英國農村或是都市貧民區的窮人，只要是偷竊的再犯者，不管是偷再小的東西，便會受到嚴厲的處罰而流放到貧瘠的殖民地，甚至有些孩子會跟犯了罪的父母一起被送到亞瑟港，從此不能再回到英國。

↓監獄社區
亞瑟港不是一座只有關犯人的監獄，而是一個具有生活機能的社區，當時住有軍事相關人員和在此工作的自由定居者，不但有個營運中的農場，還藉由囚犯的勞動力生產多種資源和材料的工廠，而且大部分建築都是囚犯所建。

↑政府花園
亞瑟港裡有座美麗的政府花園（Government Gardens），就位在教堂前附近，在花園裡可以欣賞到許多塔斯馬尼亞島上的植物，政府花園裡的樹木遮住了監獄一帶的建築，在此完全感覺不到自己身在一個著名的監獄旁。這個四周被叢林所懷抱，到處是庭園、花園與充滿魅力的歷史遺蹟裡，令人難以想像這裡曾是流放邊疆地帶。

禮品區

就在遊客中心裡的禮品區，販賣許多與亞瑟港有關的書籍、照片海報、紀念T恤和一些小紀念品，有興趣的遊客可以買些小禮物回家。

↑遊船
只要購票進入到遺址內的遊客，都有20分鐘的港灣遊遊，船上的廣播導覽為遊客一一解說馬森灣（Mason Cove）旁的其它遺跡，像是專門感化男孩的少年監獄（Point Puer Boy's Prison）就需搭船過去，它是英國建立的第一個少年監獄，而此監獄以嚴厲的管理和殘酷的處罰方式而惡名昭彰。

→亞瑟港監獄鎖與鑰匙／32澳幣
這副鎖與鑰匙是代表著亞瑟港監獄的門禁森嚴，也有其他像是手銬腳鐐等監獄相關商品，都十分有趣。

←囚犯磁鐵娃娃／10澳幣
模樣可愛的犯人娃娃，穿著囚犯制服和帽子，娃娃制服上像小鳥腳印的圖案則是亞瑟監獄的圖徽。

→囚犯杯／5澳幣
印有亞瑟港監獄字樣的囚犯杯，形狀像是由罐頭做成的簡陋杯子，讓人很容易聯想到當時貧瘠的老監獄與囚犯，沒有任何物質享受的日子。

←亞瑟港購物袋／2澳幣
簡單的白色綿布製購物袋，印有歷史遺蹟裡的建築圖案以及監獄建成年代，只要2澳幣，很適合當紀念品帶回家。

● MAP P.164-C3

4 鷹頸地峽
Eaglehawk Neck 玩

自然成型的罕見地形風貌

塔斯曼半島與塔斯馬尼亞本島相連的狹隘陸地，僅約一百公尺寬，這段狹地稱之為鷹頸地峽（Eaglehawk Neck Isthmus），鷹頸地峽地貌相當罕見，當時的殖民地軍官充分利用這個特殊的地峽，讓塔斯曼半島上的囚犯與世隔絕，就算是逃出了監獄，還必須經過這個小地峽才能逃到塔斯馬尼亞本島，因此除了有軍官守衛著，也有兇猛的警犬在此，如果囚犯真的想逃，只能游過滿是鯊魚的海域了。

>交通方式

亞瑟港出來走Arthur Hwy路上，半島與塔斯馬尼亞本島之間的相連處即是，可再依指標前往附近的景點

→鷹頸地峽附近有幾個值得一去的景點，像是北邊的棋盤石（Tessellated Pavement）和地峽南邊的噴水洞（Tasman Blowhole），塔斯曼拱橋（Tasman Arch）和魔鬼廚房（Devils Kitchen）則有人行步道可以從停車場走到這三個具特色的景點。

魔法大地之旅 （7天6夜）

赫伯特➔羅斯➔畢奇諾➔隆西斯頓➔搖籃山

造訪塔斯馬尼亞，環島探訪這塊像被施了魔法般的大地是一定要的，沿古蹟公路途中會經過魔法小鎮羅斯，《魔女宅急便》Kiki打工的麵包店就在這個歷史小鎮上。再到東海岸的畢奇諾去看野生的神仙企鵝在晚間上岸回家，以及往北走可看到聞名世界的火焰灣，處處披著紅色地衣的花崗岩，猶如石頭在海灣邊著了火一般，有著難以言傳的美麗風景。往西走的路上，也別錯過了聖鴿瀑布，一遊少見的溫帶雨林，並漫步在巨大的樹蕨森林裡。到澳洲的第三古城隆西斯頓前，別忘了到浪漫的紫色薰衣草花海，以及品嚐得獎無數的香濃起司。再往西走來到了看畫說故事的雪菲爾德壁畫小鎮，來到雪菲爾德，記得去恰德雷鎮試吃選購塔斯馬尼亞獨有的Leatherwood蜂蜜。最後，則是這條路線的壓軸──搖籃山，充滿塔斯馬尼亞野生動植物的國家公園，已被列入世界自然遺產名單，如果沒有親眼見到搖籃山與多芬湖的美景，可別說你來過塔斯馬尼亞！

小叮嚀

>>季節
塔斯馬尼亞的各個國家公園，會因季節的不同開放的時間也會不同，建議對國家公園有興趣的遊客，可參考DATA裡的開放時間，或是依DATA裡提供的網址上網查詢相關資訊。

>>省錢
塔斯馬尼亞國家公園入園證（Tasmanian National Park Passes），在全島皆通用，建議買兩個月票60澳幣，較為划算。

行程表（7天6夜）

1	約22公里	羅斯
2	約11公里	酒杯灣
3	約100公里	畢奇諾
4	約36公里	火焰灣
5	約6公里	聖鴿瀑布
6	約100公里	潘加納乳品公司
7	約85公里	布萊斯托薰衣草農場
8	約67公里	隆西斯頓
9	約37公里	美利塔蜂蜜農場
10	約54公里	雪菲爾德
11		搖籃山

>>交通方式

>>開車

由赫伯特出發向北行駛走Midland Hwy（1號公路）到Ross，之後往東接Lake Leake Hwy（B34）與Tasman Hwy（A3）到Wineglass Bay、Bicheno與更北邊的Bay Of Fires，從St Helens鎮開始往西走Tasman Hwy（A3）到Launceston，沿路再依指標可到St Columba Falls、Pyengana Dairy Company、Bridestowe Lavender Farm。由Launceston再往西出發走Bass Hwy（1號公路）並接Mole Creek Main Rd（B12）到達Chudleigh鎮，之後再沿指標到Sheffield鎮及Cradle Mt。

費用表	塔斯馬尼亞國家公園入園證一輛車（最多8人）兩個月票	60澳幣
	合計	60澳幣

備註：
1.以上費用以一個成人所需費用計算。
2.購物、餐飲、租車和油資花費視每人情況而有不同，所以不予計算。

● MAP P.164-C2

1 羅斯
Ross　玩

魔法小鎮驚奇冒險

　　羅斯就位在赫伯特與隆西斯頓（Launceston）之間的米德蘭公路（Midland Hwy）上，鎮上橫跨麥格理河（Macquarie River）的羅斯橋（Ross Bridge），是座美麗的橋樑，由約翰‧李‧雅哲（John Lee Archer）所設計，也是澳洲第三古老的石橋。羅斯鎮於1812年開始有人在此居住，遊客到了鎮上會遇到主要的十字叉路，而其四個角落的建築物——酒店、市政府、天主教堂和監獄（已成為民宅），則分別代表了誘惑、娛樂、救贖與詛咒的隱喻，充滿著人生哲理。

↑貫穿小鎮的米德蘭公路又被稱為古蹟公路（Heritage Hwy），羅斯橋的橋上兩邊都有往赫伯特與隆西斯頓方向的字樣，在西元1836年正式啟用，是澳洲第三古老的石造橋。

←鎮上主要的十字路口中央聳立著砲台、軍人像和戰爭紀念碑，而路口四個角落的歷史建築物，則分別代表著誘惑、娛樂、救贖與詛咒的隱喻。

>>交通方式

從赫伯特出發往北走Brooker Hwy（1號公路），過了Bridgewater鎮則變成Midland Hwy（1號公路），即可經過羅斯鎮，離赫伯特約121公里

羅斯麵包店
Ross Village Bakery

　　羅斯麵包店已經有百年的歷史，裡面售有各式大麵包、餅乾、派餅和傳統西式甜點等，特別的是它仍以傳統的赫格蘭式烤窯燒烤麵包，而麵包如果放在這種大烤窯裡，還有持續保溫的功能。此外，這個小麵包店也是宮崎駿動畫迷必來的景點之一，據說《魔女宅急便》裡的Kiki打工麵包店，就是以這裡做為創意來源，甚至Kiki與小黑貓Gigi住的小閣樓，就在烘焙坊旁的Ross Inn旅店的閣樓上！

小叮嚀

Kiki的閣樓是屬於羅斯旅店的其中一間房，想要參觀必須先向店員取得房間鑰匙，如果有其他客人入住的話，則不能進去參觀。也因為Kiki閣樓相當熱門，如果是想入住的遊客，最好提早預約訂房。

DATA
址 Ross Bakery Inn & Ross Village Bakery
15 Church St, Ross　電 03-6381-5246
營 週一～週五9:00～17:00　休 無
網 www.rossbakery.com.au

塔斯馬尼亞羊毛博物館
Tasmanian Wool Centre

　　羅斯這一帶的牧場生產品質精美的美利諾羊毛（Merino），在羅斯鎮上的遊客中心裡，便有個以羊毛為主題的塔斯馬尼亞羊毛博物館可供參觀，館內詳細地展示著羊毛的生產製作過程，還有各種羊毛可以親手觸摸看看，而羊毛商品零售區也可供遊客選購相關商品，像是毛線球、羊毛衣物及綿羊油等，都是由本地所生產的。

→美利諾羊毛相較於一般羊毛，其織出的面料具有柔軟、細緻、保暖與吸汗的特色，而且彈性佳，而羅斯鎮則生產有高品質的美利諾羊毛及其製品。

DATA
址 Church St, Ross
電 03-6381-5466
營 週一～週五9:00～17:30
休 週六、日　票 無
網 www.taswoolcentre.com.au

2 酒杯灣
Wineglass Bay　玩

屠鯨染紅的美麗海灣

酒杯灣位在東海岸的夫雷森耐特國家公園（Freycinet NP），是個適合健行與從事水上活動的一個天然美麗海灣，要到酒杯灣，必須先走一段約一個小時的酒杯灣健行步道，而步道的制高點也就是哈薩茲山頭（The Hazards），在此可一覽酒杯灣的美麗景緻。這個有著美麗名字與湛藍的圓弧海岸，有一段殘酷的屠鯨歷史；殖民時期從歐洲來的漁民，在冬季時會在酒杯灣一帶海域捕殺從南極游過來的鯨魚群，並在酒杯灣屠宰，被染紅了這片的海灣便是酒杯灣的由來。

→夫雷森耐特國家公園內的健行步道，可依自己的體力和旅遊時間，選擇適合自己的步道走，離開入園的停車場後，沿路沒有廁所或飲水設備，需注意帶足夠的飲用水或是零食可沿路食用。

→酒杯灣的海水清澈，在岸上可看到野生的袋鼠穿梭在樹林與沙岸之間，運氣好的話可能看到海豚或是更遠處的鯨魚。

DATA
Freycinet National Park
地 C302, Coles Bay　電 03-6256-7000
時 週一～週日，11月～4月8:00～17:00，3月～10月 9:00～16:00
錢 夫雷森耐特國家公園入園證（Tasmanian National Park Passes），一輛車（最多8人），一日券24澳幣，兩個月票60澳幣；一個人，一日卷12澳幣，兩個月票30澳幣，國家公園入園證可進入塔斯馬尼亞所有的國家公園
休 無　網 www.wineglassbay.com

>>交通方式
從羅斯出發往北走Midland Hwy，到Campbell Town往東接Lake Leake Hwy(B34)，57公里後遇Tasman Hwy(A3)左轉，22公里左古之後右轉Coles Bay Rd，沿指標直行即可達

3 畢奇諾
Bicheno　玩

企鵝與人類和諧之美

畢奇諾小鎮的歷史也是與捕鯨貿易有關，如今已發展成觀光小鎮，主要是不用買門票就可在畢奇諾沿岸看到野生神仙企鵝在晚間上岸；每年的九月至十一月是觀賞企鵝的高峰期，不過全年其它季節也都看得到牠們，企鵝們分布在沿岸的許多地方，並選擇在礁岩附近的沙地築巢，像是灌木叢、石縫內或是涵管裡，甚至是人類住家的庭園裡……這些不習慣與人類相處的野生小動物，好像與當地居民達成共識一般，而人類也為了保護小企鵝，嚴加看管家中的寵物不去打擾牠們，讓這些千百年來真正的當地居民，可以在此長久居住。

↓山丘上的Whalers Lookout可一覽畢奇諾小鎮的秀麗風光，在冬季時或許有幸可以看到往北遷移的鯨魚。

↑這些神仙企鵝非常地膽小，只要人類在牠們附近有一丁點風吹草動，牠們便緊緊靠著岩石或到處亂竄，讓人看了又是驚喜又是不忍。而為了不打擾到企鵝，請勿拿手電筒直接照射牠們或是用閃光燈拍照；如果真的想清楚看到牠們的盧山真面目，可以清晨日出時到海邊看企鵝們下海。

←↑鑽石島（Diamond Island）就位在畢奇諾鎮的北方2公里處，在海水退潮時可以輕易地走在露出海面的沙洲直到島上。小島上無人居住，但有群可愛的神仙企鵝生活在鑽石島上，白天時可看到灌木叢洞外的企鵝腳印。

>>交通方式
從夫雷森耐特國家公園走回Tasman Hwy後，往北走約11公里即可達

MAP P.164 C2

4 火焰灣
Bay Of Fires

玩

彷若燃燒的岸邊紅岩

　　火焰灣南起比納隆灣（Binalong Bay），北至邊緣的埃迪斯岬（Eddystone Point），在1773年時，英國皇家艦隊從此地經過，船長Tobias Furneaux見到海灘上有許多原住民的火把，便以火焰灣命名。海灣上的花崗岩披著一層叫紅色地衣（Red Lichen）的藻類與真菌共生體，在塔斯馬尼亞這個無污染的環境自然生長著，大片的紅色景象也像火焰般在海灣熊熊的燃燒著，形成另一幅特殊絕美的景色。

>>交通方式

從畢奇諾出發往北走Tasman Hwy（A3），約走81公里可到St Helens鎮，再依指標走Binalong Bay Rd（C850），即可到火焰灣

5 聖鴿瀑布
St Columba Falls 玩

涼爽綠意的樹蕨步道

　　聖鴿瀑布位在塔斯馬尼亞島的東北方，從停車場入口處到聖鴿瀑布之間，需走10分鐘的路程，會穿過一段充滿溫帶雨林氣候的樹蕨森林，走在森林裡涼爽清新，視野綠意盎然，到了步道的終點，便可看到泉水源源不斷地從九十公尺高處落下，其豐沛的水量則一直流到山谷南方的喬治河（George River）。

↑→剛走進步道時就像回到台灣的山林一樣，有著許多潮濕長著青苔的樹木，但走進不久後可看到這裡的樹蕨樹幹非常粗，並且有著一般樹木的高度，相當的壯觀，高大的樹蕨是塔斯馬尼亞溫帶雨林的特色之一。

DATA
St Columba Falls
地 C428, Pyengana, TAS
電 03-6352-6520
票 無

>>交通方式
從Binalong Bay Rd走 回Tasman Hwy（A3），自St Helens鎮往西北走約26公里左轉進入St Columba Falls Rd，沿指標再行10公里即可達St Columba Falls

---

6 潘加納乳品公司
Pyengana Dairy Company 吃 玩

品嚐百年創新起司

　　已有百年歷史的潘加納農場，由希雷家族（Healey）所經營，堅持以傳統手工製作的英式切達起司（Cheddar Cheese）。除此之外，用心經營的希雷家族，更在90年代期間前往瑞士學習更精良的起司製造技巧；之後也研發出各種創新口味的起司，以迎合來自各國遊客的胃口，像是辛辣口味的起司就很吸引愛吃辣的人。最主要的是潘加納乳品公司用心地製作優良的產品，得以聞名於整個塔斯馬尼亞島，而且這道地的起司工廠能提供免費試吃，前來的遊客不妨嚐一下這個在澳洲得獎無數的起司品牌。

↑潘加納乳品公司店內除了提供免費試吃，還可以參觀它的起司工廠製作過程，而且自家的乳牛農場就在工廠後面。

DATA
地 St Columba Falls Rd, Pyengana
電 03-6373-6157
營 週一～週日9:00～17:00
休 無

>>交通方式
離開St Columba Falls後往回走，潘加納乳品公司就在St Columba Falls Rd上

↑潘加納乳品公司是塔斯馬尼亞家喻戶曉的當地家族農場所經營，生產的鮮奶也十分香濃，是希雷家族引以為傲的產品之一。

---

7 布萊斯托薰衣草農場
Bridestowe Lavender Farm 玩

塔瑪爾谷的紫色浪漫

　　坐落於塔瑪爾谷（Tamar Valley）內的布萊斯托薰衣草園，早在1922年時，由英國的香水專家帶著法國薰衣草種子，飄洋過海來到塔斯馬尼亞，期間經過幾十年不斷的培植與改良，現在已是世界上大型的商業薰衣草農場之一，布萊斯托薰衣草農場面積達四十八公頃，12月至1月期間正是塔斯曼尼亞薰衣草盛開的季節，有著看不盡的紫色薰衣草花海，不妨讓自己置身在紫色浪漫的花叢間。

DATA
地 296 Gillespies Rd, Nabowla
電 03-6352-8182
營 夏天：週一～週日9:00～17:00
　　冬天：週一～週五10:00～16:00
休 冬天的週六、日
票 十二月～一月底7澳幣，16歲以下小孩免費，花季以外時間則免費入園
網 www.bridestowelavender.com.au

>>交通方式
從潘加納乳品公司走回Tasman Hwy（A3），往西方向走到Scottsdale鎮接Golconda Rd（B81）沿路直行，遇Gillespies Rd右轉，再沿指標直行3.4公里即可達

↑薰衣草農場內設有一家充滿浪漫紫色的紀念品店，裡面有各式各樣的薰衣草產品，以及薰衣草飲料和甜點，甚至還有薰衣草食譜可免費取閱。

● MAP P.164-B2

9 美利塔蜂蜜農場
Melita Honey Farm 吃 玩

有吃有玩的蜂蜜專賣店

美利塔蜂蜜蜂場位於恰德雷（Chudleigh）小鎮的道路旁，周圍被樹林、植物花草環繞著的蜂蜜商店，蜂蜜農場店內可以免費試吃蜂蜜，其中絕對不能錯過「Leatherwood Honey」，它是蜜蜂採集塔斯馬尼亞普遍且特有的瑞香科小樹上的小白花花粉所釀製而成，這種蜂蜜有獨特的木頭香味；其店內還有許多特殊的蜂蜜，像是曼奴卡蜂蜜（Manuky Honey）也相當知名，都可一一品嚐。

↑蜂蜜農場內有蜜蜂生態館，可以在館內了解蜜蜂的成長與蜂蜜生產的過程，是一家有吃有玩的蜂蜜專賣店。

DATA
📍 39 Sorell St, Chudleigh
📞 03-6363-6160
🕐 夏天十月～三月：週日～週五9:00～17:00，冬天四月～九月：週日～週四9:00～17:00、週五9:00～16:00
休 週六　票 無
🌐 www.thehoneyfarm.com.au

>>交通方式

離開Launceston市區往西方向走Bass Hwy一號公路，到了Deloraine鎮接Mole Creek Main Rd（B12），沿路直走即可到達Chudleigh上的蜂蜜農場

● MAP P.164-C2

8 隆西斯頓
Launceston 玩

最適合居住的高雅古城

隆西斯頓位在塔斯馬尼亞北邊，是澳洲的第三古城，曾被評選為最適合人類居住的城市，市中心有許多維多利亞式以及喬治亞式的古老建築，風格古典高雅；它與赫伯特相比顯得安靜一些，但近年來這個塔斯馬尼亞的第二大城也致力於發展觀光，甚至以優雅的古建築為主題吸引觀光客前來。還有隆西斯頓較特殊的一個景色是市中心有個激流峽谷（Cataract Gorge Reserve），可沿著塔馬河（Tamar River）岸邊散步到峽谷，還可沿著峽谷步道走到一座維多利亞式的花園，這個城市峽谷讓在地的居民可享受到置身郊外的樂趣。

>>交通方式

從布萊爾托薰衣草農場沿路走回Tasman Hwy（A3），再依指標往Launceston方向走即可到達隆西斯頓

↑從市中心走到激流峽谷約15分鐘，沿路可看到建於十九世紀時期的住宅，以及重新整修後的舊磨坊。

● MAP P.164-B2

10 雪菲爾德
Sheffield 玩

描繪歷史的壁畫小鎮

塔斯馬尼亞著名的壁畫小鎮雪菲爾德，位在雄偉的羅蘭山（Mount Roland）腳下，整個小鎮的外牆到處充滿了與當地歷史有關的壁畫，描繪著早期居民點點滴滴的生活。雪菲爾德鎮上的第一幅壁畫是在1986年所繪，之後便有不少藝術家和畫家來到鎮上作畫，至今鎮上已有60多幅壁畫，可稱得上是一座大型的戶外藝廊。雪菲爾德每年會舉辦壁畫活動，優秀作品將被展示在鎮上的廣場中一年，而且在鎮上還可以看到藝術家們的工作室。

>>交通方式

離開Chudleigh鎮往西走Mole Creek Main Rd（B12），約11.3公里後接Union Bridge Rd，Union Bridge Rd會變成Paradise Rd，沿路直走右轉接Spring St，直行即可達雪菲爾德

→雪菲爾德鎮上的每幅畫作都有編號，遊客可以投票選出自己喜歡的作品，或是捐錢支持當地的藝術家們；黃色小屋投票箱旁備有信封，可把選票投入黃色小屋裡。

←把自己融入到色彩豐富的壁畫中，猶如時光倒流到早期歐洲人移民到雪菲爾德小鎮的情景。每幅壁畫都具有雪菲爾德鎮的歷史意義，走在寧靜的小鎮上，就能看圖說故事般一覽小鎮生活歷史。

趣 味 大 發 現

除了畫家的畫作聳立在小鎮的各處，連紅遍華語歌壇的歌手陳奕迅親筆畫作也被展示在鎮上，為了保持K歌之王的形象，以及營造遊客到雪菲爾德的尋寶樂趣，在此不放上他的完整畫作照片，但提供三條線索讓來到雪菲爾德的歌迷們玩尋寶遊戲：

1.有Eason簽名。2.畫作中有直升機。3.沒有很好看。

（如果找到黃色小屋投票箱投入您寶貴的一票，讓K歌之王的塗鴉能長長久久地在雪菲爾德鎮展示）

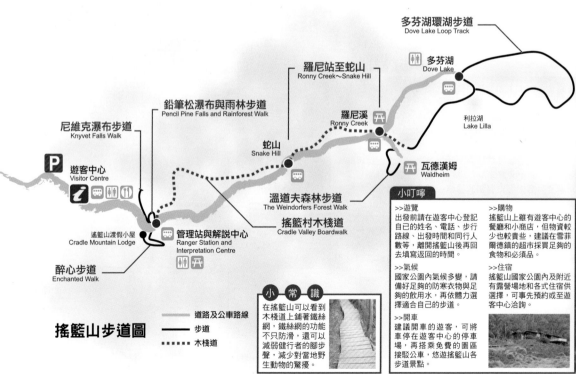

多芬湖環湖步道
Dove Lake Loop Track

多芬湖
Dove Lake

羅尼站至蛇山
Ronny Creek～Snake Hill

羅尼溪
Ronny Creek

利拉湖
Lake Lilla

鉛筆松瀑布與雨林步道
Pencil Pine Falls and Rainforest Walk

尼維克瀑布步道
Knyvet Falls Walk

蛇山
Snake Hill

瓦德漢姆
Waldheim

遊客中心
Visitor Centre

溫道夫森林步道
The Weindorfers Forest Walk

搖籃村木棧道
Cradle Valley Boardwalk

搖籃山渡假小屋
Cradle Mountain Lodge

管理站與解說中心
Ranger Station and
Interpretation Centre

醉心步道
Enchanted Walk

搖籃山步道圖

── 道路及公車路線
── 步道
┈┈ 木棧道

小常識

在搖籃山可以看到木棧道上鋪著鐵絲網，鐵絲網的功能不只防滑，還可以減弱健行者的腳步聲，減少對當地野生動物的驚擾。

小叮嚀

>>遊覽
出發前請在遊客中心登記自己的姓名、電話、步行路線、出發時間和同行人數等，離開搖籃山後再回去填寫返回的時間。

>>氣候
國家公園內氣候多變，請備好足夠的防寒衣物與足夠的飲用水，再依體力選擇適合自己的步道。

>>開車
建議開車的遊客，可將車停在遊客中心的停車場，再搭乘免費的園區接駁公車，悠遊搖籃山各步道景點。

>>購物
搖籃山上雖有遊客中心的餐廳和小商店，但物資較少也較貴些，建議在雪菲爾德鎮的超市採買足夠的食物和必須品。

>>住宿
搖籃山國家公園內及附近有露營場地和各式住宿供選擇，可事先預約或至遊客中心洽詢。

● MAP P.164-B2

11 搖籃山
Cradle Mountain

世界遺產 玩

孕育自然野性生態的搖籃

　　搖籃山海拔1545公尺，位於已被列入世界自然遺產名單的聖克來爾湖國家公園（Lake St Clair National Park）的北部，而其粗粒的玄武岩在1億6500萬年前經過冰河侵襲形成山脈，之後因山的兩座主峰在眾山群中高高聳立，形狀像搖籃而得名，而其山腳下的多芬湖（Dove Lake），是個清澈寧靜美麗湖泊，湖光山色美不勝收，漫步在湖邊的樹林中，彷彿置身於人間仙境，來到塔斯馬尼亞，搖籃山絕對是必遊的勝地。

DATA

Cradle Mountain Visitor Centre
🏠 4057 Cradle Mountain Rd, Cradle Mountain
☎ 03-6492-1110
🕐 週一～週日8:30～16:30
💰 無
🎫 搖籃山—聖克來爾湖國家公園入園證（Tasmanian National Park Passes），一輛車（最多8人），一日券24澳幣，兩個月票60澳幣；一個人，一日券12澳幣，兩個月票30澳幣，國家公園入園證可進入塔斯馬尼亞所有的國家公園。搖籃山單獨使用票（Cradle Mountain only）成人16.50澳幣、小孩8.25澳幣
🌐 www.parks.tas.gov.au、cradlemountain.org

>>交通方式

從Sheffield出發走Claude Rd（C136）19公里，接Cethana Rd（C136）沿路直行，約21公里遇Cradle Mountain Rd（C132）左轉，沿路直行即可達

在搖籃山相遇 **明星動物**

袋熊 Wombat

小型袋鼠 Wallaby　　針鼴 Echidna　　塔斯馬尼亞惡魔 Tasmanian Devil　　鴨嘴獸 Platypus

▼建議步道

多芬湖環湖步道
Dove Lake Loop Track
（所需時間2小時，距離6公里）

　　多芬湖步道沿湖而建，地勢不高又有木棧步道，很適合一家大小同行，沿途中總能看到平靜的多芬湖美景，清透的湖面倒映著奇特的搖籃山景象，加上湖邊的木造船屋，更是有畫龍點睛的效果，多芬湖與周邊的連綿山色，是聖克來爾湖國家公園裡，最著名也是最受歡迎的健行步道。

溫道夫森林步道
The Weindorfers Forest Walk
（所需時間20分鐘，距離500公尺）

　　搖籃山在1912年時，便有個奧地利人古斯塔夫．溫道夫（Gustav Weindorfer）來到此地，他在森林中搭建了小木屋並開始長年住在搖籃山，現在的小木屋已成為一間可供遊客參觀的小博物館，從溫道夫森林步道走到底便可到達。在小屋前可看到古斯塔夫．溫道夫的名言：This must be a national park for the people for all time.（這裡必定成為一個永久的國家公園，為世世代代的人們。）

醉心步道
Enchanted Walk
（所需時間20分鐘，距離500公尺）

　　位於管理站與解說中心（Ranger Station and Interpretation centre）站附近的醉心步道（Enchanted Walk），可看到全身布滿地衣的鉛筆松（Pencil Pine），這種松樹常用來製作鉛筆，因而得名。而在偏褐色的溪水邊，幸運的話還可以看到鴨嘴獸。

羅尼站至蛇山
Ronny Creek ～ Snake Hill
（所需時間45分鐘，距離2.1公里）

　　搖籃山的古老松樹舉世聞名，樹幹筆直粗壯，走在羅尼站至蛇山的木棧道上，可觀賞到氣勢磅礴的枯白松樹林，與神仙夢境般的灌木林，與其它步道相比，形成自成一格的不同美景，而走在木棧道上還可在低矮的灌木林中看到袋熊洞。

穿越聖克來爾湖國家公園步道
The Overland Track
（所需時間6～8天，距離65公里）

　　The Overland Track是勇腳級的健行登山路線，許多歐洲年青背包客和登山客想挑戰的一條步道，只有夏天十一月～四月開放，喜愛登山的遊客可參考前往。此步道路線需事先報名與另外繳160澳幣。

英式歐風墨爾本

維多利亞是澳洲的第二大省，首府墨爾本同樣是澳洲的第二大城。集古典與現代風格於一身的墨爾本，整座城市散發著一股極為優雅閒逸的氣質，走在柯林斯街上，林蔭大道上壯觀的古典建築風華依舊，街上充滿英式風格的路面電車，歐風味十足；轉個彎進入巷內，牆面上的塗鴉藝術領人回到21世紀，各商場相互穿梭的樂趣，增添逛街購物樂趣。漫步街頭，古典味的弗林德斯車站與現代感的聯邦廣場隔街相望，雅拉河畔的藝術人文風格與新興的河濱碼頭區，異國風味十足的各街區，呈現墨爾本豐富又具內涵的風景，也讓墨爾本幾乎年年蟬選為全球最適合人居的城市之一。

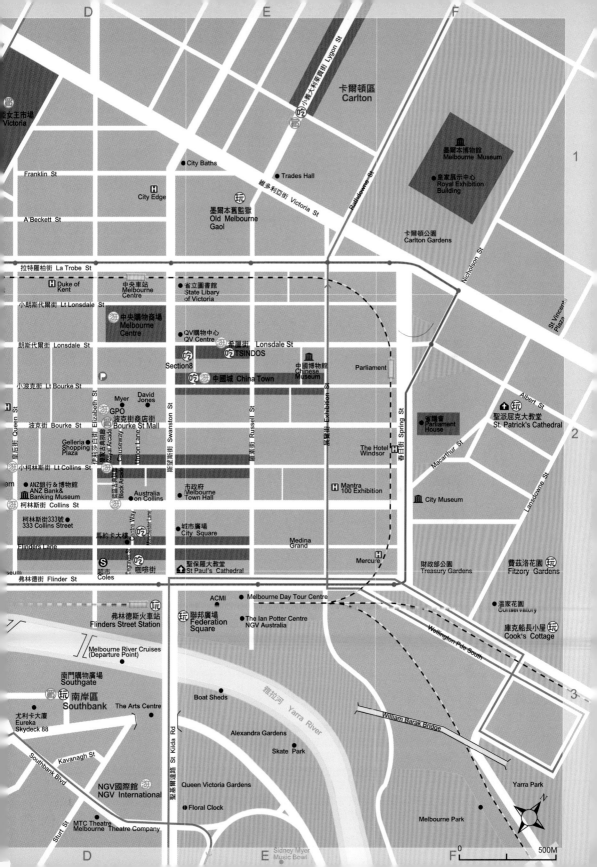

D   E   F

小義大利菜貴街 Lygon St

卡爾頓區
Carlton

1

皇后王市場
Victoria

墨爾本博物館
Melbourne Museum

皇家展示中心
Royal Exhibition
Building

City Baths

Franklin St

Trades Hall

維多利亞街 Victoria St

Radibourne St

卡爾頓公園
Carlton Gardens

Nicholson St

City Edge

A'Beckett St

墨爾本舊監獄
Old Melbourne
Gaol

拉特羅伯柏街 La Trobe St

Duke of
Kent

中央車站
Melbourne
Centre

省立圖書館
State Libary
of Victoria

St Vincent
Plaza

小朗斯代爾街 Lt Lonsdale St

中央購物商場
Melbourne
Centre

QV購物中心
QV Centre

希臘街 Lonsdale St

Albert St

朗斯代爾街 Lonsdale St

TSINDOS

聖派屈克大教堂
St. Patrick's Cathedral

小波克街 Lt Bourke St

Section8

中國城 China Town

中國博物館
Chinese
Museum

Parliament

波克街 Bourke St

Myer

David
Jones

Swanston St

展覽街 Exhibition St

省議會
Parliament
House

Queen St

GPO
波克街商店街
Bourke St Mall

Elizabeth St

Russell St

春日街 Spring St

Macarthur St

Lansdowne St

2

Galleria
Shopping
Plaza

Causeway

The Hotel
Windsor

小柯林斯街 Lt Collins St

Block Arcade

Australia
on Collins

市政府
Melbourne
Town Hall

ANZ銀行＆博物館
ANZ Bank＆
Banking Museum

Mantra
100 Exhibition

City Museum

柯林斯街 Collins St

柯林斯街333號
333 Collins Street

Flinders Lane

馬約卡大樓

城市廣場
City Square

Medina
Grand

財政部公園
Treasury Gardens

費茲洛花園
Fitzory Gardens

Centre Way

Manchester Lane

Mercure

超市
Coles

咖啡街

聖保羅大教堂
St Paul's Cathedral

seum

弗林德街 Flinder St

温家花園
Conservatory

ACMI

Melbourne Day Tour Centre

弗林德斯火車站
Flinders Street Station

聯邦廣場
Federation
Square

The Ian Potter Centre
NGV Australia

Wellington Pde South

庫克船長小屋
Cook's Cottage

3

Melbourne River Cruises
(Departure Point)

南門購物廣場
Southgate

Boat Sheds

雅拉河 Yarra River

南岸區
Southbank

The Arts Centre

William Barak Bridge

尤利卡大樓
Eureka
Skydeck 88

St Kilda Rd

Alexandra Gardens

Kavanagh St

Skate Park

Yarra Park

Southbank Blvd

Queen Victoria Gardens

NGV國際館
NGV International

Floral Clock

Melbourne Park

Sturt St

MTC Theatre
Melbourne Theatre Company

Yarra Park

N

D   E   F

Sidney Myer
Music Bowl

0   500M

墨爾本城市之旅

3天精彩路線跟著走

維多利亞璀璨風華 _{Day 1}

墨爾本是一個因發現金礦而迅速竄起的城市，曾經興盛的淘金熱潮為這座城市留下了許多人文歷史遺產，柯林斯街上一棟棟華麗驚人的歷史建築，見證著19世紀墨爾本的輝煌年代。即使隨著時光流轉，具藝術與歷史價值的建築仍是墨爾本市容的一部份，也是最好的歷史導覽，來到墨爾本非得到此造訪不可。了解歷史後，再鑽入墨爾本最具特色的巷弄文化中，從城市設計到生活藝術，細細發掘出墨爾本古典與現代兼容並蓄的不可思議之美。

小叮嚀

>>導覽

今日路線以步行走逛為主，又有逛街行程，所以最好穿著方便走路的鞋為佳。另外建議此行程最好排在週五，因週五是墨爾本的購物日，店家和百貨公司大部份營業至21:00，ANZ銀行及博物館也開放（週末不開放），或是以平日為佳。

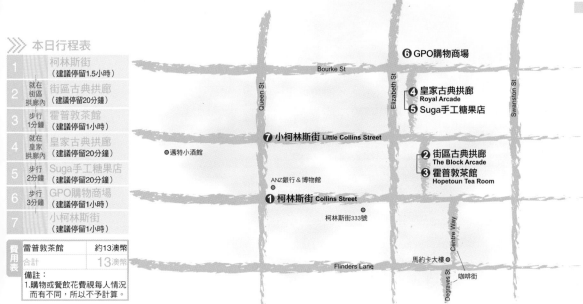

⑥ GPO購物商場

Bourke St

Queen St　Elizabeth St　Swanston St

④ 皇家古典拱廊 Royal Arcade
⑤ Suga手工糖果店

⑦ 小柯林斯街 Little Collins Street

● 邁特小酒館

② 街區古典拱廊 The Block Arcade
③ 霍普敦茶館 Hopetoun Tea Room

● ANZ銀行＆博物館

① 柯林斯街 Collins Street

● 柯林斯街333號

Centre Way

馬約卡大樓 ●

Degraves St　咖啡街

Flinders Lane

1 柯林斯街

🕐 1.5hr. **Collins St**

用華麗建築記錄輝煌年代

　柯林斯街是集結墨爾本的古典與華麗殿堂之最的所在，除了是墨爾本的金融重鎮外，綠蔭襯托下的大街上林立著五星飯店、設計師名店、精品珠寶店、私人俱樂部等。不過，一棟棟遺留自維多利亞時代的華麗建築，同時也見證墨爾本曾經輝煌一時的淘金熱潮，其美貌至今依舊動人，讓人忍不住駐足並多按幾下快門。然而，大街旁交錯古今、連結新舊的迷人巷弄，又將墨爾本優雅風範、當代前衛與歷史背景通通交融在一起，走一趟宛如進出墨爾本現代與歷史的時光隧道。

里亞托洲際飯店
The Rialto Hotel

百年新哥德風氣派非凡

今日位於柯林斯街上的里亞托五星飯店，是由19世紀建造的里亞托大樓和隔壁溫菲爾德大樓（Winfield）合併而成。擁有鮮明的新哥德式風格的里亞托大樓，是1889年由William Pitt所設計，他同時也是當時柯林斯街一帶重要商業大樓的建築師。兩棟比鄰而居的大樓，在當時是擁有高級設備的繁忙辦公大樓，夾在兩大樓中間的街道曾是穿梭市中心的重要街道，而現在這條通道仍在，從飯店一樓進入，可以看到通道兩翼仍是當時的辦公大樓建築，但兩棟樓之間巧妙地以玻璃帷幕的屋頂連結，使得舊時的通道變成一個挑高的中庭空間。從大廳往下看，雖物換星移仍能嗅出一絲當時車水馬龍的繁榮氣息。

小叮嚀

若想看到整棟建築的宏偉外觀，要過馬路到對街，才是最好的拍照和觀賞角度。

>>交通方式

可搭乘免費市區電車至Market St站下車，沿Market St往Collins St走，步行約3分鐘即達。或是搭乘免費觀光巴士至11號站下車，步行約1分鐘

↑目前飯店中庭餐廳位置，是當年車水馬龍的通道，馬車載人或運送雞鴨牛羊都得從這裡經過，夾雜著塵土、動物排泄物等氣味，因此這一帶總是臭氣沖天，當地人笑謔Melbourne真的是「Smell-bourne」，臭得可以。

↓舊時代裡的繁忙辦公室，現在是一間間迎接客人的飯店客房，連接兩棟大樓的玻璃帷幕巧妙地將空間和光線運用得剛剛好，充分賦予老靈魂新生命。

DATA
495 Collins St, Melbourne

→William Pitt所設計的新哥德式里亞托大樓，不管是外觀或內部結構，除了優雅精緻的視覺風格之外，知名的水平與垂直架構也展現平衡之美。

柯林斯街333號
333 Collins Street

後現代風格歷史地標

顧名思義，這棟聞名的歷史大樓乾脆就以自己的地址來命名，也是柯林斯街上重要的歷史地標。建於1890年的柯林斯街333號，原是澳洲商業銀行（Commercial Bank of Australia）的所在地，在當年採用後現代主義的風格因而聲名大噪。雖目前大樓作為企業辦公室使用，但內部仍保留原始的樣貌，遊客可走進大廳體驗一下古典細緻的大型燈具吊飾和花崗岩大理石地板，還有堪稱維多利亞時期數一數二的偉大穹頂，在燈光的照耀下氣勢依舊恢弘。

DATA
333 Collins St, Melbourne

>>交通方式

從里亞托飯店步行至柯林斯街333號約3分鐘，與里亞托飯店都在柯林斯街的同一側。

↑走進一樓大門口左側，有販售柯林斯街333號美麗建築的明信片（1澳幣）及簡介（2澳幣），對於澳洲歷史建築感興趣的遊客，可以購買做紀念。

←金碧輝煌的穹頂紋飾，被喻為墨爾本最美麗的天花板，大量雕飾、紋路的運用，其靈感是揉合巴洛克式和摩爾式建築的元素。

馬約卡大樓
Majorca Building

巷弄內遇見藍色西班牙

　　穿梭於柯林斯街後棋盤式的巷弄內，最容易在街角處撞見驚喜，就像這棟坐落在三條巷弄路衝的馬約卡大樓，也是名列墨爾本歷史建築之一。建於二次大戰時期的新哥德派建築，其特殊之處從他的命名可以看出端倪，「馬約卡」是隸屬西班牙的一個島嶼，因此這棟大樓多了點西班牙風格，寶藍和金色相間的馬賽克磚應用在外觀牆面上，既浪漫又美麗。目前大樓作為短期出租公寓。

→在墨爾本只要看到這樣的藍色標誌，就一定得停下腳步仔細瞧瞧！因為這表示列名維多利亞府具歷史價值的建築。

MAJORCA BUILDING
The Majorca building derives its name from the island that gave inspiration to the exotic detailing of its coloured glazed terracotta facade. The building was designed by architect Harry Norris in 1928/30 as offices with retail outlets at street level for Majorca Buildings Pty, Ltd.

City of Melbourne

↓就算是不起眼的角角邊邊，設計師依舊不放過，窗台下看似擠眉弄眼的海神雕飾頗有意思。

>>交通方式

DATA
258-260 Flinders Lane , Melbourne

從Collins St往Elizabeth St方向走，遇Elizabeth St右轉，再遇Flinders Lane左轉後直行，至與Centre Pl的交口即達。

咖啡街
Centre Pl&Degraves St

最有味道的巷弄咖啡座

　　墨爾本市中心Degraves Street、Centre Place、Block Place是緊緊相連的幾條小街巷，僅容行人穿越的窄巷兩旁，盡是各式各樣的個性咖啡店與雜貨小舖等，人味和咖啡香十足的巷弄文化絕對是內行人的最愛，甚至有人認為，墨爾本最好的咖啡就在這些巷弄內。平價卻高水準的咖啡，隨意配個三明治、輕食，就能心滿意足，這般隨意自在的氛圍不用刻意營造，就是最迷人之處。

←風格輕鬆又具活力的咖啡館，大多以能快速提供的輕食和咖啡為主，附近的上班族、或是弗林德斯車站通勤的人們都熟悉此地，也使得這些小小的街巷名聲響亮。

>>交通方式

馬約卡大樓下面對面的兩條巷子即為Centre Pl及Degraves St

ANZ銀行＆博物館
ANZ Bank&Banking Museum

百年銀行現正營業中

淘金熱潮，造就了1880年代墨爾本在柯林斯街上極盡華麗考究的銀行建築，而澳洲最大的銀行ANZ總部也設置在此。當年由William Wardell建造的哥德式ANZ銀行總部，一樓仍舊是服務客戶的銀行，高雅華麗的燈飾與典雅的空間裝潢，像極了舊年代電影中銀行服務大戶的VIP空間場景。位於銀行後方大廳，是通往隔壁證交所的空間，昔日也曾是主教室，挑高的設計使得肅穆莊嚴氣氛特別濃厚。此外，位於銀行旁的地下室則為ANZ於1985年所設立，空間不大，但完整紀錄及展示了澳洲銀行歷史相關文物，相當珍貴。

>>交通方式

>>ANZ銀行
自Centre Pl往Collins St方向走，遇Collins St左轉直行，遇Elizabeth St過馬路至對街繼續直行，至Queen St交口即達。
>>銀行博物館
就在ANZ銀行門口的左側

DATA
ANZ銀行
地 Cnr Collins St&Queen St , Melbourne
時 週一至週五10:00～15:00
休 週六和週日

銀行博物館
地 380 Collins St , Melbourne
時 週一至週五10:00～15:00（遇國定假日休館）
休 週六和週日　費 無

↑ANZ銀行博物館得由門牌號碼380號進入地下一樓，不須門票可自由進入參觀，但館內禁止拍照請務必遵守。

↑柯林斯街上的歷史建築，大部份都因政府列為重要歷史建築，不能拆除及破壞，只能重新整修內部或加強結構等；且大部份改作飯店、商店或餐廳用途居多，很難想像ANZ銀行仍然「營業中」，格外有意思。

↓ANZ旁的舊墨爾本證券交易所，同樣由里亞托大樓的知名英國建築師William Pitt延續哥德式概念所設計，外觀高聳的尖拱及拱形高窗、樑柱雕飾等都相當突出，室內也保留了珍貴的馬賽克地磚及橡木階梯等。

小叮嚀
ANZ歷史總部目前仍為營業的銀行，雖可入內參觀但禁止拍照，以免影響客人權益。進入銀行除感受其復古的內部裝潢氣氛外，也有一些舊時銀行行員特殊規定或是文物展示，頗值一看。

邁特小酒館
The Mitre Tavern

墨爾本市區最老的建築

從柯林斯街拐個彎進入熱鬧的小巷弄內（Bank Place），自成天地的巷弄空間旁佇立一棟漆成黃色、小巧精緻的雙層樓房，屋簷旁也立了幾支戶外洋傘，傘下坐的都是西裝筆挺的上班族，看來這裡應該是柯林斯大街上繁忙上班族偷閒的好地方。不過，這裡可不光只是家小酒館這麼簡單，這棟像童話繪本裡走出來的可愛房舍，是墨爾本市政府官方資料記載市區內最古老的建築！在這棟建於1860年、擁有近150年歷史的老建築裡，不論是坐下來喝杯啤酒或是和這高齡的建築拍拍照，都非常值得。

←若是天氣不錯，儘量選張屋簷旁的桌子或是露天座位坐，看看往來附近的的銀行、證券、保險公司或是律師事務所的上班族，也是體驗在地文化的一種方式。

↑酒館內的室內裝潢，依然刻意保留古典氣氛，拱形穿廊、木質吧台和門窗，走的是溫馨熱鬧的小酒館風格。

DATA
地 5 Bank Pl , Melbourne
電 03-9670-5644
時 週一至週五11:00至深夜
休 週六和週日
網 www.mitretavern.com.au

>>交通方式

Collins St往William St方向走，過了Queen St後不久，右手邊有一條小巷，走進去即達Bank Place

↑上了厚厚一層蠟的義大利馬賽克地板，是為了保護自1892年所鋪上的珍貴地板，這同時也是澳洲面積最大的馬賽克地板，光是欣賞這些精彩的畫作圖騰，就讓人玩味再三。

↑街區拱廊多道出入口可連接柯林斯街、伊利莎白街、小柯林斯街等逛街路線，位於小柯林斯街入口小巷聚集多家精巧的咖啡館，自成一格的咖啡天堂在午餐時刻相當受歡迎。

● MAP P.188-D2

2 街區古典拱廊
20min. The Block Arcade

穿越時空的華麗長廊

街區拱廊位於柯林斯街上，入口不大也不特別醒目，不過往裡頭一探，深深的長廊、馬賽克古典地磚、玻璃圓頂下的華麗吊燈，極為優雅歐風的拱廊奇景，彷彿掉入維多利亞舊時光中的場景般。這棟以義大利米蘭著名的地標Galleria Vittorio為雛形概念設計的拱廊商場，1891年由知名建築師D.C.Askew所設計，極盡華麗的歐風元素發揮得淋漓盡致，也是19世紀墨爾本美好年代的代表之一。目前拱廊內有29家走精緻高價位路線的店家，知名的Haigh's巧克力專賣店、設計品牌服飾、茶館咖啡館，以及知名澳洲草編帽品牌Helen Kaminski等，都能在這找到。

DATA
📍 282-284 Collins St , Melbourne
☎ 03- 9654-5244
🕐 週一至週三 10:00 ～ 18:00、週四至週五 10:00 ～ 21:00、週六至週日10:00 ～ 17:00
休 無
🌐 www.theblockarcade.com.au

>>交通方式
走回Collins St上向Elizabeth St方向走，過了Elizabeth St不久，即達左手邊的街區古典拱廊

● MAP P.188-D2

3 霍普敦茶館
1hr. Hopetoun Tea Room

傳統英倫風味下午茶

由柯林斯街入口走進街區拱廊，不用找路也不用找地址，這家店一定會出現在眼前，因為只要經過店門口，櫥窗裡數十種令人垂涎欲滴的糕點超吸睛。駐足在櫥窗前驚呼的人群，讓人也想上前探個究竟。從古典雕花玻璃鏡、綠白相間的細緻圖騰壁紙、水晶吊燈、典雅的餐具，到穿著黑色優雅洋裝的女侍，英倫風情透露著這家茶館非同小可。1893年由霍普敦夫人創立的霍普敦茶館，和街區拱廊有著幾近相同的悠久歷史，時至今日，傳統的英式茶飲和巧思手藝兼俱的糕點，仍舊吸引來各地喜愛英式古典氛圍的人。特別的是，茶館早上8點便開始提供早餐服務，因此若想享受悠閒早餐時光，不妨到此試試。

↑店內高雅細緻的氣氛，是經典英式下午茶的獨特之處，坐下來的客人都不自覺地感染上優雅。

DATA
📍 Shop 1&2 , The Block Arcade , Melbourne
☎ 03-9650-2777
🕐 週一至週六8:00 ～ 17:30、週日9:00 ～ 17:00
休 無
🌐 www.hopetountearooms.com.au

>>交通方式
由Collins St入口進入，右手邊第一家

蛋白蛋糕（Pavlova），7.6澳幣各式茶飲／4.5澳幣：選好蛋糕後，店家會細心地以水果和糖粉裝飾擺盤，手工豐地細緻、不含麵粉的蛋白蛋糕口感柔軟綿密，不用擔心太甜太膩，爽口卻很滿足。20多種的茶飲是店家的特色之一。不管是道地的伯爵或英式紅茶，或是店家特調的各式口味茶飲，像是帶有鳳梨和木瓜氣味的FIJI綠茶、薑和水蜜桃風味的Dahl house紅茶等多種創意的茶飲。

←各式精彩的蛋糕每塊價格都在7.5澳幣左右，點餐前不妨先到琳琅滿目的蛋糕櫃前先選好一款合口味的，再進到店內由女侍帶位入座後，和飲品一起點用。

4 皇家古典拱廊
⏱20min. Royal Arcade

美麗如昔的歷史拱廊

墨爾本歷史最悠久的皇家拱廊建於1869年，外觀以紅色和金色為基調，內部精雕細琢的廊柱、天花板以及黑白相間的方格懷舊風格地板，美麗如昔的拱廊建築加上創意獨特的店鋪，人氣依舊不墜。駐店的店家中，墨爾本知名的巧克力品牌Koko Black，創始店就在拱廊內的街角，Suga手工糖果店也是熱門商店之一，其他各式首飾、服飾、文具、小物等30多家的平價店鋪，好吃好玩好買，逛起來很過癮。

DATA
址 331-339 Bourke St , Melbourne
電 03-9670-7777
營 週一至週六9:00～17:30、週日10:00～17:00
休 無
網 www.royalarcade.com.au

>>交通方式
街區古典拱廊走到底由Lt Collins St出口出來，即可看到對街的皇家古典拱廊入口

↑皇家古典拱廊內，店家各具特色且頗具人氣，消費上比走高級路線的街區拱廊較平價些。

→入口處的大鐘自1892年以來，每到整點都會發出鐘響，也是皇家拱廊的特色象徵。

↑Suga手工糖果店外的中庭上也有攤位，遊客每每在櫥窗前看完精彩的製糖過程後，轉身就能先買為快，不用再擠進店裡。

→心型棒棒糖／3.9澳幣：6.5公分大小的草莓口味棒棒糖，甜蜜蜜的滋味和層層的繽紛色彩，就是讓人想多帶幾根回家。

→罐裝手工糖／5.5～9.9澳幣：各種口味和造型的糖果，分為袋裝和罐裝各有三種包裝，不同重量不同價格。數十種口味最好在眼花撩亂前趕緊選好下手，不然就選個一次擁有的綜合口味吧。

5 Suga手工糖果店
⏱20min. Suga

人見人愛的彩色糖果王國

Suga的櫥窗前總是站滿圍觀的人潮，因為店裡每天都有手工糖果製作秀，鐵板上的糖漿經過製糖師手工炒、拉、塑，形成一顆顆造型可愛的糖果，不僅令人嘖嘖稱奇，不同造型的糖果還有不同的口味，大人小孩都無法抗拒店裡色彩繽紛的手工糖果，人手好幾包、好幾罐，送禮自用兩相宜。創立於1988年的Suga，在維多利亞省有多家分店，但創始店就是皇家拱廊這家，也是人氣最旺的一家，堅持用天然的食材和色素製作漂亮又好吃的糖果，還能依照客人的需求，將想要的圖案設計在糖果之中！

DATA
址 Shop 20 , Royal Arcade
電 03-9663-5654
營 週一至週六9:00～17:30、週日10:00～17:00
休 無
網 www.suga.com.au

>>交通方式
位於皇家古典拱廊內

↑→製糖師將原本透明的糖漿經過鐵板炒、推揉、拉、染色等功夫，再依創意和技術將原本一坨的糖漿，像變魔術般將圖案一摺、兩摺、三摺……反覆層疊形塑出西瓜、草莓、葡萄等都帶色彩和主題的糖條，之後再從條狀切下一顆顆可食用的可愛糖果。

● MAP P.188-D2

6 GPO購物商場

🕐1hr. GPO

墨爾本時尚購物指標

　　GPO全名為General Post Office，原為建於1864年的墨爾本舊郵政總局，隨時代變遷褪下郵務招牌後，2005年搖身變為墨爾本時尚購物中心，新文藝復興時代的建築風格使得流行時尚多了一份藝文的氣息。GPO擁有三層購物空間、共60多家精品服飾店及餐飲等，另外也有不少設計師工作室設置在此，可以說是墨爾本的時尚趨勢中心。

↑GPO廣場上的大錢包，除了是醒目的地標外，好像也在提醒遊客進門前記得帶上錢包呀！

小叮嚀
GPO商場就位在最熱鬧Bourke St Mall旁，購物大街上還有澳洲連鎖的Myer、David Jones大型百貨公司以及各式品牌店家，若是有興趣也可以順道前往。

DATA
🏠 350 Bourke St , Melboure
☎ 03-9663-0066
🕐 週一至週四10:00～18:00、週五10:00～20:00、週六10:00～18:00、週日10:00～17:00
🚫 無
🌐 www.melbournesgpo.com

>>交通方式
皇家古典拱廊走到底由Bourke St出口出來，對街即為GPO

● MAP P.188-D2

7 小柯林斯街

🕐1hr. Little Collins Street

設計師及時髦小店聚集地

　　小柯林斯街是由波克街和柯林斯街的拱廊商場所包夾的小街道，著名的七大商場都能從這條街自由穿越，在小柯林斯街不但能一次逛遍著名The Walk、Collins Two3Four、Australia OnCollins、Centrepoint、The Block Arcade、Royal Arcade，穿過伊利莎白街還有一家大型的Galleria Shopping Plaza，在各商場裡能找到澳洲設計師的商品和各種流行配件飾外，小柯林斯街上也是當地個性創意商店的大本營，喜愛挖寶的話，來這裡就對了。

>>交通方式
由Bourke St可經由各拱廊商場穿梭至Lt Collins St

一邊逛仙購物的同時，別忘了餵人眼睛，拐個彎看就會看到Union La轉角巷弄內的精彩塗鴉牆。這些塗鴉可是墨爾本市政府特別請藝術家畫上的，為的是讓陰暗的巷弄也能藉由街頭藝術鮮活起來，更美化市容，一舉兩得！

→↓小柯林斯街上的時髦個性商店林立，光是櫥窗擺設就令人目不暇給，若要一間間逛可得花上不少時間。

澳洲設計師品牌

　　走在墨爾本街頭，會發現墨爾本人對於穿著有著自己的風格與想法，所以他們對於時尚和設計感特別講究，也因此許多澳洲設計師品牌都在此設店，甚至是旗艦店，而時尚設計色彩甚濃的小柯林斯街，當然也是最好的設計品牌落腳處，特別整理幾個澳洲設計師品牌，走進店裡實際體驗一下澳洲獨到的時尚風格。

Anna Thomas	位於146 Lt Collins St
Mecca彩妝	位於150 Lt Collins St
Verve	位於177 Lt Collins St
ZOMP	位於271 Lt Collins St
Scanlan & Theodore	位於285 Lt Collins St

墨爾本城市之旅

多國風情嚐鮮滋味 _{Day 2}

與澳洲各大城市相比，墨爾本市區可以說是小而美，且最具異國情調的城市。才剛跳下古典英式風格的陸上電車，接著走進早晨人聲鼎沸的維多利亞女王傳統市場，各式新鮮食材從德國香腸、義大利起司、歐式麵包、亞洲乾貨、印度香料等，都是「made in Australia」。來自各國的移民在墨爾本各自發展出屬於自己的小天地，從希臘街、中國城到小義大利，道地的異國美食不用說，只要過條街，彷彿就從希臘直接跳到中國，再跳到義大利……零時差體驗各國風味。

❶ 維多利亞市場 Queen Victoria Market
Victoria St
Franklin St
小義大利 Lygon St ❻
墨爾本舊監獄 ❼ Old Melbourne Gaol
La Trobe St
William St | Queen St | Elizabeth St | Swanston St | Russell St
Lonsdale St **❷ 中央購物商場 Melbourne Central** **❸ 希臘街 Lonsdale St**
Section8 **❹ TSINDOS**
Lt Bourke St **❺ 中國城 Chinatown**

費用表	墨爾本舊監獄	22澳幣
	合計	**22澳幣**

備註：
1. 費用不包含TSINDOS午餐費用，購物或餐飲花費視每人情況而有不同，所以不予計算。
2. 以上費用以一個成人所需的費用計算，若遇優待票情形，請參考DATA的資料自行計算。

>>> 本日行程表

1	步行8分鐘 + 免費電車3分鐘	維多利亞女王市場（建議停留30分鐘）
2	步行5分鐘	中央購物商場（建議停留1～1.5小時）
3	步行2分鐘	希臘街（建議停留10分鐘）
4	步行10分鐘	TSINDOS（建議停留1小時）
5	免費公車8分鐘	中國城（建議停留20分鐘）
6	步行15分鐘	小義大利（建議停留20分鐘）
7		墨爾本舊監獄（建議停留1小時）

小叮嚀

>>免費交通
墨爾本市區觀光可利用兩項免費交通工具，免費電車（City Circle Tram）以及免費觀光巴士（Tourist Shuttle），電車約每12分鐘一班車，週日～週三10:00～18:00、週四～週六10:00～21:00；觀光巴士則為半小時發車，週一～週日9:30～16:30。

>>導覽
本日行程中，幾乎都是購物和飲食很方便的地方，若不想花太多餐飲費用，可在維多利亞市場購買輕食或水果當午餐；或是到中國城用餐較便宜。墨爾本舊監獄最少需預留1小時參觀，所以儘量於3點半至4點前抵達，才不會太浪費門票費用。

● MAP P.188-D1

1 維多利亞女王市場

30min. Queen Victoria Market 吃 買

百年市場裡的新鮮好味

　　從1878年營業至今，擁有130年歷史的維多利亞市場不僅僅墨爾本市民們愛去，更是遊客不能錯過、全澳各城市中最大的市場之一。在佔地7公頃的大型建築物內，一排排井然有序的攤子販售著肉品、魚貨、熟食、麵包、起司等日常食品，戶外區則販售各式蔬菜、香料等。每逢週末，市場裡除了擠滿買賣的人潮外，各式服飾或禮品攤也相當受歡迎，當然這裡也有美食區（Food Court），直接就能嚐到以最新鮮食材製作的各國料理。

DATA
地 155 Victoria St , Melbourne
電 03- 9320-5822
時 週二和週四6:00～14:00、週五6:00～17:00、週六6:00～15:00、週日9:00～16:00
票 無　休 週一、週三
網 www.qvm.com.au

>>交通方式
搭乘免費環城電車至La Trobe St和William St交口站下車，下車後過馬路往左手邊的William St上，過上Peel St交口即可看見維多利亞市場的古典建築外觀

小叮嚀
　　每逢週三維多利亞女王市場休市，但若是您在夏天造訪墨爾本，每週三有「夏日夜市」！詳細報導請見P.22

↑規模甚大的維多利亞市場，一攤攤風格各異且整齊乾淨的攤位，逛起來舒爽、吃起來也很安心。

↑攤位上的醃漬橄欖、蕃茄乾、各式TAPAS等，道地手工的美味無法擋。

● MAP P.188-D2

2 中央購物商場

1-1.5hr Melbourne Central

邊購物邊欣賞歷史風景

　　又一個完美結合歷史與現代建築的作品，墨爾本中央車站上方特殊的圓錐玻璃頂建築，是為了保存被政府列為不可拆除的百年子彈工廠（Coop's Shot Tower）建築，1991年委託日本建築師特別動腦筋以總高度246米的三角柱將歷史建築包在大樓裡，形成現在地下兩層、地上三層的大型購物中心，外觀未來感十足，商場中庭則因玻璃圓頂與鋼條交錯的挑高設計，自然光線直接打在1890年建造的子彈工廠廠房上，如此特別的逛街風景，也成了這裡的招牌。中央購物商場內有300多家店，品牌齊全且櫥窗及店面設計均頗具創意，就算是window shopping也很過癮。

DATA
地 within Lonsdale , Swanston, LaTrobe and Elizabeth Sts
電 03-9922-1112
時 週一～週四 10:00～18:00、週五10:00～21:00、週六10:00～18:00、週日和例假日10:00～17:00
票 無
網 www.melbournecentral.com.au

>>交通方式
由維多利亞市場走原路回到La Trobe St上搭乘免費環城電車至Elizabeth St交口站下車，下車後過馬路往市區方向走Elizabeth St，遇Lt Lonsdale St左轉直行，便會看到左手邊的中央購物商場

↑高聳壯觀的鋼鐵圓頂，算是墨爾本市的著名地標之一。兼具工藝與歷史意義的購物商場，吸引來自世界各地的觀光客前來朝聖。

→商場內的櫃位，走的是新潮流行路線，店面設計和擺設新穎，看一眼就被吸引住。

小叮嚀
　　史史館的所在位置非常特殊，必須從 R.M.Williams 這家服飾店的入口進入，直走就會看到磚牆上黃色的牌子寫著「Shot Tower Museum」，不需要門票，可直接走進去參觀。

↑號稱重達200公斤全世界最重最大的吊鐘，整點會演奏澳洲民歌，且有可愛的整點秀。

←製彈塔文史館（Shot Tower Museum）位於中央購物商場4樓，小巧的文史館以燈光、影片、文字圖片等帶領遊客深入瞭解整棟建築的歷史，及當年輝煌的製彈歲月。

3 希臘街

⏱10min. Lonsdale St

城市中的地中海風情街

世界上第三大希臘人聚集地就在墨爾本,多數希臘店家集中於Swanston St和Russell St這一帶的Lonsdale St上,也就是所謂的「希臘街」。希臘街腹地不大,但仔細瞧瞧短短的一小段街道中,各式各樣的希臘符碼都能在這裡找到,藍白相間的地中海風格、悠閒愜意的露天座位、道地的餐廳、飄香甜點店與希臘商品販售店林立,自成一格的小巧希臘區隱藏不住來自地中海的熱情。

>>交通方式

由中央購物商場的Lonsdale St出口,左轉沿Lonsdale St向Swanston St的方向走,介於Swanston St與Russell St的Lonsdale St區段即為希臘街區

↑希臘甜點

位於Lonsdale St 185號的「International Diethnes Cakes」甜點店,家庭式的擺設裝潢,倍感親切,而希臘式甜點則以添加核果和蜂蜜為主要特色,喜歡甜品的人千萬別錯過道地的希臘甜品糕點,像是粗小麥粉製成的鬆糕(Halva)、蜜糖核果千層酥(Baklava)、希臘甜甜圈(Loukoumades)等,可以外帶,也可以到店內點上一杯咖啡或茶配上甜點,享受一下希臘式的下午茶。

←希臘捲餅

著名的希臘捲餅(Souviki),以烤肉加上生菜沙拉,再淋上特殊醬汁後以烤餅皮捲起來,是相當道地的一道小吃且價格實惠,大約在10澳幣上下,還有各種口味可供選擇,值得一試。

小常識

來到希臘區,張大眼睛看,你會發現不管是地面上、餐廳招牌、或是商家裝潢擺設,甚至是街道路標都有著如照片中的圖騰,看到這些圖騰也表示你已進入了希臘街,這個圖騰代表著希臘人對於健康長壽的祈福。

---

4 TSINDOS

⏱1hr. TSINDOS

道地希臘風味溫暖心頭

希臘餐廳TSINDOS創業於1970年,老字號的TSINDOS店面不大,一、二樓都有座位,非常家庭式的用餐環境和活力熱情的服務人員,讓店內的氣氛既親切又自在。說到希臘式料理,其實它有相當古老的烹調淵源,同時也間接影響後來各地的飲食文化。希臘菜的精髓,是善用橄欖油、黑橄欖、蒜、洋蔥和各種希臘香料,烹調出各種肉類及海鮮等地中海式料裡。TSINDOS秉持著傳統希臘料裡的精神,菜色從湯品、沙拉、開胃菜到各種主菜料理、甜點都有,TSINDOS的私家釀製酒也很推薦。若是第一次品嚐希臘料理,不用害羞,直接請服務人員推薦最道地的希臘菜式。或者直接點菜單上的主廚菜單(Chef's Specials)準沒錯!

DATA

🏠 197 Lonsdale St , Melbourne
☎ 03-9663-3194
🕐 午餐週一至週五11:30～15:00、晚餐週日至週四17:00～22:00,週五至週六17:00～23:00　休無
🌐 www.tsindosrestaurant.com.au

>>交通方式

沿Lonsdale St過了Swanston St後不久,右手邊即可看見TSINDOS

小叮嚀

請店家推薦店內的道地料理,請見字卡P.325

↑聖托里尼雞肉特餐(Santorini Chicken)/28澳幣:米飯上鋪滿先行火烤過的大蝦、蘑菇及4大塊雞肉,再和特調的蕃茄醬汁一起烹煮,微酸微甜帶點奶油和特殊香料的香氣,香醇濃厚的醬汁搭配米飯一起食用,表現豐厚的希臘風味。佐餐還有經典的希臘沙拉,新鮮脆口的蔬菜及道地的希臘黑橄欖、羊奶菲達起司,淋上橄欖油及酸醋醬汁,清爽又高雅。

↑慕沙卡(Moussaka)/22澳幣:由綿密軟嫩的麵皮包裹絞肉與茄子,佐以特製的濃稠醬汁,再放入烤箱中焗烤,使慕沙卡呈現表皮呈現金黃色的奶油可口色澤,盛盤再搭配上米飯、豆子和馬鈴薯等;沒有過分華麗的食材,但新鮮且恰到好處的食材及調味,嘴裡卻有多層次的滋味表現,口感很滿足。

↑牆壁上的黑板,每天都會寫上今日推薦的甜點和自釀酒單等,點餐前不妨參考看看是否有特別的胃口的!

←既然是希臘餐廳,餐廳內的陳設理所當然的以家鄉的藍白為主,牆壁上掛滿了希臘風情的各種飾品,還有老闆喜好的樂器等,就像在自己家一樣,和來客分享他的生活點滴。

←餐廳招牌雖不很起眼,但卻是報章雜誌報導推薦的美味店家。

↑墨爾本濃濃的異國風情中，亞洲風算是箇中之最，來到中國城的重頭戲非美食莫屬。各式小吃點心、正統中國菜都是老饕的最愛。

● MAP P.188-E2

5 中國城

⏱20min. Chinatown 🍴🚶

澳洲最早的華人聚集地

　　墨爾本中國城位於小波克街（Little Bourke St）一帶，雖然僅有一條街，規模不大，但它可是澳洲最早的中國城。因1851年淘金熱的興起吸引各國移民，其中也包括了中國人，而中國城便是那時提供聚會場所及販售各種中國食物用品的地方。短短一條街現在卻是24小時都很熱絡，中國式城門入口、仿中國燈籠的路燈，各種連鎖商店或銀行都因位於中國城，特別將部份LOGO或招牌設計加入中國元素，像是紅色或龍等，相當用心。墨爾本中國城可以說是麻雀雖小、五臟俱全，整條街除了著名的中國餐館、免稅店外，另外還有一間澳華博物館，特別展覽中國移民的文物歷史等。

>>交通方式

自Lonsdale St往Swanston St方向走，遇Swanston St左轉後，再遇下一條街Little Bourke St即達

Section 8

　　除了小波克街上的商家外，巷弄及周邊其實有更多風格店家，像是這家用貨櫃和棧板堆疊起來，並以圍籬隔起來的小酒吧「Section 8」就是一家風格隨性的酒吧。感覺上很能就地取材與廢物利用的空間，但又帶著街頭潮流元素，反倒顯得輕鬆幽默，隱密地位於小巷弄內的一角，更有祕密基地的氛圍。

DATA

📍 27-29 Tattersalls Lane
📞 0430-291-588
🕐 週一至週三10:00～23:00、週四至週五10:00～隔日1:00、週六12:00～隔日1:00、週日12:00～23:00
休 無
www.section8.com.au

>>交通方式

進入中國城沿Little Bourke St往Russell St方向走，遇Tattersalls Lane左轉後，約1分鐘即達

● MAP P.188-E1

6 小義大利

⏱20min. Lygon St 🍴🛍

義大利美食天堂

　　向來有墨爾本「小義大利」稱號的Lonsdale St，從Elgin St到Grattan St這一段有不少歷史悠久的義大利餐廳，同時也是墨爾本饕客最愛的美食天堂，各式義大利麵點、批薩、手工冰淇淋、販售義大利橄欖油或食品的店家，量多質優。白天漫步在Lygon St上，偷閒的人們坐在戶外座位區，享受著溫暖的陽光與手邊的咖啡，代表義大利的紅、綠、白三色名正言順地在此任意揮灑，各式美食餐廳不用說，就連巷弄內的塗鴉牆，及不經意的街角風景，儼然就是義大利的翻版。夜晚，不羈與熱情的氛圍在此更顯著，若想要感受熱熱鬧鬧的義大利風情，可在晚上來此用餐或小酌一番。

↑夜間是小義大利熱情洋溢的時刻，整夜燈火通明的酒吧及餐廳，是夜生活愛好者的天堂。

↑義大利著名的手工冰淇淋，在小義大利區當然也吃得到，幾十種口味任君選擇。

>>交通方式

沿著Lonsdale St往Russell St方向直行，遇Exhibition St右轉後（靠近Lt Collins St但還未到）可看到免費觀光巴士站牌候車處（Stop4，中國城站Chinatown Precinct）。搭上巴士後約3分鐘，在Stop 6 小義大利 Lygon Street Precinct下車即達

7 墨爾本舊監獄

⏱ 1hr. Old Melbourne Gaol 🎮

大膽體驗死囚的最後一程

　　1842年至1929年間，墨爾本舊監獄是當時囚禁重刑犯的地方，在這80年間共處死135名罪犯，其中包括大名鼎鼎的罪犯奈德・凱利（Ned Kelly）。時至今日，監獄已經開放為大眾參觀，遊客可以在監獄牢房與迴廊裡，體驗過往既黑暗又詭譎的牢獄氛圍。不過，來到墨爾本舊監獄，最刺激的莫過於監獄仍保存並展示當時被處以死刑者的死亡面具（death mask），這是在攝影設備還未普及前，獄方用石膏製作死者遺容的死亡面具，以供家屬認屍及建檔，其中當然也包含了奈德・凱利的死亡面具，以及各種行刑工具等。若是膽子夠大，也不妨報名參加「夜訪監獄」，參加過的人都說：「實在令人毛骨悚然」！

DATA

📍 377 Russell St, Melbourne
📞 03-8663-7228
🕐 週一至週日9:30 ～ 17:00、每月只開放4次夜訪行程，20:00開始（冬天則提早為19:30）
🎫 成人票22澳幣，夜間票30澳幣（須事先預約）
🚫 無
🌐 www.oldmelbournegaol.com.au

＞＞交通方式

由免費觀光巴士Lygon Street Precinct下車往市區方向前行，經過Victoria St後，即可看到右手邊的墨爾本舊監獄

↑陰森冰冷的監獄裡，仍留存許多當年的「遺跡」，絞刑室、囚室、刑具等歷歷在目，讓人看了寒毛直豎。

↑墨爾本舊監獄坐落在Victoria St和Russell St的交口，旁邊緊鄰的是皇家理工學院，這裡不用門票也能進去參觀拍照一下。

↑相傳早期的囚犯若自願當死刑槍上的絞刑手，可減兩年牢獄，因此死囚行刑前得戴上面罩，彷彿是不讓擔任劊子手的獄友看到臉而動容。

→位於嘈雜大街旁的墨爾本舊監獄，與內部的詭譎氣氛差異很大。

小常識

　　奈德・凱利（Ned Kelly）可以說是澳洲的傳奇性人物之一，在禮品店甚至也能找到穿著鐵皮衣造型的奈德凱利周邊商品，可見其家喻戶曉的程度。奈德・凱利出身貧窮的愛爾蘭農家，因一次誤傷警察後，遭受不公平審判而成為亡命之徒。自此，奈德・凱利結夥成幫，專犯大型搶案並與警方對峙，因而成為警方頭號拘捕對象，1880年他在激烈槍戰中被捕，同年，26歲的奈德凱利被處以絞刑，結束傳奇的一生。其實在英國殖民地的體制下，當時澳洲的社會極其不公，以致各地的舊監獄因而冤獄多，也因此造就許多傳奇性人物，陰森的冤魂說更是以訛傳訛。

>>> 澳洲必吃List

跑到世界的另一端南半球來，美食版圖當然也不能少，而來到澳洲就該吃點新鮮、特別又在地的，平常沒看過、沒吃過的，更要嘗試一下，從小吃、點心到餐廳料理，澳洲必吃List，千萬別留白！

↑茄汁淡菜（Mussel）／20～30澳幣

生蠔、龍蝦吃上癮

說到澳洲生蠔還真不是蓋的，可以算得上是世界級的極品，尤其以來自塔斯馬尼亞島和雪梨的生蠔為最。新鮮且合理的價格，爽脆的口感以及略帶奶香的滋味，絕對讓人一顆接一顆，錯過太可惜。另外，龍蝦大餐或拼盤，同樣也是澳洲特產，只不過龍蝦產量逐年遞減，因此價格相對較高，吃到鮮美的同時也要付出點代價！

↑龍蝦拼盤（Lobster）／25澳幣

↑生蠔一打（Oyster）／16澳幣

港口淡菜好鮮甜

在澳洲沿岸幾乎都吃得到的淡菜，不僅個頭大、風味更是鮮甜，而澳洲人喜愛將之烹調為蒜味或是茄汁口味，也是身為亞洲客的我們很熟悉的味道，吃來特別夠味。

國寶蛋糕Pavlova

Pavlova，就是蛋白蛋糕，雖說澳洲和紐西蘭至今還在為到底是誰先發明的而爭辯，但這種只用蛋白、不加麵粉而烤出來的蛋糕，光是白淨優雅的外表就讓人讚嘆三分，軟綿綿的爽口滋味更是吃不膩。

鮮嫩多汁袋鼠肉

澳洲本地非常提倡吃袋鼠肉，除了口感略帶咬勁外，更重要的目的是「環保」！因為澳洲野生袋鼠數量非常多，與飼養牛羊及運送過程所排放的二氧化碳相比，環保許多。不過記得，七分熟口感最佳，全熟就太硬囉！

→袋鼠肉漢堡（Kangaroo Hamburger）／10澳幣

↑蛋白蛋糕（Pavlova）／7.5澳幣

澳洲人最愛派

就像美國人愛吃熱狗堡一樣，澳洲人特愛吃派，而且是鹹肉餡的肉派！不論是在超市、烘培坊，或是雜貨店的熱櫃裡，都有派的影子，從牛肉餡、起司到咖哩等諸多口味，任君選擇。

→肉派（Meat Pie）／3澳幣

永難忘懷的蔬菜醬

蔬菜醬是澳洲人引以為傲的滋味，它是一種由蔬菜製成的醬，就像花生醬一樣，塗在土司上就能吃，許多澳洲人從小吃到大。雖然聞起來味道有點怪，但很營養，喜好見仁見智，但一定得嘗試看看這令人又愛又恨的奇特風味！

←蔬菜醬（Vegemite）／3澳幣

野生原味烤得好

在澳洲能看到許多動物生態，同時也能吃得到特殊的野味，有燒烤鱷魚肉、鴯鶓肉、水牛、駱駝等，只要調味得宜，味道很不錯！

←鱷魚肉、鴯鶓肉、水牛、駱駝（Crocodile、Emu、Buffalo）／20.9澳幣

國民風味炸魚薯條

澳洲的美食以融合各地菜式擅長，卻因歷史緣故而無代表性的滋味，也因此曾是英國殖民地的澳洲，便將炸魚薯條繼續發揚光大，幾乎到哪裡都能吃到，鮮嫩多汁的炸魚配上份量十足的薯條，真的很過癮。

←炸魚薯條（Fish & Chips）／12.95澳幣

©Tourism Victoria

墨爾本城市之旅

城市綠地與水岸漫步 ^{Day 3}

墨爾本幾乎每年都會入選全球前十大最適合居住的城市，除了治安良好之外，墨爾本市區綠地比例甚高，且同時有雅拉河貫穿南北與濱海碼頭區的水岸城市造景，美麗的墨爾本不僅觀光資源豐富，在地生活也很幸福。放慢腳步，悠閒走逛這城市的公園綠地與水岸風光，尋找藏身各處的裝置藝術，用最在地的步調體驗墨爾本的悠哉閒情。

>>> 本日行程表

1	步行 15分鐘	費茲洛花園 （建議停留1小時，拍照與享受早晨美好的陽光與綠地）
2	步行 20分鐘	聖派屈克大教堂 （建議停留20分鐘）
3	步行 1分鐘	聯邦廣場 （建議停留30分鐘）
4	步行 8分鐘	弗林德斯火車站 （建議停留5分鐘）
5	步行 8分鐘	NGV國際館 （建議停留30分鐘，若有興趣看展覽可多停留）
6	免費電車 8分鐘	南岸散步 （建議停留40分鐘）
7		濱海碼頭區 （建議停留2小時）

| 費用表 | 庫克船長小屋 | 4.5澳幣 |
| | 合計 | 4.5澳幣 |

備註：
1.購物或餐飲花費視每人情況而有不同，所以不予計算。
2.以上費用皆以一個成人所需的費用計算，若遇優待票情形，請參考DATA的資料自行計算。

小叮嚀

墨爾本有「一天四季」的稱號，一整天的天氣變化相當大，早晚溫差也大，出門盡量以洋蔥式穿衣法，熱時可脫、冷時可穿上；即使是夏天也建議最好能隨身攜帶輕便的小外套，以免著涼。

園區內的溫室花房（Conservatory）自1930年開始對外開放，除了擁有獨特的西班牙建築風格外，每年固定有5種不同主題的花卉展出。

©Tourism Victoria

● MAP P.188-F2

1 費茲洛花園

⏱1hr. Fitzroy Gardens 玩

在城市街角遇見遼闊綠意

位於墨爾本市中心東邊的費茲洛花園，佔地26公頃、擁有超過150年歷史、緊鄰市中心的位置，不僅是墨爾本市民們最愛的公園綠地，每年慕名而來的觀光人數多達2百萬人。園區內規劃完善的人行步道、放眼所及皆是綠意的大片草皮與茂密林蔭、小湖、雕像、噴泉，春天時花團錦簇的花園，以及園區內造型典雅的溫室花房可供遊客觀賞當季花卉，無疑地使這裡成了都市中晜接近大自然的所在。無論是觀光客或是在附近辦公的上班族，每到午休時分，草地上、綠蔭下或坐或臥的人們，都在此享受城市裡的片刻悠閒時光。

DATA
🏠 230-298 Wellington Parade，East Melbourne
☎ 03-9658-9658
🕐 費茲洛花園24小時，溫室花房9:00～17:00
🎫 免費 休 無

>>交通方式
可搭乘免費環城電車至Spring St.和Flinders St.交口下車，步行約5分鐘可達；或搭乘免費觀光公車至費茲洛花園站下車

↓辛克萊小屋（Sinclair's Cottage）自1864年建造並保留至今，建築本身可看到19世紀早期的英式風格，為費茲洛花園園藝景觀師辛克萊（James Sinclair）的故居。

↓到了百花盛開的春分時刻，假日偶有戶外活動在此展開，不管是遊客或是當地居民，都齊聚花園中共襄盛舉。

庫克船長小屋
Cooks' Cottage

拜訪庫克船長的家

座落於費茲洛花園內的庫克船長小屋，是來園區內不可錯過名勝景點。此屋建造於1755年，是最早登上澳洲大陸的庫克船長在英格蘭與父母同住的石屋。1934年由澳洲知名實業家拉塞蘭爵士出資800萬英鎊買下，送給墨爾本市作為建市一百週年紀念。同時，這座歷史故居也被一磚磚地拆下後，從英國運往墨爾本，抵達後再依原樣重新組成，並供遊客入內參觀，是墨爾本最受歡迎的歷史古蹟之一。

DATA
🏠 230-298 Wellington Parade，East Melbourne
☎ 03-9419-4677
🕐 9:00～17:00
🎫 成人票4.5澳幣、優待票／持YHA卡2.7澳幣、小孩票2.2澳幣、家庭票12澳幣
休 無

>>交通方式
位於費茲洛花園內，自花園入口步行約10分鐘內可抵達

→庫克船長小屋售票處有販售庫克船長紀念礦泉水，瓶身印有庫克船長照片，一瓶2澳幣，只有在這裡買得到！

←自庫克船長故居前的郵筒寄出明信片，回家後便能收到蓋有來自庫克船長故居郵戳的明信片，明信片加國際郵資共2.45澳幣，旅程結束後留下富含回憶的紀念。

小常識
庫克船長（Captain James Cook）

詹姆斯・庫克（James Cook）是英國的航海家、探險家及製圖學家，他不僅曾三度遠征太平洋，同時也是發現位於南半球的紐西蘭與澳洲東岸的第一人。1770年他首度從雪梨登上澳洲大陸，之後又繼續向北航行至Cape York（現在的Cook Town），自此之後澳洲成為英國的領土之一，並命名為新南威爾斯（NSW）。直到1788年1月26日，英國將第一批囚犯流放到澳洲，澳洲歷史才正式展開，1月26日更被明訂為澳洲開國紀念日。

2 聖派屈克大教堂
⏱20min. St. Patrick's Cathedral 🎮

揚名國際的經典哥德式天主教堂

　　聖派屈克大教堂是澳洲最大、也是最古老的天主教堂。位於墨爾本現代感十足的街道上，深灰色、高聳龐大的哥德式石牆建築更顯獨特莊嚴。現在的聖派屈克教堂其實最早的建築本體源自1850年Samuel Jackson的設計；中間經歷諸多波折，最終由英國知名建築設計師William Wardell於1939年完成整座教堂的建置，前後歷時長達90年才完成的聖派屈克大教堂，不但是澳洲境內最大的羅馬天主教堂，也被國際認定是最經典的哥德式建築作品之一。塔尖最高達103公尺的參天設計與外觀繁複細緻的工法，走進教堂內令人震懾的石柱、拱頂與花窗，華麗又莊嚴的風格，令人讚歎。

↑拱頂建築、精緻的石柱雕工、層層迴廊、精細的彩繪玻璃窗櫺等，都是演繹完美哥德式建築的元素。

小叮嚀

進入教堂內記得要脫帽，切勿大聲喧譁。

DATA
🏠 Cnr Gisborne St & Cathedral Place, East Melbourne
☎ 03-9662-2233
🕐 9:00～17:00
💲 無　　休 無

>>交通方式

由庫克船長小屋出來後，可沿著費茲洛花園Lansdowne St往Albert St方向走，經Cathedral Place時左轉，至與Gisborne St交口時便抵達

---

3 聯邦廣場
⏱30min. Federation Square 🎮

古典氛圍裡的前衛諧趣

　　曾經被保守的當地人譏為垃圾、怪物的聯邦廣場建築，前衛獨特的造型在當時無法被每一位市民接受，然而隨著2002年對外開放後，短短6個月內如潮般地湧入300萬觀光人數，遊客的正面讚譽，才使聯邦廣場成為墨爾本最新的地標！

　　由七彩地磚設計組合而成的聯邦廣場，是曾獲得1997年的倫敦雷博建築設計大獎的Lab建築工作室所設計，看似不規則卻有著極微精密的運算規則，象徵著墨爾本創意鮮活的城市韻味。聯邦廣場不但是墨爾本最大的戶外活動廣場，精彩的各式展演不定期在此舉行。不規則建築裡有美術館、音樂廳、藝術館、澳洲動畫影像中心、SBS電視台，以及數十家工作室、藝廊、咖啡館等，功能性十足。此外，廣場上不但有舒適的露天餐廳與咖啡座，廣場內外皆能免費無線上網，十分便民。

>>交通方式

從Gisborne St往市區方向直走接Macarthur St，遇Spring St左轉，遇Flinders St右轉，碰到Swanston St交口即達（對街即是弗林德斯火車站）

DATA
🏠 Cnr Swanston & Flinders St , Melbourne
☎ 03-9655-1900
🕐 廣場24小時，店家各異
💲 無　　休 無

↑聯邦廣場內有多家藝廊，遊客可藉此欣賞各種藝術作品，喜歡的話還可以購買帶回家。

↑由外延伸至內部的不規則設計，內部運用玻璃層層交疊的方式，呼應整座建築的設計概念。

↑不少人在鄰近的雅拉河畔賞完夕陽後，來到聯邦廣場散步乘涼，廣場上偶爾也會有戶外大螢幕的電影或節目，大家席地而坐享受微風徐徐的夜晚，非常舒服。

↑夜幕低垂後的廣場燈光與鄰近建築的景色，與白天截然不同且毫不遜色，氣氛好燈光佳，難怪廣場上的餐廳和酒吧總是特別熱鬧。

↑車站站前時鐘群下面,是醒目的碰面地標。

↑橫跨好幾條街的弗林德斯火車站,佇大美麗的巴洛克站前路口總是電車、汽車、行人繁忙交會,是墨爾本最經典的視覺印象。

DATA
址 Cnr Swanston & Flinders St , Melbourne

>>交通方式
與聯邦廣場隔街對望,因此只要過個馬路就到了

● MAP P.188-D3

4 弗林德斯火車站
5min. Flinders Street Station 玩

紅黃相間的耀眼巴洛克

弗林德斯火車站是墨爾本的中央車站,這座紅磚搭配金黃色的巴洛克式火車站,於1905年開始建造並於1910年完工使用,它宏偉大器的建築設計佇立街頭一個多世紀,已被列入維多利亞遺產名錄。每天行經此處的通行者至少有10萬人次,在此交會的火車多達1500車次,更地處市中心的位置。火車站位於Flinders St和Swanston St兩大街的交會處,且由Swanston St一直延伸到Queen St,腹地涵蓋了兩個街區。當人們說:「I'll meet you under the clocks.」或「I'll meet you on the steps.」,正是火車站門口上方的一排鐘和入口處的階梯,因為這兩個地方已成為老墨爾本人心目中的地標了。

● MAP P.188-D3

5 NGV國際館
30min. NGV International

處處是藝術的風格殿堂

NGV國際館,隸屬於維多利亞國立美術館,優雅坐落於St Kilda Rd上,特地打造的東方禪味建築,前庭的噴水池以及入口前流瀉而下的水幕牆,還未進到館內便已感受到藝術氛圍的洗禮。進入大廳後,各式別緻的藝術裝置擺放於四周,抬頭往上看,華麗的彩色玻璃屋頂設計,便是藝術家Leonard French的作品,後院的露天裝置藝術也頗具風格。NGV國際館於1968年正式對外開放,除了位於St Kilda Rd的展覽館外,還有聯邦廣場的伊恩‧波特中心-NGV澳大利亞館,共兩個館。NGV館藏豐富,收集有來自世界各地的珍貴藝品,目前館藏總數超過3萬9千件之多。

→不論是館藏常設展或是特別展覽,不分平日假日總是吸引不少藝術愛好者前來參觀。
©Tourism Victoria

©Tourism Victoria

←美術館除了前庭的大器造景外,廣大的後院同樣也擺設有大型裝置藝術,很適合在觀賞完展覽後,在此休憩片刻,感受藝文的氣息。

↓佇大的NGV除了具備美術館的功能外,本身即是坐落在林蔭大道旁的優雅殿堂。

↑前庭的流水牆發想其實很簡單,只是希望遊客不要不小心撞到玻璃牆而發生危險,但美觀創意的設計反倒使這面牆成了美術館的招牌特色。

DATA
址 180 St Kilda Rd, Melbourne
電 03-9655-1900
時 10:00 ～ 17:00
票 館藏免費,特殊展覽須購票
休 週二

>>交通方式
走出弗林德斯車站後,面對馬路向右走即為Swanston St,過了Flinders St後,Swanston St更名為St Kilda Rd,經過雅拉河後不久,便會看到擁有高聳尖塔的藝術中心,NGV國際館位於藝術中心旁邊

南岸往北岸看的景色，是市中心著名地標大廈與建築，古典與現代完美交融，是墨爾本之所以獨特之處。

MAP P.188-D3

6 南岸散步

④ 40min. Southbank 玩

放慢腳步盡享河畔美景

雅拉河為流經墨爾本市區的主要河流，同時也將城市畫分為南岸與北岸，北岸是墨爾本主要的商業中心、大樓林立，南岸則以悠閒、藝術、綠意為名，藝術中心和美術館皆位於此，南岸公園綠地更增添愜意氣息。沿著河岸兩旁的人行步道，不僅能由橋上捕捉到南岸與北岸美麗的天際線外，河面上悠悠緩行的各色遊船也建構出另一種風景。緊鄰雅拉河南岸的南門購物商場（Southgate），一樓有河岸美食廣場、咖啡館及購物小舖，其他樓層則有更多高級餐廳、酒吧可供選擇，不妨放慢腳步，悠哉地享受逛逛精品店、看看藝廊的購物樂趣。

1. 由St Kilda Rd往回走人行道至藝術中心，之後再經演藝中心（請走橋下，勿走回橋上），順著路左轉後便來到了南岸的Southgate Avenue，此區全為人行徒步區。
2. 再往下走即可抵達Southgate廣場。
3. Southgate廣場前即有一座人行橋通往北岸，可直接上橋往北岸，再走地下道穿過火車站抵達Flinders St地面。
4. 或者，可沿著河岸再往下走選擇另一座桑德里奇橋（Sandridge Bridge），橋上特別設有裝置藝術，可邊走邊欣賞。過橋後往右走，不久便會看到左邊有地下道可穿過火車站抵達Flinders St地面。

位於南岸的尤利卡大廈（Eureka skydeck88）是南半球最高的大樓，高度約300公尺高，共92層樓高，因此此在墨爾本市區常可以看到它出現在鏡頭前。就因為常有機會看到，因此要請你注意看一下樓頂的塊狀設計，你會發現不同時間會出現不同的顏色，有時看到是灰色，但有時會變成金色！這是由於陽光照射角度不同而產生的不同效果，而金色則是來自於玻璃鍍上24K金的設計。

↑南門購物商場，算是南岸最具人氣的購物和美食天堂。

↑連結亞拉河南北岸的桑德里奇橋上的移民博物館裝置藝術，邊走還能邊瞭解各國移民至墨爾本的種種歷史。

DATA
Southgate
🏠 3 Southgate Ave , Southbank
☎ 03-9686-1000
🕐 店家各異
💰 無
🌐 www.southgate-melbourne.com.au

208

MAP P.188-A2

7 濱海碼頭區
2hr. Docklands 玩

21世紀墨爾本水岸新都會

在1960年代之前，維多利亞碼頭曾經是一個繁忙的海運重鎮，當時每天裝滿貨物的碼頭倉庫仍舊矗立在碼頭邊。然而，隨著墨爾本市區的發展，過度集中的商業與激增的人口顯得太過擁擠，因此決定將此區規劃為未來的都會區，經過多年的建設，這裡成了集合娛樂、休閒、住宅、辦公、購物等新興濱海區域，部分地區雖仍施工中，全新面貌的濱海碼頭區大膽揮灑色彩的設計成為整區的焦點，全區有不少大型的公共藝術妝點街道，大型的商業大樓及住宅外觀也都以繽紛色彩為設計元素，即使是在走在馬路上，也能處處發現驚喜。多家餐廳、咖啡館，還有大型的海港城都在此駐足，因此每到假日總是吸引大量人潮來此聚會用餐與購物。

小叮嚀

每週二，濱海碼頭區的部分餐廳或咖啡館會推出半價活動！若您是週二到此，不妨先看看門口是否有半價活動，或是詢問店員，可作為選餐廳的參考。詢問請見字卡P.325

碼頭公園
Docklands Park

城市綠地披上繽紛色彩

　　位於濱海步道（Harbour Esplanade）旁的碼頭公園，是碼頭住宅區旁一個小巧可愛的公園，除了公園的休憩綠地外，設有BBQ、兒童遊戲區、公廁與濱海碼頭區知名的公共藝術群等，豐富的色彩運用在各項設施上，非常有特色。

小叮嚀

　　濱海步道兩旁總共有30座上的大型公共藝術作品，有興趣的話不妨一一搜索，頗有樂趣。

↑ Blow Hole 是 Duncan Stemler的作品，彷彿是一座15公尺高的大型風車，每個支結的彩色金屬勺子會隨著風向轉動，在陽光下顯得閃閃發亮！

→「Cow up a Tree」為John Kelly的創作，以洪水將牛沖上了樹梢為靈感而作。

←不管是搭乘電車快速瀏覽，或是漫步閒晃港灣風景，濱海步道一路延伸的裝置藝術，值得細細品味。

↑兒童遊戲區的彩色廁所，明亮飽和的配色不但不俗氣，還與周邊的建設成為一體的連結。

←延續一系列的設計，小小的彩色樓梯很顯眼，踩在上面腳步應該也能更活潑輕盈。

↓Webb橋為Robert Owen和Denton Corker Marshall於2003年所創作。它不但是連接雅拉河兩岸，專供行人和自行車通行的網狀橋，造型的靈感更來自於澳洲原住民捕魚用的編織工具。

≫交通方式

搭乘免費環城電車至Docklands Park站下車即達

浪漫夜景

　　墨爾本市區晚上算是治安良好，很適合閒逛並欣賞夜景。碼頭公園晚上份外寧靜，倒映在港口水灣上的綺麗幻影吸引不少喜愛攝影，或是享受寧靜美景的遊客。

↑夜晚打上燈光的Webb橋別有一番風味，偶有情侶手牽手散步，也有人騎單車閒晃其中，夜色特別寧靜美好。

←濱海碼頭區近年來持續開發建設中，夜間燈火通明的大樓與港口平靜無波的水面倒影，交織出一幅迷人的畫作。

新港區
New Quay

暫離塵囂的港邊好去處

風格餐廳、咖啡館與酒吧，坐落在如畫般的海濱碼頭旁，一邊看著碼頭邊進出的船隻，一邊享用手邊的咖啡，新碼頭所營造出來的舒適氛圍是別處所沒有的。此外，這裡最熱門的莫過於美麗的夜色，不妨在餐廳裡找到一處好位子，欣賞月光反射在黑色海面上的閃耀光芒，愜意無比。

>>交通方式

1. 可由碼頭公園徒步至此，約8分鐘
2. 搭乘免費環城電車至New Quay站下車

DATA
地 New Quay Promenade , Docklands
電 03-9600-2049
網 www.newquay.com.au

水岸城市
Waterfront City

嚐鮮購物的美麗新地標

白色遊艇加上湛藍的海天一色，是水岸城市區最吸引人之處，因此也少不了各式餐廳與酒吧。除此之外，也可隨性參加港邊廣場不定期舉辦的展演活動。喜愛購物的遊客可以在大型的海港城（Harbour Town）裡找到知名的國際品牌、澳洲設計師品牌，或平價服飾及用品，應有盡有且價格實惠，也適合在此挑件禮物帶回家。

DATA
Harbour Town
地 122 Studio Lane, Docklands
電 03-9328-8600
時 週一至週四及週六10:00～18:00、週五10:00～21:00、週日10:00～17:00
休 無
網 www.harbourtownmelbourne.com.au

>>交通方式

1. 可由新港區徒步至此，約10分鐘
2. 搭乘免費環城電車至Waterfront City站下車

↑水岸旁一整排的餐廳、咖啡館，等待前來享受美食佐美景的人們。

←澳洲品牌Typo雜貨袋，很有澳洲的設計感，價格也很完美。

←來澳洲人人都得買一雙的UGG雪靴。

↑海港城裡眾多的商店可以逛上一整個下午，有澳洲紀念品店、國際品牌、雜貨家居用品和澳洲設計師專屬品牌區，貨品齊全。

維多利亞

主題之旅

維多利亞省幅員相對較其他省份小，因此非常適合以自行駕車的方式遊覽，不但可飽覽沿途風光，觀光景點也都在不遠處，皆可當天往返且精彩萬分。像是頗負盛名的大洋路上，驚人的12使岩奇景佇立在壯闊的海岸線上，附近各種海蝕景觀更令人稱奇；在菲利浦島上，近距離接觸野生動物的體驗，以及觀賞到可愛的神仙企鵝歸巢的奇特景象，讓人畢生難忘。另外，別忘了前往與維多利亞省歷史息息相關的淘金小鎮─君主山，重溫那段繁華熱絡、更因而造就今日繁榮墨爾本的淘金歲月。

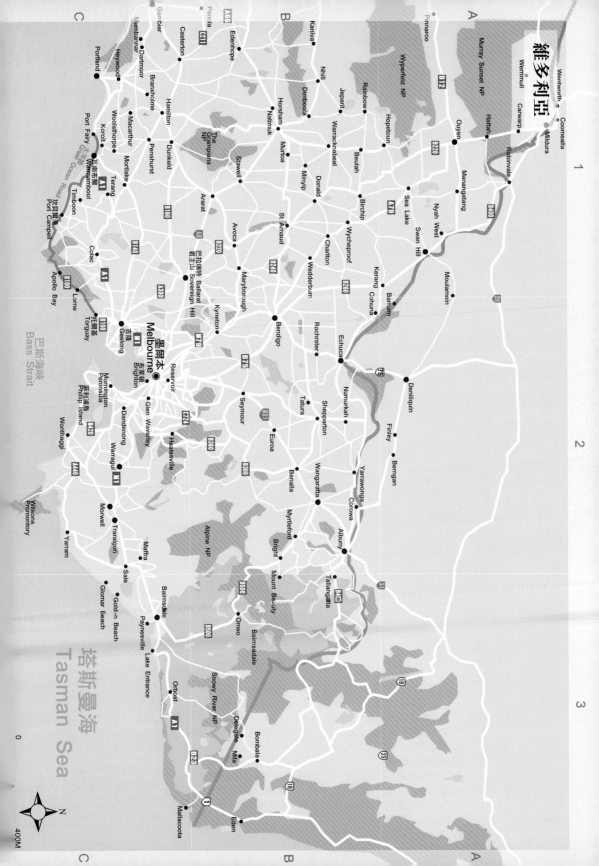

淘金時光隧道之旅

君主山淘金小鎮（一天來回）

巴拉瑞特（Ballarat）是位於墨爾本西北方約110公里的內陸小鎮，是維多利亞州第一個發現金礦的地方。1851年，約翰和詹姆士兩人在加拿大溪（Canadian Creek）淘到了第一桶金，消息一傳出，就此引發澳洲有史以來最大規模的淘金熱潮，來自世界各地的淘金客蜂擁而至，兩個月的時間湧進超過兩萬人來此發黃金夢，人數且持續不斷倍增。雖說當金礦採完，淘金夢醒，來自各地的移民只好悻悻然移居墨爾本附近各地，廢棄的礦區君主山淘金小鎮（Sovereign Hill）則經修復，仿古的小鎮重現當年種種礦區生活景象，讓人們重溫當年澳洲最大規模的淘金夢。

>>交通方式

巴拉瑞特距離墨爾本市區，開車約1個半小時可抵達，搭乘V/LINE火車約1小時25分，雖然開車前往時間較自由，但更建議搭乘火車前往，因為搭乘V/LINE票根可享各項君主山門票和相關優惠，且至巴拉瑞特轉搭公車免費，10分鐘內即可到達園區。

另外，每日有多班火車前往巴拉瑞特，但建議週一至週五購買9:08從墨爾本出發、15:58自巴拉瑞特回的列車；週六9:08出發、16:12回；週日9:28出發、16:12回。此班列車搭配銜接的「The Goldrush Special」接駁巴士是特別銜接此列車，將遊客直接載往君主山以及載回巴拉瑞特火車站。不過若不是購買此班列車也不用擔心，巴拉瑞特火車站旁的公車站，8號和9號公車也都是憑V/LINE票根免費搭乘，一樣可以到君主山，也可請司機告知下車處，請見字卡P.324。但下車後請記得先確認回程的公車班次，每小時一班的車次，若錯過的話就可能就趕不上回程的火車了。

1. 位於Spencer St的南十字車站是購買和搭乘V/LINE火車通往墨爾本周邊地區的主要車站，V/LINE售票窗口即位於月前方不遠處，直接向櫃台人員購票，請見字卡P.323。

2. 南十字車站的月台相當寬廣且一目瞭然，可以先看大看板上開往巴拉瑞特（Ballarat）火車班次在第幾號月台，再前往該月台搭車即可。

3. 到站後至火車站後方的公車乘車處，等候開往君主山的巴士即可達。

4. 若是搭乘8號或9號公車抵達，請先確認回程車次，以免錯過。

小叮嚀

前往淘金小鎮可到南十字車站（Southen Cross）搭乘V/LINE火車至巴拉瑞特，V/LINE列車不對號入座，建議在前往當地前先買好票，當天只要憑票依列車開車時刻前往即可。此外，當日憑票也能在墨爾本市區內搭乘火車、電車和公車，非常方便，車票並限當日有效。

費用表	V/LINE來回車票	20.8澳幣
	君主山門票	36.9澳幣
	合計	**57.7**澳幣

備註：
1. 購物或餐飲花費視每人情況而有所不同，所以不予計算
2. 君主山門票為搭乘V/LINE優惠價

● MAP P.213-C1

1 巴拉瑞特
1day Ballarat 玩

十九世紀新金山重鎮

1850年代因淘金熱潮而建立的巴拉瑞特小鎮，絕對在澳洲歷史篇幅中占有一席之地。今日的小鎮街上不若熱潮時期熙來攘往，恬靜閒適的氛圍取代了嘈雜街市的舊時景象。不過，街頭上的維多利亞式建築和商號，仍留著抹不去的歷史痕跡，有足夠時間的話，可以步行走逛的方式到巴拉萊特主要的街道司鐸街（Sturt St），想像置身19世紀的風光年代，還能到附近的藝廊、古董店、禮品店等挖寶。此外，位於利迪雅街（Lydiard St）上的舊金礦交易所（The Mining Exchange）古典的外觀依舊吸睛，目前營業中的金飾店家，則販售和展示各式自行設計和製作的黃金首飾配件，看來小鎮黃金魅力依然不減。

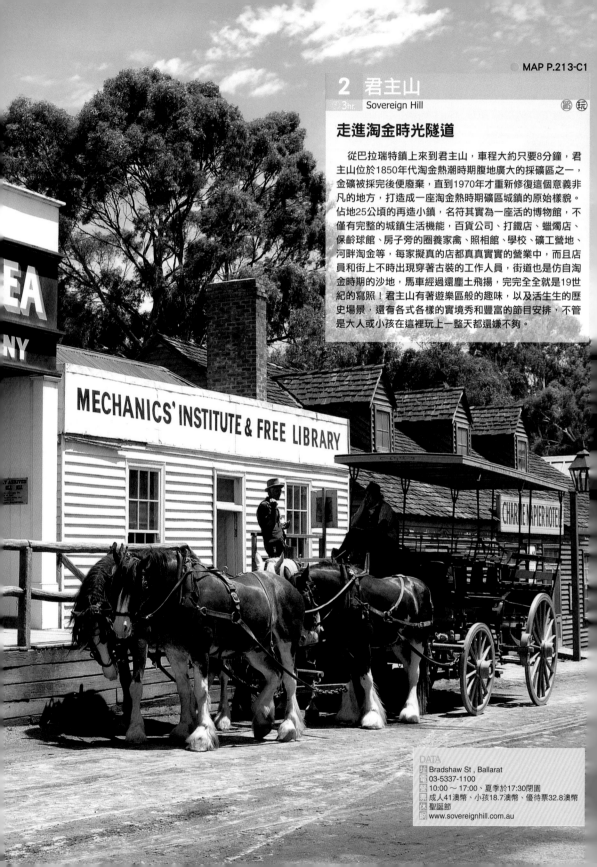

2 君主山
⏱3hr. Sovereign Hill

走進淘金時光隧道

　　從巴拉瑞特鎮上來到君主山，車程大約只要8分鐘，君主山位於1850年代淘金熱潮時期腹地廣大的採礦區之一，金礦被採完後便廢棄，直到1970年才重新修復這個意義非凡的地方，打造成一座淘金熱時期礦區城鎮的原始樣貌。佔地25公頃的再造小鎮，名符其實為一座活的博物館，不僅有完整的城鎮生活機能，百貨公司、打鐵店、蠟燭店、保齡球館、房子旁的圈養家禽、照相館、學校、礦工營地、河畔淘金等，每家擬真的店都真真實實的營業中，而且店員和街上不時出現穿著古裝的工作人員，街道也是仿自淘金時期的沙地，馬車經過還塵土飛揚，完完全全就是19世紀的寫照！君主山有著遊樂區般的趣味，以及活生生的歷史場景，還有各式各樣的實境秀和豐富的節目安排，不管是大人或小孩在這裡玩上一整天都還嫌不夠。

DATA
🚩 Bradshaw St , Ballarat
☎ 03-5337-1100
🕐 10:00～17:00、夏季於17:30閉園
💰 成人41澳幣、小孩18.7澳幣、優待票32.8澳幣
休 聖誕節
🌐 www.sovereignhill.com.au

君主山

傳統保齡球室 ❻

鑄造廠 ●

❼ 手工蠟燭廠

隆隆蒸氣機 ●

Golden Point Road

Main Street

Speedwell Street

金礦遊 ❺
紅衣衛兵儀仗 ❽   ❾ 乘坐馬車環遊

錫匠店 ●

糖果製作 ●
布料店 ●

車輪製作 ●

黃金鑄造 ❹   街道劇場 ●

Main Street

美國飯店 ●

大藥房 ●

紐約餐館 ●

Red Hill Road

Golden Point Road

鳴槍儀式 ●

紅山礦遊 ❸   ❷ 淘金砂

Normanby Street

珠寶店 ●

食品店 ●

糖果店 ●
印刷店 ❿

華人金礦遊 ●

Main Street

❶❶ 照相館

鐵匠店 ●   烘焙坊 ●

中國區 ●

Red Hill Road

導覽中心 ❶

入口大廳

i

Post Office Dam

禮品店 ●   i

Bradshaw Road

❶❷ 黃金博物館
Gold Museum
黃金寶藏

P

>>定時活動時刻表

掘金遊 Diggings Tour	11:30、14:00
華人金礦遊 Chinese Mine Tour	12:00、14:30
鳴槍儀式 Musket Firing	11:30、15:00
街道劇場 Street Theatre	12:00、15:30、16:00
糖果製作 Sweet Making	11:30、14:00、15:00
黃金鑄造 Gold Pour	11:00、12:00、13:00、14:00、15:00、15:30、16:30
紅衣衛兵儀仗 Redcoat Soldiers	13:30
蠟燭製作 Candle Making	11:30、14:00
車輪製作展示 Wheelwrighting	13:00、16:00
黃金寶藏 Golden treasures	16:30

備註：
參加金礦遊和手工蠟燭製作需額外付費，
金礦遊必須到場後先報名。若搭乘V/LINE
火車至淘金小鎮，會附贈搭馬車票1張，
若無則搭馬車需額外付費。

小叮嚀

1. 黃金博物館位於淘金小鎮入口的對面，
建議先到君主山遊玩後，預留約30分鐘
的時間再參觀博物館。因為君主山小鎮
內值得玩與參觀的點非常多，進入後先
看一下購票時附贈的地圖及各活動時間
表，先將有特定表演的時間和地點做上
記號，以及想額外付費參加的行程規劃
好後，就不會驚慌失措地東奔西跑或是
漏掉該看的節目。

2. 若是搭乘V/LINE火車前往巴拉瑞特，車
票票根除可免費轉搭巴士到君主山外，
購買君主淘金小鎮
門票可享9折優
惠，還附贈
黃金博物館
門票及免費
搭乘園區馬車
票各一張，非常
划算，所以記得
要妥善保管火車
車票。此外，也
可索取中文園
區導覽圖。

3. 若是只能在園區待2至
3小時，那麼就先從「不能錯
過」的景點下手。淘金砂、鑄
金工廠、馬車環遊、1點半的紅衣
衛兵儀仗、紅山礦遊，以及逛逛精彩的
1850年代商店街。

❶ 導覽中心
Orientation Centre

買票入園後，入口大廳的左方即為導覽中心，中心內設置各個栩栩如生的蠟像，重現當時淘金小鎮的種種場景與生活情節，還有各種互動式的歷史導覽，生動活潑地為遊客在進入園區前，先了解澳洲淘金熱的來龍去脈。

→大批來自海外的淘金客中也不乏華人，然而華工在礦區工作的工資較少，生活相當辛苦。

❷ 淘金砂
Gold panning

進入園區後就可以看到不遠處便有一條小溪，溪畔蹲著努力淘金砂的遊客。只要一個小鐵盆、一支鐵鏟，舀起半盆的沙石和水，用力篩搖，最後留在底部的細沙可能就閃著小小的金光，運氣好的話真的可以找到一點金。溪畔的商店裡販售有裝金砂的小瓶子，一個1澳幣，讓遊客方便將金砂帶回家做紀念。

除了淘金砂之外，商店裡展示並販售淘金各種工具，店裡著古裝的小伙子店員，平日除了是店員外，不定時也會重現當年常在街頭上演的火爆秀，來自各地的淘金客常發生搶奪、爭執的廝殺場面，槍聲不斷在耳邊響起，臨場感十足。

↑河畔的小店鋪和著古裝的店員，完全就像回到1850年的礦區。

←挽起袖子，親自淘金砂，來到淘金小鎮當然一定要動手試試手氣。

❸ 紅山礦遊
Red Hill Mine Tour

免費自由參觀的礦區遊覽，可深入地底下體驗坑道中採礦的情景。地底坑道陰暗潮濕，仍有一些舊時的採礦遺跡，想必在早期設備並不周全的採礦時期，是相當辛苦的挑戰，然而現在以觀光的角度親身體驗，反倒是頗為刺激，全程步行約12分鐘，值得一試。

❹ 黃金鑄造

$138,000 Gold Pour

　為時大約20分鐘的黃金鑄造秀，看看金礦是如何被提煉出純金，再製造成金錠。這樣一塊金錠現值值達13萬8千澳幣，無怪乎當時當各國人士不遠千里來此一圓淘金夢。

→鑄金廠牆壁上貼著昭告所有礦區人員的仿古黃金時價海報。

❺ 金礦遊

Gold mine Tour

　金礦遊採預約制，若想參加的遊客需提早到鑄金廠旁的金礦遊中心報名，門口的小黑板會寫上今日的活動內容和價錢，由於每批遊覽有限制人數，有興趣的話最好一到園區就先去登記報名。參加金礦遊可坐在採礦車上，參觀舊時留下的礦坑和各種採礦遺跡，全程有導覽員帶領及詳細解說，為時約50分鐘。

↑→報名處外面的黑板上標示每日金礦遊節目和時間表，遊客須額外付費參加。

DATA
- 成人7.5澳幣、小孩4澳幣、優待票6澳幣

←報名處旁邊展示著仍在運作中的蒸汽機，同時也帶動挖礦機器的動力。

❻ 傳統保齡球室

Bowling Saloon

　位於園區最底端的傳統保齡球室相當特別，與現在的保齡球規則無異，除球道是木製的外，傳統保齡球的材質也是木球，一樣有不同的尺寸和重量；而一個木製保齡球瓶更讓人不自覺發出驚歎「造型實在是太可愛了」，且上場打完後還要自己走到球瓶去一一將球瓶擺回畫好的固定位置，才能再進行下一局。這種古早味的娛樂，只見大人小孩玩得不亦樂乎，比起現代化的保齡球，這種傳統的保齡球更有意思。

←打完一局得先到底端將木球瓶擺回原位，還要將球傳送回開口處，復古的打法很有趣。

⑦ 手工蠟燭廠
Candlemaking

出生在現代的人可能都不曾有機會知道蠟燭的製作過程，君主山的蠟燭廠原汁原味重現手工蠟燭的製作過程，從原料、塑形、染色到成品，每個步驟都讓人看得興味盎然。有興趣也可參加付費的手工蠟燭體驗；店裡同時還有販賣各種造型和色彩的手工蠟燭，可買回家當紀念品。

小叮嚀

手工製作蠟燭每天兩場，時間分別為12:00和14:30，費用為每人4澳幣。

↑各式各樣的手工蠟燭能親手製作，也可直接購買成品。

⑨ 乘坐馬車環遊
Coach Riders

搭乘馬車環遊園區一圈是清楚瀏覽園區和欣賞風景的最佳方式。在馬車候車區會有服務人員登記並依序服務上車，且馬車還分為像童話故事裡公主乘坐的小馬車，也有可乘坐較多人的一般馬車，各有不同風情，不過環遊路線都是一樣的，馬車走一圈大約是5分鐘。

小叮嚀

若搭乘V/LINE前來園區觀光會免費贈送馬車票，若只單純購買園區票券，乘坐馬車需額外付費。

⑩ 印刷店
Printer

早期的傳播媒介就靠著印刷廠印出一份份報紙和海報來發送，不管是黃金時價、或者是哪裡又挖到了大金塊等眾所矚目的新聞焦點，都得靠這鉛版活字印刷的古老技術。現在除了還以古老的方式進行人工排字印刷工作，也能買到活字印刷的巴拉瑞特報紙外，並接受遊客指定製作「通緝自己」的海報等服務。

←一份2澳幣的巴拉瑞特報紙，將時光倒回到1854年10月21日那天。

⑧ 紅衣衛兵儀仗
Redcoat Soldiers

代表官方的紅衣衛兵在混亂的淘金年代裡，與力求民主和公平交易的淘金客常發生武力鬥爭，尤以1854年的尤利卡起義為最，流血衝突造成28人死亡、數十人受傷的慘劇，這同時也是澳洲民主的開端。園區裡特別也以紅衛兵的鳴槍儀式做為當年情境的延伸。包括一名司令、一名鼓手及5名槍手從主要大街上雄赳赳氣昂昂地跨步前進，街上的人全都得閃避，直到抵達錫匠店旁的空地，槍手一字排開，發號司令、依序對空鳴槍後解散。不過，這時候可別走開，因為身著紅衣制服的衛兵換上親切的笑容，可與遊客合影，不要錯過！

↑鳴槍儀式完畢後，大家搶著與紅衣衛兵合影，司令和鼓手特別搶手！

小叮嚀

紅衣衛兵儀仗一天只有一場，為每天下午1:30，也可以直接到錫匠廠旁空地卡位等候。

⑪ 照相館
Photographic Rooms

位於主要街道（Main Street）上的商店非常有看頭，什麼都有且非常復古。像是這家照相館，進門只見一幅幅掛在牆上的全家福或是夫妻沙龍照等，還有老相館特有的拍攝佈景，需要服務時，搖搖櫃台上黑貓看管的搖鈴，身著古裝的服務人員帶著親切的笑容迅速走出來，一時還真以為掉到了時光隧道般，會意不過來。在這家照相館裡可不是拍一般的沙龍照而已，遊客可以從掛滿牆上的照片中選擇自己想要的風格以及服飾，接著，就能進行著裝拍攝。古色古香紀念照並不便宜，但頗具紀念價值。

↑復古的拍照背板和服裝，加上復古的老照片拍法，吸引不少遊客拍照留念。

1850年商店街樂遊趣

君主山的主要大街（Main Street）重現許許多多好逛又好買的古早味，商品非常多樣化，不論是吃的、用的、穿的通通都有，很多店家不僅現場示範製作，還有特製等服務，而且每樣商品都是符合當年的流行和實用路線，逛老街買古早物的樂趣大概只有這裡才有！

→ 大街上也不時上演著情境秀，邊逛街邊看看熱鬧。

小叮嚀

君主山導覽簡介上特別幽默地註明，因為園區內幾乎所有的工作人員和店員都身著古裝，建議遊客到園區遊玩不要穿著古裝，以避免被當成工作人員而造成不便。

1. 布料店（Drapery Store）有點像是早期服裝百貨公司，這裡販售的是古早時期仕女和紳士最愛的衣著配件，女士所屬的精緻蕾絲與織造布料、縫紉工具等，男士的西裝布料與帽子配件，還設有訂製服務台，讓人大開眼界。
2. 食品店（Grocer）裡販售舊時所需的各種生活用品和雜貨，像是香皂、雞毛撢，或是香料、橄欖油、果醬等，光看販售物品的品項，就十分有意思，另外也有些特別製作的禮物袋和君主山自製的食品，都很適合當作伴手禮。
3. 錫匠店（Tinsmith）錫匠師傅身著古時服裝，打造著各種錫製品、燭台、搖鈴、鍋盆等都是巧手打造，喜歡的話一樣可以買回家。
4. 這家棺材店，除了各式棺材、運送馬車款式、喪葬用品等樣樣齊全，連擺滿各種製作棺材工具的工作室都在其中。
5. 鐵匠店（Black Smith）是為馬匹製作馬蹄和鐵具的專門店，店內一樣接受顧客訂製鐵具相關用品。

⑫ 黃金博物館
Gold Museum

就在君主山對面黃金博物館，館內共分成22區，分別展示和紀錄著巴拉瑞特1851到1918年的黃金歲月，包括歷史檢閱、當時法令政策、採礦工具和黃金展示，博物館裡也以文獻的方式記載當時受雇於採礦公司礦工的艱苦生活，一天工作24小時、一週僅能休假一天，5000名礦工以這樣的方式生產出每年高達17萬盎司的金礦。你是否好奇淘金熱潮到底挖到了多少金礦？答案也可以在博物館中找到，統計自1851年至1916年，巴拉瑞特礦區區總共挖到了10,157,050盎司的黃金，以今日的時價換算，每盎司6375.4澳幣，總價值為139.7億澳幣！

↑館內完整將當年礦工艱辛且危險的工作情景，一一呈現眼前。

↑老照片裡真實呈現當年採礦的種種過程與景象。

DATA

地 Bradshaw St, Ballarat
電 03-5337-1107
營 週一至週五9:30～17:30、夏季於18:00閉館
休 聖誕節
票 憑君主山門票免費
網 www.sovereignhill.com.au/gold-museum-ballarat

探訪企鵝之旅

菲利浦島（1天來回）

©Tourism Victoria

©Tourism Victoria

©Tourism Victoria

©Tourism Victoria

觀賞世界上體型最小的神仙企鵝，是來到墨爾本旅遊非得抽出一天時間安排的。但在造訪知名的菲利浦島之前，在明信片及簡介中常會出現的沙灘彩色小屋美景，就在墨爾本南邊市郊的布萊頓海灘上，絕對值得順道前往參觀。約莫中午左右抵達菲利浦島自然公園，這裡可以說是澳洲觀賞野生企鵝最完美的地點，不用碰運氣，只要來到島上一定能看到上百隻神仙企鵝歸巢的可愛模樣，同時也能看到澳洲人對於野生動物保育的用心與落實，即使每年吸引幾萬人次來訪，幾十年下來並不會影響企鵝的生態，也讓更多人能觀賞及瞭解神仙企鵝的生態。

> **小叮嚀**
>
> 前往菲利浦島記得多帶一件保暖衣物，除了日夜溫差大外，晚上在海邊觀賞企鵝歸巢並無遮蔽物且風大，有時也需要等待一些時間，因此防風及保暖衣物為必備。若遇雨天最好能有輕便雨衣，因為海風大且易擋到別人視線，撐傘不方便。

本日行程表

1	約 135公里	布萊頓海灘 （建議停留30分鐘）
2		菲利浦島自然公園 （建議停留6小時）

費用表		
	菲利浦島自然公園三合一成人套票	37澳幣
	合計	37澳幣

備註：
1.菲利浦島自然公園套票包含企鵝天堂、無尾熊保育中心和邱吉爾島入場三處門票，若分開購買則分別為企鵝天堂21.8澳幣、無尾熊保育中心10.6澳幣、邱吉爾島10.9澳幣。以上費用皆以一個成人票價計算，若遇優待票等情形，請參考文中Data資料。
2.費用不含租車、油資、餐飲和購物，視每人情況不同自行計算。

>>交通方式

1.自墨爾本市區出發沿St Kilda Rd向南行駛，同一條路會由St Kilda Rd變為Brighton Rd，再變為Nepean Hwy來到墨爾本市郊的布萊頓區，再往Esplanada海邊即達，全程約14公里，開車40分鐘內可達。

2.出布萊頓區後接上South Gippsland Hwy（M420）向南行駛，沿路依指標前往即達，全程約135公里，開車2小時內可達。

↑→每間彩色小屋的圖案和顏色都是獨一無二的，且色彩亮麗繽紛，在陽光下更顯得活潑耀眼。

1 布萊頓海灘

30min. Brighton Beach 玩

陽光沙灘七彩小屋

　　布萊頓位於南墨爾本市郊，距墨爾本市區僅14公里且地理位置面臨菲利浦港灣（Port Phillip Bay），不僅僅只是漂亮的沙灘迷人，這裡可是榮登維多利亞省富人最多的區域，也因此海灘旁的高級海濱度假別墅、豪宅等林立，不過，布萊頓海灘與其它人氣的人擠人海灘相比，顯得更小巧與清幽。除此之外，佇立沙灘上成排的一間間彩色小木屋，讓人既驚訝又驚喜。這些彩色小屋是40年代時為遊客設置的沐浴間（Bathing Boxes），但現在，這些小屋可是個個都擁有幾百萬台幣身價的「歷史古蹟」，目前的用途多用來置放船、水上娛樂用品等，這麼昂貴又賞心悅目的木屋，反倒成了布萊頓海灘最美麗的風景。

2 菲利浦島自然公園

6hr. Phillip Island Nature Parks 玩

野生動物保育大島

　　菲利浦島是位於墨爾本東南方約140公里的小島，面積只有100平方公里，卻是澳洲最大的神仙企鵝棲息地，與澳洲本島以一座人車通行橋連接。島上除了可欣賞最受歡迎的企鵝歸巢外，Phillip Island Nature Parks的「Parks」意指島上有許多座公園，像是無尾熊保育中心以及邱吉爾島，還有美麗的海邊、自然步道和海洋生態等，都是來到島上值得參觀體驗的。目前島上並無大眾交通工具，只能自行開車前往或參加旅行團，但以自行開車前往較能自由掌控時間與行程，建議約中午左右抵達，購買三座公園聯合套票，在傍晚企鵝歸巢前的時間先到無尾熊保育中心和邱吉爾島上參觀，三座公園各相距約十多公里，路程不遠，參觀時間還算充裕。

©Tourism Victoria

©Tourism Victoria

小叮嚀

除了可上網訂購各種菲利浦島公園門票外（但請注意購票須確認前往日期，票券皆限當日有效），抵達菲利浦島後到遊客服務中心購買購買單一門票或套票也都相當方便，同時也可以代訂島上住宿或相關行程安排。遊客服務中心就在過了連接本島與菲利浦島的橋後，循「i」的指示牌行駛，約1公里處左邊。

DATA

遊客服務中心
☎ 1300-366-422
🕐 9:00～17:00（遇澳洲暑假營業至18:00）、聖誕節13:00～17:00
🎫 三公園套票成人37澳幣、小孩18.5澳幣、優待票25.85澳幣、家庭票92.5澳幣（2大人+2小孩）
休 無
🌐 www.visitphillipisland.com

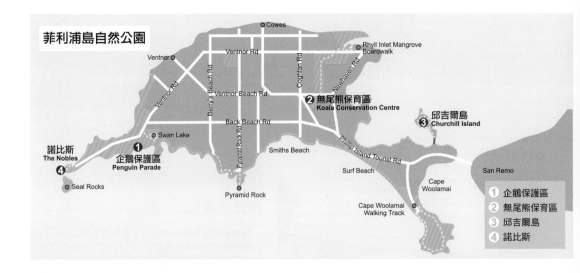

菲利浦島自然公園

Cowes
Rhyll Inlet Mangrove Boardwalk
Ventnor Rd
Ventnor
Ventnor Rd
Coghlan Rd
Newhaven Rd
② 無尾熊保育區
Koala Conservation Centre
Ventnor Beach Rd
③ 邱吉爾島
Churchill Island
Back Beach Rd
Berry's Beach Rd
Pyramid Rock Rd
Swan Lake
① 企鵝保護區
Penguin Parade
Smiths Beach
諾比斯
The Nobles
④
Seal Rocks
Phillip Island Tourist Rd
Surf Beach
Cape Woolamai
San Remo
Pyramid Rock
Cape Woolamai Walking Track

① 企鵝保護區
② 無尾熊保育區
③ 邱吉爾島
④ 諾比斯

©Tourism Victoria

↑每年的八月到隔年三月是企鵝哺育幼兒的時節，企鵝父母會輪流在日出前一小時就出門覓食，一天得在海上游行約100公里才能補足所需的食物。

建議遊客抵達時間表

1月		19:45
2月		19:30
3月		19:00
4月	1-5日	18:45
	6日以後	17:00
5月		16:30
6月		16:15
7月		16:45
8月		17:00
9月		17:15
10月	1-5日	17:45
	6日以後	19:00
11月		19:15
12月		19:30

小叮嚀

企鵝保護區嚴禁拍照與攝影，因為任何的閃光或手電筒光線等都會嚇壞企鵝，甚至是讓企鵝眼睛失明而導致失去生存的能力，因此遊客可以肉眼貼近觀賞，但切勿心存僥倖按下快門，而導致小企鵝生存遭受威脅。

DATA

☎ 03-5951-2800
🕐 10:00～視企鵝歸巢時間而定、聖誕節14:00～視企鵝歸巢時間而定
💰 成人10.6澳幣、小孩5.3澳幣、優待票7.4澳幣、家庭票26.5澳幣（2大人＋2小孩）
🚫 無　🌐 www.penguins.org.au

① 企鵝保護區
Penguin Parade

菲利浦島的重頭戲在每晚夜幕降臨時展開序幕，遊客中心貼心地建議遊客最好在天黑前1小時抵達企鵝保護區遊客中心，可以先至館內瞭解企鵝的各種生態知識，也能充分得知迎接企鵝歸巢時的各項叮嚀，以免傷害這島上的小居民。由於四季天黑時間不同，企鵝返家的時間也跟著不同，有時會因故提早或延遲些回來，但只要依保護區服務人員的指示，遊客即可沿企鵝歸巢路線鋪設的木棧道往海岸邊走到觀景台入座，並盡量保持安靜等待，不一會兒，一兩隻打頭陣的小企鵝便從海上歸來，東張西望四周有無危險威脅後，便以有點尖銳的叫聲呼喚同行夥伴們可以上岸了，接著，一群群的小企鵝或蹣跚前進，或摔倒又爬起的可愛模樣，惹人憐惜。小企鵝們上岸後沿著木棧道下的路線回到自己的窩，進行餵食及休息。小企鵝都上岸後，遊客可沿木棧步道尋找腳下的企鵝芳蹤，也能明顯聽到巢內一隻隻幼企鵝呼叫父母的聲音，返巢之路就此書上圓滿句點。

↓穿衣服的小企鵝布偶／19.95澳幣：為彌補不能拍照的遺憾，館內販賣不少各種造型可愛的企鵝商品，挑個幾隻回家也算是為企鵝保護捐點經費，讓小企鵝能夠在此繁衍更多的後代。

↑看完可愛的企鵝後準備返家，停車場旁的告示提醒遊客，記得先看看車底下是否有迷途的小企鵝再上路。

©Tourism Victoria

↑神仙企鵝是澳洲原生種企鵝，也是世界上體型最小的企鵝，站立時大約只有35公分高，背上的羽毛呈藍灰色，因此又被稱為小企鵝或藍企鵝。灰藍色的羽毛讓企鵝在海上游泳時，使天空的鳥類誤以為是鯊魚鱗而不致發動攻擊覓食。

Penguin Dressed $19.95

©Tourism Victoria

←每天天黑後，數以百計的小企鵝自海上返家，壯觀的景象猶如企鵝大遊行般，因此當地人就乾脆稱它為「Penguin Parade」。

❷ 無尾熊保育區
Koala Conservation Centre

1991年設立的無尾熊保育中心，園區保留澳洲原生尤加利樹，並在其中架設兩座木棧道，遊客可走在木棧道上，睜大眼睛尋找總是喜歡睡在高聳樹尖上的無尾熊。若是幸運遇上醒著且願意「下樓」的無尾熊，就能近距離捕捉到無尾熊逗趣的模樣，而保育中心裡也以互動的方式讓遊客更了解無尾熊的生態。此外，保育區內也有其他的自然步道可以接觸到像是刺蝟、小型袋鼠、鳥類，以及各種澳洲野生動物，喜歡生態的人不要錯過。

DATA
☎ 03-5951-2800
🕙 10:00～17:00（遇澳洲暑假營業至18:00）、聖誕節14:00～17:00
🎫 成人10.6澳幣、小孩5.3澳幣、優待票7.4澳幣、家庭票26.5澳幣（2大人＋2小孩）
休 無　🌐 www.penguins.org.au

→無尾熊一天得睡上20小時，是由於無尾熊愛吃的尤加利樹葉難咀嚼、營養少又有劇毒，因此得經過長時間的睡眠來保留體力消化和解毒。

©Tourism Victoria

❹ 諾比斯
The nobles

菲利浦島西南方的諾比斯，是觀賞海豹的好去處，諾比斯海岸距海豹岩約1.5公里，遊客可沿著鋪設完善的木棧道，走到海岸邊欣賞美麗的海景，及透過架設在旁的高倍數望遠鏡觀看對岸的海豹岩，當眼睛往高倍數景觀窗一看，為數眾多的海豹正在岩石上曬太陽的景象，令人驚喜！而諾比斯中心即是海豹岩生態保護中心，提供各種生態知識讓來此的遊客，更瞭解這些珍貴的海洋生態。

©Tourism Victoria

↑在諾比斯海岸邊，能透過高倍數望遠鏡看到海豹岩上的海豹群，若是想更近距離觀賞野生海報，可向遊客中心預約參加搭船出海的賞海豹之旅。

DATA
☎ 03-5951-2800
🕙 夏季11:00～20:00、秋季11:00～17:00、冬季11:00～16:00、春季11:00～18:00
🎫 無
休 無
🌐 www.penguins.org.au

❸ 邱吉爾島
Churchill Island

邱吉爾島是過了紐哈文（Newhaven）後北邊的一個小島，自1810年起便是農牧和園藝用地，全島徒步僅需1個半小時。目前島上重現當時農家的各種情景，來到這裡好像走進電影場景般，歐式的鄉村風格民房、農具展示一旁，農場內雞隻和羊牛都圈養在柵欄中，想要親自體驗擠牛奶也沒問題，園區內隨時可以近距離接觸各種溫馴的野生動物，另外像是打鐵、馬車遊園、綿羊除毛秀等，都是非常精彩的活動。

DATA
☎ 03-5951-2800
🕙 10:00～17:00（遇澳洲暑假營業至18:00）、聖誕節12:00～17:00
🎫 成人10.6澳幣、小孩5.3澳幣、優待票7.4澳幣、家庭票26.5澳幣（2大人＋2小孩）
休 無
🌐 www.penguins.org.au

→一切回歸舊農莊的生活方式，遊客可自然地親近圈養在農莊裡的動物，像是牛羊馬等，都市中的小朋友難得有機會能接觸到。

©Tourism Victoria

>>活動時間表

擠牛奶	11:00、14:10
馬車遊園	13:00
打鐵秀	14:30
牧羊犬秀	15:00
綿羊除毛秀	15:15
馬鞭執用與迴旋鏢拋擲秀	15:30

↑路旁吃著草的長毛牛，有時還會走到馬路上來，開車的朋友記得禮讓牠們一下。

©Tourism Victoria

↑邱吉爾島上農莊的復古馬車走在仍舊是鄉村景色的街道上，真的就像掉進了19世紀的農莊生活裡一樣。

©Tourism Victoria

奇岩浪舞之旅

大洋路（1天來回）

墨爾本西南方名聞遐邇的濱海大洋路，精彩的奇岩與壯闊的海岸風光，駕車行駛於山海之間的暢快感，很少人能不被這股魔力所吸引。尤其是行駛在蜿蜒的公路上，過個彎，12使徒岩矗立巨浪峽崖邊，鬼斧神工的自然傑作，絕對讓人凝神屏息。大洋路自托爾基（Torquay）至瓦南布爾（Warrnambool）全長將近300公里，一路上精彩絕倫的海蝕奇岩和洶湧的浪濤，來訪的遊客總願意為它上山下海，唯恐錯過它最美的角度。

小叮嚀

大洋路之旅交通以自行開車前往為主，較能依個人喜好景點及體力調整行程時間長短。大洋路之旅可1天來回，但由於單程車程約300公里，建議2天1夜較能玩得輕鬆愉快，大洋路沿線城鎮住宿都很方便，可依個人喜好選擇過夜地點。若只有1天的時間，建議回程時走內陸Princes HWY（A1），路程較大洋路短；或是參加旅行社的當天來回行程，也是一個選擇。

>>> 本日行程表

	約 27公里	吉隆
1		
2		大洋路 （托爾基～坎貝爾港）

費用表 本日無門票支出費用

備註：
租車、油資、住宿、餐飲和購物花費，視每人情況而有不同，所以予計算。

>>交通方式

1.自墨爾本走Princes Hwy（A1）往西南方行駛，約110公里，途經港口城吉隆（Geelong），再接B100至托爾基（Torquay），此鎮即為濱海公路大洋路的起點，車程約1個半小時。

2.自托爾基至瓦南布爾（Warrnambool）路段為大洋路，著名的12使徒岩及峽谷等風景大都集中在坎貝爾國家公園（Port Campbell National Park），因此旅遊線大致以坎貝爾港（Port Campbell）附近為終點，全長約190公里，途經海岸小鎮隆恩（Lorne）、阿波羅灣（Apollo Bay）、奧特威國家公園（Otway National Park）等到坎貝爾港（Port Campbell），車程約3～4小時。

● MAP P.213-C2

1 吉隆
Geelong

港口城上演木偶奇遇記

　　吉隆是墨爾本市郊最大的城鎮，也是維多利亞省的第二大城，早期是墨爾本開墾西部地區的羊毛集散地，也是海外淘金客前往巴拉瑞特的靠岸處。現在吉隆則像是一個慵懶的港口渡假勝地，同時也是遊客從墨爾本到大洋路必經的中繼站。然而，只要來到港邊，就一定會被那一尊尊，或說是一群群的可愛木偶所吸引，造型和主題各異的木偶其實散佈在城市的各角落，是由藝術家蒐集廢棄船柱而創作，總共有106座之多，其中約有40座散落在西岸海濱，沿著海濱找出每一座精心繪製的木偶，享受尋寶的樂趣。

↑沙灘上爭奇鬥艷的泳衣女郎，每個都是身材窈窕，還有筆直的雙腿。

→仔細看看木偶臉上的表情，每一個表情都不一樣，相當傳神。

↓遠遠看，真的很像有一個樂團正在港邊表演。

↑帶著寬簷華麗帽子的白色洋裝淑女，優雅地站在港邊等人呢。

↑吉隆的木偶藝術主題多以歷史和海濱城市相關連，因此有許多像是救生員、或是古代紳士淑女的造型。

十二使徒岩
Twelve Apostles

十二使徒岩的形成可追溯至2億年前，經年累月不斷地沖蝕而形成12座各自獨立的礁岩，因而命名為十二使徒岩，但由於海岸仍不斷受到海浪的沖擊，海岸線每年都有落石發生，而十二使徒岩部份也早已被海浪吞沒，目前其實只有剩下七個使徒，十二使徒岩已不復見。

● MAP P.213-C1

2 大洋路
Great Ocean Road
玩

壯闊秀麗的奇岩絕景

蜿蜒於巴斯海峽（Bass Strait）和陡峭山壁之間的大洋路，是1918年由一次世界大戰退役的軍人，以鑿山壁造路的方式，耗費14年的時間才完成。大洋路沿線海岸不僅落差甚大，石灰岩地質經海浪長年沖蝕形成多處美不勝收的自然奇景，也由於地勢險惡，19世紀有不少船隻在此遇難沉船，因此又稱作沉船海岸。在欣賞十二使徒岩最佳地點的月光海灘岸上，現在仍能看到當年沈船所留下的鐵錨。大洋路起點由托爾基開始，海岸線上有許多海岸城鎮和漁村，以及多處衝浪天堂、熱帶雨林及坎貝爾港國家公園（Port Compell National Park）內最著名的十二使徒岩（Twelve Apostles）、倫敦斷橋（London Bridge）、阿爾德峽谷（Loch Ard Gorge）等，在海浪沖蝕下，每座礁岩的形狀也隨時間逐漸改變樣貌，再經過幾年，礁岩可能消失或變形，當下的美景值得即時把握。

↑位於大洋路沿線Aireys Inlet鎮上的Split Point燈塔，是一座建於1891年有紅色尖頂的白色燈塔，旁邊的舊宿舍現在則改為有點古味的小茶店，供遊客休息或坐下來欣賞周邊美景。

→阿爾德峽谷
阿爾德峽谷同樣經海蝕切割而成，距十二使徒岩只有2公里左右，海浪衝撞峽谷所激起的洶湧波濤，非常壯觀。此外，也可以順著峽谷的階梯走到海邊，欣賞不同角度的風景。

小叮嚀

1. 大洋路全程時速約在100公里左右，過彎處也都在80公里以上，若是開車速度較慢者，應按路標（Over-taking Lanes）指示靠外車道讓後方速度快的車先行。

2. 行駛在大洋路上，可依路旁的咖啡色景點指標指往各景點外，「Look Out」指示牌也是值得將車停靠，這代表著美景當前，請下車觀賞。

DATA
Port Compell NP Information
地 Great Ocean Rd Port Campbell
電 03-5598-6053
時 9:00 ～ 17:00
休 無　價 無
網 www.parkweb.vic.gov.au

↑過了隆恩（Lorne）往阿波羅灣方向行駛，途中會經過小鎮Kennett River，就在路旁的肯泥特河住宿營地（Kennett River Tourist Park），招牌上就畫著無尾熊翹著二郎腿的模樣。走進種滿尤加利樹的營地，一隻隻野生無尾熊果然正掛在樹上安心睡覺，這絕對比在動物園看到無尾熊更讓人驚喜。

↑倫敦斷橋：倫敦斷橋原本是一塊突出海面的岬，因海浪沖蝕而形成兩個拱形，因而得名倫敦橋。在1990年的某日因其中與陸地連結的拱形岩石崩落，因而現在所看到的景象。據說斷橋發生時，一對情侶正好在這座岩石上談情說愛，一陣轟然斷裂聲，讓兩人相隔於兩座岩石上，還緊急派出直升機搭救才未造成災難。

古老的澳洲原住民文化

　　旅遊澳洲，不論是在城市街頭表演的藝人，或是不經意巧遇那深褐膚色、濃眉大眼、體型微胖、四肢纖細的居民，便是澳洲原住民的長相特徵。但不說你可能不知道，澳洲原住民（Aboriginal）的存在可追溯自65000年前，同時也是目前世界上最古老的人種之一。據記載，澳洲原住民於西元前35000年，出現於澳洲南方的塔斯馬尼亞島，世代與大地共生共存，直到歐洲人、大英帝國登陸澳洲，曾展開了一段不光彩的屠殺與隔離政策，電影《孩子要回家》（Rabbit - Proof Fence）就是描述英國政府強制將原住民孩子從父母身邊帶走，以方便集中教化原住民孩子的殘酷事件。走過漫長歷史的澳洲原住民，仍舊以「萬古」流傳下來的語言、繪畫和舞蹈、音樂，與大地共生共存，以古老的智慧與文化，讓來自四面八方的旅人為之驚艷。

岩畫記錄歷史

　　原住民岩畫是以雕刻或繪畫的方式，在岩石或洞窟中記錄著生活上的細節和事件，這些已有千年，有些甚至是萬年的岩畫遺跡，由於沒有文字的記載，目前僅能以看圖說故事來推測，可能是警告著大壞蛋出沒，或是今天補到了一條魚、袋鼠等，部份畫作也清楚呈現可能已滅絕的動物，供考古學家研究。目前北領地的卡卡度國家公園，以

及中部沙漠、西澳金百利地區，都能見到地表上歷史最久的人類遺跡。

編出季節的顏色

　　與大地共生65,000年的澳洲原住民，長久以來所有生活必需隨季節取之於大地，從不過分強取或破壞，彼此和諧共生。像是原住民以草編織出籃子和袋子等日用品，依據一排排顏色略有差異的編織細節，得以清楚知道完成的時間與季節，因為上頭幾乎呈現著草編材料與季和乾季不同的特性，以及每年植物生長的差異性，一只看似簡單的籃子或袋子，完全體現

原住民的生活與大自然融為一體。

原始的音樂與舞蹈

　　和世界各地的原住民一樣，澳洲的原住民也喜歡舞蹈和音樂來訴說歷史與故事。舞蹈中有許多動作都由揣摩野生動物的型態而來，或者是祈禱與慶祝等等；而澳洲原住民在吹奏樂器上似乎多過於歌唱，著名的樂器迪吉里杜（Didgeridoo）甚至是世界上現有最早的樂器，以中空的樹枝或樹幹做成的迪吉里杜，藉由長短、粗細和木頭重量等變化，可吹奏出千變萬化的節奏與聲音表情，幾乎可以說是澳洲原住民最具特色的藝術。

回家的路在畫上

　　在禮品店或美術館裡，常可見到原住民獨特的點畫作品，其實這些畫源於原住民古老的生活智慧。由於原住民沒有文字，每到外出狩獵或是遷徙時，擔心記不清回家的路，因此他們運用顏色和符號，將「地圖」畫在隨身攜帶的迴力鏢、樹皮等物品上，這也是為什麼許多畫作的名稱往往是「我的故鄉」的緣故。不過，現代的原住民畫作則以自由創作居多，但大部分仍以樹枝為畫筆、傳統的紅、黃、黑、白色彩，表現出風格獨具的點畫。

美麗首都玩味暢遊

坎培拉

坎培拉（Canberra）在澳洲原住民的語言代表「聚會之地」，或許是這樣的使命，在1901年澳洲脫離英國殖民統治，成立聯邦政府，決議建立國家首都之際，由於雪梨和墨爾本這二大城競相爭取，最後因爭執不下，而在1927年選擇位於兩城中間處的坎培拉為首都。為全新打造首都之城，特請美國建築師Walter Burley Griffin設計規劃此重要之景觀，以首都山（Capital Hill）為頂首向外放射出國王路（King Ave）和聯邦路（Commonwealth Ave）兩條重要大道，中間與憲政路（Constitution Ave）相連，構成一個議會三角地帶的景觀特色，優雅樸實的坎培拉沒有大城市的喧囂熱鬧，卻多了一份平和的悠閒氛圍，吸引著世人來此一探究竟。

小叮嚀

>>交通

坎培拉大多數景點皆可免費參觀，市區交通除開車外，可搭乘Action Bus公車，成人一日券7.6澳幣，就能在購買當日搭乘任何巴士，且無限次上下車，相當便利，但前往各景點需先查好巴士路線。另外也可在坎培拉旅遊中心選擇觀光巴士，如Explorer Bus即有觀光旅遊環線一小時或一日遊，票價1人30澳幣、二人同行共50澳幣，二日券為25澳幣，一日內同樣可以無限次上下的觀光巴士，也會開往市區內主要景點，都是不錯的選擇。

>> 本日行程表

1	步行 20分鐘	國會	（建議停留30分鐘）
2	搭公車 5分鐘	庫克船長紀念噴泉	（建議停留30分鐘）
3	搭公車 15分鐘	國家影音資料館	（建議停留1.5小時）
4	步行 25分鐘	紐澳軍團大道	（建議停留30分鐘）
5	步行 40分鐘	澳洲戰爭紀念館	（建議停留1.5小時）
6		安斯利山遠眺市容	（建議停留1小時）

費用表	公車一日券	7.6澳幣
	合計	7.6澳幣

備註：
1.本日景點皆不須門票費用。
2.租車、油資、購物或餐飲花費，視每人情況而有不同，所以予不計算。

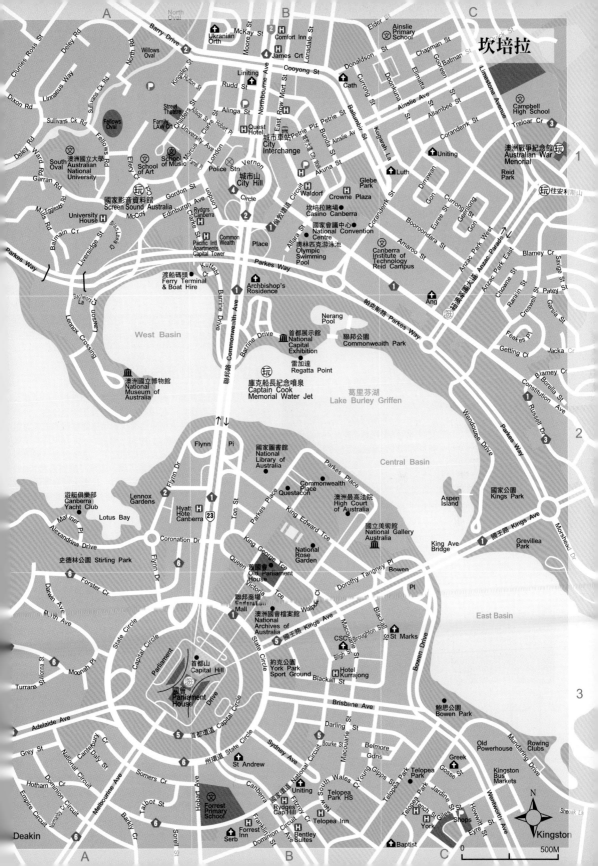

1 國會
④30min. Parliament House

澳大利亞引以為傲的首都殿堂

　　以現代化俐落簡約的建築設計，座落於首都山上的國會，總共耗資1.1億澳元，於澳洲建國二百年，即西元1988年落成啟用。佔地之廣氣勢不凡，屋頂上還覆蓋著一片綠油油的草地，同時在頂上更矗立著一根高達81公尺的旗桿，並掛著一面比公車巴士還大的旗子，成為萬眾矚目的焦點，也是坎培拉的地標代表。除能在景觀花園遊賞外，也能登高於首都山上眺望四周美不勝收的市區景色。而平日除可隨處一遊議會內區域外，在國會不開會時也有專人導覽行程可參加。

● MAP P.231-A3

DATA
🏠 Parliament House, Canberra
☎ 02-6277-5399
🕐 9:00～17:00，免費導覽10:00、13:00、15:00，為時約30～40分
💰 免費　🚫 聖誕節
🌐 www.aph.gov.au

>>交通方式
可搭31、34、39號公車抵達

→在獨特的國會建築前方還融入原住民的藝術，代表多元化的國家文化特色。

● MAP P.231-B2

2 庫克船長紀念噴泉
④30min. Captain Cook Memorial Water Jet 玩

令世人讚嘆的高柱噴射

　　庫克船長紀念噴泉，是為紀念詹姆斯‧庫克船長發現澳大利亞二百週年而建立，在1970年由英國女王伊麗莎白二世所揭幕。此座紀念噴泉更是設立在坎培拉主要水景的伯利葛里芬湖（Lake Burley Griffin）中央，噴泉的水即是來自於這風景秀麗的湖泊，在配備強大的馬達之下，噴泉會從湖底噴射出人工水柱，每天有兩次機會可見，最高可噴射達約150公尺之高，加上噴速之快，讓這宏觀的一柱衝天特殊景象，吸引許多人的圍觀，有時在太陽光的照射之下，更會看見幸福的彩虹從中劃過。

>>交通方式
出國會沿著Commonwealth Ave走一路往伯利葛里芬湖方向直行，再延著標示即會到達

DATA
🏠 Lake Pl, Canberra　☎ 02-6205-0666（旅遊中心）
🕐 10:00～12:00、14:00～16:00，夏令時間亦開放19:00～21:00
💰 無　　🚫 無

● MAP P.231-A1

3 國家影音資料館
④1.5hr. National Film & Sound Archive 玩

從古至今媒體文獻寶庫

　　國家影音資料館是瞭解澳洲影音發展最好的地方，館內收藏約160多萬件的影像和聲音媒體的資料，包含電影、錄音帶、膠底片、劇本、服裝、道具、海報、新聞短片、電視節目等動畫、影音相關的

↑影音播放室內可欣賞短片、連續劇或電影等歷史影片。

作品和設備，像是珍貴的澳洲第一部電影和聲音紀錄，也能看到老式的唱盤機，將時光拉回過往的澳洲娛樂產業歲月，完整呈現澳洲影像文化，同時還能在放映室內欣賞影片，近距離體驗每個年代的媒體成長，不同時期也會有不同的展覽活動可參觀，館內也陸續收藏各世代的影音資料。

↑館外獨特的造型設計，如多變的媒體影音世界，非常有創意。

>>交通方式
可搭3、81號公車在Edinburgh Ave站下車，再依指標步行600公尺即達

DATA
🏠 McCoy Circuit, Acton, Canberra
☎ 02-6248-2000
🕐 週一～週五9:00～17:00、週六日及國定假日10:00～17:00
💰 無　🚫 聖誕節　🌐 www.nfsa.gov.au

● MAP P.231-C1

4 紐澳軍團大道
⏱30min. Anzac Parade

紅色大道親身感受紐澳戰事

　　從坎培拉知名的伯利葛里芬湖邊，一直延伸至澳大利亞戰爭紀念館的紅色大道即為紐澳軍團大道，是為了紀念澳洲和紐西蘭於第一、二次世界大戰時所參與過的戰事而建立，大道的兩旁各自種有澳洲品種和紐西蘭品種的尤加利樹，而形成綠蔭盎然的紐澳軍團公園。另外，道路的兩旁特別設有11座和澳洲昔日參與戰爭事蹟的紀念碑，且於每年的4月25日澳紐軍團日會舉行相關慶祝活動，有興趣者還可在當地參加紐澳軍團大道漫遊的一小時行程，深入了解其中意義和紀念碑設立的故事。

>>交通方式

平日可搭10號公車在War Memorial站下車，週末可搭930、931號公車，澳洲戰爭紀念館正前方馬路即為紐澳軍團大道

DATA
🏠 Anzac Parade, Canberra
🕐 24小時　💰 無　🚫 無

● MAP P.231-C1

5 澳洲戰爭紀念館
⏱1.5hr. Australian War Memorial

↑館內設有軍士人像模擬當時戰爭的畫面，感受戰火的氣氛。

↑長型迴廊上的牆刻上許多在戰爭中犧牲的鬥士，令人動容。許多遊客為紀念烈士，會將紅色紙罌粟花朵別在牆上，代表對他們同感榮耀。

感念戰士英烈事蹟

　　澳洲戰爭紀念館面對著伯利葛里芬湖，倚靠著安斯利山，以莊嚴的氣勢鎮守在紐澳軍團大道上，在湖光山色環繞之下訴說著澳大利亞過往壯烈犧牲的英雄事蹟，以紀念當初在戰爭中逝去的軍兵士官。館內大量存放和記錄戰爭歷史資料、遺物陳列、照片檔案、人像模型等，是座世界級的博物館，讓人得以了解戰爭所帶給澳洲的影響和意義，並知道戰爭的歷史故事，在宏偉的建築中追思感念氣宇軒昂的英雄氣勢，館內也提供導覽講解的服務。

>>交通方式

平日可搭10號公車在War Memorial站下車，週末可搭930、931號公車

DATA
🏠 Treloar Crescent, Campbell, Canberra
📞 02-6243-4211
🕐 10:00～17:00　💰 無
🚫 聖誕節　🌐 www.awm.gov.au

● MAP P.231-C1

6 安斯利山遠眺市容
⏱ 1hr. Mount Ainslie

環顧美麗市景盡收眼底

　　位於坎培拉東北側的安斯利山，高800多公尺，和黑山、紅山、首都山都是登高眺望坎培拉市區最佳的制高點。不論是以散步漫行、開車或騎自行車等方式上山，都會有不同的風情感受。到達安利斯山頂更會有種豁然開朗的驚喜之情，360度將坎培拉的市容一覽無遺，從山腳下的澳洲戰爭紀念館、紐澳軍團大道，跨過伯利葛里芬湖到國會，一路的美景令人讚嘆不已，完全清楚呈現在眼前，總是讓人停下腳步，流連於這片美景山水畫裡。

>>交通方式

出澳洲戰爭紀念館門口後，走至前方的Faibairn Ave左轉後直行，遇Mount Ainslie Drive向左轉上山即達

DATA
🏠 Mount Ainslie Drive, Ainslie, Canberra
📞 02-6207-2113
💰 無
🚫 無

浪漫港都雪梨

　每年，雪梨都是全世界第一個迎接新年曙光的城市，來自世界各地的遊客齊聚在達令港周邊倒數，盛大的煙火秀堪稱世界之最。有「世界最美麗的城市」之稱的雪梨，是新南威爾斯省的首府，也是澳洲人口最多的城市，諸多世界級的地標都在此地，包括世界人文遺產的雪梨歌劇院，不僅外型搶眼，她的生命歷程同樣有著許多動人的故事；雪梨大橋更是創下多項世界紀錄。而雪梨豐沛的歷史與人文內涵，由其誕生地岩石區一路走來，仍能深刻感受歲歷史的痕跡；美麗港灣過往的海權威勢、熱力活絡的市區與優雅愜意的市郊、市郊多處美好的海灘渡假地，雪梨多元豐富的面貌，值得旅人多花點時間一一造訪。

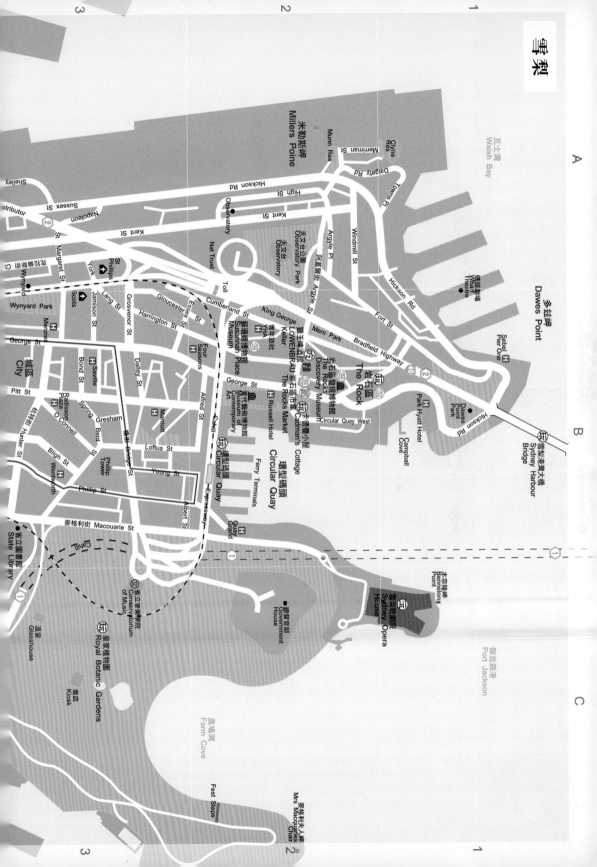

雪梨

瓦士灣
Walsh Bay

米勒斯岬
Millers Poine

多茲岬
Dawes Point

A

B

C

發克森港
Port Jackson

Munn Res
Merriman St
Clyne Res
Dalgety Rd
Towns Pl
碼頭動場
Wharf Theatre

Shelley
Sussex St
Napoleon
St Margaret St
Wynyard
Kent St
St Phillips
York
Jamison St
Scots
Grosvenor St
Harrington St
Gloucester St
Essex St
Dailey St
Alfred St
George St
Observatory
天文台
Observatory
天文台公園
Observatory Park
觀嘉爾街 Argyle St
Argyle Pl
Hickson Rd
High St
Kent St
Windmill St
Fort St
Hickson Rd
Bradfield Highway
Mem Park
King George
Cumberland St
Nat Trust
Toll
Sebel
Pier One
雪梨港灣大橋
Sydney Harbour
Bridge
Dawes
Point
Park
Campbell
Cove
Park Hyatt Hotel
Hickson Rd
Discovery Museum
岩石區發現博物館
The Rocks
岩石區
The Rock
獅王啤酒
LÖWENBRAU
Keller
The Rocks Market
岩石區市集
Cadman's Cottage
卡德曼小屋
Circular Quay West
Russell Hotel
Susannah
Place
Museum
蘇珊娜博物館
Four
Seasons
YHA
青年旅社
Museum of
Contemporary
Art
當代藝術博物館
Ferry Terminals
碼頭終站
Circular Quay
環型碼頭
環型碼頭
Circular Quay

Distributor
Wynyard
City
城區
Wynyard Park
George St
Pitt St
Menzies
Saville
Bond St
Spring
Gresham
O'Connell
Radisson
Plaza
Marriott
Loftus St
Bligh St
Wenworth
Phillip St
Young St
Philip
Tower
Albert St
Cahill
Phillip
George St
Hunter St
Cahill
Expressway
麥格利街 Macouarie St
Quay
Grand
本奈隆岬
Bennelon
Point
雪梨歌劇院
Sydney Opera
House

State
Library
省立圖書館
Glasshouse
溫室
Kiosk
商店
皇家植物園
Royal Botanic
Gardens
Conservatorium
of Music
省立音樂院
Government
House
總督官邸
Farm Cove
農場灣
Fest Steps
麥格利夫人岬
Mrs Macquaries
Chair

1

2

3

雪梨城市之旅

4天精彩行程跟著走

典藏世界級名勝 ^{Day 1}

代表澳洲雪梨的兩大世界級風景──雪梨歌劇院和雪梨大橋，既是眾所讚嘆的建築奇觀，也是遊客對於澳洲最大城市雪梨的第一印象。因此造訪雪梨的第一天，兩大名勝要先睹為快，再深入介於兩大地標之間的環形碼頭和岩石區，親眼見證雪梨歷史最悠久、藝術人文味最濃厚的迷人所在，更別錯過只有在週末才有的岩石區戶外市集，雪梨的現代摩登、設計品味和美食況味，一次到位！

小叮嚀

>>導覽
　　雪梨貼心為遊客設計了來往於市區的555路免費巴士（Free CBD Shuttle），來往於中央車站至環形碼頭的重要景點皆有停靠站，值得多加利用！週一至週五9:30～15:30（週四至21:00）、週末9:30～18:00，每10分鐘就有一班車，相當便利。

④ 雪梨大橋
Sydney Harbour Bridge

雪梨歌劇院
Sydney Opera House
①

③ 岩石區
The Rocks
岩石區博物館

Argyle St 岩石區假日市集 卡德曼小屋

蘇珊娜房舍博物館 George St

環形碼頭
Circular Quay
②
Cahill Expressway

Bradfield Hwy
Hickson Rd

Macquarie St

>>> 本日行程表

1	步行 10分鐘	雪梨歌劇院	（建議停留1小時）
2	步行 10分鐘	環形碼頭	（建議停留20分鐘）
3	步行 15分鐘	漫步岩石區	（建議停留3小時）
4		雪梨大橋	（建議停留30分鐘）

費用表		
雪梨歌劇院內部導覽	22澳幣
蘇珊娜房舍博物館	8澳幣
合計	**30**澳幣

備註：
1.門票皆以1位成人之票價計算，其他票種請參考景點DATA資料自行計算。
2.購物或餐飲花費視每人情況而有不同，所以不予計算。

● MAP P.236-C1

1 雪梨歌劇院
世界遺產
⏱ 1hr. Sydney Opera House

舉世無雙的建築奇蹟

　　雪梨歌劇院的美麗身影，不僅是藝術文化的象徵，同時也是世人認識雪梨的第一印象。坐落在雪梨港的班內朗角（Bennelong Point）、三面環海的雪梨歌劇院，巧奪天工的建築造型有如揚帆待發的風帆，代表著港口城市的充沛活力。雪梨歌劇院的雛形是由1957年發起的設計競賽中，由來自丹麥的年輕建築師烏特尚（Jorn Utzon）於兩百多張參賽競圖中脫穎而出。當年名不見經傳的烏特尚，以潔白閃亮的貝殼為發想靈感，花了半年的時間，以幾何學為基準畫出了雪梨歌劇院的設計草圖。然而，自1959年預計以700萬澳幣成本為目標開始動工，過程中卻因建造難度過高而數度修改設計圖、預算不斷攀升追加以及政治立場等干擾，因而整整花了14年的時間，終於在1973年竣工，總共花費超過1億澳幣。不過，烏特尚設計的雪梨歌劇院自落成以來，不僅每年超過1600場的藝術表演、聚集上百萬觀眾，奇特又美觀的外型更吸引世界各地的觀光客前來朝聖，2007年更被聯合國教科文組織評為世界文化遺產，同時也是目前世界上最年輕的文化遺產。

↑雪梨歌劇院海灣前廊的露天咖啡酒吧相當吸引人，因為這裡大概是雪梨視野最好的地方，360度環視雪梨歌劇院、港灣遊船、雪梨大橋…，世界級美景近在眼前。

DATA

📍 2 Macquarie St, Sydney
☎ 02-9250-7250
🕐 週一至週五9:00～17:00
🎫 無，歌劇院導覽成人22澳幣、優待票15.4澳幣、兒童10.5澳幣、家庭票15.4澳幣
🚫 聖誕節和復活節
🌐 sydneyoperahouse.com

>>交通方式

1.可搭乘555路免費市區巴士在環形碼頭站（Circular Quay）下車，自Alfred St往植物園方向走，沿著港灣邊步街左轉直行，即可看到雪梨歌劇院
2.自市區沿Elizabeth St往環形碼頭方向走，會接到Phillip St直行後，沿著港灣邊步街直行，即可看到雪梨歌劇院

←白色貝殼般的屋頂，是由105萬片奶油白瓷磚組合而成，瓷磚是亞光與拋光的間隔排列，除了在陽光下閃爍卻不刺眼的完美效果，特殊處理過的瓷磚材質更是不怕海風侵襲，也不怕沾污，省掉日後清洗保養不少功夫，不得不令人佩服建築師的前瞻遠見。

↓雪梨歌劇院最醒目的白色弧形屋頂建材，其實是烏尚特幾經研究和尋找後，才在日本找到的「陶瓷」，並採用瑞士陶瓷製造商哈格納斯的瓷磚，因其生產的瓷磚表面光滑且不至於因陽光照射而產生太大的反射，種種的細心考量，反應了烏特尚力求完美不妥協的個性。

↑幾經波折才完成的雪梨歌劇院，室內設計其實已和原先烏特尚的設計完全不同，僅有這間名為「烏特尚空間」（The UTZON ROOM）的藝術展演空間是僅存的原始設計，是2004年特別向大師致敬所設立。

雪梨歌劇院中文導覽

來到雪梨歌劇院，極建議參加一趟雪梨歌劇院內部導覽。雪梨歌劇院建築包括最大的音樂廳、戲劇廳兩個主廳，還有一些小型劇院、演藝廳以及其他附屬設施。音樂廳可容納2,500人，較著名的是內部有一個號稱全世界最大的機械木連桿風琴，共由10,154根風管組成。唯有參加導覽，才能透過導覽員的帶領，到各廳院內部參觀，而且不用擔心語言不通，目前歌劇院內提供多種語言的導覽服務，可選擇中文導覽員行程，全程30分鐘，絕對能更充分了解雪梨歌劇院裡裡外外的精彩故事。

中文導覽行程每天共8場，9:30、10:15、11:00、11:45、14:00、14:45、15:30、16:15，只要在開始前30分鐘至櫃台購票即可參加。

小故事
美麗的背後

舉世聞名的雪梨歌劇院從施工到完成整整花了14個年頭，其中原因複雜，包括建築難度過高、不斷追加的高昂預算、更經歷不同政治時期的立場考量，經費部分在當時便以發行彩券籌措，但數度更換設計施工團隊並更動設計圖，使得烏尚特於1966年憤而退出，並誓言從此不在踏上澳洲，於2008年辭世的烏特尚，卻從未親眼見過這件將流芳千古的作品。

↑碼頭邊時而可見大型的豪華郵輪停靠，左右各倚著雪梨港灣大橋和歌劇院，美不勝收。

↑交通繁忙的碼頭區，各式渡輪載著遊客往來於雪梨港灣內外。

● MAP P.236-B2

2 環形碼頭
🕐20min. Circular Quay

雪梨誕生的第一港灣

環形碼頭除了是前往曼力海灘、雪梨灣遊船和塔朗加動物園等地的搭船處外，往東看是優美的雪梨歌劇院，往西走連接著名的岩石區及雪梨大橋，碼頭沿線圍繞著購物中心、餐廳、咖啡館和當代藝術館等，渾然天成的悠閒景致不禁讓遊人停下腳步，捕捉忙碌又美麗的港灣風景。然而，環形碼頭的地位不僅於此，這裡可說是澳洲的誕生地，1788年英國第一支押解囚犯的艦隊便在環形碼頭上岸，同時宣告此處為英國殖民地「新南威爾斯」。

>>交通方式

自雪梨歌劇院沿雪梨港邊順著路往碼頭走即達環形碼頭徒步區

↑時髦的咖啡館、精品店和歷史建築交互林立所構成的特殊風情，是岩石區最吸引人的一大特色。

→岩石廣場上樹立著造型獨特的紀念碑，為旅客說明著岩石區重要的歷史地位。

● MAP P.236-B2

3 岩石區

🕐 3hr.　The Rocks　玩

徒步舊城區體驗新奇好感

　　位於環形碼頭邊的岩石區（The Rocks）可說是澳洲歷史的發源地。1788年英國首次運囚艦隊在環形碼頭登陸，從此在這個砂岩海角上展開異地生活，當年碼頭邊貨艙、狹窄的鵝卵石街道、港邊大樓與私宅，至今仍舊佇立岩石區並變身為悠閒時髦的餐廳和精品商鋪，繼續見證雪梨的繁榮風華。此外，澳洲的第一條街道喬治街（George St）不僅是19世紀初雪梨時尚區的代表，幾乎是澳洲商業、建築、航運等的重要發源地，也是澳洲文化與現代藝術的孕育之地，岩石區的深度歷史與現代優雅氣氛，絕對是萬象之都雪梨最具魅力之處。

↑漫步岩石區尋找老房子，也是近年來雪梨徒步行程的熱門主題，像這家雪梨最老的飯店Lord Nelson Hotel，就在Kent St和Argyle Pl街角處等你來發掘！

卡德曼小屋
Cadman's Cottage

歷史意義非凡的砂岩建築遺跡

　　建於1816年的卡德曼小屋，為雪梨港灣第一代建築中僅存的遺跡，也是現存澳洲最古老的砂岩結構建築之一。原用途為英國艦長卡德曼（John Cadman）的營房，而後又曾為水警總部，目前則是國家公園及野生動物服務中心。這棟歷史小屋雖然規模不大，但意義非凡的歷史地位與保存得當的建築本體，可謂是雪梨珍貴的歷史資產。

DATA

🏠 110 George St North, The Rocks（below street level），Sydney
☎ 02-9247-5033
🕐 週二至週日10:00～16:30
💰 免費
🚫 週一、聖誕節和復活節

>>交通方式

自環形碼頭徒步區沿著港灣邊往西走，遇Argyle St和Circular Quay West交口，即達左手邊的卡德曼小屋

岩石區假日市集
The Rocks Weekend Market
精巧設計與當地藝術匯聚一堂

每週末定期在岩石區的鵝卵石人行步道上擺設的假日市集，不但吸引觀光客前來感受雪梨活絡的藝術與創意氣息，街道兩旁各式特色店家林立，也是當地人喜歡前來尋找新奇設計作品的地方。超過200個攤位的市集裡，吃喝玩樂樣樣都有，不過比例頗高的個人創意設計小物攤位則是岩石區市集特別有意思之處，以刀叉湯匙等做成的家飾、回收電路板黏貼而成的項鍊飾品、吹玻璃、木製工藝品，以及各式各樣手創作品，都只有在這裡才看得到，就怕錯過了就再也找不到，因此總是讓人流連再三，捨不得離去。

DATA
- Jack Mundey Place, Playfair St and George St, The Rocks, Sydney
- 週六和週日10:00～17:00
- 週一～週五
- 無

>>交通方式
自博物館出來後右轉直走Kendail Lane，遇Mill Lane左轉後可看到岩石區廣場（The Rocks Square），廣場前的Playfair St往左和往右走都是市集攤位區

↑→以澳洲當地四季特有的樹種，製作出澳洲動植物造型的木製品，除了好玩也兼具藝術收藏價值。可由高處跑跳至低處的木製袋鼠約15澳幣、可愛的千層樹約依春夏秋冬使用當季木材，還可變換四季不同的造型，巧心獨具，一棵約25澳幣。

↑利用餐具組合成一隻栩栩如生的傘蜥蜴，特別引人注目。

↑市集兩側有不少餐飲和咖啡館，逛累了在此喝杯咖啡歇歇腳，既悠閒又享受。

→袋鼠的各種器官也能做成鑰匙圈、不求人等作品，澳洲式的幽默不禁會心一笑。

←聚集在Playfair St上的商店街，店鋪樓房都是古董級的遺產，一樓店面則是各家精品店與紀念品店，值得一逛。

岩石區博物館
The Rocks Discovery Museum

聲光效果展現活歷史

整修自1850年的砂岩倉庫建築，低調隱身於石板地峽窄巷弄裡，這裡是遊客發掘岩石區歷史地帶的最佳去處「岩石區博物館」。本身就是岩石區歷史一部份的博物館，外觀牆面上特別繪上美麗的雪梨港灣景致，館內豐富的文史展示特別以生動有趣的觸碰、視覺和音效呈現，善用科技使歷史活了過來，舊時光的岩石區裡，水手、捕鯨人和商人忙碌的景象，一一浮現眼前。

↑博物館內豐富的古物收藏，以各種互動遊戲和聲光效果呈現，認識歷史變得很有趣。

→博物館後方牆面上的時間軸，畫出不同時期的岩石區景致，不僅彩繪引人注目，用心呈現岩石區歷史的方式，令人印象深刻。

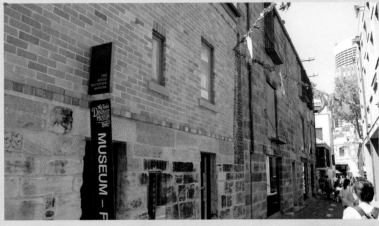

→只要對著櫥窗內的古物一指，液晶視窗馬上跳出該展示物的所有資訊，立即性的互動新奇又實用。

↓博物館內仍能清楚看到牆面上的石板結構和木樁樑柱，在歷史中發現歷史的感覺特別有意思。

小叮嚀
博物館對面即為岩石區遊客服務中心所在地，若想蒐集雪梨相關資訊或是報名參加行程，此時可順道前往。

>>交通方式
自市集走回Kendail Lane，左手邊即可看到方才有經過的博物館

DATA
址 Kendail Lane（Enter via Argyle St），Sydney
電 02-9240-8680
時 10:00～17:00
票 免費
休 聖誕節和復活節
網 www.therocks.com

↑64號店鋪現在仍開店販售著復古的各種零食和日用品，別有一番風味。

↑64號的老舊後門特別有味道，彷彿一道穿越時空的任意門。

蘇珊娜房舍博物館
Susannah Place Museum

探查早期尋常百姓家

蘇珊娜房舍建於1844年，是一棟由四戶磚房組成的聯排屋，每間房舍都是地下一層和地上兩層的格局，是雪梨非常稀有的建築古蹟；門牌號碼58至64號，至今仍持續有人居住而成為意義非凡的歷史民宅。因為這些老舊房舍，記錄著19至20世紀工薪家庭的生活樣貌，所有房舍皆維持原本的模樣，木門、鐵皮、陽台　都盡可能修繕並保留原貌，自當時遺留下來的壁紙、家具風格等室內裝潢，都一五一十地呈現當年尋常百姓的生活型態。目前64號的雜貨鋪在早期即是雜貨鋪，現在則販售著各種懷舊復古的商品與零嘴等，想要進入房舍內參觀，可在此購票進入，並由導覽員帶領解說。

DATA
址 58 - 64 Gloucester St, The Rocks
電 02-9241-1893
時 週一～週五14:00～16:00、週六和週日10:00～16:00（6月～8月營業至17:00）
休 聖誕節和復活節
票 成人8澳幣、優待票4澳幣、家庭票17澳幣
網 www.hht.net.au

>>交通方式
自博物館出來後左轉走至Argyle St，過馬路到Harrington St直行，會看到右手邊往上走的人行石階，並有指標指往蘇珊娜房舍，拾階而上即可抵達蘇珊娜房舍後門

● MAP P.236-B1

4 雪梨港灣大橋

⏱30min. Sydney Harbour Bridge　玩

象徵活力雪梨第二地標

　　雪梨兩大地標，一為雪梨灣旁揚名國際的歌劇院，另一個則是創金氏世界紀錄世界最寬的梁與最高的鋼鐵拱橋，這個被澳洲人暱稱為「大衣架」的雪梨大橋歷經10年施工，於1932年才得以開通使用，是橫跨於雪梨港、連結北雪梨和市區的主要人車通行鐵橋。全長503公尺、寬49公尺的路面上共有8個車道、電車路線及兩側的人行步道，徒步走在大橋上可欣賞到船隻進出港口美景，以及港灣的高級住宅與飯店，黃昏時刻的夕陽餘暉浪漫至極，而夜晚整座橋經燈飾裝點下，更是燦爛耀眼。

跨年煙火秀

　　每年全球跨年的第一發煙火就從雪梨港灣大橋上發出，倍受全球矚目的雪梨跨年煙火秀不僅是最早進入跨年時區的城市，兩大雪梨地標和港灣船隻伴隨璀璨繽紛的煙火，帶領全球跨年倒數跨年的狂歡氣氛，港灣大橋上連結週遭大樓上，每年都有不同主題的煙火設計，午夜12點，全球最美的煙火就在燈光和音樂的配合下展開長達10多分中的精彩演出。

↑雪梨港灣旁的大樓也都是跨年煙火秀的重要配角，讓人驚呼整個煙火施放的寬廣視野。

>>交通方式

自蘇珊娜房舍博物館前方的Gloucester St向 右 直 行，遇Cumberland St右轉直行，即可達雪梨港灣大橋

↑雪梨灣沿岸的高級住宅區景色宜人，更有傳聞其中一棟公寓，即是迪士尼動畫《海底總動員》裡，牙醫診所的所在地。

↑鐵橋兩側是行人專用的徒步區。為安全起見兩旁都以鐵網包圍，不過並不至影響視野，來回在橋上走一趟，必能大飽眼福。

↑在橋上，能見到遊船於雪梨歌劇院周圍環繞交織出的港灣特有景象。

↓攀爬雪梨大橋，也是部分遊客造訪雪梨非得挑戰不可的行程之一。只不過得先報名參加各旅行社帶隊的攀爬行程，索價不斐，視時段不同約200～300澳幣不等。全程約3小時，由專業導遊帶領攀爬，且需換上攀爬服、嚴禁攜帶任何物品，包括相機，以防不小心掉落砸傷行經大橋的人車，但導遊會代為一路拍照，行程結束後可購買照片留念，登頂成功並可拿到證書！有興趣可參考www.bridgeclimb.com

↑→每年吸引湧進百萬遊客前來親身體驗雪梨跨年煙火秀的現場魅力，與百萬遊客一同倒數迎接新年的煙火震撼力，絕對值回票價。

雪梨城市之旅

邂逅美麗豐饒港區 _{Day 2}

雪梨市區著名的達令港（Darling Harbour），或稱情人港的唯美命名，令人印象深刻。達令港是位於市區西邊的小港區，是為紀念澳洲建國200週年而特別開發的大型時髦休憩商圈和行人專屬區，沿著海扇灣林立的購物中心、美食餐館、娛樂中心和海事博物館等，活力奔放的港灣風情，吸引著大觀光人潮，鄰近周邊的誼園、中國城和皮特街購物商圈，多彩多姿的休閒娛樂情調一氣呵成。

費用表	國立海事博物館	32澳幣
	誼園	6澳幣
	合計	**38**澳幣

備註：
1.門票皆以1成人之票價計算，其他票種，請參考景點DATA資料自行計算。
2.購物或餐飲花費，視每人情況而有不同，所以不予計算。

小叮嚀

>>導覽
　　本日強烈推薦大啖澳洲海鮮大餐，尤其是鮮美生蠔！不論是雪梨魚市的大眾化口味，或海扇灣沿岸廣場的特色店家，海鮮品質和價格，都比市區來得物美價廉。

● MAP P.236-A4

1 雪梨魚市

⏱ 1hr.　Sydney Fish Market

各式海鮮嚐鮮要趁早

　海港城市雪梨的重要特產，當然少不了生猛的各式海鮮！就在市區不遠處的雪梨魚市，早上七點開始營業，二十多個攤位以販售生鮮和餐廳居多，但也有麵包店、咖啡館和蔬果攤，市場內總是一早就擠滿搶鮮的遊客，因為愈早來魚貨愈新鮮，嚐起來滋味特別鮮美。在這裡，不論是直接購買生鮮海產請店家料理，或是直接點出市場內料理好的海鮮組合，都是元氣十足的早餐選擇。不過，來到了雪梨魚市，可千萬別錯過新鮮肥美的生蠔，清甜中帶點奶香的生蠔滋味，絕對讓人念念不忘。

DATA
🏠 Locked Bag 247, Bank St, Pyrmont
☎ 02-9004-1100
🕐 週一至週日7:00～16:00
✖ 聖誕節
🌐 www.sydneyfishmarket.com.au

>>交通方式
1. 可搭乘輕軌列車（Metro Light Rail）至魚市站（Fish Market Stop）下車，走Bank St即達
2. 徒步可自中國城的Hay St往西走，至Darling Drive右轉行至達令港後，遇Pyrmont Bridge Rd左轉直行即達，約20分鐘

↓室內和戶外都設置有舒適的用餐桌椅，買好餐點後，找張餐桌就可立刻享用生猛海鮮。

省 錢 小 撇 步
　到雪梨魚市嚐鮮，雖然點出店家已配好的生食和熟食海鮮很方便，但若要吃得過癮又不至於花費太多，建議可以直接購買成打的生蠔，再選購半斤或1斤的熟蝦或生魚片，這樣分食起來，比起單點費用和份量上都來得更划算！

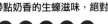

COOKED VANNAMEI PRAWNS
$19.99/kg

↑豪邁地來上半打或一打生蠔，絕對是來到雪梨魚市必要的享受，現開現賣的生蠔，除了鮮度沒話說，依尺寸不同價格各異，一打約莫15澳幣的價格非常實惠。

→海鮮全餐／25.5澳幣
升級版的龍蝦海鮮全餐，一次吃下半尾龍蝦、生蠔和明蝦，豪華的組合令人垂涎。

→明蝦生蠔組合／12.5澳幣
魚市內也有不少搭配好的個人嚐鮮組合，像是大明蝦配上生蠔，一次就可吃到兩種美味。

→生蠔一打／15澳幣
生蠔以盒裝販售，可選擇半打或是一打，並附上檸檬片和叉子，趁新鮮直接食用最棒！

● MAP P.236-A4

2 國立海事博物館

⏱ 1hr.　Australian National Maritime Museum

記錄海上探險年代的輝煌歲月

　位於達令港邊的海事博物館，佔地廣大的建築本體，共有三層樓的展示空間：一樓有大廳、禮品店、附屬咖啡館，二樓及地下室則展示著澳洲航海歷史與海洋相關的各項史蹟，並包括澳洲原住民的海洋文化等。博物館後側倚著達令港的碼頭上，則停放著1959年～1986年服役於海軍的吸血鬼驅逐艦（Vampire），遊客可登上驅逐艦參觀。旁還有自1999年退役的昂斯洛（Onslow）潛艇，讓遊客一睹澳洲的海事神威。此外，博物館也收藏著傳統木船、海船引擎和輪船模型等，豐富的館藏讓人體會到澳洲與海洋息息相關的發展史。

DATA
🏠 2 Murray St, Darling Harbour, Sydney
☎ 02-9298-3777
🕐 週一至週日9:30～17:00（1月至18:00）
✖ 聖誕節
💲 免費，但進入展覽館成人32澳幣、兒童及優待票17澳幣；另也可購買想參觀展館的個別門票，只參觀驅逐艦和潛艇的Navy Ticket成人20澳幣、兒童及優待票10澳幣
🌐 www.anmm.gov.au

↑吸血鬼驅逐號停泊在博物館後方的達令港邊，龐大威武的船身非常個人，而旁邊黑色的昂斯洛潛艇也不遑多讓。

>>交通方式
自雪梨魚市沿Pyrmont Bridge Rd走回達令港，遇Murray St即達海事博物館

禮品區
　位於一樓門口進來左側的禮品店，有著各式各樣豐富的海洋相關商品，這裡有澳洲最齊全的海事書籍，還有各種海洋藝術品、玩具和紀念品等，應有盡有。就算沒有購買門票入內參觀，也可以在禮品店選購紀念品帶回家。

↑記憶中卡通裡出現的水手帽和配件，在這裡都成了實際的商品，像這頂可愛的北海小英雄帽，就讓人回味無窮。

↑海盜傳說應該是最吸引人的海洋軼事，海盜船中的珠寶更是讓人眼睛發亮！禮品店內Q版的珠寶首飾令人玩興大開。

→酷炫的骷髏頭海盜杯，特別有意思，約12澳幣。

←各式各樣的船售模型，都以小巧精緻的木料和帆布呈現，很具紀念價值。

3 海扇灣

⏱ 1.5hr. Cockle Bay

● MAP P.236-A4

飽覽水岸風情與縱情人氣商圈

　　海扇灣是達令港的水路之一，以橫跨港灣的派蒙人行橋（Pyrmont Bridge）為界，站在橋上往北俯瞰著名達令港的繁榮景象，往南遠眺則為時髦熱門的娛樂和商業港灣區，沿著海扇灣周邊既是熱鬧喧囂，又具水岸悠閒風情，從港灣區（Harbourside）到海扇灣碼頭（Cockle Bay Wharf），再延伸至達令港邊的國王街碼頭（King Street Wharf），經過完善規劃的港灣地區，不論是賞景、購物，或是享用美食，這裡的歡樂氣氛絕對是雪梨最具代表性的觀光勝地。此外，海扇灣往南行的唐巴朗公園綠地（Tumbalong Park）和中國花園（Chinses Garden），一路精彩的水舞造景和庭園設計，整個港灣區域景致多元。

DATA

🕐 店家各異，大致為週一至週日10:00～21:00
休 無

↑→港灣區（Harbourside）：港灣區除了有多家可享受海鮮大餐的氣氛餐廳外，水岸邊的圓形玻璃帷幕大樓為購物中心，各色品牌服飾、紀念品和精緻餐飲店都在其中。

↑港灣區旁的Jordons露天海鮮餐廳裡，供應了讓人瞠目結舌的雙層海鮮拼盤（Seafood Plate），兩人同行約135澳幣就能享用內含龍蝦、螃蟹、生魚片、生蠔、章魚等的海鮮大餐！

↑派蒙橋（Pyrmont Bridge）：橫跨海兩側的派蒙橋（Pyrmont Bridge）除了是居高臨下欣賞美麗港灣的絕佳地點外，經過此橋的輕軌列車，也是行經雪梨市區及到達達令港區的重要交通工具。

>>交通方式

自國立海事博物館往後側的達令港走，即可抵達派蒙橋及港灣區

↓唐巴朗公園（Tumbalong Park）：由港區走進唐巴朗公園，沿途引人注目的水舞設計和戲水區與港區融為一體的設計，令人激賞。

↑誼園（Chinese Garden）：通過唐巴朗公園後，緊接著連結的綠地則為中國式庭園「誼園」，門口的兩座石獅提醒您誼園已抵達，古典優雅的中國式花園是中國廣東省送給澳洲作為慶賀建國200年紀念，園區內景致宜人，並有品茗處可稍作停歇，頗受觀光客青睞。

誼園DATA

地 Southern end of Darling Harbour, Sydney
電 02-9240-8888
時 週一至週日9:30～17:00
休 聖誕節和復活節
費 成人6澳幣、兒童及優待票3澳幣、家庭票15澳幣（2大人＋2小孩）
網 www.chinesegarden.com.au

>>交通方式

自海扇灣往南走Urban Stream經唐巴朗公園後，即可看到誼園

小叮嚀

若是不勝腳力，不妨搭乘港邊隨處可見的遊園火車，路線繞行於海扇灣沿線各景點及唐巴朗、誼園等，隨招隨停。可全程搭乘遊覽約25分鐘，或是隨性由A點上至B點下等，票價為成人4.5澳幣、兒童3.5澳幣。

● MAP P.236-B4

4 維多利亞女王大樓

⏱40min. Queen Victoria Building

世界最美的購物中心令人驚歎

　巍巍佇立於雪梨市中心的維多利亞女王大樓（QVB），以壯闊之姿佔據喬治街（George St）、市場街（Market St）、約克街（York St），和德魯伊特街（Druitt St）四條街所包圍而成的廣大面積，其華麗古典的外觀和室內設計，更曾贏得全世界最美購物中心的讚譽。

　建於1898年的維多利亞大樓，原做為音樂廳、餐飲店、裁縫理髮和零售店等使用，興建初期因遇上雪梨經濟大蕭條，因而聘任各方失業的藝術家和工匠等群力共事，因而造就了藝術和藝術歷史非凡的維多利亞女王大樓。今日所看到的QVB曾經歷改建修復，但從其聞名的彩繪玻璃、以銅覆蓋的圓形屋頂、內部精緻的金屬螺旋梯等，都仍能感受到這棟羅馬式大樓的精雕細琢。QVB自1986年起作為地下一層、地上四層的大型購物中心使用，林立於古典氛圍內的各式商舖，從流行服飾到精品種類齊全，不僅為雪梨市區地標，也是熱門的購物好去處。

DATA
455 George St, Sydney
☎02-9264-9209
🕐1樓和地下層／週一至週六9:00～18:00（週四至21:00）、週日11:00～17:00；2樓和3樓／週一至週六10:00～18:00（週四至21:00）、週日11:00～17:00
休無
🌐www.qvb.com.au

>>交通方式

由國立海事博物館旁上派蒙橋，過橋至海扇灣碼頭區，再依下橋處對面右邊的Market St直行，到了York St交口即可看到右手邊的QVB

↑靠近喬治街的出入口門上方，有著美麗的彩繪玻璃景觀。

↑就在古董手動電梯旁的上下樓階梯，牆面上特別掛上QVB的歷史照片，一幅幅說明著她的過去。

←QVB內部明顯的穹頂和華麗古典的床窗檔，還有一樓的馬賽克地板，都是QVB之所以美麗的考究設計。

→具有百年歷史的大吊鐘當年由皇家鐘錶設計工匠所製作，精緻的細節令人讚歎。整點時吊鐘上層自動打開，玩偶們依序出場敲鐘打鼓，極為壯觀。

● MAP P.236-E2

5 市政府

⏱1min. Town Hall

繁忙街頭不可思議的古典氛圍

　雪梨古色古香的市政府是一座砂岩建築，位於雪梨市中心，左邊與維多利亞女王大廈相對，右邊和聖安德烈座堂比鄰，目前市政府位在雪梨大眾交通樞紐位置，因此廳前的台階上成為等候和約會時的地標。這座建於1880年的廳堂是目前遺留下來少數非宗教用途的建築，在雪梨歌劇院未出現之前，這裡便是雪梨首屈一指的音樂廳，當年建造的大管風琴仍保留至今。目前市政府內部仍舊保持宏偉華麗的陳設，在週一至週五8:00～18:00，遊客可入內參觀開放的部分廳堂，像是前身原為音樂廳的百年紀念廳（Centennial Hall）等。

DATA
483 George St, Sydney　　☎02-9265-9189　　🚇無
🕐24小時　　休無　　🌐www.cityofsydney.nsw.gov.au/sydneytownhall

>>交通方式

與QVB隔Druitt St相望，過街即達

西園購物中心
Westfield Shopping Center

走在雪梨街頭，只要抬頭仰望，幾乎都可以見到雪梨的最高點「雪梨塔」的蹤影，而雪梨塔正與西園購物中心位於同一棟樓。登上高度在260公尺處的瞭望台可360度欣賞雪梨景觀，門票約25澳幣，另外也有空中走廊（Sydney Tower Skywalk），挑戰露天走在高空中的視野，不過就得再花上40澳幣的代價。

● MAP P.236-B4

6 皮特街購物商圈
2hr. Pitt Street Mall

品味雪梨頂尖獨到的時尚殿堂

位於市中心的皮特街購物商場，是雪梨最大的購物商圈，總共進駐有600家以上店鋪，除了皮特街徒步購物區外，皮特街上大型百貨公司包括Myer、David Jones、Strand Arcade、Mid City到2010年10月才新開幕的Westfield，各商家之間幾乎都有通道相連結，逛起來就像在一個超大型百貨公司穿梭般，相當過癮。而皮特街購物廣場上，除了各式澳洲品牌店家爭奇鬥豔的櫥窗外，廣場上也常有街頭藝人表演，因此也吸引不少行人駐足，掌聲與笑聲更是此起彼落。

>>交通方式

由市政府北走George St，在Market St右轉，繼續直行遇Pitt St左轉即達

→屬於較年輕雅痞路線的Mid City購物中心，雖佔地不大且僅有4層樓，但精緻獨特的風格，照樣吸引許多型男型女。

西園購物中心
Westfield Shopping Center

2010年10月才開幕的Westfield百貨就位於雪梨最高建築——雪梨塔的下方，並特別引進新興的澳洲設計師品牌入駐，很具當地特色；各國際精品和流行品牌也很齊全，像是ZARA、CK、GAP、DKNY等知名品牌都能在這找到。

↑位於Westfield6樓（Level5）的Cloudy Bay Fish Co.餐廳提供美味新鮮的餐廳，尤其周圍玻璃帷幕的用餐環境設計，視野相當良好。

←Westfield百貨地下樓層，有許多年輕且帶動潮流的服飾配件品牌，光是瀏覽創意十足的櫥窗擺設也很有樂趣。

DATA
🏠 Cnr Pitt St Mall and Market St, Sydney
📞 02- 8236-9200
🕐 週一至週六9:30～18:30（週四至21:00）、週日10:00～18:00
休 無
🌐 westfield.com.au/sydney

>>交通方式

就位在Pitt ST Mall和Market St路口

● MAP P.236-A6

7 中國城
20min. China Town

人聲鼎沸的東方美食聚落

在19世紀末，雪梨的中國城是座落在岩石區，爾後才般到現在位於達令港附近的市場街一帶，也是南半球規模最大的中國城。中國城範圍圍繞著狄克森街（Dixon St）向四周發展，但主要入口仍以狄克森街兩端的中國城門為地標，不論是白天或夜晚，以美食著稱的中國城總是人聲鼎沸，物美價廉更是金字招牌，到了夜晚，餐廳外的露天座位可是一位難求。除了美食之外，各種中國風的紀念品與用品也都一應俱全，街頭上也常能見到叫賣的小販，場面相當熱絡。

DATA
🏠 Dixon St, Sydney
🕐 店家各異
休 無

>>交通方式

自George St往南走Goulburn St右轉，遇Dixon St左轉即達

雪梨城市之旅

人文藝術散步地圖 ^{Day}**③**

雪梨之所以受到國際觀光客的青睞，在於不算大的市區與鄰近市郊，處處擁有獨特又豐富的文化涵養，散發著各自芬芳的美麗風采。一早來到優美廣大的皇家植物園享受清新的芬多精洗禮、遠眺雪梨歌劇院與雪梨大橋共構的港灣美景後，走入人文歷史意義深厚的麥格利街、信仰中心聖瑪麗大教堂和紀念戰事的海德公園，親身感受雪梨人文的脈絡；再更走進去，牛津街一路延伸至市郊派丁頓區，讓人見識到與市區截然不同的時髦風尚和藝術氛圍。

環形碼頭

①
皇家植物園
Royal Botanic Gardens

麥格利街古蹟巡禮
Macquarie St
Historic Houses **②**

Macquarie St.
St James Rd.

海德公園 ④
Hyde Park

聖瑪麗大教堂
St.Mary's Cathedral **③**
S.Mary Rd.

Elizabeth St.
College St.

Liverpool St.

牛津街 ⑤
Oxford Street
Oxford St.

陣營石疊

Darlinghurst Rd.
Victoria St.

⑥
派丁頓
Paddington

≫ 本日行程表

1	步行5分鐘	**皇家植物園**	（建議停留1小時）
2	步行5分鐘	**麥格利街古蹟巡禮**	（建議停留15分鐘）
3	步行1分鐘	**聖瑪麗大教堂**	（建議停留40分鐘）
4	步行3分鐘	**海德公園**	（建議停留20分鐘）
5	步行15分鐘	**牛津街**	（建議停留20分鐘）
6		**派丁頓**	（建議停留2小時）

費用表	聖瑪麗大教堂地下墓穴	5澳幣
	合計	5澳幣

備註：
1.門票皆以1成人之票價計算。
2.購物或餐飲花費視每人情況而有不同，所以不予計算。

小叮嚀

≫導覽
　建議本日可攜帶簡便午餐，或是到便利商店購買簡單輕食到海德公園野餐。下午到了派丁頓區再找家店坐下來，但由於派丁頓區部份店家週日和週一公休，建議有興趣前往購物者避開這兩天，才能逛得盡興。

1 皇家植物園

⏱ 1hr. Sydney Royal Botanic Gardens 玩

● MAP P.236-C3

港灣綠意與美景

佔地30公頃之大的雪梨皇家植物園，四面緊鄰雪梨歌劇院、海灣和市區街道，優越的地理位置成為城市裡珍貴的綠地空間，各種植物花卉和鳥類、蝙蝠生態都生活其中，各式大型戶外活動也常在此舉行；位於植物園東北側的麥格利夫人岬（Mrs.Macquarie's Point），則是雪梨市區可以同時捕捉到雪梨歌劇院和雪梨大橋畫面的絕佳地點，也是每年欣賞雪梨跨年煙火秀的熱門地點之一。

DATA
- Mrs Macquarie Rd, Sydney
- 02-9231-8111
- 11月至2月7:00～20:00、3月至10月7:00～18:30、4月和9月7:00～18:00、5月和8月7:00～17:30、6月和7月7:00～17:00（跨年夜當天特別開放至凌晨）
- 休 無
- 票 免費

>>交通方式
搭乘雪梨市區免費公車至環形碼頭站（Circular Quay）下車，往雪梨歌劇院的方向走Macquarie St，右手邊龐大的綠地即植物園

→坐在麥格利夫人岬的草皮上，遠眺雪梨灣的絕佳視野，每當跨年那天總是一早就擠滿大批等待煙火的民眾前來卡位。

2 麥格利街古蹟巡禮

⏱ 15min. Macquarie St Historic Houses 玩

● MAP P.236-B3

見證雪梨發展史的典雅遺跡

麥格利街自皇家植物園至海德公園這一段，可以說是雪梨公家機關最早設立之處，此街命名便是由早期英國殖民新南威爾斯州時的總督Lachlan Macquarie而來，而這一帶的建設從雪梨醫院、海德公園兵營（Hyde Park Barracks）到聖詹姆士教堂（St. James Church）等，都是由麥格利先生所主導，如今這些古蹟仍真實地帶領著遊客追溯雪梨的歷史。此外，現在的麥格利街著名的地標還包括有國會大廈（Parliament House）、鑄幣廠（Sydney Mint）和州立圖書館等，短短一條街卻代表著雪梨重要的市政發展史，極具歷史意義。

↑雪梨醫院（Sydney Hospital）
目前仍為醫院的雪梨醫院現址，可說是雪梨最古老的醫院，也是1811年總督麥格利打造的第一棟雪梨公共建物，共分為三座典雅的建築，北翼現為國會大廈、南翼為鑄幣廠，中間的建築則為當時的「蘭姆酒醫院」（Rum Hospital）。除了深具歷史意義的建築本體外，醫院前的公豬銅像（Il Porcellino）更饒富趣味，這是知名的義大利銅雕藝術，雪梨醫院門口的雕像則是目前全世界10多座拷貝作品的其中之一；相傳只要摸摸公豬的鼻子就能帶來好運，光看被摸到發亮的鼻頭就知道。

↑雪梨鑄幣廠（Sydney Mint）
建於1811至1816年的雪梨鑄幣廠，原為雪梨醫院南翼建築，1853年至1927年間才作為皇家鑄幣分廠使用，同時也是英國殖民時期第一個在英國以外地區設置的鑄幣廠。據記載，此棟大書是雪梨公共建築群裡最古老的一棟，在歷史和建築結構上都具深層的文化意義。目前該棟大樓作為新南威爾斯古屋信託機構（Historic Houses Trust of New South Wales）辦公室，部分區域開放參觀，1樓有禮品店販售精緻紀念商品與書籍。

↑海德公園營區博物館（Hyde Park Barracks Museum）
海德公園營區是由囚犯建築師法蘭西斯（Francis Greenway）於1817年動工興建，典雅美麗的喬治亞式殖民時期建築令人難以想像，這居然是流放犯人的監獄。在1819至1848年間共囚1萬5千名男性犯人，爾後又曾作為收容所和慈善機構等。目前海德公園營區博物館開放民眾參觀，內可體驗以往牢獄生活的種種，這裡同時也是第11處被登錄為世界遺產的監獄遺跡。入內參觀門票為每人10澳幣。

↑圖書館
位於國會大廈旁的州立圖書館，希臘式的外觀看來格外浪漫。

>>交通方式
沿植物園Macquarie St向南步行，約5分鐘可看到左手邊的圖書館和國會大廈等一整排的古蹟建築

● MAP P.236-B4

3 聖瑪麗大教堂

⏱40min. St.Mary's Cathedral 🎮

優雅美麗的神聖信仰殿堂

聖瑪麗大教堂矗立於雪梨市中心,是一處優雅而美麗的天主教聖殿,也是身處這活力城市的居民尋求慰藉與祈禱的空間。聖瑪麗是由19世紀的建築師威廉(William Wilkinson Wardell)所建造,希望藉由當地的黃色砂岩彰顯宏偉的英式歌德大教堂,高聳的尖塔、玫瑰花窗、彩繪玻璃,再加上採用當地黃色砂岩,呈現出既聖潔又溫暖的獨特風格。進入教堂內部,神聖莊嚴的祭壇、肅穆卻平靜的氛圍,敬畏之心油然而生。此外,位於教堂地下室的墓穴也開放參觀,神聖華麗的安息之所藝術和歷史價值甚高。

DATA

🚩 St Mary's Cathedral St Mary's Rd, Sydney
📞 02- 9220-0400
🕐 週日至週五6:30 ～ 18:30、週六8:00 ～ 18:30
休 無   票 自由捐獻

>>交通方式

自海德公園前左邊的St Mary's Rd直行,即可抵達聖瑪麗大教堂

↑莊嚴肅穆的教堂內,溫暖安靜的氣氛讓人心情得以沉澱。

↑前往聖瑪麗大教堂禱告、彌撒與舉行婚禮的人相當多,是雪梨相當重要的信仰中心。

聖瑪麗大教堂墓穴
St Mary's Cathedral Crypt

隱密壯觀的地下華麗之所

聖瑪麗大教堂為澳洲第一個英國境外的天主教堂,其歷史和宗教意義非凡。尤其位於聖瑪麗教堂地下的墓穴,原為大主教安息之所,珍貴的水磨石馬賽克地板,出自彼得‧馬洛可(Peter Melocco)之手,繁複精緻的圖騰設計和教徽皆有其宗教意涵,同時也極具藝術價值。此外,墓穴目前也包含各種展示功能,像是澳洲各地教堂的縮小模型、宗教祭典用品和神聖的遺物等,都能在這美得令人嘆為觀止的空間裡欣賞;進入地下墓穴參觀需在入口鐵門旁的捐獻箱投入5澳幣,即可進入參觀。

↑玻璃櫃裡展示著澳洲各地教堂的縮小模型,各式各樣精彩的教堂建築並標示其所在位置,相當有看頭。

↑大主教陵墓前底版上的十字示意圖,穿插精美的圖騰設計,每一幅畫都隱喻著聖經教義。

↓地下墓穴華麗的馬賽克地板分為四大部份和主題,並於不同時期分階段完成,歷經數十年才完成,神學和藝術價值皆俱。

4 海德公園

⏱20min. Hyde Park 玩

追求和平與戰事紀念的象徵

　　海德公園是位於市中心的廣大綠地公園，北自聖瑪麗路（St Mary Rd）往南延伸至利物浦街（Liverpool St），左右則跨於伊莉莎白街（Elizabeth St）和學院街（College St）兩街之間，寬敞的綠地常是上班族忙裡偷閒和遊客休憩野餐的好去處，在公園內沿綠蔭小徑散步也很愜意。而公園內有兩大主要景觀，一為北側的阿奇柏爾德噴泉（Archibald Fountain），描繪的是阿波羅青銅雕塑和其他神話人物；另一處則是南邊靠近利物浦街的紐澳戰爭紀念館（ANZAC Memorial），是1934年為向一次世界大戰中犧牲的紐澳軍團士兵致敬所設計，紀念館在前方水池所規劃的湖面倒影（Lake of Reflections）是一著名的特色景觀。

DATA
📍 Hyde Park, Sydney
🕐 24小時，戰爭紀念館10:00～17:00
❌ 無，戰爭紀念館聖誕節和復活節休館
🎫 免費

>>交通方式
聖瑪麗大門口前的綠地公園即為海德公園，過College St馬路即達

↑紐澳戰爭紀念館前方水池水面高達30米以上，宏偉可觀，內部也有攝影展覽可免費參觀。

→掛上彩虹旗的店家同時歡迎同性戀及異性戀顧客，支持性別平權。

DATA
📍 Oxford St, Sydney
🕐 店家各異

>>交通方式
沿海德公園最南端終點的Liverpool St向東行，遇College St三叉路口轉Oxford St即達

---

5 牛津街

⏱20min. Oxford Street

彩虹旗飄揚的狂歡街區

　　自海德公園南側末端東南方向前行即進入牛津街，此區白天為精品商店林立的特色商圈，夜晚則是狂歡的夜店天堂。不過，走進牛津街不經意會發現店家門口或招牌上的彩虹旗標誌，這是同志平權的代表意涵，沒錯，此區便是雪梨同志們喜愛聚集的區域，這裡的餐廳或商店也都以品味和獨特著稱，相當具有人氣。牛津街同時也是每年2月到3月上旬為期一個月的雪梨同性戀大遊行（Mardi Gras）的起源地，盛大華麗的變裝遊行和各式表演，早已成為國際知名的大型嘉年華之一，每年吸引來自世界各地的觀光客一同狂歡。

陣營石牆

Camp Stonewall

思考藝術的可能性

　　位於牛津街和伯克街（Bourke St）街角的泰勒廣場（Taylor Square），紫色瓷磚構成的石牆和一旁標示著男人、女人、驕傲、尊嚴、愛字樣的立牌，這是一項由藝術家Annie Kennedy為活化泰勒廣場，及紀念同志權利運動和捍衛者所作，自2009年至2011年為期3年的暫時性藝術。

↑石牆由一塊塊瓷磚組合而成，每塊瓷磚上都有由雪梨當代同志社團所撰寫的訊息和心情故事。

派丁頓

Paddington

沿著主要道路牛津街兩旁和伊莉莎白街（Elizabeth St），茂盛林蔭間林立著古典細緻的維多利亞式洋房、獨立書店、特色咖啡輕食店和雜貨服飾精品店等，與市區相比，這裡的店鋪和商品極具風格，且氛圍較為悠閒寧靜，是一處舒適的逛街購物地點。

←↑維多利亞歷史別墅
19世紀末到20世紀初建造的維多利亞式洋房，是到派丁頓走訪的參觀重點。每棟樓房均維持古典的樣貌，成排的屋舍看似大同小異，卻各有主人們獨特的風味，非常有意思。

● MAP P.236-C6

6 派丁頓
🕐 2hr.　Paddington

在市郊老區遇見時髦風尚

　　從市中心沿著牛津街向東行，先經過達令郝斯特區（Darlinghurst），再繼續往下走，映入眼簾的是時髦優雅的洋房與風格小店，代表以時尚風格著稱的派丁頓區到了。沿著主要道路牛津街兩旁和伊莉莎白街（Elizabeth St），茂盛林蔭間林立著古典細緻的維多利亞式洋房、獨立書店、特色咖啡輕食店和雜貨服飾精品店等，與市區相比，這裡的店鋪和商品極具風格，且氛圍較悠閒寧靜，是一處舒適的逛街購物地點。不過，派丁頓另一特色則是精彩的巷弄文化，由於派丁頓為雪梨市郊較早發展的區域，因此除了主要道路較寬敞外，往牛津街兩旁連結的多是巷弄小徑，非常適合徒步觀光，除了各式各樣的老店、咖啡館、精品店和藝廊藏身於所謂的「五條通」，即穿梭在牛津街以北的Glenmore Rd, Goodhope St, Heeley St ,Broughton St等，巷弄內為數驚人的維多利亞時期樓房成了精緻住宅區，雕花鑄鐵陽台、典雅馬賽克地板和古味盎然的階梯等，巷弄內的別墅風景更引人入勝。

←派丁頓市集
自1973年就開始的派丁頓市集（Paddington Markets）是雪梨著名的市集之一，每週六早上10:00到下午，固定在牛津街上的派丁頓教會廣場（Paddington Uniting Church）舉辦，超過200個攤位聚集於此，以當地美食和新銳設計商品等為主。

↑維多利亞營區
位於牛津街上鎮公所旁，以圍牆包圍住的大片地方即為維多利亞營區。建於1841年的營區原為英軍總司令部，目前則為澳洲陸軍東司令部；營區每週只開放兩天，每週四早上10點開放參觀衛兵交接儀式和營區導覽，以及每週日10:00～15:00開放博物館免費參觀，平日則是門禁森嚴，無法入內參觀。

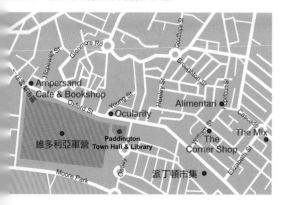

→在派丁頓區到處可以看到這樣自然散發悠閒氣息的店家，不論是餐廳或是雜貨服飾店，美麗的老房子就是最佳門面。

>>交通方式

自市區Oxford St順著路往下行，過了South Darling St即進入派丁頓區

257

派丁頓個性小舖

Ampersand Café & Bookstore

精神食糧是最好的美食

小巧溫馨的複合式咖啡館位在車水馬龍的牛津街上，但店裡營造的人文舒適空間自然將嘈雜隔絕在外，在此隨性地翻翻二手書、聽聽音樂，或者享受咖啡美食的悠閒，自在的氛圍毫不造作。

DATA
址 78 Oxford St, Paddington
電 02-9380-6617
營 週一至週六7:30～18:00、週日9:00～18:00
休 無

Ocularity

發現靈魂之窗的時尚精品

超吸睛的店頭設計展現了妝點靈魂之窗的意圖，這是一家專門販售巴黎精品眼鏡店，除了知名的 Lafont手工眼鏡外，像是Porsche, Dior, Roberto Cavalli, Gucci 和Lindberg等時尚精品品牌鏡框和太陽眼鏡等，都能在這找到。

DATA
址 200 Oxford St, Paddington
電 02-9331-1688
營 週二、三、六 10:00～17:30；週四10:00～19:30；週五10:00～17:00
休 週一和週日

The Corner Shop

打開仙朵拉的寶盒

店如其名，這家位於William St和Underwood St街角的精品店，明亮活潑的店內氣氛，販售精挑細選設計概念良好的獨立品牌商品，從首飾配件到服飾都有，店內不乏澳洲新銳設計師服飾，像是 Anna & Boy, Ellery, Friedrich Gray, Josh Goot, Therese Rawsthorne等，有不少客人都是專程來挖寶。

DATA
址 43 William St, Paddington
電 02-9380-9828
營 週二至週五10:00～17:00、週六9:00～16:00
休 週一和週日

The Mix

觸目所及都是寶

The Mix店內洋溢著色彩繽紛的鮮明氛圍，各式雜貨商品就像擺放在家裡一樣，以最自在的姿態擺在桌子或椅子上，又或者乾脆落在一個個彩色的塑膠欄裡。店內的商品有來自澳洲原住民的手工畫和串珠、手工布娃娃、鮮豔的棉襪，也引進世界各地的設計文具商品等，種類很多元。

DATA
址 43 William St, Paddington
電 02-9380-9828
營 週二至週五10:00～17:00、週六9:00～16:00
休 週一和週日

Alimentari

洋溢幸福滋味的午后時光

就像在南歐溫暖的陽光下啜飲香醇咖啡的滋味，Alimentari散發著一股來自異國的幸福味。沒錯，這裡正是當地人最愛的義大利美食供應站，也是街坊鄰居閒來無事發呆、聊聊天的好去處。店內現成的手工點心、熟食，或是現點現做的義大利麵、沙拉、輕食都在水準之上，道地的義式咖啡更是不能錯過！

DATA
址 2 Hopetoun St, Paddington
電 02-9358-2142
營 週一至週五7:00～18:00、週六8:00～17:00
休 週日

↓店內一角還販售著豐富的義大利食材，從義大利麵到火腿、起司等都有。

↑濃縮咖啡／5澳幣
香醇的濃縮義式咖啡，深厚的香氣和微酸的口感，餘韻十足。

←點心櫃擺放著各式各樣手工製作的派和餅乾，是搭配咖啡的最佳下午茶組合。

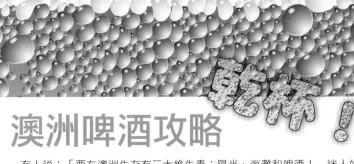

澳洲啤酒攻略

有人說：「要在澳洲生存有三大維生素：陽光、海灘和啤酒！」迷人的陽光和沙灘，少了啤酒助興，相形失色。除了澳洲7大省皆各自生產的啤酒品牌，在一般售酒店都就能買到，若是想到酒吧或餐廳體驗生啤的新鮮滋味和熱鬧氣氛，那就非得先詳讀本頁啤酒攻略，小酌或暢飲都能輕鬆享受！

澳洲各省代表啤酒

澳洲人是出了名的愛喝啤酒，也因此澳洲啤酒品牌眾多，各省幾乎都有知名的啤酒廠，像是新南威爾斯的Tooheys、維多利亞的VB、昆士蘭的XXXX、南澳的Coopers、塔斯的Cascade和Boag's、西澳的Emu和Swan，以及北領地的NT等，喜歡喝啤酒的人，別錯過這些澳洲代表作！另外，在澳洲賣酒需要有執照，因此若是要購買酒精類飲品，就得到專門的售酒店（Liquor）購買，一般商店或超市是買不到的！

如何在澳洲酒吧暢飲啤酒

來到澳洲的酒吧點用啤酒，除了各品牌的瓶裝啤酒一樣可點外，建議喝喝看吧台邊可點選的新鮮桶裝生啤吧，尤其是酒吧自釀及當地所產的啤酒！這時候，若是只想喝一杯，有各種大小不同的容量可選；人多的時候，不妨直接點Jug（1140ml），一起Share更划算，也更有Fu！然而，澳洲各地對於容量說法有所差異，不過別擔心，只要參照右表，就能輕輕鬆鬆點到正確容量的啤酒囉！

各式啤酒容量輕鬆點

維多利亞	新南威爾斯	北領地	塔斯馬尼亞
200ml→Beer	200ml→Seven	200ml→Seven Ounce	170ml→6 Ounce
285ml→Pot	或Beer	285ml→Pot	200ml→7 Ounce
425ml→Schooner	或Glass	或Beer	225ml→8 Ounce
或Megapot	285ml→Middy	或Handle	285ml→10 Ounce
570ml→Pint	425ml→Schooner	425ml→Schoonerl	或Half Pint
1140ml→Jug	570ml→Pint	570ml→Pint	425ml→Schooner
	1140ml→Jug	1140ml→Jug	或15 Ounce
西澳			或3/4 Pint
200ml→Glass	南澳	昆士蘭	570ml→Pint
285ml→Middy	285ml→Schooner	200ml→Seven Ounce	1140ml→Jug
425ml→Schooner	425ml→Pint	285ml→Pot	
570ml→Pint	570ml→Imperial Pint	425ml→Schooner	
1140ml→Jug	1140ml→Jug	570ml→Pint	
		1140ml→Juq	

1140ml　570ml　425ml　285ml　200ml　170ml

雪梨市郊之旅

邦代海灘夏日遊 ^{Day 4}

雪梨周邊因被港口和峽灣所包圍，因而比別的城市多了繁忙的水路交通和碼頭休閒區外，更有多處著名的海灘戲水區，主要以雪梨以北的曼力（Manly）和東雪梨的邦代（Bondi）兩大海灘最受歡迎，是炎炎夏日消暑的絕佳去處。不過，若只想選擇一處海灘前往，那麼就建議來一趟悠閒的邦代海灘之旅吧！約30分鐘，就可以從市區抵達以衝浪著稱的邦代海灘，除了彎月型海灘、金色沙灘景緻迷人，還可悠閒漫步濱海步道，或是享受下午茶，邦代市集尋寶等，一整天待在邦代也不無聊。

本日行程表

1	步行 3分鐘	坎貝爾濱海大道（建議停留30分鐘）
2	步行 5分鐘	邦代市集（建議停留1小時）
3		邦代海灘（建議停留2小時）

費用表

來回火車票	6.4澳幣
轉搭公車來回	4澳幣
合計	**10.4澳幣**

備註：
1. 車票皆以一個成人之票價計算。
2. 購物或餐飲花費視每人情況而有不同，所以予以不計算。

小叮嚀

>>導覽
邦代市集僅在假日舉辦，建議週日安排本路線。海灘除戲水外，也可沿邦代灣往南走，邊欣賞海岸風光邊散步的安排也不錯。

>>交通
本日行程建議可搭乘火車再轉一趟公車，較為實惠。若回到雪梨市區後仍有其他行程，則建議當日直接購買一日券，成人20澳幣，當日可隨意搭乘電車、公車和渡輪。

>>交通方式

1. 自雪梨市區，可由Central Station, Town Hall, Martin Place等車站搭乘藍色標示的「Eastern Suburbs & Illawarra Line」往Bondi Junction方向，並在底站Bondi Junction下車，自Town Hall到Bondi Junction約11分鐘

2. 下車後抵達Bondi Junction車站，依路標指示前往站體內的公車月台轉搭380 Parade。公車票可直接上車和司機購買，單程成人2澳幣，雖可找零，但請事先準備小額零錢

邦代公立學校/假日市集 ❶
Bondi Market

Warners Ave
Roscoe St
Gould St
Hall St
Jacques Ave
Walroa Ave
Ramsgate Ave
Brighton Bvd
Campbell Pde

❷ 坎貝爾濱海大道
Campbell Parade

● Bondi Park

Queen Elizabeth Dr

Campbell Pde

❷ 邦代海灘
Bondi Beach

Bondi Bay

1 邦代假日市集

⏱ 1hr.   Bondi Market

露天陽光下盡顯手創原味

　　自1993年起，邦代市集每週日早上就在海邊旁的邦代公立學校（Bondi Public School）校園內開張擺攤，一開始原為居民們利用週日在此交換和販賣商品的市集，而隨著愈來愈多藝術家和嬉皮的聚集，規模也隨之擴展。邦代市集和雪梨其他市集不同之處，在於這裡販售的大多為自創和手工商品，從飾品、畫作、到服飾配件、家具等，個性和設計感皆備的各式商品從未在別的地方見過，每攤的風格都有設計者獨到的風味，絕對不會有一模一樣的批發商品出現，除了原創性十足，價格還非常合理，逛起來格外驚喜！

DATA

🏠 Campbell Pde, Bondi Beach（Bondi Public School）
📞 02-9315-8988
🕙 週日10:00～16:00
🈚 無

≫交通方式

公車後，沿Campbell Pde面對海灘的左手邊方向前進，過了Beach Rd後即可看到左手邊的邦代公立學校

↑不論是鏡框還是相框，不被框住的創意都展現在這些巧妙的框架中！
→由美麗的照片及圖畫所製作的藝術木製磚，別具心裁。

↑各式各樣的手工生活傢俬，加上老闆對於作品的幽默註解，令人會心一笑。

↑以皮革和金屬搭配而成的個性飾品，每件都獨具巧思且做工細膩。

↗頗具藝術感的圖騰手工布包，簡單大方且實用度高。

→清爽又柔軟的設計洋裝，非常有夏日海灘風情。

2 坎貝爾濱海大道
⏱30min. Campbell Parade　吃 遊

海濱旁享受購物與用餐樂趣

　　坎貝爾濱海大道為邦代海灘最熱鬧的一條街，各店家林立的街頭上，穿著比基尼與海灘褲的遊客，悠閒隨意地坐在路邊大啖冰淇淋，冷飲蛋糕店、露天酒吧餐攤和衝浪服飾用品店等進出人潮相當熱絡，尤其每家店街面臨著濱海綠地與邦代海灘，不論是在店裡找舒適的座位，或者在濱海綠地席地而坐，光是看著前方的沙灘、海浪，邊享受海風迎面吹拂，心情早也被灑落的陽光感染上熱情活力！

DATA
🏠 Campbell Pde, Bondi Beach　　🕐 店家各異

>>交通方式
市集門口即為 Campbell Parade，至店家較聚集區建議往右手邊方向走

→這家日式迴轉壽司店就在市集附近的坎貝爾大道上，清爽簡單的壽司相當受年輕人歡迎。

3 邦代海灘
⏱2hr. Bondi Beach　玩

聽濤逐浪的迷人海岸線

　　距離雪梨市中心僅有9公里的邦代海灘，雖是一處衝浪和戲水的熱門海灘，同時也是2000年雪梨奧運沙灘足球的賽場，但這裡悠閒的度假氛圍，完全讓人忘卻仍身處雪梨近郊，是一處當地人和觀光客都非常喜愛的度假海濱。陽光下的彎月型金色沙灘，顯得特別耀眼美麗，在海灘上做日光浴和戲水的遊客如織，海岸邊的高級飯店和住宅，與眼前的海灘景象結合成邦代海灘特有的風景，散發著高雅閒情的氣息。沿著沙灘漫步，一邊是與馬路隔絕的邦代公園綠地，另一邊則為藍白相間的陣陣浪濤，海岸邊還特別設置有無邊界的濱海游泳池，既安全又彷彿真的優游於海上，也能安心地隨浪逐流。

>>交通方式
Campbell Parade面對的即是邦代海灘，只要過馬路找下海灘的地方即達

→邦代亭（Bondi Pavilion）是位於海灘邊的優雅歷史建築，建於1928年，目前為社區活動中心，裡面有劇場、畫廊和音樂廳等，許多大型活動也在此演出。

↑移動式的可愛冰淇淋車，是海灘旁不可或缺的消暑冰品！

↑無邊界的濱海游泳池，背後倚著公園和度假村，前方盡是視野遼闊的大海，相當享受。

←邦代亭外廣場上也有露天咖啡座，亭內也販售紀念商品和零食飲料等。

海灘公共藝術季
Sculpture By The Sea

每年11月初到11月下旬，會在邦代海灘舉行一年一度的海
灘公共藝術季，來自各國的藝術家將陶藝、雕塑和各種媒
材的作品展示於海灘上，數以百計的大型公共藝術，不但
讓海灘有了不同的風景，也吸引大批人潮前來觀賞這獨特
的藝術饗宴。

新南威爾斯

主題之旅

1788年，新南威爾斯省成為英國第一個在澳洲的殖民地，早期雖為英國流放囚犯的所在地，在1851年發現金礦後，大批新移民與財富為新南威爾斯奠定了繁榮的基礎。除了輝煌的歷史紀錄，新南威爾斯境內知名景點不勝枚舉；頗富盛名的藍山國家公園，置身山嵐繚繞的藍色山巒間，彷若夢境般虛無飄渺，不愧為世界奇景。屬於新世紀葡萄酒重要產區的澳洲，新南威爾斯同時也是主要產地之一，其中又以獵人谷最有名，不少知名酒廠和歷史酒莊世代堅守於此，才能釀造出那珍貴的紅色汁液，不妨一試！

幽谷尋芳之旅

藍山國家公園（1天來回）

世界遺產

藍山國家公園是距離雪梨最近的國家公園，搭乘電車只需2小時，便能沉浸於豐富的動植物生態世界，以及壯闊秀麗的奇岩和峽谷、瀑布等地形景觀中。2000年時更登錄為自然類世界遺產，山谷裡雲霧飄邈的迷濛之美，特別迷人，成為雪梨近郊最熱門的一日遊踏青勝地。

藍山國家公園

卡通巴瀑布
Katoomba Falls

Skyway

空中纜車東站
Skyway Eastern Station

回音谷
Echo Point

P 藍山景觀世界站
Scenic World Top Station

三姊妹岩步道 Giant Stairway

鷹隼瞭望台

Cableway

Railway

孤兒岩
Orphan Rock

三姊妹岩
Three Sisters

礦山入口

輕便台車谷底站
Scenic Railway Bottom Station

一往三姊妹岩（路程較遠）

←Walk to the
Ruined Castle
and Mount Solitary

礦工寮

纜車谷底站
Scenic Cableway
Bottom Station

雨林小屋

- - - 木棧道
- - - 殘障人士無法通行
—— 非園區內步道

>>交通方式

1. 自雪梨的中央車站（Central Station）搭乘市營電車藍山線「Blue Mountains Line」，至卡通巴站（Katoomba）下車，車程約2小時。

↑復古迷你的卡通巴小鎮車站月台。

2. 到了卡通巴車站，出站後可看到有幾家前往藍山的巴士公司營業據點，由於一日遊不會搭乘太多次巴士，因此建議可選擇較便宜的「Trolley Tours」，購買巴士交通搭配藍山景觀世界的套票（Trolley Tour Discovery Packages），當天可隨時在巴士路線景點上下車，並可搭乘藍山風景世界著名的纜車和台車等。

3. Trolley巴士路線分為1號和2號兩種，各約每1小時和半小時一班車，購票時可先索取時刻表。1號公車自卡通巴繞行至其他周邊小鎮後，終點抵達藍山，路線較長；2號公車由卡通巴直接行駛至藍山，路線較短。兩者都可抵達藍山國家公園。若是不巧錯過2號公車，也不妨搭上1號公車參觀沿途小鎮風光，最後都在終點站景觀世界（Scenic World）下車即可。

費用表	來回火車票	15.6澳幣
	巴士＋藍山景觀世界四合一套票	49澳幣
	合計	**64.6澳幣**

備註：
1. 以上費用以一個成人所需費用計算。
2. 購物、餐飲等花費視每人情況而有不同，所以予計算。

小叮嚀

巴士營業時間9:00～17:00，自各景點回卡通巴的最後一班車大約都是在17:00前後，請事先注意時間，以免錯過最後的班車。

● MAP P.265-B2

藍山國家公園

🕐 1 Day　Blue Mountains National Park　🈹

漫步雲端奇岩峽谷間

　　名列世界遺產的「藍山國家公園」，是新南威爾斯州大藍山區域（The Greater Blue Mountains Area）內七大國家公園之中，最知名的一個，面積廣達24公頃、並有高達305公尺之高的陡峭山崖峽谷等地形，因而造就豐富的景觀和動植物生態。而其「藍山」名稱由來同時也和自然現象有相當緊密的連結，由於藍山分布密度居全球之冠的尤加利樹，每天陽光照射於飄散在空氣中的尤加利樹油時，整片森林便呈現藍色霧氣般，因而得名。藍山國家公園佔地相當廣大，若有個三五天的時間，鄰近的特色小鎮和風光優美的林間步道都是重點行程；不過對於時間有限的觀光客而言，即使是一日遊，只要掌握好時間，依舊能觀賞到壯觀的地形風光和享受健行步道，並搭乘纜車等以不同角度欣賞藍山美景，該玩到的、該看到的，一個都少不了！

↑見證登錄世界遺產的峽谷懸崖奇景。

小叮嚀

>>導覽
　　藍山山區天氣變化較大，建議攜帶雨具或輕便雨衣，並視個人狀況攜帶防寒衣物，且以輕便好行動的穿著為佳！並可自行先準備簡便的午餐，藍山國家公園內飲食選擇較少，或者就得在卡通巴鎮上用餐或購買食物。
>>參觀路線
　　自卡通巴搭乘巴士到藍山國家公園，建議先至藍山景觀世界→回音谷→三姐妹岩步道

↑搭乘高空纜車俯瞰360度美不勝收的峽谷風光。

←親自攀登至三姐妹岩，體驗無可取代的高度震撼。

藍山景觀世界
Scenic World

用不同的角度欣賞藍山美景

在1879年到1895年間，景觀世界是卡通巴地區的煤礦產區，而後在1928年重新開採後，因成本過高且遊客量日增，因此轉型為觀光使用。來到景觀世界主要是以兩種空中纜車（Skyway,Cableway）、輕便台車（Railway）以及步道健行（Walkway）四種方式遊覽藍山的峽谷、瀑布和森林美景，幾乎是來到藍山必體驗的景點之一。四種景觀工具可依個人喜好分開購買單程票，或是各種不同組合的套票；若是選擇四合一的套票，則建議可先搭乘黃色空中纜車（Skyway）到峽谷對岸，再回到景觀中心；接著搭乘紅色的輕便台車下到山谷，抵達後可選擇三種長度不一的森林步道，最後再由山谷搭乘纜車（Cableway）回到景觀世界，完美地以俯角、仰角和健行的視野欣賞各角度的藍山。

DATA
🏠 1 Violet St, Katoomba
☎ 02-4780-0200
🕐 週一至週日9：00 ～ 17：00（最後搭乘時間16：50）
🚫 無
🎟 四合一套票（Scenic Pass）成人28澳幣、兒童14澳幣、家庭票70澳幣；三合一套票（Valley Return）成人21澳幣、兒童10澳幣、家庭票52澳幣，只能搭乘Railway和Cableway；空中纜車（Skyway Return）成人16澳幣、兒童8澳幣、家庭票40澳幣
🌐 www.scenicworld.com.au

>>交通方式
搭乘Trolley Bus到最後一站「Scenic World」景觀世界下車即達

小叮嚀
景觀世界套票所搭乘之交通工具僅有Skyway是適用來回各一趟，其餘皆為單程，因此先安排好乘坐路線，才不至於最後得走許多冤枉路。

■ 空中纜車Skyway
搭乘纜車可穿越河谷到對岸，纜車底部設計為透明玻璃，往腳下看可見深不可測的河谷，四周車身亦是透明設計，可360度鳥瞰四周景觀，途中可欣賞到卡通巴瀑布、隱士山和孤兒岩等。

■ 纜車Cableway
由谷底攀爬至頂端的空中纜車，車身四周同樣也是透明玻璃的設計，可360度觀賞自谷底攀升時，壯觀的雨林與峽谷地貌，景色之美令人屏息。

■ 輕便台車Railway
擁有52度傾斜角度的台車軌道，坡度之大號稱為世界之最。軌道長415公尺，高度落差卻有650米，從高處直接俯衝而下，刺激程度不下雲霄飛車，不用幾秒鐘即達峽谷底部。

↑可乘載84人的纜車，有貼心的階梯式設計和扶手，盡量使纜車內各角度都能有無障礙的視野，遊客也應小心腳步勿踩空。

■健行步道Walkway

搭乘輕便台車到了谷底後，即進入傑美遜峽谷（Jamison Valley）森林區，這裡有三條步道可供選擇，分別為15分鐘、30分鐘和50分鐘，屬於簡易休閒級路線，可依個人體力做選擇。走在木棧步道上沿途森林茂密、鳥語花香，還有早期採礦遺留下來的礦坑和小木屋遺跡，偶爾還能遇見棲息在森林裡的野生動物。

↑遊客可透過特別保存和設立的礦坑遺跡，體驗早期森林裡的採礦生活景象。

↑→茂盛的雨林裡植物生態相當多元，高聳參天的松節油樹和大片的尤加利樹，以及雨林特有的樹蕨等，植物景觀多元。

↑步道沿途也可見到遠處峽谷一瀉而下的瀑布。

回音谷
Echo Point

瞭望三姐妹岩最佳觀賞平台

回音谷是藍山國家公園許多步道的起點，回音谷步道上的瞭望平台也是欣賞三姐妹岩的最佳位置，由起點走至瞭望台只需2分鐘路程，這裡還特別設置了維多利亞女皇於1954年造訪的紀念碑！回音谷步道沿路可觀賞到不同景色的三姐妹岩和傑美遜峽谷，層峰交疊壯麗景致是藍山國家公園的招牌之最。

↑名符其實的層層「藍山」，鬼斧神工的峭壁懸崖景色渾然天成。

←回音谷起點處的廣大景觀平台，一望無際的峽谷視野相當震撼人心。

DATA
📍 回音谷旁
🕐 週一至週日9:00～17:00
☎ 1300-653-408
休 聖誕節
票 無

>>交通方式

從「Scenic World」景觀世界站搭乘Trolley Bus到「Echo Point」回音谷站下車即達

小叮嚀

回音谷步道沿途經亨利王子峭壁（Prince Henry Cliff）、卡通巴瀑布（Katoomba Falls），來回全長4公里，約需1.5小時，全程風光明媚，值得前往。若不勝體力，建議不用走完全程，由回音谷瞭望台往下走一小段路即可往回走，不要錯過觀賞藍山最美麗的視野。

三姐妹岩
The Three Sisters

雄偉岩峰間流傳著淒美動人的故事

位於深山峽谷中的藍山國家公園所在地，早在幾萬年前就有原住民居住於此，也就是當時的卡通巴村落。而名聞遐邇的三姐妹岩則流傳著一個傳奇的故事，據說出生於此村落的三姐妹因愛上了異族三兄弟，引發了兩族的戰爭，巫師為了保護三姐妹遂將她們變成三座岩石，然而巫師卻戰死，三姐妹岩從此駐守著離不開的地域，凝望遠方。三座分別高達922、918和906公尺的岩峰，以淒美又雄偉的姿態盤據在山谷間，成為藍山聞名於世的代表性景觀。

DATA
🕙 週一～週日
9:00～17:00
休 聖誕節
費 無

>>交通方式
就在回音谷旁，
步行前往即可

←↑三姐妹岩步道
除了在回音谷近距離眺望三姐妹岩外，三姐妹岩步道可直接讓遊客挑戰膽量，架設於谷間的攀登步道不但高低落差頗大，穿梭於大岩石間的階梯風力也不小，使得來回全長約僅有1公里的路程，需費時約30分鐘才能走完。不過，當站在三姐妹岩石階上時，撼動人心的高度和視野，絕對值回票價。

迷醉酒香之旅

獵人谷（1天來回）

新南威爾斯是澳洲最早的葡萄栽種地區，可以說是澳洲葡萄酒資歷最深、知名酒廠最多的區域，其中更以獵人谷產區為最，在這富饒的谷地內有著全澳洲最深厚的葡萄酒釀造歷史，也是新世紀葡萄酒的代表之一。走一趟獵人谷，沈浸在滿山遍野的葡萄園美景，恣意享受葡萄美酒，體驗有如電影《漫步在雲端》的浪漫氣氛。

>>交通方式

1. 開車：穿越雪梨港灣大橋走the Pacific Hwy，到了Wahroonga時按著路標的指示向右轉走National Highway 1（F3 Freeway）往Newcastle方向，依指標左轉Peats Ridge Rd（T33），即開始進入道路兩旁葡萄園和丘陵景致優美的獵人谷遊客路線。順著T33直行即可抵達塞斯諾克（Cessnock），過鎮之後繼續跟著82號路（Wine Country Drive）行駛，在遇Broke Rd之前會看到左手邊的獵人谷遊客中心，車程約2小時。

2. 旅行團：可選擇參加獵人谷一日遊旅行團，各家行程規劃各異，但以參觀試嚐起司工廠和酒莊品酒為主。

本日行程表

1	約 1.2公里	胡椒樹酒莊 Pepper Tree Wines	
2	約 2公里	美酒中心 Boutique Wine Centre	
3	約 1公里	獵人谷花園 Hunter Valley Gardens	
4		坦帕斯2 Tempus Two	

費用表	獵人谷花園門票	23.5澳幣
	合計	**23.5**澳幣

備註：
1.以上費用以一個成人所需費用計算。
2.購物、餐飲、租車和油資花費視每人情況而有不同，所以不予計算。

小叮嚀
>>導覽
　獵人谷知名的酒莊相當多，除了試飲酒莊暢銷的酒款外，不妨多試試到酒莊才喝得到的特殊酒款，若不甚了解，也可請試酒師推薦！

獵人谷

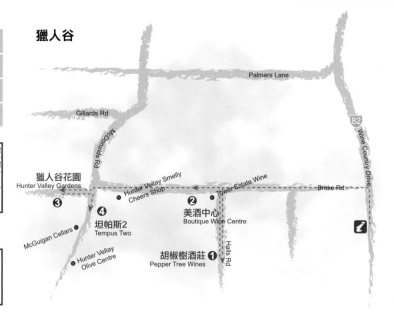

● MAP P.265-B3

獵人谷

🕐1 Day　Hunter Valley

沈浸古老酒鄉陳香佳釀美酒

　位於雪梨以北約165公里的獵人谷，最早的葡萄園歷史可溯源自1883年，自那時後便開始發展葡萄酒產業，至今大多數的歷代家族仍在此致力於悠久的釀酒技術和口碑，也許葡萄酒規模不是最大，不過卻是國際知名且以品質著稱的產區，像是Lindemans, McWilliams, Rothbury, Wyndham Estate and McGuigan等知名酒廠都聚集於此。目前獵人谷約有120多家酒莊、60家左右的餐廳，更有許多休閒農場和度假村等林立，駕著車繞行於丘陵小徑間任由葡萄園美景環抱，早已是品酒之外，雪梨近郊渡假的首選之地。

小常識
　獵人谷釀造的紅白葡萄酒產量雖非第一，但高水準的品質在新世紀葡萄酒界是占有一席之地，其中更以Semillon和Shiraz兩種葡萄品種的葡萄所釀製出的Semillon白酒和Shiraz紅酒最為聞名；若對酒款沒有特別的個人喜好，到了獵人谷就不妨試試這兩款美酒的滋味。

DATA
獵人谷遊客中心
🏠 455 Wine Country Drive, Pokolbin
📞 02-4990-0900
🕐 週一至週六9:00～17:00、週日及國定假日9:00～16:00
❌ 聖誕節
💲 無
🌐 www.winecountry.com.au

↓自雪梨出發抵達塞斯諾克鎮（Cessnock）後，即進入獵人谷葡萄產區，建議可順著Wine Country Drive往下行，先到位於馬路左手邊方向的獵人谷遊客中心，索取最新的獵人谷詳細資訊。

胡椒樹酒莊
Pepper Tree Wines

美麗莊園內高水準的美酒滋味

　　1991年成立的胡椒樹酒莊，因其美輪美奐的園區和優質的葡萄酒而成為獵人谷著名的觀光酒廠之一。酒莊腹地內經營有提供住宿的胡椒樹修道院招待所（Peppers Convent Guesthouse）、羅勃斯餐廳（Roberts Restaurant），以及有著美麗花園和葡萄園的胡椒樹酒廠（Pepper Tree Wines），廣闊而美麗的酒莊腹地和精品般的酒窖，使得胡椒樹酒莊早已是各種獎項的常勝軍，不過，莊園內的親切服務從不因得獎而減少！

DATA
址 Halls Rd, Pokolbin
電 02-4998-7539
營 週一至週五9:00～17:00、週六至週日9:30～17:00
休 無　　　票 無
網 www.peppertreewines.com.au

>>交通方式

過了遊客中心後，遇Broke Rd左轉直行，到Halls Rd左轉直行，可看到右手邊的胡椒樹酒莊

美酒中心
Boutique Wine Centre

一次蒐羅獵人谷傑作佳釀

　　帶點古典風味的石屋美酒中心，位於獵人谷酒莊密集的波克賓（Pokolbin）區的中心位置，是代為展示並販售獵人谷地區知名好酒的好去處。藉由葡萄酒高雅的陳列展示，以及多達20款品酒項目，能為無法走訪每一家酒莊的遊客提供來到獵人谷不能錯過的美酒，像是Glenguin Estate、Meerea Park、Chateau Pato等精選的各式葡萄酒。

DATA
址 Broke Rd, Pokolbin
電 08-8563-7471
營 週一至週五9:00～17:00、週六至週日10:30～17:00
休 聖誕節和復活節　　　票 無
網 www.boutiquewinecentre.com.au

>>交通方式

胡椒樹酒莊出來後，沿Halls Rd往回走至Broke Rd左轉不久，便會看到左手邊的美酒中心

坦帕斯2
Tempus Two

設計風味獨到的另類莊園

　　坦帕斯2酒莊於1997年成立，是由在獵人谷相當知名的McGuigan釀酒家族第四代Lisa所創立的新品牌，也為古老的獵人谷注入一股新興的活力。Lisa McGuigan所打造的現代摩登酒莊，不僅建築本身的設計獲獎肯定，坦帕斯2的葡萄酒更大膽採用特約釀酒師釀造專屬品牌個性的酒款。但事實證明，坦帕斯2酒莊時髦的外表下，卻能嚐到風味獨特的酒香，且品質同樣受國際肯定，對遊客而言，更多了品味優質葡萄酒的樂趣。

DATA
址 Cnr of Broke Rd & McDonalds Rd, Pokolbin
電 02-4993-3999
營 週一～週日10:00～17:00
休 無　　　票 無
網 www.tempustwo.com.au

>>交通方式

獵人谷花園出來後，沿Broke Rd往回走至Mc McDonalds Rd路口，即可看到位於兩條路路口的坦帕斯2酒莊

↑可愛的薑餅人在花園旁嬉戲著，又好像是守護著花園的薑餅使者。

↑各種童話題材在花園裡都成了大人小孩爭相拍照的道具，比遊樂園還精采。

↑刻意修成動物造型的植物，動態神情栩栩如生，令人讚歎不已。

獵人谷花園
Hunter Valley Gardens

童話仙境般的迷宮花園

　　在一家家酒莊聚集的獵人谷丘陵上，除了品酒外，安排到獵人谷花園走走，會有不同於美酒的另一番驚喜！佔地25公頃之大的獵人谷花園裡共設計有12座不同主題的花園，其中還有一座全新南威爾斯最大的迷宮花園，童話故事中的畫面宛若活生生出現在眼前。其他還有玫瑰園、義式花園、印度花園、日本庭園和童書花園等，每一處都值得細細品味，尤其是童書花園中以愛麗絲遊仙境為故事腳本，將故事中的各式情節和人物以真人尺寸製成模型，就像真的掉進了童話仙境般，讓人直呼驚喜！

DATA
址 Hunter Valley Gardens, Broke Rd, Pokolbin
電 02-4998-4000
營 週一～週日9:00～17:00
休 聖誕節
票 成人23.5澳幣、兒童12澳幣、家庭票（2大人＋2小孩）60澳幣
網 www.hvg.com.au

>>交通方式

出美酒中心後，繼續沿Broke Rd往下走，過了McDonalds Rd後，便會看到左邊的獵人谷花園

酒莊試酒一點通

澳洲是目前世界上新世紀葡萄酒的重要產區之一，不論是滋味風格或是產量都占有一席之地，也因此來到澳洲一定得安排一趟酒莊之旅，就算不買，也要到酒窖酒吧台上享受一下試飲體驗，品味有別於古老歐陸的葡萄酒新滋味！

澳洲釀酒歷史

澳洲四季陽光充足、土壤肥沃等得天獨厚的風土條件，再加上早期來自歐陸移民傳承的栽種葡萄經驗和技術，在澳洲各地開花結果，從新南威爾斯的獵人谷、維多利亞的雅拉谷、南澳的巴洛薩谷地，到西澳天鵝谷和瑪格麗特河一帶，累積已200多年的釀酒歷史，造就了今日澳洲葡萄酒獨樹一幟的地位。

訴求「即開即飲」的新世紀澳洲葡萄酒，非常受到一般人喜愛，只要經過試喝，自己覺得好喝最重要，且價位從一瓶10澳幣的佐餐酒，到上百澳幣的高級酒款都有好味道，尤其到了酒莊可以盡情試飲並聽取試酒師說說酒款的特色等，除了可以免費喝到好酒外，也能從中累積葡萄酒的常識，並找到自己喜歡的那一味！

澳洲葡萄品種

新世紀葡萄酒的特色，著重在不同葡萄品種所散發的果香和釀酒師的釀製風格等，因此不妨先瞭解一下澳洲葡萄種類有哪些，這樣一來，當你在試飲葡萄酒時，就容易掌握各葡萄所釀造的特性，從中體會箇中差異性，便能找到自己鍾愛的葡萄酒種。

白葡萄酒主要葡萄品種：
Chardonnay、Semillon、Sauvignon Blanc、Riesling
紅葡萄酒主要葡萄品種：
Shiraz、Cabernet Sauvignon、Merlot、Pinot Noir

酒莊試酒6步驟

1 打招呼：出國在外，別忘了展現禮貌，做好國民外交。來到酒莊試飲台前，可以先打聲招呼，詢問是否可以試酒後，試酒師便會提供試酒種類，或詢問是否有特殊喜好等。

2 試酒單：一般酒莊會提供試飲葡萄酒的酒單，上面會列出葡萄酒種、年份、主要風味、單瓶售價等簡單的資訊，若是沒有特殊喜好，可以從第一款開始試，視個人喜好接著試，或是請試酒師說明並推薦。

3 先白酒後紅酒：若是沒有特殊喜好，紅白酒皆想試的話，請先從白酒或氣泡酒等，味道較淡的開始試，之後再試紅酒，才不至於讓味蕾遲鈍。

4 聞、看、聽：試酒師將酒倒入酒杯後，可以先輕搖杯身、聞聞經鼻子傳達的香氣，接著欣賞酒色，最後入口飲用，其間也盡量仔細聆聽試酒師的說明。

5 喝水、倒掉：在試飲每種酒款之間，試酒師會在其間給予水杯或倒水，作用在於能讓口腔稍微淨化，讓前後酒款的味道不至於受影響。此外，若是喝到不喜歡，或是太多喝不下，可以將之倒在桌旁或桌上準備的酒桶中，不用擔心不好意思。

6 購買：若是試完酒，沒有購買的意願也沒有關係，只要和試酒師說聲謝謝後離開。若是有試到喜歡的酒款，可以直接向酒莊購買，因為通常酒莊的酒款較外面的賣場種類更多，且價格合理，在產地買當然是最好的。或者，不想買回家，只想在當地享用一杯，也可以詢問是否有賣單杯酒，在美好的環境內享用美酒，也是不錯的選擇！

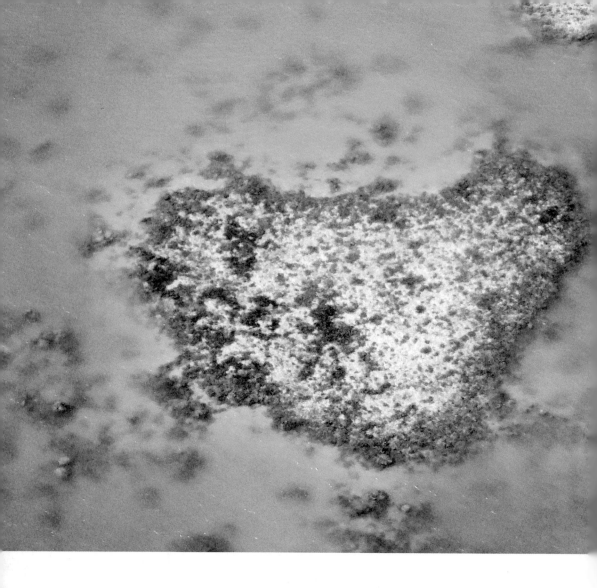

山海麗境 **昆士蘭**

澳洲面積第二大、人口排名第三的昆士蘭省，海岸線綿延不斷且四季陽光充足，黃金海岸和陽光海岸都是喜愛衝浪和水上活動人士的最愛，而仔細看看車牌上的字樣「Sunshine State」（陽光之州）的字樣，貼切地傳達出昆士蘭的最大特色。昆士蘭首府布里斯本則因有布里斯本河流經，為這活力熱情的水岸城市增添一股詩意，不論是乘船享受片刻愜意，或是徒步市區街道，都能體驗到不同的樂趣；若是想一圓親身抱抱無尾熊的願望，離市區不遠的龍柏動物園便是最佳去處。昆士蘭除了渾然天成的海岸風光外，大堡礁繽紛的海底世界舉世聞名，而飛上天更能欣賞到不同角度的絕景。雨量豐沛的昆士蘭也孕育出廣闊的雨林生態，並名列世界文化遺產，庫蘭達便是能同時一窺雨林與原住民文化的最佳地點，位於凱恩斯附近的帕拉尼拉公園更是動畫大師宮崎駿筆下《天空之城》的場景。

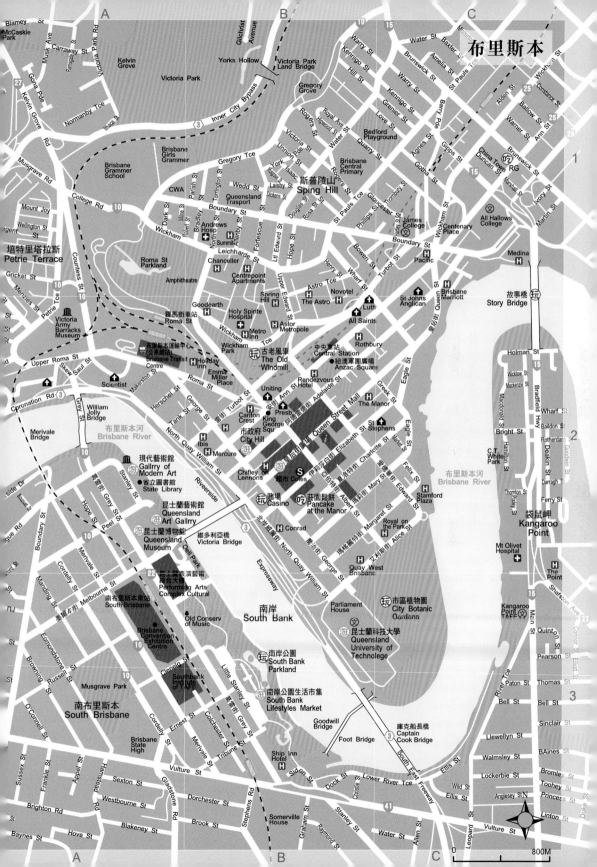

布里斯本城市之旅

3天精彩行程跟著走

大城小鎮市區漫遊 ^{Day 1}

布里斯本的市中心小巧精緻，只要步行皆可到達重要的景點。在歷史的因緣際會之下，市區內同時擁有古時的舊建築，如古老風車、市政府、賭城等，能觀賞不同年代造就下的遺址見證，感受其中的絕代風華。另一面在這座城市裡也有現代化的繁華生活，最佳的聚點就是皇后街這一整條充斥著各式流行的商店，同時也是全市區最熱鬧的街，鄰近的賭城同樣滿是人潮，若能稍微避開人群，搭上船乘著風，享受河上故事橋的風光美景，一切好不快活！

小叮嚀

>>市內交通

在布里斯本的大眾運輸工具除了公車、火車之外，船也是市區重要的交通工具。此外，布里斯本一般市區的景點皆為1和2區內，而1區之內每位成人單程票價為3.9澳幣，跨過1區在2區之內成人單程票價為4.6澳幣（不同區段的票價可至translink.com.au查詢）。而購買的交通票券，皆通用於公車、火車及船之間，單程票在購買的2小時之內，可任意搭乘相同區域內的這三種交通工具。

>>> 本日行程表

1	步行 20分鐘	古老風車	（建議停留30分鐘）
2	步行 5分鐘	市政府	（建議停留30分鐘）
3	步行 3分鐘	賭場	（建議停留2小時）
4	搭船 8分鐘	皇后街	（建議停留2小時）
5		故事橋	（建議停留1小時）

City Cat單程1區票價	3.9澳幣
合計	3.9澳幣

費用表 備註：
1.門票皆以1成人之票價計算，其他票種請參考景點DATA資料自行計算。
2.購物或餐飲花費視每人情況而有不同，所以不予計算。

● MAP P.279-B2

1 古老風車
⏱30min. The Old Windmill 🎮

坐擁市區山城眺望獨特景觀

　位於市里斯本主要市區旁的威克姆公園（Wickham Park）內，這座歷史悠久的古老風車於1828年所建造，一開始是做為殖民時代羈押犯人以研磨小麥和玉米等穀物，後來因為內建的風車帆跑步機設計不良而無法再操作使用，因此結束風車磨坊作用；並於1861年改做為氣象觀測臺和信號標誌的傳送站（Observatory and Signal Station），一直持續到1930年。爾後在1988年重新整修之下，現已成為昆士蘭最古老的建築物，特殊的造型設計也是威克姆公園山脊上最具獨特風味的指標，俯瞰著市區的美景風光。

DATA
🏠 Wickham Park, Wickham Tce, Brisbane
🕐 24小時　　休 無　　票 免費

>>交通方式
從Central Station往Ann St走，至Edward St右轉直走，過Turbot St再往前到Wickham Tce左轉至King Edward Park即可見古老風車

● MAP P.279-B2

2 市政府
⏱30min. Brisbane City Hall

身歷其境參與重建歷史時刻

　為布里斯本市區指標建築的市政府，自1930年建立以來，已有80年之久的歷史，也因年代已久而讓這棟古蹟有了消防安全性的問題，於是為保有市政府完善的容貌和設施保存，能永留於世人眼前，市政府即於2010年1月開始進行為期三年之久的重建計畫。雖然其中的民政當局和博物館皆已搬離，轉至157 Ann St服務外，另也在市政府內部設立了一個全新的遊客體驗中心，可以從中了解市政府整修的資訊，以及透過電腦的詳細畫面和圖片來了解目前的進度，和考古學家所發現的藝品，更特別的是可以穿上工程衣來拍攝紀念照，一同參與這歷史性一刻。

DATA
🏠 King George Square, Brisbane
📞 07-3403-8463
🕐 遊客體驗中心：週一～週五10:00～16:00，每次45分鐘，每次參訪人數限定15人，故須事先電話預約確定日期和人數
休 無　休 國定假日　🌐 www.brisbane.qld.gov.au

>>交通方式
從古老風車出來，沿原路步行至Ann St右轉直走，過Albert St即可見市政府

● MAP P.279-B2

3 賭城
⏱2hr. Treasury Casino & Hotel 🎮

白天夜晚皆閃耀的娛樂城

　古式的建築是由前財政部大樓改建，緊臨布里斯本河，同時也在最熱鬧的市區一側。在此座布里斯本賭場內有超過80張的賭桌和1300多個遊戲機，各種娛樂遊戲總能滿足遊客的心；若想稍微休息一下，還有免費的咖啡、紅茶飲品，在內場也設有咖啡廳café 21，而Blackjacks Buffet自助餐廳更是受到許多人喜歡，就算沒有要到賭場小賭一番的人，也會到此享受包羅萬象的美味料理。到了夜晚，賭城建築的外觀還會打上霓虹閃燈，隨著各種色彩變化之下，妝點上休閒度假的氛圍。

DATA
🏠 Cnr. Queen & Quay William St（Top of the Queen Street Mall），Brisbane
📞 07-3306-8888
🕐 24小時　　票 免費
休 無　🌐 www.conrad.com.au

>>交通方式
從市政府往Adelaide St方向走，遇George St左轉直行，過了Queen St即可到達右手邊的賭城

↑入夜之時，賭城展現炫彩風情，在澳洲不同的節日時還會妝點上不同的裝飾設計。

↑獨特的度假風格設計，讓人邊玩邊有放鬆的好心情。

281

→在皇后街上除了有許多商店適合男女老少們購物血拼外，在購物大街的中央還有許多餐廳設有戶外區域提供各式餐廳、咖啡、酒飲等。

● MAP P.279-B2

4 皇后街
◷ 2hr. Queen Street

品牌匯聚熱鬧血拼一條通

　　皇后街是布里斯本最熱鬧的購物大道，是聚集了各式精品名牌和澳洲潮流品的商場，位於Edward St和George St二條路之間，不只有男女品牌服飾、知名高級精品，也有各式可愛雜貨及多家紀念品店，從頭逛到尾絕對滿載而歸。若想買澳洲當地流行的品牌，在這裡更是一網打盡。皇后街還包含有許多美味餐廳、咖啡廳、小吃店及酒吧等，讓人逛累了還能享受各式美食，或是小酌一番，及感受當地的夜店氛圍，此外，橫貫其中的Albert St也有相當多的店可逛。

>>交通方式
從市政府往Adelaide St方向走，直行Albert St，即可到皇后街

Wagamama

茱莉蔻 Jurlique

Dotti

豬和威士忌酒吧
Pig 'N' Whistle Pub

Queen Street

LV

皇后廣場 QueensPlaza

CUE

波曼 portmans

Telstra

鄉村道路 Country Road

只是牛仔 Just Jeans

皇后廣場
QueensPlaza

國際精品一應俱全名店城

　　佔地廣大，除有LV、Tiffany的世界名品外，還有Max Mara、Max & Co、NINE WEST等時裝配件品牌，另有兩層樓為David Jones百貨樓層，還有美食街、咖啡店和超市可供休息用餐。

DATA
址 226 Queen Street Mall, Brisbane
電 07-3234-3900
營 週一～週四9:00～17:30、週五9:00～21:00、週六9:00～17:00、週日10:30～16:00
休 無
網 www.queensplaza.com.au

豬和威士忌酒吧
Pig 'N' Whistle Pub

全天候感受熱鬧微醺因子

　　在布里斯本相當知名的露天式餐廳酒吧，讓人時時在外都能享受當地道地的歡愉用餐和飲酒氣氛，每天都有不同的活動或音樂表演，也會有球類賽事的播放。

DATA
址 Bottom of Queen Street Mall, Queen St, Brisbane
電 07-3229-9999　營 24小時
休 無　網 www.pignwhistle.com.au

CUE
CUE

創造輕熟女魅力時尚品味

1968年成立以來，已具四十多年之久的歷史，店面遍布澳洲和紐西蘭，是澳洲當地女性流行品牌，多元化的時尚風格，打造仕女們每季的多變風格。

DATA
址 Shop 148, Queen Street Mall, Brisbane
電 07-3229-8555
營 週一～週四9:00～17:30、週五9:00～21:00、週六9:00～17:00、週日10:00～17:00
休 無
網 www.cue.cc

鄉村道路
Country Road

以簡單基調完美呈現流行

包含女裝、男裝、小孩等服飾和配件，簡單、舒適又具流行話題的澳洲品牌，適合各種年齡層的流行元素，此外，更有豐富的生活雜貨品可選購。

DATA
址 180-182 Queen St, Brisbane
電 07-3003-0671
營 週一～週四9:30～17:30、週五9:30～20:00、週六9:30～17:00、週日11:00～16:00
休 無
網 www.countryroad.com.au

只是牛仔
Just Jeans

牛仔丹寧專賣率性風格

喜愛牛仔丹寧褲的人絕不能錯過的品牌，各式款型的牛仔褲絕對讓人可以找到你適合的商品，店內更有牛仔上衣服飾或適合做搭配的率性服飾。

DATA
址 166-178 Queen St, Brisbane, QLD 4000
電 07-3229-2509
營 週一～週四9:00～17:30、週五9:00～21:00、週六9:00～17:00、週日10:00～17:00
休 無
網 www.justjeans.com.au

BODY SHOP　GUESS　Albert Street　Hungry Jack's　MYER

sunglass　Albert Street　SUPRE　CITY BEACH　Sportsgirl　傑傑斯 JayJays　COTTON ON

茉莉蔻
Jurlique

遊客最愛的美妝保養伴手禮

茉莉蔻是許多人到澳洲指名購買的禮品，尤其是空姐愛用的護手霜，常是大家搶購的重點；其天然成分的護膚保養品也值得入手或當禮送之用。

DATA
址 167 Queen St, Brisbane　電 07-3210-6808
營 週一～週四9:00～17:30、週五9:00～21:00、週六10:00～17:00
休 無　網 www.jurlique.com.au

portmans
portmans

女孩最前線的流行指標

以都會女孩的流行為設計要求，展現輕熟女的知性時尚，除了有上班族適合的衣著外，也有參加正式場合和宴會的服裝，還有配件和生活小用品。

DATA
址 Shop TGL32 Queens Plaza, Queen St, Brisbane　電 07-5572-2053
營 週一～週四10:00～17:30、週五10:00～21:00、週六10:00～17:00
休 無　網 www.portmans.com.au

傑傑斯
JayJays

繽紛可愛青少年服飾

充滿活潑朝氣的年輕品牌，平價又流行的休閒服飾，在當地頗受歡迎，尤以各種卡通圖案T恤，如海綿寶寶、瑪莉兄弟等，常造成搶購熱潮。あ

DATA
址 Shop G2 Queen Adelaide, 90-112 Queen St, Brisbane　電 07-3211-0419
營 週一～週四10:00～17:30、週五10:00～21:00、週六10:00～17:00
休 無　網 www.jayjays.com.au

● MAP P.279-C1

5 故事橋
⏱ 1hr. Story Bridge 玩

布里斯本第一地標

　　故事橋是代表著布里斯本的形象標誌，橫跨布里斯本河，連接袋鼠岬和中國城兩地，全長777公尺，於1940年建成並開通使用，是出自設計雪梨海港大橋的設計師John Bradfield之手。一開始被命名為約翰道格拉斯故事橋，橋上的公路則命為布雷菲爾高速公路，除開放車輛雙向使用外，也有設計行人路道和腳踏車道，讓人得以用不同方式跨過此橋。要欣賞整座橋的全貌除了搭乘船City Cat遊覽外，位於市區的河濱中心有許多餐廳酒吧，都可邊用餐邊欣賞，此外，在2005年更開放可以攀登故事橋，在專人帶領下了解故事橋的歷史外，也一登橋頂將周圍市區景色一覽無遺。

←搭City Cat經過故事橋時，其美麗的身影抹煞不少相機。

↓步行走在橋上，可從不同的角度欣賞布里斯本市區，而若徒步走完整一座故事橋約需30分鐘的時間。

↑夜晚的故事橋在燈火通明的市區景色相襯下顯得浪漫耀眼，適合情侶或三五好友在橋邊河畔伴著夜色邊欣賞邊聊天。

DATA
地 服務中心170Main St（Cnr Wharf & Main St），Kangaroo Point, Brisbane
電 服務中心07-3514-6900、攀登大橋專線 1300-254-627
時 服務中心8:30 ～ 17:30
費 攀登大橋費用89 ～ 130澳元（依清晨、白天、夜晚、黃昏及平日、假日而定）
休 無
網 www.storybridgeadventureclimb.com.au

>>交通方式

1. 搭船欣賞　自皇后街往布里斯本河方向走至City Cat的North Quay站搭船往Apollo Rd站的方向，即可見故事橋，約8分鐘
2. 步行至North Quay河濱中心欣賞Queen St沿著Queen St往Edward St方向一直直行至Eagle St右轉，再直行即可到河濱中心，即可在河岸邊見到故事橋，約25分鐘

↑從橋上可見風光明媚的市景和河景，不只有高樓大廈的城市景色，也有河岸邊的悠閒氣息。

>>>澳洲必買List

到澳洲，除了綿羊油和羊毛衫，到底還可以買些什麼？當然還有許多澳洲品牌和特色商品，除了在澳洲購買較划算外，獨特性和紀念價值，更是千金難買！

↑木愛心

→是麵包籃也是切板
／30～35澳幣

Helen Kaminski草帽

專門販售精緻草編帽與包包的澳洲品牌Helen Kaminski，所有產品皆在馬達加斯加製作，草帽約在百元澳幣以上；價格不斐的原因，在於使用馬達加斯加的特有的拉菲亞草，韌性強可塑性高，易收納又不會變形，因而受到大好評！

木製藝品

不論是在市區的藝品店，或是市集裡的手工木製品，創意造型和獨特的手感，既是日常用品，也變成一生活種藝術，更具紀念價值。

↑木製首飾櫃
／30～50澳幣

↑街景鉛筆袋

↑糖包原子筆／1澳幣

Typo文具禮品

喜歡創意小雜貨的遊客，可以到澳洲概念品牌Typo店裡瞧瞧！澳洲式的幽默與創意，都表現在小小的文具和實用商品上，適合在此挑選回國送人的小禮物，也可以看看是否有Match自己個性的收藏品喔！

衝浪品牌

澳洲是衝浪客和戶外運動的天堂，因此有許多充滿年輕設計活力的衝浪用品品牌，像是Roxy、Quiksilver、Rip Curl和Billabong等，從人腳一雙的人字拖、上衣短褲到帽子配件等，都非常澳洲風。

←Roxy人字拖／15澳幣

←Roxy T-Shirt／35澳幣

UGG雪靴

澳洲經典的UGG雪靴，既時尚又溫暖，是不少好萊塢名星的最愛。UGG雪靴造型相當多，每年都會有不同的新款式和顏色，相當值得從澳洲帶雙新貨色，或是價格實惠的outlet過季商品。

←UGG毛襪雪靴

葡萄酒

澳洲本地知名的酒莊相當多，便宜又好喝的葡萄就更是多，不論是探訪酒莊時選購，或是在各大酒品專賣店購買都很方便，送禮自用兩相宜。

各地紀念品

旅遊各地，能帶回家做紀念的，除了照片和明信片外，精心挑選的各地紀念品更能喚起每一段旅行的美好時光！

→原住民手工點畫
／約25澳幣

↓原住民手繪木碗
／約25澳幣

↑鱷魚玩具／5澳幣

←無尾熊皮革書籤
／6.95澳幣

↑亞瑟港監獄杯／5澳幣

布里斯本城市之旅

藝文河岸挖寶趣 ^{Day 2}

倚河而生的布里斯本，是澳洲典型的河畔城市，於是崎嶇蜿蜒其中的布里斯本河佔有相當重要的一席之地，許多建設和活動也都應運而生，每天漫遊其中的City Cat更成為布里斯本人每日生活裡重要的交通工具，因此到布里斯本更不可錯過搭船一遊河兩岸絕妙景色。其中相當有人氣的南岸公園，有著人造沙灘的獨特景致，更能在假日時分逛逛園區內的生活市集來挖寶，再往北漫遊而去，則可感受昆士蘭文化中心和昆士蘭大學的文化氣息，在河岸另一頭的市區植物園，同樣是賞心悅目的度假好去處。

昆士蘭大學
❺ The University of Queensland

❹ 現代藝術館
Gallery of Modern Art

Stanley St.
Queen St.
Edward St.

昆士蘭美術館 ❹
Queensland Art Gallery

Albert St.

Victoria Bridge
North Quay
William St.
George St.

Peel St.
❸
昆士蘭博物館
Queensland Museum

Alice St.

Melbourne St.
22

Gray St.
❻ 市區植物園
City Botanic Gardens

10
Merivale St.
昆士蘭科技大學
QUT

Cordelia St.
❷ 南岸公園
South Bank Parklands

南岸公園生活市集 ❶
South Bank Lifestyle Market

人行橋

布里斯本河 Brisbane River

本日行程表

1	步行 1分鐘	南岸公園生活市集 （建議停留1小時）
2	步行 15分鐘	南岸公園 （建議停留2小時）
3	步行 5分鐘	昆士蘭博物館 （建議停留1小時）
4	搭船 25分鐘	昆士蘭美術館｜現代藝術館 （建議停留2小時）
5	搭船 28分鐘	昆士蘭大學 （建議停留1小時）
6		市區植物園 （建議停留1小時）

費用表

City Cat一日票	12.8澳幣
合計	**12.8**澳幣

備註：
1.票價皆以1成人之票價計算。
2.購物或餐飲花費視每人情況而有不同，所以不予計算。

小叮嚀

>>導覽

1.由於南岸公園生活市集只有在週日整天開放，因此建議在週日安排此條行程，也可在平日週五或是週六，先到本條路線其他景點，最後到夜晚時到南岸公園生活市集逛逛。

2.建議若有要在南岸公園游泳者，記得當天需準備好泳衣、泳褲等更換，以及備好毛巾和盥洗用品，在南岸公園皆有沖洗室方便使用。

● MAP P.279-B3

1 南岸公園生活市集
🕐 1hr. South Bank Lifestyle Market

吃喝買玩多元化藝術攤位

　　在布里斯本有許多當地特色的市集，每到週末不同地區就會有各種攤位出現，是澳洲人生活的重心之一，也是融入了解當地生活的方法之一。充滿悠閒度假氣息的南岸公園，每逢週五、週六晚上和週日，就有令人流連的生活市集，此生活市集最特別的是除了服飾可逛之外，也有許多手工藝品及藝術品的攤販，就連各式居家用品、當地有機種植的農產品、澳洲原住民紀念品，及特色美食也都應有盡有，從早逛到晚都會覺得非常有趣，每次去逛都會發現不同的攤位出現，甚至有許多年輕設計師，買到的東西絕對獨一無二。

←在南岸公園生活市集從飾品、配件到服裝等應有盡有又琳瑯滿目，讓人逛得盡興也買得盡興。

DATA
📍 市集／South Bank Parklands，管理處／Stanley St Plaza, South Bank, Brisbane
☎ 管理處07-3844-2440
🕐 週五及六17:00～22:00、週日10:00～17:00
💲 無
🚫 無
🌐 www.southbankmarket.com.au

≫交通方式
從市區Riverside站搭City Cat至South Bank站即抵達

←迴力鏢或原住民畫作是獨特的澳洲藝品，是許多旅客到澳洲遊玩時必買的紀念品，相當具有留念價值。

↑在草坪上野餐聊天，或從事日光浴活動、看看書等等，可感染城市裡不一樣的悠閒自在。

● MAP P.279-B3

2 南岸公園
🕐 2hr. South Bank Parkland

河畔城市沙灘的活力公園

　　一如布里斯本給人的輕鬆氣息，沿著布里斯本河南岸所建築的這塊17公頃大的南岸公園，打造了城市慵懶的度假氣息，在園區內的Sts Beach即有一個能望向市區、親臨布里斯本河的人造沙灘，不論平日或假日總是擠滿人群在此戲水、游泳，而一旁的大片草地更是做日光浴的好地方，此外，也設有烤肉區、涼亭等設施，其中的露天劇場Suncorp Piazza不定期會有活動表演，或是電影、球賽的播放，公園內還有一條街佈滿了特色餐館、咖啡廳、飲品店及精品小店、酒吧等，愜意十足。

DATA
📍 South Bank, Brisbane
☎ 07-3867-2051
🕐 24小時
💲 無　　　🚫 無

≫交通方式
位於生活市集旁，依園區內指標步行即可到達人造沙灘和各項設施、餐廳

→巨大的摩天輪，乘載著歡樂的夢想，是南岸公園和布里斯本河邊的特色，同時是最佳地標，和情侶約會的好去處。

←到南岸公園裡的都市沙灘上曬太陽、游泳或是堆沙等，讓人時時都有海邊度假風情，是布里斯本有別於其他城市的不同風情。

→廣場內不只有免費的電影短片欣賞，配合澳洲當地的節日，也會有不同的表演活動，有時還能看到街頭藝人的即興表演。

3 昆士蘭博物館

⏱1hr. Queensland Museum

深入了解澳洲歷史文化

↑在昆士蘭博物館入口處可見恐龍骨標本立像，從解說文裡可了解當時的生活，並將時光拉回到西元前的時代。

↑從馬拉車到船、飛機等的交通工具進展，知道人類重要的交通工具演變和對日後科技的重要影響。

昆士蘭博物館有不同的樓層分別展示各種主題，得以藉此參觀後深度了解澳洲過去、現在及未來等發展的歷程。館內的展覽可分為常設展區和臨時展覽，常設展區主要有「探索昆士蘭」藉由圖像了解昆士蘭的故事和地理、社會關係；「博物館動物園」內則有一長排陣列著700個史前和現代動物的演進，從恐龍到無尾熊、袋鼠等標本蠟像做得維妙維肖，如同一個遊行隊伍，令人感到震撼。另外，還有海生動物展、原住民文化展、交通工具移動展覽及互動式的科學中心，極富趣味。

→海生動物展館內可見生動的海龜標本，並了解澳洲海中生物的生態活動和習性，吸收更多的海洋知識。

>>交通方式

從南岸公園往北向維多利亞橋走，過Melbourne St左轉至Grey St在右轉前行一小段路，即可見昆士蘭博物館位於右手邊處

DATA
🏛 Cnr Grey & Melbourne Sts, South Bank, South Brisbane
☎ 07-3840-7555
🕐 9:30 ～ 17:00
💰 免費，除部分臨時展覽
休 國定假日
🌐 www.southbank.qm.qld.gov.au

---

4 昆士蘭美術館｜現代藝術館

⏱2hr. Queensland Art Gallery｜Gallery of Modern Art

傳統和現代藝術文化殿堂

成立於1895年的昆士蘭美術館，一直到1982年才真正在布里斯本的南岸有了一座展示館，昆士蘭美術館有超過14000多件關於澳洲藝術、雕塑品、國際繪畫、裝飾品、多媒體裝置、原住民藝術等作品收藏，包含了傳統和現代化藝術的內容。在2006年更於距離昆士蘭美術館150公尺之處，設立了現代藝術館，展覽主題多以20和21世紀的藝術為主，在這兩館相對而居之下，不只完美展現傳統和現代的藝術文化，更同時可見澳洲國內外不同領域的作品和多位藝術家的創作，特別的是兩館內皆有為兒童設立的藝術區，培養小孩不同的想像思維。

DATA
🏛 Stanley Place, South Bank, South Brisbane
☎ 07-3840-7303
🕐 週一～週五10:00 ～ 17:00、週六日9:00 ～ 17:00
💰 免費，除特殊展覽和電影活動
休 國定假日
🌐 www.qag.qld.gov.au

>>交通方式

出昆士蘭博物館後，依指標即可前往位於一旁的昆士蘭美術館，而現代藝術館即位於昆士蘭美術館大門的正對面150公尺處

→現代藝術館會不定期邀請世界各地的創作者來此參展，並設計不同的活動和來此參觀的人做互動。

→現代藝術館以較現代與未來的藝術作品引人入勝，隨著每次展期的不同，能欣賞到多元的創作，常是許多藝術迷的期待。

↑現代藝術館內各樓層和各館區都有不同的趣味主題，利用不同的素材來做各式的創作，常常讓人嘆為觀止。

↑美術館內藏有傳統和現代的多幅畫作，可欣賞不同畫家的畫法和創作理念，得到藝文氣息的感染力。

5 昆士蘭大學
🕐 1hr. The University of Queensland

感受布里斯本第一學府風氣

　　已有百年歷史的昆士蘭大學，是布里斯本第一學府，在國際上獲得無數的讚譽，有著來自世界各地的學生到此學習，設立的科系，從生物科學、社會科學、人文科系、工程電子等皆包含，也因此培育無數菁英份子。佔地廣大的昆士蘭大學宛如一個小社區，從各大院所、餐廳、服務中心、銀行、郵政、診所、幼兒看護處、宿舍到體育中心、運動場、游泳池等一應俱全，是最能感受澳洲大學生活的地方，迷人的山景和河景，更成為許多人假日遊憩勝地。

DATA
🏠 Brisbane St Lucia, Brisbane
📞 07-3365-1111
🕐 24小時
🎫 免費
🚫 無
🌐 www.uq.edu.au

>>交通方式
從現代藝術館沿原路走回南岸公園，再至South Bank站搭City Cat至The University of Queensland站即抵

↓佔地廣大的校區，還有大片的自然湖水景觀，在草地上或湖邊不時可見鳥鴨生態飛行而過。

↑從City Cat的碼頭區進入昆士蘭大學，立即就可感染學子氣息，即便在等船時分，也能在此欣賞到布里斯河的寧靜風光。

● MAP P.279-C3

5 市區植物園
🕐 1hr. City Botanic Gardens

河畔風情享受城市綠意

　　市區植物園位於布里斯本市中心和布理斯本河之間，是一座植物花園博物館，自1855年建立以來，第一任植物園館長即引進國內外許多水果、植物、花卉等種植培育；到1007年重建之後，形成如此大規模的植物園，除了認識各國的植物之外，在周末假日更是提供人們悠閒散步之處，園中大片的草坪、竹林區、紅樹林步道橋、水蓮池糖及寬廣大道等，都讓人有感受到城市裡的鄉村度假感，可在這裡野餐、看書、曬太陽等，擁有最愜意的市區生態生活。

DATA
🏠 Gardens Point Alice St, Brisbane City
📞 07-3403-2535
🕐 24小時　🎫 免費　🚫 無
🌐 www.brisbane.qld.gov.au/botanicgardens

>>交通方式
搭City Cat至QUT Gardens Point站再步行至QUT學園後，依指標即可到達市區植物園

→公園內不僅植物種類豐富，動物生態也很多元，在市區也能看到自樹上爬下來覓食的負子鼠。

本日行程表

1	搭公車 1小時	龍柏無尾熊保護區 （建議停留4小時）
2	搭公車 25分鐘	庫薩山 （建議停留1小時）
3		公園路咖啡大道 （建議停留1.5小時）

費用表	龍柏無尾熊保護區門票	30澳幣
	公車一日票	12.8澳幣
	合計	**42.8澳幣**

備註：
1.購物或餐飲花費視每人情況而有不同，所以不予計算。
2.以上費用以一個成人所需的費用計算，若遇優待票情形，請參考DATA的資料自行計算。

小叮嚀

>>導覽
本日行程離布里斯本市區稍遠些，但皆可搭乘公車到達，因搭乘公車上下車次數較多，可買公車一日票，不僅價格較划算，且能無限次上下公車，另外因搭公車車程時間會較久，建議早點出發。

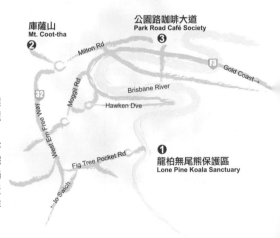

布里斯本城市之旅

暫離塵囂擁抱自然 ^{Day 3}

在布里斯本市區的近郊處，只要稍微開一下車子就能到達風景秀麗的景點。位在布里斯本西南方約11公里處的龍柏無尾熊保護區，有許多討喜的無尾熊在此歡迎你的到來，園區內更完成許多人到澳洲一定要抱無尾熊的願望，留下珍貴的紀念，同時還能在此和其他動物有親密的接觸。結束完豐富的動物園之旅後，約傍晚時分登上庫薩山，能感受夕陽的布里斯本城市景色外，還能同時一賞城市夜色，結束一天的旅程，再到近市區處的Milton品嚐小巴黎的異國風情、咖啡香和多國料理，為完美的一天畫下句號。

庫薩山
Mt. Coot-tha ②

公園路咖啡大道
Park Road Café Society ③

Milton Rd

Moggil Rd

West Ern Free Way

32

Brisbane River

Hawken Dve

Gold Coast →

Fig Tree Pocket Rd

❶ 龍柏無尾熊保護區
Lone Pine Koala Sanctuary

1 龍柏無尾熊保護區

⏱ 4hr. Lone Pine Koala Sanctuary 〔玩〕

開心一擁無尾熊入懷

　　總是毛茸茸、有著可愛慵懶模樣的無尾熊，一直是大家到澳洲最想看到的澳洲動物之一，位於布里斯本郊區的龍柏無尾熊保護區，也成為遊客們必到的觀光地。龍柏無尾熊保護區是世界上第一個最大的無尾熊保護園區，飼養著130多隻的無尾熊，在這裡除了能親眼看到無尾熊們在樹上爬上爬下、趴著睡覺的樣子外，更能親身抱著無尾熊拍照，體驗無尾熊賴在你身上的溫柔獨特觸感且留下紀念。園區內還有鳥類、袋熊、牧羊犬等動物觀賞區之外，更有一整片大草皮飼養無數的袋鼠，可以餵食外，也能近距離和牠們相處。

↑在園區內飼養著不同品種的鳥類，漫步於此區可聽見許多鳥類的鳴叫聲，宛如置身在森林裡的感覺。

↑活蹦亂跳的袋鼠在大草原上盡情奔跑或休息、睡覺，不怕生的個性總是等待著大家餵牠們飼料。

↑室內展館裡由解說員親自解說並展示貓頭鷹的智性，遊客也更直接了解神祕的夜行性貓頭鷹。

DATA
📍 Jesmond Rd, Brisbane
☎ 07-3378-1366
🕐 8:00 ～ 17:00
🎫 成人票30澳幣、兒童票21澳幣（3～13歲）、學生票24澳幣（14～17歲）、背包客24澳幣，以上皆需出示相關證件。
休 無　　🌐 www.koala.net

>>交通方式
到市里斯本Queen St的地下公車總站，搭445或430公車到Lone Pine Koala sanctuary站下車即達，約40分鐘車程

---

2 庫薩山

⏱ 1hr. Mt. Coot-tha

登山頂眺望市區無限風景

　　庫薩山是觀看布里斯本整座城市最佳的地標，僅離市區約7公里的車程，在白天或晚上都可以驅車上山體驗不同的景色，偌大的觀影台可眺望白天活力的市景，夜晚星空照耀下另可見燈火通明的夜色，有不同的兩樣風情，若天氣好的話，還能望到海灣之景，一旁還有咖啡廳和餐廳，可邊看美景邊用餐或啜飲咖啡，是聊天談心的好去處。在庫薩山保護區內還有徒步小道，能同時被山林綠色所圍繞，在山下還有一處知名的布里斯班植物園，同樣也是值得一覽的天然園地。

↑夜色下的庫薩山有著另一種面貌的迷人風情，不輸白天的景色，因此在夜晚時分山下，只見聚滿了看夜景的遊客。

→360度環顧山下景緻，就連布里斯本河都清楚可見。

DATA
📍 Sir Samuel Griffith Drive, Brisbane Lookout Mt Coot-tha, Brisbane
☎ 07-3369-9922
🕐 Summit Restaurant & Bar／週一～週四8:00 ～22:00、週五8:00 ～ 23:00、週六7:00 ～ 23:00、周日7:00 ～ 22:00
🎫 免費　　休 無
🌐 www.brisbanelookout.com

>>交通方式
從龍柏無尾熊保護區出來步行至公車站，搭乘430號公車到Cribb St站下車，再轉搭471號公車於Mt Coot-Tha Summit Lookout站下車即抵

---

3 公園路咖啡大道

⏱ 1.5hr. Park Road Café Society 〔吃〕

飄散咖啡香的迷人歐式風情

　　在布里斯本有許多的咖啡店，而在離市區不遠，約10分鐘車程的Milton，有著人稱小巴黎的咖啡大道Park Road，原因是位於這條路上有家義大利人開設的La Dolce Vita餐廳，在其店門口上方設立了一個巴黎鐵塔造型的小鐵塔，在夜晚霓虹燈開射之下更是光彩奪目，也因此吸引了許多人的造訪，而有此封號。由此興盛後，在這條街上有著數家連接成排的咖啡廳，不論白天夜晚總是人潮不斷。

DATA
La Dolce Vita
📍 20 Park Rd, Savoir Faire, Milton, Brisbane
☎ 07-3867-1191　休 無
🕐 週一11:00 ～午夜、週二～週日7:00 ～午夜
🌐 www.ladolcevita.com.au

>>交通方式
從庫薩山Mt Coot-Tha Summit Lookout站搭471號公車到Baroona Shops站，下車後往Milton Rd約3分鐘即可達Park Rd

熱浪樂園逍遙遊

黃金海岸（2天1夜）

距離布里斯本約1小時車程的黃金海岸，擁有約35公里長的海岸線，濃厚的海邊氣息，是昆士蘭地區最受歡迎的渡假勝地之一。黃金海岸可說是澳洲的娛樂之都，總是擠滿人潮的衝浪天堂，高級大樓和度假飯店等群聚林立，各式大大小小的商場和主題樂園，及多樣化餐廳料理、賭城、酒吧夜生活，都讓黃金海岸呈現分分秒秒熱鬧的景象，就連各種海、陸主題樂園也紛紛在此設立，市郊之處還有自然國家公園，是大朋友和小朋友都能盡情享樂的快樂天堂。

小叮嚀

>>導覽
1. 建議第一天可在黃金海岸市區及衝浪天堂享受水上活動；第二天選擇黃金海岸著名的主題樂園玩耍，由於一個主題樂園就足以花上1天的時間，因此也建議行前先好好研究一下哪個比較中意，或者多停留幾天才能玩遍。
2. 衝浪天堂夜市只在每週三和週五晚上才有，故本日行程可安排於週三或週五，若於其他天則可安排到春溪國家公園內的自然橋來賞藍光螢火蟲之旅。不過，前往春溪國家公園並沒有大眾交通工具可到達，因此需開車前往，車程約1小時。

Cypress Ave
View Ave
Holiday Inn
Elkhorn Ave
Gold Coast Hwy
Orchid Ave
❸ 衝浪天堂夜市
Surfers Paradise Night Market
Cavill Ave
❷ 衝浪天堂購物商圈
Surfers Paradise Shopping Area
Surfers Paradise Blvde
Beach Rd
● Hard Rock Cafe
❶ 衝浪天堂
Surfers Paradise
Hanlan St
The Esplanade
Trickett St

Touring Route 4
昆士蘭主題之旅

行程表（2天1夜）

1	步行 2分鐘	衝浪天堂
2	步行 3分鐘	衝浪天堂購物商圈
3	搭公車 30分鐘	衝浪天堂夜市
4		暢遊主題樂園

費用表

布里斯本至黃金海岸搭火車轉公車全程票價	13.9澳幣
主題樂園門票	85.2～87.89澳幣
黃金海岸至主題樂園來回公車票約	13.8澳幣
合計約	116澳幣

備註：
1.門票皆以1成人之票價計算，其他票種請參考景點DATA資料自行計算。
2.購物或餐飲花費、住宿費視每人情況而有不同，所以予計算。

>>交通方式

往來布里斯本與黃金海岸之間，可搭乘火車或公車皆約1小時左右可抵達，非常方便。若是自行開車的話，自布里斯本往南走Pacific Motorway（M1），遇Gold Coast Hwy（2號公路）左轉直行即達，全程約80公里、車程約1小時。

1 衝浪天堂
Surfers Paradise

黃金海岸最熱鬧的海灘

衝浪天堂是黃金海岸最知名的海邊景點，也是觀光客最多的地方，更有許多衝浪客慕名前來朝聖。素有金色沙灘之稱的衝浪天堂，是許多年輕人最愛的海邊，在這裡可以看到不少曼妙身材的女子穿著比基尼曬日光浴，和穿潮流海灘褲的男子在海上逐浪，在在都充滿著無比的活力氣息，這樣的熱帶風情感受讓人一待就捨不得離開。對衝浪有興趣的，還能參加當地的衝浪課程，不論初級班或進階班，都能在專業教練的帶領下得到不同的樂趣，若要自行衝浪，也能在就近的店家租到衝浪板，享受快活的海洋生活。

DATA
Gold Coast Tourism Bureau
Cavill Ave Mall, Surfers Paradise
07-5538-4419
週一～週五8:30～17:30、週六8:30～17:00、週日9:00～16:00

Surfers Paradise
免費　休 無
www.visitgoldcoaStcom

>>交通方式

從布里斯本的Central Station中央車站搭火車到黃金海岸的內蘭站（Nerang Station），再於火車站外的公車站轉搭745號公車，到Surfers Paradise的Beach Rd站下車後，往Surfers Paradise Blvd.方向走，在Surfers Paradise Blvd.左轉直走到Cavill Ave.右轉直行過The Esplanade即可見到Surfers Paradise標誌牌，即抵，約需2小時

←一年四季都能見到衝浪客在此盡情衝浪，夏季則更是消暑勝地。

DATA
Surfers Paradise Alliance
Surfers Paradise Transit Centre, 10 Beach Rd, Surfers Paradise
07-5584-3700
視店家而定　　免費　休 無
www.surfersparadise.com/contact

>>交通方式

從衝浪天堂主要入口處出來，過The Esplanade道路到對面即是Cavill Ave卡威爾大道

↑廣大的購物圈，為了讓遊客更明白各項設施和景點，皆設立指示標，一目瞭然就能知道從何而去。

2 衝浪天堂購物商圈
Surfers Paradise Shopping Area

知名衝浪品牌全攻略

到衝浪天堂除了盡情地享有海灘假期外，這一區裡的購物店家和餐飲、酒吧、紀念品店等更是琳瑯滿目，完全滿足旅客的需求。其中最主要的街道是位於衝浪天堂海灘入口垂直的卡威爾大道（Cavill Ave），這條購物區裡面就充斥著各大衝浪品牌，款示齊全，是熱愛衝浪和海邊休閒服飾者的最佳選購地，此外，不定時更可見街頭藝人的才藝表演，真是熱鬧非凡。另一條蘭花大道（Orchid Ave）則聚集了酒吧和餐廳，是感受陽光與夜生活之地，而環繞週邊的街道各式餐廳、服飾店等等比比皆是，滿足吃喝玩買的好心情。

3 衝浪天堂夜市
Surfers Paradise Night Market

體驗澳洲傳統市集購物樂

每逢星期三和星期五晚上，在衝浪天堂的濱海大道上就會有攤販在此布置設攤，有自製烘焙的點心、有機栽種的農產品、各種品味和獨特造型的糖果外，還有澳洲原住民的圖畫創作、獨具創意的手工藝品、充滿衝浪天堂特色的紀念品，以及吸引小朋友的趣味玩具等等，讓人從頭到尾都能在每一攤佇足許久，每種物品深深吸引眾人投以好奇的目光，而熱情的老闆們更是會與你閒聊一番，可了解其所賣東西不同之處，有的攤位甚至是背包客所設的，不妨一一領略箇中趣味。

↑在夜市裡的攤位大多都是擺攤者個人的創意設計，這個由老闆親自手繪圖案，再製作成各種不同的生活用品，既可愛又實用。

←這攤相當特別的彩色造型糖果，上面一層層都是各種水果口味製作出來的，不同的組合可嘗到不同的水果，多年來一直都在此出售，十分特別。

DATA
📍 The Esplanade, Surfers Paradise Beach, Surfers Paradise
☎ 07-5538-4419
🕐 週三&週五17:30～22:00
💰 免費
🚫 週一、二、四、六、日
🌐 www.visitgoldcoaStcom

>>交通方式

返回原路走到Cavill Ave.卡威爾大道，再往The Esplanade大道走到衝浪天堂的主要入口，再沿著海邊往左直走即可見夜市

PLUS 春溪國家公園
Spring Brook National Park

自然生態閃耀的洞穴美景

從衝浪天堂開車約需一個小時多車程的春溪國家公園，佔地三千多公頃之大，共分三大區塊，其中最令人所嚮往的是自然橋（Natural Bridge），在滿布熱帶雨林生態的山區之中，在白天登山進入可見讚嘆不已的山景瀑布，尤其在陽光照耀之下更顯得光彩迷人。每天夜晚則有眾多遊客為了一探Glowworm這種澳洲特有的藍光螢火蟲而來，在步入前往洞穴之前，即能看見數光點點的藍光螢火蟲在叢林中點綴，隨之進入洞穴後，整片藍光宛如銀河天際般美不勝收，心生感動。

DATA
Spring Brook National Park Information Center
📍 87 Carrick's Rd, Gold Coast
☎ 07-5533-5147
🕐 24小時 💰 免費 🚫 無
🌐 www.derm.qld.gov.au/parks/springbrook

>>交通方式

從黃金海岸開車上Gold Coast Highway，到出口93下高速公路Currumbin後，接著走Currumbin Valley Rd，直行到21公里處即抵

↑在自然橋內的洞穴內，看見四處閃閃發光的藍光螢火蟲包圍著自己，有說不出的感動，如天際的美麗星空般。

---

4 暢遊主題樂園
Movie World, Sea World, Dream World

無限歡樂世界玩透透

黃金海岸是全澳洲擁有最多主題樂園的城市，每年總是吸引全國大小朋友到此遊玩，就連國外許多旅客、留遊學生也都必遊這些主題樂園。其中最知名、最具人氣的是夢世界，除遊樂設施豐富外，更有動物園和各式表演，再結合水世界，連玩兩天也不覺得累，也因此有多種套票可連玩二個主題樂園，連玩好幾天。其他像是海洋世界、電影世界、水上樂園、白浪世界等同樣受歡迎，其中也有推出樂園聯合套票，能自在又隨意的將所有樂園玩透透。

小叮嚀

1. 由於每個主題樂園都能玩上一整天，建議可選擇自己有興趣的樂園盡情享受樂趣。
2. 許多主題樂園都有推出優惠的套票，若是要玩二個以上的點，即可考慮這種購票方式，會比較划算。
● Dreamworld 1 Day World Pass成人票89澳幣、兒童票65澳幣。可在1天之內同時玩夢世界和水世界。
● Dreamworld 2 Day World Pass成人票109澳幣、兒童票75澳幣。可在連2天之內隨意遊玩夢世界和水世界。
● VIP Pass成人票99.99澳幣，於期限（約半年）內可無限次數，到海洋世界、電影世界、水上樂園這三個主題樂園遊玩。
● Fun Pass成人票149.99澳幣、兒童票95.99澳幣，能在5天之內隨意遊玩海洋世界、電影世界、水上樂園等三個主題公園。
● Escape Pass成人票119.99澳幣、兒童票79.99澳幣，能在3天內隨意遊玩海洋世界、電影世界、水上樂園其中二個主題公園。

電影世界
Movie World

在電影夢工廠體驗美妙場景

由世界知名的電影公司華納兄弟所開設的電影主題樂園，如同一座小小的夢工廠世界，將許多電影拍攝的場景搬到這裡，讓許多人一踏入就心花怒放。真人扮演的蝙蝠俠、超人、貓女、史瑞克等不定時在園區內穿梭，可和他們拍照留念外，還能在各種不同的館內，體驗許多電影影片互動的樂趣，並能親身感受好萊塢電影拍攝的真實性，如常態性爆破場面表演的警匪特技幽默秀，而近幾年最受好評的哈利波特和史瑞克都設有獨立館，還能買到特製的紀念品。

↑將電影拍攝的場景搬到這個劇場裡展現，以警匪槍戰的戲劇讓觀眾知道電影拍攝的手法，精彩的畫面讓現場驚呼聲不斷。

DATA
地 Pacific Motorway, Oxenford, Gold Coast
電 07-5573-3999
時 10:00～17:00
票 成人票74.99澳幣、兒童票49.99澳幣
休 無
網 www.movieworld.com.au

>>交通方式
自黃金海岸市區搭乘Surfside公車TX1, TX2, TX5皆可至Movie World

→史瑞克綠綠的家，是最受歡迎的商品館，連史瑞克也到門口迎接大家，一旁的4D史瑞克電影體驗也是不容錯過的。

←以火山歷險的場景造設，讓你隨著乘坐的車子從高空火山口噴射滑下來，超刺激也會噴得你一身濕！

海洋世界
Sea World

和鯨豚悠游藍色樂園

海洋世界以水上主題打造蔚藍的寬廣活動園區，所有的遊樂設施都是以海底生物為設計，並有適合不同年齡層的遊戲，從溫和到刺激皆有，像是卡斯特韋灣為讓全家一起參與的冒險活動，充滿互動感；芝麻街樂園的可愛人偶裝扮逗得小朋友開懷大笑，雲霄飛車和激流湧進則是較為驚險的體驗。此外，在海洋世界大家最期待的重頭戲是各種海洋生物的表演秀，如在大潟湖的海豚表演秀、海盜劇劇表演，及近距離觀賞國王企鵝、北極熊、鯊魚等相當精彩，一定要確認好時間到場欣賞。

↑海獅演技高超的和工作人員配合演出，聰明又活趣的模樣讓觀眾們看得哈哈大笑，贏得相當多的掌聲。

DATA
地 Sea World Drive, Main Beach, Gold Coast
電 07-5588-2222
時 10:00～17:00
票 成人票74.99澳幣、兒童票49.99澳幣
休 無
網 www.seaworld.com.au

>>交通方式
自黃金海岸市區搭乘Surfside公車750路至Sea World站下車即達

↑精彩的海豚表演秀一向是海洋世界的重點秀之一，每天只有二個場次，可要把握好時間到現場佔好最好的位子，還能被抽點上台飼養他們。

夢世界
Dream World

感官刺激的夢幻樂園

夢世界是黃金海岸所有主題公園裡面最大的一座，有30公頃之大。園區內充滿各式遊樂設施，包含六大刺激設施，有世界最高的恐怖塔，讓你從高空快速降落，以及以每秒64公里擺動做360旋轉的Wipe Out，讓腎上腺素上升的超感官體驗。另外，還設有動物園區，可以乘坐園內的火車，到各個展區觀看袋鼠、無尾熊、塔斯馬尼亞惡魔等澳洲特有動物外，還有各式不定時的表演秀，如剪羊毛秀、白虎秀等，適合全家大小同遊。夢世界一旁還有座水世界，若買暢遊兩座樂園的通票，就能盡興玩樂一整天。

↑在夢世界開門之前就有許多遊客等著進入，待營業時間開放後，大家總是迫不及待地想衝到想去的遊樂設施或主題區。

↑園區內設有可餵食袋鼠的飼料，一包1澳幣，小心地將飼料倒在手心上，袋鼠就會跳到你面前吃，連小孩也樂在其中。

DATA
地 Dreamworld Parkway, Coomera, Gold Coast
電 07-5588-1111
時 夢世界9:00～17:00、水世界2～4月&9～12月9:00～17:00、5～8月9:00～17:00、12～1月9:00～21:00
票 成人票74澳幣、兒童票49澳幣
休 無 網 www.dreamworld.com.au

>>交通方式
自黃金海岸市區搭乘Surfside公車TX1, TX2, TX5皆可至Dream World

↑每天皆有幾個場次可看到剪羊毛秀故事劇，同時也會邀請現場的民眾一同加入演出，是很受歡迎的表演。

純淨陽光沙灘假期

陽光海岸（1天來回）

陽光海岸位於布里斯本以北，從卡倫德拉鎮（Caloundra）開始到努沙（Noosa）海岸線風光十分綺麗，整條路上有不少海邊都會讓人想停下來佇足一番。雖然陽光海岸不似黃金海岸那麼的熱鬧，卻也因為如此多了些寧靜的渡假感；少了高樓大廈和過於熱鬧的購物中心，多了海邊村莊，和親切的小店舖，更添了一份自在和悠閒感受。在陽光海岸上最知名的就是同為衝浪據點的努沙，而在陽光海岸內陸更有不少村莊農場值得一覽，在這裡最能感受陽光滿溢的自然風光。

小叮嚀

本日行程不方便搭大眾交通工具遊覽，建議開車前往各個景點。因努沙距布里斯本約需2小時開車車程，因此建議本日行程及早出發。

Tewantin
① 努沙 Noosa
Eumandi
薑工廠 ② Ginger Factory
Yandina
陽光農場 ③ Sunshine Plantation
Bruce Hwy
South Pacific ocean
M1
to Brisbane

1 努沙
Noosa 玩

陽光灑落的渡假小鎮

努沙是陽光海岸人氣最旺的海灣城鎮，沒有高於三層樓的建築物，有著小巧的咖啡廳、餐廳、精品店等聚集，其中最主要的街道是哈斯丁街，不僅有精緻旅館和背包客棧，圍繞著極濃的渡假氣息，且在市區旁就有主要的海邊沙灘Noosa Main Beach能遊玩，這裡也是知名的衝浪地。通往努沙國家公園主入口，能延著遊客步道欣賞這座原生林的怡人景色，站在小山丘上看見迷人的海景，將別緻的海岸色風光盡入眼底，幸福的話還能在國家公園內看見野生的無尾熊從身邊經過。

ATA
努沙旅遊資訊中心
Hastings St, Noosa Heads,
Sunshine Coast
1800-002-624、07-5430-5000
9:00～17:00
無
無
www.tourismnoosa.com.au

>>交通方式
開車從布里斯本市區上Bruce Hwy（M1）往北直行，開約90公里後會看到匝道口，上匝道往Eumund-Noosa Rd方向走，再依指標往Noosa Heads即達，全程約139公里2小時車程

↑努沙平靜無波的海岸邊和絕佳的氣候，是最佳的露營場地，露營場一隅盡是享受生活的最佳寫照。

↑夕陽西下的海邊碼頭景緻，好像畫裡的風景，那麼的美不勝收，多想一直置身在這美麗世界裡。

哈斯丁街

悠遊陽光小鎮一條街

哈斯丁街（Hastings St）是努沙最熱鬧的街道，有許多高貴不貴的餐廳和小店，要逛要吃通通都有，尤其是氣氛非常悠閒愜意、隨意一遊會不小心以為自己置身在歐式街頭裡。

↑景觀餐廳視野開闊面對著大海，讓人運用餐邊享受一旁美麗的海景，吹著海風聊天，享用料理，最是人間樂事。

沙灘

白沙滿佈的美麗沙灘

藍天白雲的沙灘景觀，將陽光海岸的盛名襯得更為貼切，許多遊客慕名而來，不論是做日光浴、戲水衝浪，這裡沒有過多擁擠的人潮，只有無盡的白沙、陽光與浪花，可充份享受海浪沙灘的擁抱。

努沙國家公園

盡覽海岸與森林美景

沿著海岸線規劃的國家公園，沿途不但能由高處瀏覽美麗的海岸線風光，倚山面海的各種天然資源豐富，如森林內各種鳥類與野生動物生態，以及漫步步道享受芬多精的洗禮，在努沙國家公園裡俯拾皆是，更重要的是，免費入場。

水上活動

海上遊蹤樂無窮

努沙除了是衝浪客的天堂之外，也聚集不少水上活動好手前來度假，像是海上獨木舟、遊艇，或是衝浪風帆等，光是看著他們認真地舞動矯健身手，就能感受到澳洲式的休閒風情。

→在努沙不只享受沙灘海邊，也有許多澳洲人開船出海，感受不一樣的海景世界。

2 薑工廠
Ginger Factory

深入了解奧妙薑世界

薑是澳洲人生活中相當重要的食材，在陽光海岸內地的布德里姆山麓上有座薑工廠，在設計規畫和工作人員導覽之下，能實地了解薑的種植、採收相關知識，並參觀薑的加工和包裝過程。廠內設有購物商店，能買到各種和薑相關的商品、紀念品，以及料理用品，在咖啡廳內可品嚐不一樣的薑風味料理，及現場製作的獨特冰淇淋。沉浸在這具有鄉村風格的薑鎮之餘，還能搭乘小火車逛逛熱帶花園，特別的是還有現場蜜蜂表演秀，有興趣者還能參加園內3小時導覽，費用為38澳幣，感受不同的活動體驗。

DATA
📍 50 Pioneer Rd, Yandina, Sunshine Coast
☎ 07-5447-8465
🕐 9:00～17:00
💰 免費
休 無
🌐 www.gingerfactory.com.au

>>交通方式
自努沙走回Bruce Hwy（M1），依指標往Brisbane方向走，於Yandina下交流道，然後往Coolum Beach方向前進，接Yandina-Coolum Rd前進到Machinery Rd右轉直行至Harvest St左轉，接著走Pioneer Rd直走，會在左手邊看見Ginger Factory即抵，約40分鐘車程

↑薑餅人也是這裡相當重要的人氣商品，是許多小朋友愛不釋手的伴手禮，到了聖誕節更是熱門。

↓在內設的小型商品超市有許多薑製品，看了除令人大呼驚奇外，也都想要品嚐箇中滋味到底如何？

←園區內的小火車好像在電視卡通才會出現的顏色型，滿載著不同農村童話夢想，人前往不同的國認識薑的世界。

3 陽光農場
Sunshine Plantation

大鳳梨指標的熱帶水果園

巨型大鳳梨是陽光農場最佳的形象宣傳者，因而吸引了國內外眾多旅客到此一遊，成為最佳拍攝地點。陽光農場以廣大的農作面積栽種鳳梨、芒果、木瓜等熱帶水果，並依不同的水果特性區分不同的栽種園區，並開放付費導覽給遊客搭乘小火車參觀澳洲農場特色，感受不同國度的鄉村生活。享受完農場風光後，還能在園內餐廳內品嚐多樣的水果大餐，並能在裡面的農產品市場買到新鮮的水果，在農場的另一邊還有小型動物園可休憩，而火山豆工廠遊覽行程同樣有熱情的人員做詳盡的解說，增加樂趣。

DATA
📍 Nambour Connection Rd, Woombye, Sunshine Coast
☎ 07-5442-1333
🕐 9:00～17:00
💰 免費　休 無　🌐 無

>>交通方式
自出薑工廠出來後回到Bruce Hwy（M1）往Brisbane方向前進，到State Route 8出口下交流道，朝Nambour／Maroochydore前進，再依路上指標往薑工廠方向即達，全程約18.3公里16分鐘

↓陽光農場內也飼養著牛、羊等動物，是大城市裡不可見的景象，在牠們的相伴下呼吸得到草香的農場氣味。

↑超大顆的巨型鳳梨不只引人注目，進內部展區還有各種鳳梨小常識及加品的過程，相當有趣。

擁抱
凱恩斯
山海之旅

凱恩斯位於澳洲昆士蘭北部，是一處全球知名的渡假勝地，就連澳洲當地人也愛在冬天的時候從南部到此避寒。山海景致皆豐富的凱恩斯，擁有世界最大的珊瑚礁海域——大堡礁，是東澳最佳的潛水地，也是名列全球前幾名的必遊之地而為人所嚮往；在凱恩斯內陸更有珍貴的熱帶雨林區，和大堡礁一起被列為世界遺產。如此渾然天成的自然生態，讓人可以體驗到最豐富的海洋和森林寶藏，故有許多熱鬧的活動多到不可勝數，像是潛水、釣魚、跳傘、泛舟等，絕對讓人精彩度過每一天。

熱帶風情市區遊

（1日行程）

凱恩斯的市中心如同澳洲一般的渡假小鎮，迷你而精巧，擁有整齊的街道和多樣化的餐廳，且有來自世界各地的旅客，因此街上布滿了背包客和旅行社，也說明了到此來的人都是為了盡情渡假。生活機能相當便利的市區，在白天人們大都往外出遊，但在市區旁有座人工海濱區，連海式的游泳池設計總是吸引許多人到此戲水，一旁的濱海道和草地同樣滿足熱愛日光浴的旅人，若想品嚐美味的料理，在市區更有不少亞洲、歐美料理能一一嚐鮮，夜生活也同樣精采的凱恩斯，讓人從早到晚都不無聊，充滿了活力。

小叮嚀

凱恩斯市區不大，以滿足生活機能為主，而大部分來到凱恩斯的遊客皆以大堡礁和週邊景點為旅遊重點。建議在熟悉市區後，可開車順便遊覽車程約1.5小時左右的帕拉尼拉公園。

》》 本日行程表

1	步行 2分鐘	海濱戲水區	（建議停留1小時）
2	步行 10分鐘	海濱道	（建議停留1.5小時）
3	步行 3分鐘	市區廣場	（建議停留2小時）
4		夜市	（建議停留30分鐘）

費用表	帕拉尼拉公園門票	36澳
	合計	36澳

備註：
1.門票皆以1成人的票價計算，其他票種請參考景點Data資料自行計算。
2.購物或餐飲花費、住宿費每人情況而有不同，所以予計算。

北凱恩斯
Cairns North

三一灣
Trinity Bay

Oasis Inn

Rydges
Esplanade
Resort

凱恩斯醫院
Cairns Base
Hospital

Holiday
Inn
Cairns

凱恩斯港
Cairns Horbour

濱海水族館
Undersea World
濱海戲水區
Esplanade
Swimming Lagoon
夜市
Night Market
大堡礁遊船碼頭
Wharf
Cairns Hilton

蒙羅馬丁公園
Mornore Martin
Park

凱恩斯地區美術館
Cairns Regional
Gallery
凱恩斯博物館
Cairns Museum

市區廣場
City Place

超市
Wootworth

市區
Cbd

超市 Coles

青年旅社
YHA

凱恩斯火車站
Cairns Station

醫察局

凱恩斯中央
購物中心
Cairns Central
Shopping Centre

曼努達
Manunda

西庭
Westcourt

N

凱恩斯

---

1 海濱戲水區

⏱ 1hr. Esplanade Swimming Lagoon 玩

海水相連的人工泳池

海濱戲水區是凱恩斯市區內最重要的景點，也是到這裡的旅客必遊景點，和旁邊的濱海大道連成一區的這座人工瀉湖區，是鹹水游泳池，有4800平方公尺之大，面對著三一灣，有著浩翰無際的感覺，跳入池子裡感受沁涼的水溫玩耍時，讓人有種置身在大海般的錯覺。另外還有沙灘和排球區，可盡興在城市裡享受海邊般的自在感，若只是想要休憩一下，也可坐到池畔邊曬曬日光浴，面對著海灣和一旁的山景，最是快活不過，在這裡看著夕陽日落同樣美麗。

DATA
🏠 The Esplanade, Cairns ☎ 無
🕐 24小時 💰 免費 休 無
🌐 www.cairnsesplanade.com.au

>>交通方式
從市區的Shields St往Esplanade走到底，即可見指標，往Lagoon前行即抵達

.沿著海濱道在鋪設完善的木棧步道上散步，還能觀賞到潮間帶的各種生態，特別架設的高倍數望遠鏡能一睹棲息鳥類的美麗身影。
.在海濱邊常有許多各式的鳥兒在此棲息，牠們常常露出許多有趣的姿勢動作，讓遊客們佇足欣賞。
.也總是擠滿人潮的海濱大道旁的商家，是大家聊天、聚會之處，其中的麥當勞也總是一位難求。

DATA
🏠 The Esplanade, Cairns ☎ 無
🕐 24小時 休 無 💰 免費
🌐 www.cairnsesplanade.com.au

>>交通方式
從Lagoon出來往Esplanade即抵達

---

2 海濱道

⏱ 1.5hr. Esplanade 玩

熱鬧遊玩的觀光大道

位在海濱戲水區的一長條海濱道，在這條大道上，有長長的木棧道，沿著步道走，可見三一灣的海景，也可見瀉湖旁上有許多大嘴鳥，在海濱道上還有一整片的草坪，可以在此野餐、烤肉、曬日光浴等等，到了傍晚時分也常有些街頭藝人的表演。每到週六日這裡更有市集，有許多小攤位的設置，從早到晚都能到此逛逛，若是想來個午茶時光，在濱海大道馬路的另一面，有整排咖啡廳、餐廳、酒吧等，一定可以找到你想吃的，往另一邊走還能到城市碼頭一賞。

1

2

3

3 市區廣場
⏱ 2hr.　City Place

表演舞台聚集之地

　　凱恩斯的市區景點用步行皆可到達，四處觀光相當方便，在Shields St和Lake St交叉處有一個小型的舞台，不定期會有表演活動，而在舞台附近即為市區公車總站，很容易就能找到前往凱恩斯郊區的巴士，另外，在其週邊更有不少的紀念品店和精品店、超市、旅行社等等，許多建築物都保有過去殖民時代的風格，大多數的背包客棧或餐廳也都是由此改建而成，相當具有特色，在市區廣場內還有不少的日本餐廳，因為有許多日本人在此工作定居，如同小夏威夷般。

DATA
📍 hields St & Lake St Corner, Cairns
📞 無
🕐 24小時
💰 免費
🚫 無

↑位於凱恩斯市區內的美術館，即是一棟保有維多利亞時期風格的建築，館內珍藏許多藝術品，在館外旁還有一個半露天的餐廳，很有氣氛。

>>交通方式
從Esplanade往Shields St走到Lake St即抵

4 夜市
⏱ 30min.　Night Market　吃 🏖

又吃又逛超級滿足旅客的心

　　這座夜市的大片廣場，是從1991年露天市場發展而來的，在經過多次的改良修建之下，變成現在有130多個攤位的室內夜市，相當舒適的環境，每天晚上都有開放。夜市主要分有美食廣場和購物廣場兩區，在美食廣場內有200多個座位，且有各國料理，也不乏中式料理、小吃等，另外一邊的購物廣場也相當多元，除有各式各樣的手工藝品外，也有服飾、鞋子等流行商品，在這裡還有日式和中式按摩區，很受澳洲當地居民和歐美旅客的喜愛，每天晚上這個夜市總是人潮絡繹不絕。

DATA
📍 71-75 The Esplanade, Cairns
📞 07-4051-7666
🕐 17:00 ～ 23:00
💰 免費
🚫 無
🌐 www.nightmarkets.com.au

>>交通方式
從Shields St往Esplanade走，於Abbott St左轉即可往右側看見夜市招標

↓在夜市內常有販售來自世界各國的小玩意，有的甚至標上英文和日文，或是中文，是歐美旅客最愛的紀念品。

PLUS　帕拉尼拉公園
⏱ 2hr.　Paronella Park

世外桃源的天空之城

　　帕拉尼拉公園是日本知名的動畫大師宮崎駿作品「天空之城」的靈感來源之地，整座被熱帶雨林包圍的城堡建築，原先是由一位西班牙人José Paronella所擁有，於西元1929年買下帕拉尼拉公園這塊土地開始建造西班牙風格建築，因為當時的主人翁相當愛他的妻子，於是為她建造此座有如城堡般的住宅，這段浪漫故事也流傳至今，後到1935年對外開放，之後發生無數災難、家族變賣等，現在則由民間單位接手經營。入園後有45分鐘的導覽行程，另也有夜間1小時的遊覽行程，甚至還推出婚禮拍攝的場地服務，吸引許多新婚佳偶來此留下珍貴鏡頭。

DATA
📍 1671 Japoonvale Rd（Old Bruce Hwy），Mena Creek
📞 07-4065-0000
🕐 9:00 ～ 19:30
💰 成人36澳幣、兒童18澳幣
🚫 聖誕節
🌐 www.paronellapark.com.au

>>交通方式
帕拉尼拉公園位於凱恩斯南方120公里，從凱恩斯市區走Old Bruce Hwy，接著往Mena Creek方向直行，即會看到路標，沿著路標前行即抵達

帕拉尼拉公園
Paronella Park

被綠意所包圍的帕拉尼拉公園，在進入其中之際，宛若置身「天空之城」的場景，難怪是許多日本人最愛的地方，還有日本的導覽人員和日文解說。

公園特別設置的空中吊橋，可在漫步橫渡橋下的河水時，從不同的角度觀望這座具浪漫傳說的城堡。

吊橋下方是個小山谷瀑布，也襯托出過往的愛情故事，讓人在遙想之際，感受出帕拉尼拉公園的人間仙境。

雖然已經呈現荒蕪之狀的建築，在導覽人員的解說下反而有種不同的寓意，想像曾經風華一時的城堡聖殿。

流蘇村雨林之旅

庫蘭達〔1天來回〕

世界遺產

有熱帶首都之稱的凱恩斯，在其四周擁有自然豐沛的熱帶雨林區，尤以距離凱恩斯約34公里處的庫蘭達最為知名，在這小鎮上有著古樸的味道，同時也是澳洲原住民的聚集地之一，特殊的氛圍有別於凱恩斯其他熱鬧的活動和景象。在恩斯市區就可搭乘專屬的火車前往這座自然獨特景觀的城鎮，也因此最受大家喜愛的遊覽方式是搭觀光列車和空中纜車到此欣賞熱帶雨林，另外，鎮內的庫蘭達市場也一樣受人歡迎，當中有許多的原住民手工藝品，可見到不一樣的藝術創作。

小叮嚀

本日行程以步行遊覽雨林和逛市集為主，因此請盡量穿著輕便舒適的服飾和鞋子。走在雨林內觀賞生態與植物時，也請勿傷害任何動植物，或餵食野生動物，並且張大眼睛和耳朵、輕聲交談，一定會有意想不到的驚喜。

本日行程表

1	步行 5分鐘	庫蘭達觀光列車
2	步行 10分鐘	空中纜車
3		庫蘭達市場

費用表	觀光列車來回票	68澳幣
	空中纜車單程票	42澳幣
	Caravonica到庫蘭達接駁巴士車票	4澳幣
	庫蘭達到凱恩斯巴士車票	4澳幣
	合計約	118澳幣

備註：
1.門票皆以1成人之票價計算，其他票種請參考景點DATA資料自行計算。
2.購物或餐飲花費視每人情況而有不同，所以不予計算。

>>交通方式

1. 此日行程建議一早就出發，若欲自行搭乘巴士前往，可到市區巴士總站就有民營的接駁公車可到達，一般約在7～8點間就有最早的班次出發到這裡，單次車程約50分鐘左右，票價4澳幣、來回8澳幣，同時在搭乘時確認好回來的時間，以免錯過，一般在4點之後就沒有巴士可搭回市區。

2. 觀光庫蘭達的方式，除了可自行開車和搭巴士外，另一種是直接從凱恩斯市區搭觀光列車到達庫蘭達，再搭乘空中纜車一遊熱帶雨林，只想搭乘單向都可達到Caravonica終站時下車，再轉接駁巴士回到Freshwater火車站，接著搭15:20或16:50的火車回到凱恩斯市區；或是在Caravonica搭接駁車回到庫蘭達，不論何種方式都需注意每種班次時間表。

3. 本日行程路線建議一早搭火車到庫蘭達，再搭空中纜車到Caravonica，接著乘接駁車回到庫蘭達，逛完小鎮後，再搭巴士回到凱恩斯市區。

1 庫蘭達觀光列車
Kuranda Scenic Railway 〔玩〕

穿梭雨林山區的古老火車

　　凱恩斯到庫蘭達路線的觀光列車是在1891年開通，而庫蘭達車站則是到1915年建設完成。每天早上都有兩個班次的觀光列車從凱恩斯到庫蘭達，中間會經過途中停靠Freshwater淡水站，總車程約需2小時的時間，在山區中蜿蜒約34公里的這段路途，會經過十多個隧道，但一路上的風景美不勝收，完全浸沉於熱帶雨林的自然生態之中，此觀光列車也推出各種不同的旅遊套票，像是結合海灘之旅、野生動物遊等，還有搭配空中纜車的套票優惠，可以依喜好選擇。

DATA
🏠 Kuranda Scenic Railway,
Bunda St, Cairns
☎ 07-4036-9333
🕐 凱恩斯－庫蘭達8:30～10:15、
9:30～11:15。庫蘭達－凱恩斯
14:00～15:45和15:30～17:15
💰 單程票45澳幣、來回票68澳幣
🚫 無
🌐 www.ksr.com.au

>>交通方式

從凱恩斯車站搭火車到庫蘭達約2小時車程

↓已經有百年歷史的火車行駛於凱恩斯和庫蘭達間，每天的遊客仍相當多，許多人更是慕名而來，乘興一遊會路經世界遺產的熱帶雨林區。

→一如庫蘭達車站呈現瑞士風格的建築設計，車廂內同樣展現老式韻味，舒適的空間在戶外雨林相伴之下更具風情。

↑具有庫蘭達觀光列車徽章標誌的車身，讓很多遊客爭相照相，世界各地的火車迷也把這觀光列車列為人生中必搭的景點之一。

→隨著周圍的雨林愈來愈密集，表示庫蘭達觀光列車已接近到站月台。

2 空中纜車
Skyrail 玩

行經熱帶花園的空中遊覽

　　全程總長行駛7.5公里的空中纜車，是全世界最長且經過熱帶雨林上空的纜車，不只可以坐在纜車上從上空俯瞰優美的雨林外，當中還會停靠在紅山頂（Red Peak）和巴倫瀑布（Barron Falls）這兩站，在紅山頂站有175公尺的浮橋，在雨林之上觀賞鬱蔥的樹林和蕨類植物，甚至還有機會看見野生動物和獨特的鳥類出現；在巴倫瀑布站可見從峽谷流洩而出的瀑布美景，若是雨季到此來還能看到最壯觀的氣勢，一趟空中遊覽，可以有兩種不同的雨林體驗和接觸。

↑ 在高空處即見巴倫瀑布的山谷氣勢，和自然形成的山中湖水，地形之美令人驚嘆。

DATA
🏠 Cnr of Captain Cook Hwy and Cairns Western Arterial Rd, Smithfield
📞 07-4038-1555
🕐 9:00 ～ 17:15
🎫 單程票42澳幣、來回票61澳幣
🈳 無
🌐 www.skyrail.com.au

>>交通方式
空中纜車車站位於觀光列車站旁，步行約5分鐘

---

3 庫蘭達市集
Kuranda Market

手工藝品市集集中地

　　庫蘭達小鎮的市集，從原先的一個到現在已出現不同的市集區域，包含Kuranda Heritage Market、Kuranda Original Rainforest Markets、The New Kuranda Markets這三個市集，主要皆以手工藝品為主，比較獨特的是有較多原住民的手工製品，像是一向為澳洲原住民最理想伴手禮的迴力棒，和總是吸引人們目光的原住民傳統樂器Didgeridoo，許多店家也有藝術家在此現場創作，其他像是一些民族風的服飾、編織物、包包配件小物等等都是挖寶的重點，快樂的心情洋溢，讓人滿載而歸。

1. 很多的服飾小店都販售獨具風格的衣服，也有很多的年輕設計師在此出沒擺攤，好好逛逛必有一番收穫。
2. 在市集旁有各種比鄰而立的店家，像是澳洲特產的澳寶，或是原住民的藝品店等等，都讓人想一家家的逛。
3. 走在庫蘭達小鎮的路上，四處皆可見當地原住民的畫作，就連地上都有精緻的圖畫，不妨停下腳步欣賞。
4. 市集裡各式各樣的小東西讓大人和小孩都愛不釋手，很多東西都獨一無二，更具紀念價值。
5. 有位原住民正在用Didgeridoo吹奏原住民的音樂，而他身後的大面國旗是當地原住民的旗幟，相當耀眼。

DATA
Kuranda Visitor Information Centre
🏠 Centenary Park, Therwine St, Kuranda
📞 07-4093-9311　🕐 10:00 ～ 16:00
🎫 免費　🈳 無
🌐 www.kuranda.org

Kuranda Heritage Market
🏠 Rob Veivers Drive, Kuranda, QLD4881
📞 07- 4093-8060　🕐 9:30 ～ 15:30
🌐 www.kurandamarkets.com.au

Kuranda Original Rainforest Markets
🏠 Corner of Therwine & Thoree St, Kuranda, QLD 4881
📞 07- 4093-9440　🕐 9:30 ～ 15:00
🌐 www.kurandaoriginalrainforestmarket. com.au

The New Kuranda Markets
🏠 just a short walk from the train and Skyrail terminal
📞 07-4093-7166　🕐 9:30 ～ 16:00

>>交通方式
從空中纜車車站出來後，依指標往市鎮中心走，約10分鐘

海底 祕境之旅

大堡礁〔1日行程〕 世界遺產

費用表	潛水體驗	約110-200澳幣
	合計	**110-200** 澳幣

備註：
1. 門票皆以1成人之票價計算，其他票種請參考景點DATA資料自行計算。
2. 購物或餐飲花費、住宿費視每人情況而有不同，所以不予計算。

有「潛水者天堂」美稱的大堡礁，每年總吸引著來自世界各地的遊客到此享受海底世界的樂趣。大堡礁的湛藍海洋有著五彩繽紛的美麗珊瑚礁地帶，因而被列為世界遺產，在這大片的海域上分布著六百多座大大小小的島嶼，成為熱門的潛水點。你可以身歷其境近身和魚群共游，其實發掘大堡礁之美的方法不只這一種，像是搭直昇機到高空上，放眼而望的是碧海上的島嶼景色，不論是潛入海底或是飛上天際，都擁有永植人心的難忘感動，炫麗精彩的大堡礁就是有這樣迷人的魅力，讓人一再探究這藍色王國。

1 潛水&浮潛
Scuba Diving & Snorkelling 玩

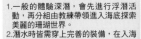

與魚共舞珊瑚海底

　　面積約有台灣十倍之大的大堡礁，是全世界八大美景之一，更是潛水愛好者夢寐以求的美麗之境，大堡礁擁有三百多種以上的珊瑚礁、一千五百多種魚類，豐富多彩的海洋生態，一年四季的水溫皆適宜潛入海底。在這裡某些區域若是要進行深潛是需要潛水執照，但也有提供遊客體驗型的潛水活動，在凱恩斯市區就有許多業者推出各種潛水行程，一般為當天來回的船潛，包含浮潛和深潛，會有專業教練的指導和帶領，最後成功者就能獲得一張證書，若想要擁有職業潛水職照PADI，也有其他3到7天等不同的課程可以報名參加。

DATA
Cairns Dive Centre
📍 121 Abbott St, Cairns
☎ 07- 4051- 0294
🕐 8:00 ～ 19:00
🌐 www.cairnsdive.com.au

Down Under Cruise & Dive
📍 287 Draper St, Cairns
☎ 1800-079-099、07-4052-8300
🕐 07:00 ～ 19:00
🌐 www.downunderdive.com.au

>>交通方式
依每家業者約定集合地點不同，一般皆由凱恩斯城市碼頭出發到大堡礁

小叮嚀
報名參加大堡礁行程分為不同的島嶼路線、船隻等級、活動內容和過夜住宿等，非常多元，可至遊客服務中心蒐集資料比較過後，依個人喜好報名。通常出海碼頭以凱恩斯城市碼頭為主，當天依旅行社指示前往碼頭集合即可。

1.一般的體驗深潛，會先進行浮潛活動，再分組由教練帶領進入海底探索美麗的珊瑚世界。

2.潛水時皆需穿上完善的裝備，在入海的那一剎間，總是令人覺得開心和期待看見眼前的美景。

3.潛水業者都是由專業且資深的潛水教練在旁教導和協助，在遊客體驗浮潛或深潛時，船上的工作人員皆會察看一切的狀況。

4.凱恩斯的潛水，活動除了有從凱恩斯城市碼頭出發之外，也有到北邊的道格拉斯港潛水的行程，皆可見大堡礁的浩瀚海景。

5.因為珊瑚礁的關係，在海面上皆可見深淺不一的海水顏色，如畫一般的綺麗之景，總是讓遊客想再多潛幾次。

6.大堡礁瑰麗的海洋天堂之美總是令人屏息欣賞，在這片海底裡面你可以見到可愛的尼莫和其他獨特的海底生物，令人一生難忘。

以俯視的角度觀賞世界遺產大堡礁,更讓人震撼珊瑚礁分佈的廣闊與美麗的景致,圖為位於大堡礁上美麗的綠島(Green Island)。

2 搭機俯瞰大堡礁
Great Barrier Reef Scenic Flight 玩

蔚藍汪洋上的海洋之心

在1981年列為世界遺產的大堡礁,是很多人此生必遊的絕美畫作,除深入海底之外,另一種探訪的方式為搭乘小飛機到高空上俯瞰,此項活動時間分30、45、60分鐘等,主要皆是從凱恩斯的機場起飛遨翔到藍天上,從飛機向外觀看Arlington reef堡礁區和大堡礁上的島嶼,在環繞飛行的這段時間,可見波光粼粼的汪洋大海,在藍天白雲中這片珊瑚礁更加醒目,而當中最令人興奮的景點,即是大海中如愛心形狀般的心形礁岩海洋之心(Heart Reef),瑰麗畫面煞是動人。

↑由空中俯瞰大堡礁,駕駛以手指著海平面,群礁中著名的「海洋之心」令人驚艷。

DATA
Barrier Aviation
🏠 Building 81 General Aviation Cairns Airport
📞 07-4035-9207
🕐 07:00～17:00
💲 30分鐘約110澳幣
🌐 www.barrieraviation.com

>交通方式
由凱恩斯市區往北走Shields St,再接上Captain Cook Hwy直行即達,全程約6公里

↑凌空飛越大堡礁的視野非常令人震撼,結束飛行後,可與機師和小飛機合影留念。

←凱恩斯的城市景色擁有最自然不過的海洋寶藏,透過高空觀望更覺得這裡真是讓人不可思議的世外桃源。

TRAVEL INFORMATION

行前須知 →

出發前必備的實用手冊

　　自助旅行固然有許多樂趣，但行前有許多注意事項與準備工作，是自助旅行者不得不花點時間與心思去瞭解的，才能讓行程更順暢、玩得更盡興。尤其許多手續都要花時間辦理，所以在決定旅遊日期時，最好要先預留行前的準備時間，事先掌握各種狀況，對抵達當地旅遊後會更有幫助。

編註：相關資料時有變動，可上網查詢最新資料。

如何辦護照簽證、機票

護照申請

一般來說，護照大多都會委託旅行社代為申請辦理，不僅省時也省事，目前台灣的護照有效期限已經延長為10年，但要注意有效期限6個月前方能出國，出發前請先行確認。

◎準備文件

1. 申請書
2. 戶口名簿或最近6個月內申請的戶籍謄本
3. 國民身分證正本及正反兩面之影本
4. 6個月內正面拍攝之2吋白底彩色照片3張
5. 退伍令正本（女性免）
6. 繳交費用1600元
7. 如果是要換新證者，須攜帶舊護照
8. 未滿14歲者，需要另外攜帶戶口名簿或最近3個月申請的戶籍謄本正本
9. 未滿20歲者，應先經父或母或監護人在申請書背面簽名表示同意，除黏貼簽名身分證影本外，並應附上身分證正本。

※申請護照一般需要4個工作天、遺失補發需5個工作天
其他注意事項請上網查詢www.boca.gov.tw

澳洲簽證申請

目前前往澳洲觀光相當方便，只要上網下載相關表格後填妥，選擇郵寄或親自投件，免費且快速；也可透過指定辦理澳洲簽證的旅行社辦理電子旅遊憑證ETA，但必須繳交代辦費用給旅行社。

◎申請方式

· 郵遞申請：備妥台灣護照、ETA申請表格與郵遞快捷授權書，郵寄至「台北市松高路9-11號27樓 澳大利亞簽證服務處」，辦妥後便會收到護照歸還和相關文件之快遞
· 投件箱申請：備妥台灣護照、ETA申請表格與郵遞快捷授權書，於週一至週五9:00～16:00（注意避開例假日和澳洲節慶假日，可先上網查詢），至北市松高路9-11號27樓大廳警衛室索取投件專用文件袋，將備妥文件放置其中後，依指示投入「投件箱」即可，辦妥後便會收到護照歸還和相關文件之快遞
· 櫃檯申請：需事先申請才能前往辦理。預約專

線(02)8725-4250或電子郵件預約 immigration.taipei@dfat.gov.au
· 透過指定旅行社辦理，可上官網查詢指定辦理旅行社及連絡方式

※郵遞和投件箱申請，約需5個工作天、簽證免費、收到郵遞快捷後需自付快遞費用。

◎準備文件

1. 有6個月以上效期之台灣護照正本
2. 上澳洲工商辦事處官網下載「ETA申請表格」，及「使用郵局國內快捷郵件授權書」並填妥
3. 最好能自行附上在職證明文件，或近6個月之存款明細財力證明備查

※ETA電子旅遊憑證一經核發，會將申請人之個人資料以電子形式紀錄於澳洲移民局系統，因此護照上不會黏貼任何相關的簽證標籤，入海關時即可由系統中查到申請人資料。

◎申請單位

澳洲簽證申請中心
網址：www.australia.org.tw
電話：(02)8725-4250
E-mail：immigration.taipei@dfat.gov.au
地址：台北市松高路9-11號27樓（統一國際大樓）

機票購買

機票因購買來源、時間、航班、種類而在價錢上略有出入，因此可依自己旅行的時間及預算選擇適合自己的機票，以下提供幾種購票方式供參考：

◎團體票

通常10人以上即可購買團體票，如果是買團體票一定會比個人票來的便宜，可詢問旅行社願不願意開放湊團體票，不過在時間上就沒那麼自主，例如必須配合團體出發日期與時間，同進同出。

◎個人票

可分為年票、半年票、3至90天票以及30天票。一般直接向航空公司訂個人票會比較貴，但時間安排較彈性方便。不過，有時航空公司也會推出限時優惠機票，不妨隨時上各官網碰碰運氣！

◎網路購票

網路上的特惠票或許可以找到相當經濟又實惠的機票，但還是要記住慎選旅行社，且須以電話與票務員確認或詢問，才不會沒省到錢反而受騙上當。以下附上可搜尋便宜機票之網站供參考：
www.backpackers.com.tw/forum/airfare.php
www.funtime.com.tw/oveticket

※若需要訂購澳洲境內各航空公司比價，可上iwantthatflight.com.au

貨幣

出國旅遊攜帶的貨幣可分為現金、旅行支票、信用卡及國際現金卡等，為了分散風險，通常是建議不要帶太多的現金在身上，以避免被扒或被搶，選擇以現金搭配塑膠貨幣消費，比較安全有保障！

現金

在澳洲的機場及一些火車站都可找到貨幣兌換處。此外，重要觀光景點附近或主要道路上都會看到貼有Exchange的民營兌換商，亦可兌換貨幣，因此若身上攜帶的是美金，也可在抵達當地後直接兌換澳幣，只是在匯率上會比較沒有在國內兌換來得划算。另外，盡量避免兌換太大面額的紙鈔，並盡量隨時準備適量零錢，避免商店拒收大鈔，或搭乘公車時慘遭白眼。

5元澳幣

10元澳幣

20元澳幣

50元澳幣

100元澳幣

5分　10分　20分　50分　1元　2元

信用卡

方便又安全的付費方式，若不小心在國外遺失，可以先掛失再重新申請，也可以用信用卡在當地提領現金，各家信用卡收取手續費不一，建議出國前先行調查清楚。而在國外租車時，信用卡也是辦認身分的最好證明。

國際現金卡

可直接以台灣的金融卡在國外的ATM提領台灣帳戶內的存款，也就是說提領的國外現金，在台灣的帳戶會依當時匯率直接轉成台幣扣除，只要在提款機看到貼有「PLUS」及「Circus」的標示，即可使用。

旅行支票(T/C)

旅行支票只限購買者本人使用，在辦理外匯的銀行都可購得，唯使用上較不方便，很多店家並不接受旅行支票，它的匯率雖比現金優惠，但購買時得支付1%的手續費。要注意，在購買或使用時都得出示護照證明，如果旅途中不小心遺失，只要拿著有票號的收據即能申請補發。

※旅行支票注意事項：
1. 使用旅行支票付款時，必須是在店員面前於抬頭簽名欄簽上與護照相同的簽名，若在之前就自行簽好，以無效計算。
2. 購買時會拿到號碼單據，一定要妥善保管，最好與旅行支票分開保存，以免同時遺失。因為申請補發時一定會用上，而每使用1張後，記得將用過的號碼刪掉。
3. 拿到旅行支票後，記得要在持有者簽名欄上簽下與護照相同的簽名。若是沒簽名，遺失時即無法補發。另外，申請補發時，若無簽名也算無效。
4. 若想將旅行支票換成澳幣現金，也可至當地的銀行或Exchange兌換，若購買的是澳幣旅支，部份銀行不收取手續費，較划算。若是攜帶美元旅支，匯率按各家而異，且民營兌換商良莠不齊，兌換後要仔細確認收據。或是在台灣購買時，先向銀行詢問可兌換成現金的地點。

海外旅行平安保險

前往海外旅遊時，遇到意外受傷事故和突發疾病在所難免，但由於海外的醫療費用比台灣高出許多，澳洲亦是如此。因此建議出國時可以事先保一份海外旅遊平安險，保費不高且多家業者都有提供完善的內容規劃。多一份準備，讓充份規劃的行程玩得更安心與盡興，留下最美好的回憶！

※注意事項

1. 記得索取保單，確認投保內容及海外緊急連絡電話。
2. 申請醫療理賠時，必須申請就醫醫院的看診紀錄或病歷（國外不一定有診斷書）和醫療收據或明細；一家保險公司需附一份資料。
3. 若是發生交通事故，請記得附上警方開立之事故證明單。
4. 相關醫療文件申請費用也在保障給付範圍。
5. 醫療理賠申請在就醫後180天內須向投保保險公司提出第一次申請，若後續仍有相關醫療可再提出，在投保保障額度範圍內皆可。

投保方式

❶ 可透過各家保險公司免付費電話或自行傳真投保
❷ 自己的壽險顧問
❸ 臨行前至機場的保險公司投保

投保資料

❶ 投保人的基本資料及保險受益人資料、連絡方式。
❷ 旅行目的地和時間。
❸ 保費付費方式：付現或信用卡付費。

準備攜帶出國的文件

在外地旅遊，為了因應突發事件的發生，有些文件與資料的準備與抄錄是絕對必須的，不論是護照、信用卡或機票等的遺失，申請補發都會需要一些相關文件或資料，這時若早已備妥所需文件與資料，在事件發生時才不致過於慌張失措，而能從容且即時的應付突發狀況。

必備文件與資料

❶ 護照影本
❷ 抄錄護照號碼
❸ 身份證正反面影本
❹ 2吋彩色大頭照數張
❺ 機票影本
❻ 抄錄機票號碼
❼ 抄錄信用卡掛失電話、卡號、有效期限
❽ 購買旅行支票時的號碼單據
❾ 抄錄台灣住家的英文地址
❿ 抄錄國外住宿地點的地址、聯絡電話
⓫ 抄錄所屬保險公司海外急難求助24小時華語免費服務電話

小 ┊ 叮 ┊ 嚀

國際駕照、國際學生證、YHA卡，都是在澳州很好用的證件。遇到須要開車時，就一定要備妥有效期限內之國際駕照，目前台灣國際駕照效期為一年。若是仍為在學學身分，不妨申請一張國際學生證，買票時憑證可享學生票優惠，但部分地區則限制持澳洲在學學生證方能享有優惠價，但皆可於買票前先詢問。另外，到澳洲旅遊時間較長，不妨辦理一張YHA卡（國際青年卡），辦卡一張600元，有效期限一年，凡住宿YHA聯盟之青年旅社皆可享有折扣，也有不少景點、博物館或美術館，持證可享優惠，詳情上網至www.yh.org.tw查詢。

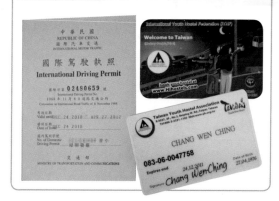

行李打包
行李清單

行李打包小撇步

注意拖運行李的限制

　　目前國際航空公司經濟艙的托運行李，限重為20公斤、商務艙30公斤、頭等艙40公斤，部份廉價航空公司限重只有10～15公斤，須注意不要超過安全範圍。若行李超重，須在Check in櫃台開箱取出重物部份，否則會被重罰，因此在去程及回程時都須注意行李重量，有所取捨，以免得不償失。

注意隨身行李的限制

1. 帶上飛機的手提行李大小限制為長、寬、高合計在115公分內，重量限制約在7公斤內，但每家航空公司規定不同，可先行詢問清楚。另外可再多帶一個小手提袋，而大衣、電腦、折疊式嬰兒車則不在此限。
2. 出國旅客隨身攜帶的液體、膠狀和噴霧類物品容器，體積不可超過100毫升，且都應裝在不超過一公升且可重複密封的透明塑膠袋內，每名旅客只能攜帶一個塑膠袋，通過安檢線時須取出放置於置物籃內，通過安檢人員目視與X光檢查。

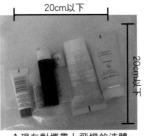
↑現在對攜帶上飛機的液體、膠狀和噴霧類物品容器等，都有嚴格規定。

- 旅客若攜帶搭機時必要、但未符合前述限量規定之嬰兒食品、藥物、糖尿病或其他醫療所需之液體、膠狀及噴霧類物品，應先向航空公司洽詢，並於通過安檢線時，向安檢人員申報，於獲得同意後，可不受前述規定之限制。
- 出境或過境（轉機）旅客，在機場管制區或前段航程機內購買之液體、膠狀及噴霧類物品，可隨身攜帶上機，但須包裝於經籤封防止調包及顯示有效購買證明之塑膠袋內。
- 請儘量簡化隨身行李，或是放置於拖運行李內。相關規定可上交通部民用航空局網址查詢 www.caa.gov.tw，或是向所搭乘的航空公司洽詢。

↑旅行用大背包在移動時較方便，也可列為選擇。

打包小撇步

1. 因現在拖運行李重量大部份僅20公斤，行李箱可盡量選擇軟殼行李箱。自助旅行行李須考量移動時的便利性與個人體力，盡可能輕便為佳，除了傳統的拉桿行李箱，建議也可考慮旅行用大後背包，依個人體型和需求，選擇合適的大小，不管是上下公車、火車，或是短程步行移動時，既輕鬆又安全。
2. 準備多隔層外袋，將藥品、文件、筆、雜誌、書本等放在外袋裡，方便旅程中隨時取用。
3. 自助旅行者請盡量攜帶軟質和易乾材質衣物，並將衣服捲成一小捆方便收納，更能節省空間。
4. 一些小東西、化妝保養品、內衣褲最好分門別類用收納袋收納，化妝品和保養品，更可用小罐裝好，放入盥洗包中。
5. 勿帶太多衣物和鞋子，尤其若旅行期間會遇到折扣季時，建議只須帶2、3套衣物即可，到了當地再買折扣商品。另外鞋盒非常佔空間，可以將鞋子放進防塵或專用收納袋中，在鞋子裡塞入報紙避免壓壞，更可以放入芳香袋防臭。
6. 可在行李中多準備收納起來小巧方便的環保袋，出門時可當購物袋，也可隨時當打包時的分裝袋。另也建議可帶上一些密封塑膠袋，有時自行攜帶水果、三明治外出，或是擔心行李內液態物品外漏，都很實用。
7. 現在隨身行李安檢嚴格，記得儘量把液體、膠狀和噴霧類物品容器打包至拖運行李中。
8. 貴重物品或易壞的物品切忌放在托運行李中。另外，托運行李即使沒貴重物品也要上鎖，防止被偷。
9. 自助旅行者，因行程中會大量走路，最好多準備一些防肌肉酸痛的貼布或軟膏，並視個人需求備妥藥物。
10. 若想將旅行途中產生的文件、門票、明信片等資料收納好，帶回國做紀念，則可準備一個封口的文件袋，來裝這些資料。

↑衣服捲成圓筒狀能減省空間，此外液狀物品最好都打包至拖運行李中。

↑將瓶瓶罐罐裝至小容器放入盥洗包中，減少空間

↑文件袋可裝旅途中產生的各種資料

電器用品與電壓

澳洲的電壓是220V～240V，週波數跟廣播頻道為50Hz，電器插頭為外八字型。

現在出國旅遊，許多人都會攜帶手機、數位相機、吹風機等電器用品，每天都會有電器用品需要充電，加上澳洲的電壓、插座和台灣不同，因此出發前須事先準備好充電用品。

現在一般電器用品皆有旅充的配備，電壓通常會是110～240V，因此不太需要帶變壓器出國，但最好出國前先檢查一下，自己準備帶出國須充電的電器用品中，是否全部都有旅充，不然還是要準備變壓器為佳。若同行人數較多時，就要多準備幾個轉換插頭，不然等大家輪流充電會非常耗時。若是有需要的話，可以到超市購買當地220V～240V的延長線，這樣一來就可以多幾個插座可利用！

↑澳洲的插座為八字型，電壓為220V～240V。

隨身物品防扒小撇步

自助旅行於任何地方，皆應小心自身安全與隨身物品，尤其遇到大遊行、逛街購物等人潮較多的地方，隨時提高警覺是防扒的不二法門，以下的防扒技巧，提供參考：

1. 準備可貼身穿戴的隱藏式腰包或暗袋，用以放置機票、護照、現金等貴重物品，出門只帶當日要花的錢和一張信用卡即可，其餘現金收於暗袋內貼身保管，比較安全。
2. 錢包、皮夾是扒手的主要目標，最好不帶，或是只放零錢，儘量穿多口袋的衣物，且要有袋蓋或拉鍊，另外口袋要夠深，外衣要放到外面蓋住褲子口袋。
3. 錢分開放置於衣服口袋、包包內袋、皮夾等處，以分散風險。
4. 走在路上時，相機等貴重物品，不要拿在手上，請妥善放入包包中，待進入要參觀的景點時再拿出來使用。
5. 最好不要揹後背包，但如果只有後背包時，包包內不要放貴重物品，不然就是坐地鐵或遇人多的場合時，將包包反揹至身前。
6. 注意不要給陌生人有碰撞的接觸機會，隨時提高警覺，以防被扒。
7. 有任何意外發生時，可直接用公共電話或手機撥打000請求協助。

行李清單CHECK

利用行李清單確認是否所有物品皆已打包。

◎重要度100%行李
- □ 護照
- □ 簽證
- □ 信用卡
- □ 旅行支票
- □ 提款卡
- □ 相關證件（例如國際駕照、國際學生證、YHA卡等）
- □ 所有證件影本備份（詳情請參閱P.293備份文件）
- □ 2吋證件照數張
- □ 換洗衣物
- □ 牙刷、牙膏等盥洗用品
- □ 禦寒外套
- □ 隨身藥品（感冒藥、腸胃藥、暈機藥、維他命、簡單的外傷急救藥品　等）
- □ 相機
- □ 手機
- □ 變壓器及八字型轉接插座

◎重要度70%行李
- □ 面紙
- □ 生理用品
- □ 保養品
- □ 刮鬍刀
- □ 拖鞋
- □ 鬧鐘
- □ 隱形眼鏡藥水
- □ 零錢包
- □ 遮陽帽或防曬用品
- □ 太陽眼鏡
- □ 旅行相關文件、地圖

◎重要度30%行李
- □ 吹風機
- □ 貼身腰包或暗袋
- □ 針線包
- □ 指甲刀
- □ 保鮮盒或密封袋（方便自助旅行者攜帶午餐）
- □ 字典、翻譯機或會話本
- □ 計算機
- □ 筆計本、筆
- □ 筆記型電腦

氣候、服裝、折扣季、時差

氣候

南半球的澳洲，與北半球的台灣季節正好相反。春季為9～11月、夏季為12～2月、秋季為3～5月、冬季為6～8月，因此澳洲聖誕節有別於北半球的下雪天，頂著大太陽的比基尼聖誕婆婆和短褲聖誕老公公，是澳洲才有的奇景。

由於澳洲幅員廣大，因此境內有多種氣候類型，北部是熱帶氣候，全年分為乾和雨兩季，雨季為11～4月，旅遊旺季以乾季為主，部份地區雨季也有特別的風光；中西部為沙漠氣候，全年乾燥少雨，早晚溫差大；南部則為溫帶氣候，四季較為分明，位於澳洲最南邊的塔斯馬尼亞島氣溫較低，夏季時氣溫是舒適的20多度，是旅遊旺季。

除熱帶性氣候區外，早晚溫差皆比亞熱帶國家大，因此即使出門時是大艷陽天，也盡量能攜帶輕便的薄外套或圍巾，也注意氣象預報是否有降雨機會，適時準備雨具。

服裝

出門在外，衣著以輕便舒適、合宜合地為佳。澳洲夏季艷陽毒辣，要特別注意防曬及隨時補充水分，以免中暑。而冬季部份地區也會下雪，但室內皆有暖氣，因此室內外溫差大，故建議服裝採「洋蔥式的穿著法」最為妥當，一層層穿脫衣服，且配合季節準備1件保暖的外套絕對是必須的。其他長袖襯衫、毛衣、手套、帽子、圍巾、墨鏡等全依個人需要攜帶即可。但因為氣候多變，一定要攜帶雨傘或雨衣。建議出發前多注意天氣預報和服裝建議，以正確掌握當地天氣狀況。

◎鞋子尺寸對照表

女生

台灣	66	68	70	72	74	76
日本	22	23	24	25	26	27
澳洲	3	4	5	6	7	8

男生

台灣	73	74	75	76	77	78	79	80
日本	24.5	25	26	26.5	27	28	28.5	29
澳洲	6	6½	7	7½	8	8½	9	9½

購物與折扣季

澳洲的折扣季和台灣很類似，一年比較大的折扣為年中和年終，分別為6月和12月聖誕節後，不過得特別留意，聖誕節當天絕大部份的店家都不營業，但隔天12月26日所謂的禮節日（Boxing Day），很多品牌和百貨公司會推出特優惠商品，是當地人鎖定大血拼的時機，若是恰好這時節在澳洲，就別錯過這千載難逢的好機會。

除了這兩大大型的折扣季外，由於澳洲百貨公司或商店通常都在17:00～18:00就打烊，週日及例假日營業時間甚至更短，若是白天的行程太滿，其實很難挪出多餘的時間逛街購物，不過別擔心，只要掌握澳洲每個城市每週一天的Shopping Day（Late Night Shopping），通常在週四或週五當天各商店會延長營業時間至21:00左右，可盡情享受購物的樂趣。有些城市甚至每週固定會有半價日或是免費日，部份餐廳或商店會推出半價商品，或是公立博物館等免費入場優惠、看電影半價等等，一定要好好把握。

各大城市Shopping Day

雪梨：每週四	墨爾本：每週五
柏斯：每週五	弗里曼特：每週四
坎培拉：每週五	布里斯本：每週五
凱恩斯：每週四	黃金海岸：每週四
達爾文：每週五	阿德雷德：每週五

◎建築物的樓層對照表

台灣	1樓	2樓	3樓	4樓
澳洲	Ground Floor(地面樓)	First Floor(1樓)	Second Floor(2樓)	Third Floor(3樓)

時差

全澳可分為3個時區，西部與台灣時間相同、中部快1.5小時、東部則快2小時。而由於澳洲的新南威爾斯、維多利亞、坎培拉、南澳和塔斯馬尼亞實施夏季日光節約，因此夏季時間須撥快1小時。

遊客須知

遊客服務中心

澳洲是一個對遊客相當友善的國家，相對地，各地的遊客服務中心（Information Centre）的資訊和解決旅遊相關之疑難雜症，做得非常完善。各大城市市區一定會設置遊客服務中心，只要認明全澳一致的藍色大「i」標誌，它不僅提供市區地圖、最新旅遊資訊與旅遊規劃服務外，有時也可拿到當地美食或景點的coupon優惠券，此外，也能代訂住宿或是當地旅行團行程等，對於遊客來說真的非常貼心。不僅如此，澳洲幾乎每個小鎮也都設置有遊客服務中心，雖規模略小，功能一樣齊全，且工作人員就是當地居民，更能給遊客最好的旅遊建議。因此，不管是在澳洲何處，別忘了善用遊客中心的各項設施與服務。

←部份機場設有免付費自行訂房設施，方便剛落地還未訂房的旅客。

←到遊客中心索取旅遊相關資料時，別忘了睜大眼睛，找找看是否有Coupon券可用！

駕車

◎國際駕照

到澳洲旅遊若有計畫在當地租車或開車的計畫，必先至各大監理站申請國際駕照，須攜帶身分證正本、國內駕照正本和本人近6個月內的2吋證件照片2張，費用為台幣250元，國際駕照有效期限與本國駕照相同，最長為3年。在澳洲駕車時，臨檢甚為頻繁，請隨時攜帶國際駕照。

◎澳洲駕駛規則

1. 澳洲車輛為左駕，與台灣完全相反，上路前請先熟悉所有設備之操作位置，並記得時時靠「左」。
2. 澳洲駕駛規則與一般駕駛規則無異，僅須注意澳洲特殊的路況和設施，像是澳洲常遇到圓環（roundabout），不管圓環的規模大小，都須謹守「右方來車優先」；遇「Give Way」標誌，必須讓直行車先行；遇「Stop」標記，就算眼前沒看到人車，也必須完全停車。
3. 路邊停車時，請注意停車處之停車限制，有些路段停車有限時，像是1P，最多只能停1小時，依此類推並遵守，以免吃罰單。
4. 在住宅區內或是無交通號誌之路段，請以「行人優先」為原則，停車並禮讓行人。

←開車至郊區旅遊，有時會看到貼心的加油站設立「Free Coffee For Driver」的牌子，讓駕駛可以免費喝杯咖啡提神，再上路。

餐廳用餐

由於各國國情不同，用餐禮儀和習慣不盡相同，尤其是結帳時，稅須外加或是須要給多少小費等，常常讓人搞不清楚。不過，在澳洲購物或上餐廳用餐，所有標示價格均為含稅價，也因此標示的價格即為售價，簡單明瞭。另外，在澳洲餐廳用餐並沒有一定要給小費的習慣，若是你覺得服務特別好，想給小費也無妨。

此外，走在街上，可能你會看到餐廳外標示著「BYO」的字樣，意思是Bring Your Own（自備酒水），通常餐廳若無售酒執照，顧客可自行帶酒水，店家會提供酒杯和冰塊等服務，並收取開瓶費。若是有售酒執照的店家，顧客便僅能帶瓶裝的葡萄酒，禁止其他如啤酒或桶裝酒等。

入境、出境

入境

　　澳洲各大城市均設有國際機場，然而自台灣飛往澳洲，目前直飛的航線僅有雪梨和布里斯本，也是入境澳洲最方便、快速的航線，若要到其他城市都得在香港、新加坡、馬來西亞、泰國等地過境轉機；或者，也可以直飛至雪梨或布里斯本後，轉搭澳洲國內班機至其他城市，也是不錯的方式。且澳洲各大城市的國際與國內機場，大部份皆位於同一處，或者是鄰近的地方，皆有接駁交通服務，各國際機場至市區的距離也都在車程30分鐘以內，同樣都有接駁車可搭乘，對於旅客來說可以說是相當方便，也減少麻煩。唯獨要須要特別注意的是，一般稱墨爾本機場主要有兩個，一個是Tullamarine機場（即為大家所認知的Melbourne Airport），另一個則是Avalon機場，區別在於Tullamarine是國際也是國內機場，離市區車程約20分鐘；Avalon機場則為國內機場，離維多利亞的吉隆（Geelong）較近，距墨爾本市區約需40分鐘車程，因此若是要轉機至其他城市的旅客，在購買機票時可別搞錯了！

入境手續&流程

1.入境審查

　　在飛機落地前，空服員會發放入境卡（Incoming Passenger Card）供旅客填寫，雖大部份為英文版本，但仍可詢問是否有中文版。若對於填寫英文版入境卡沒有把握，也可在下機後，在入境審查處有各種語言的入境卡可索取，若拿到中文版本，仍須以英文填妥入境卡。若是恰巧沒有了，填寫英文版也不難，只要對照以下的中文欄位，再行填入各提問的資料即可，正反兩面都要填寫。請仔細看完並誠實填寫是否攜帶表格中提及的物品，澳洲審查甚為嚴格，寧可按指示自行申報，勿心存僥倖，以免受重罰。

◎入境卡填寫事項：

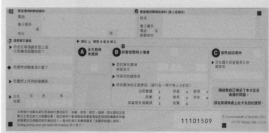

正面：
①請填寫姓名（與護照上相同）、護照號碼、航班號碼、打算在澳洲居留的地址（可填寫下榻住宿處）。
②您是否打算在今後12個月內住在澳洲？您是否有結核病？您是否因刑事犯罪被判過刑？
③您是否帶進以下物品到澳洲
1.可能被禁或受限制的物品，如藥物、類固醇、非法色情電影及刊物、槍械、武器或違禁藥物？
2.超過2250毫升的酒類，或250支香菸，或250克的煙草產品？
3.在海外獲得的物品，或在澳洲購買的免關稅及/或免稅物品，包括禮物，總價值超過900澳元？
4.有商業/生用途的貨物或樣本？
5.總數等於或超過澳幣1萬元的澳幣或等值的外幣？
6.任何食物-包括乾的、新鮮的、醃製的、煮過的及未煮過的食物？
7.木製品、植物、植物的部份、傳統藥物或草藥、種子、球莖、稻草、果仁？
8.動物、動物的任何部份、動物產品包括器具、寵物糧食、蛋類、生物製品、樣本、鳥類、魚類、昆蟲、貝殼、蜜蜂製品？
9.泥土、黏土泥土或在淡水地區使用的物件，即運動/娛樂器具、鞋子？
10.在過去30天內，您曾否接觸過農場、農場的動物、荒野保護區或淡水溪流/湖泊等？
11.在過去6天，您是否在非洲、南美洲、中美洲或加勒比海區域？
④簽名及填卡日期

背面：
⑤您在澳洲的連絡資料（電話、電子郵件或地址，地址可填寫下榻住宿處）
⑥緊急情況連絡資料（家人或朋友的姓名、電話、電子郵件或地址）
⑦您是在哪個國家搭上此班機？通常的職業是什麼？護照上的國籍是？出生年月日？
⑧您打算在澳洲停留多久？您居住的國家是？您來澳洲的主要原因？（只能寫一項）1.出席會議 2.商業 3.探望朋友或親戚 4.就業 5.教育 6.展覽 7.度假 8.其它

2.行李領取

通過入境審查後，就可以到行李領取處「Baggage Claim」，依所搭乘的航班班次至行李轉檯領取行李。若是行李過多可借用機場的旅客推車，但不是每個機場都可免費使用，請自行斟酌。

3.海關驗關

領到行李後就可前往海關（Custom），海關處通常會有海關人員再次提醒是否有物品須要申報（Declare），海關處且可分為「申報通道」和「無須申報通道」，勿排錯隊伍。澳洲海關驗關較為嚴格，常會抽樣請旅客打開行李箱確認是否無違禁品，只要按指示受檢即可過關，但若有攜帶肉類或是種子植物等違禁品而未申報者，會處以重罰。並建議攜帶的食品或物品最好有真空包裝及清楚的英文內容物標示，較不會有認知上的爭議。若是不確定攜帶物品是否需要申報，像是速食湯包、泡麵、中藥、茶葉等，建議直接走申報通道，主動告知海關人員較為恰當，也可避免不知情而受罰。也可事先上網查詢入境澳洲的申報事項 www.customs.gov.au/knowbeforeyougo，網站也貼心準備了中文版說明，旅客可以好好利用！

出境

各大機場交通繁忙，但有時遇上乘客眾多，或是退稅等處理細節須花費一些時間，建議至少在登機前2～3小時抵達機場。在辦妥登機手續後，視個人是否需要辦理退稅手續，並記得填妥出境卡（Outgoing Passenger Card），在出境前交給海關人員，在出境之前仍須經保安檢查，此時，若身上還有飲水或飲料，就要喝完，否則就得丟棄；做完保安檢查後，即進入出境大廳，若還有時間及澳幣現金，不妨在此逛逛買些禮品，或喝喝咖啡等候登機。

◎出境卡填寫事項：

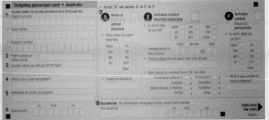

①姓名（與護照上相同）、護照號碼
②搭乘航班班次
③航班抵達地點
④您的職業
⑤護照上的國籍
⑥出生年月日
⑦D選項為短期觀光客填寫
您待在澳洲哪一省的時間最長？
您是哪一國公民？
⑧簽名、填表日期

辦理退稅手續

各國退稅手續有些許差異，但在澳洲辦理退稅相當方便，因為退稅時必須將已購買可退稅的商品隨身攜帶檢查，因此到了澳洲各大國際機場時，可以先到機場的旅客退稅處（TRS，Tourist Refund Scheme），先行辦理退稅手續後，可將物品打包放入行李中，再至各航空公司櫃台辦理登機手續，如此一來就不用大包小包上飛機了！

◎退稅規定
1. 單筆消費或單家店總消費額滿300澳幣（含稅）以上，請店家開立在同一張總為300澳幣以上之稅務發票（Tax Invoice），至機場退稅處時，出示開發票、護照、登機證明和購買商品，即可選擇以現金（澳幣200元以內）、支票或信用卡退回10%的稅額。
2. 必須是在離開澳大利亞前的30天內購買的商品，才能申請退稅。
3. 不能退稅的商品包括：啤酒和有酒精成份的商品、免消費稅的商品、已在澳洲境內拆封使用或用完的商品等。但澳洲知名的葡萄酒不在此限，葡萄酒可以辦理葡萄酒統一稅（WET，Wine Equalization Tax），別忘了申請！
4. 申請退稅須花一些時間，建議要預留最少半小時時間辦理，且退稅手續會在飛機預定起飛前30分鐘內停止處理。

從機場前往市區的交通方式

抵達澳洲各城市機場後，若是同行人數在3～4人，可以選擇搭乘計程車（跳表計價）前往市區，但若是獨行或兩人，搭乘計程車就不太划算了，畢竟搭乘計程車所費不貲。不過，不用擔心，澳洲各大國際和國內機場都有相當方便的接駁交通車至市區，有些甚至是24小時，只要依指示至接駁車公司櫃台購買車票，也能省錢又輕鬆地抵達市區！本書特別將各大機場接駁車公司和票價整理如下，方便先行評估及準備。

國際機場	票價(全票)	接駁工具	多久抵達
雪梨	15澳幣	火車Airport Link	15分鐘抵達中央車站
布里斯本	15澳幣	火車Airtrain	25分鐘抵達中央車站
墨爾本	16澳幣	公車Skybus	20分鐘抵達南十字星車站
阿德雷德	10澳幣	公車Skylink	15分鐘抵達市區
柏斯	18澳幣	公車Connect	30分鐘抵達市區
坎培拉	10澳幣	公車Airport Express	20分鐘抵達市區
達爾文	15澳幣	接駁車 Darwin Airport Shuttle	15分鐘抵達市區（可告知司機欲前往地點）
郝伯特	15澳幣	接駁車 Airport Shuttle	15分鐘抵達市區（可告知司機欲前往地點）

↑入境後，機場皆有清楚的指標指示接駁車售票處和搭乘處，只要依循指標前往即可。此外，接駁車也都貼心備有置放大型行李的空間。

市區的免費交通方式

澳洲是一個觀光非常完善的地方，不僅各地均有遊客中心，協助旅客解決觀光相關疑難雜症，各大城市的免費大眾運輸工具，更是相當貼心。澳洲在交通票價上並不便宜，對觀光客來說是不小的負擔，也因此澳洲的一些大城市特別規劃了免費的公車或電車，讓旅客能方便到達市區各景點，這樣一來，不僅可以省時且玩得輕鬆，省下幾天的交通費用，還可以再吃一份大餐。各大城市免費交通工具如下，到了這些地方，別忘了善加利用！

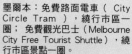

墨爾本：免費路面電車（City Circle Tram），繞行市區一圈；免費觀光巴士（Melbourne City Free Tourist Shuttle），繞行市區景點一圈。

柏斯：柏斯市區有3個免費公車路線，一般稱為貓巴士，分別為紅貓（Red Cat）、黃貓（Yellow Cat）、藍貓（Blue Cat），繞行市區不同景點路線。另外，鄰近柏斯的弗里曼特市，也有弗里曼特貓（Fremantle Cat）免費觀光巴士，可以省去不少腳程。

阿德雷德：行駛於North Tce至South Tce之間的King William St，任何電車均免費，可自由上下車；繞行市區的免費公車為99C；連結南和北阿德雷德的綠色免費公車（Adelaide Free Connector Bus），則能輕鬆前往北阿德雷德市郊。

雪梨：555路巴士（Free Shuttle Bus），往來於中央車站至環形碼頭之重要景點。

電話

電話

澳洲的手機系統與台灣的相同,因此旅遊澳洲,建議可以直接購買電信公司的預付卡,直接將晶片置換至原本的手機中,即可隨時使用電話,台灣的親友也能隨時撥打此號碼,問候平安與否,雖然費率較高,但不失為最方便的方法。或者也可考慮購買國際電話卡,或藉由網路撥電話,費率會較為便宜些。

小 | 叮 | 嚀
購買手機預付卡時,可至各電信服務站購買,較知名的有Optus、Vodafone、3等,但記得攜帶護照,可商請電信服務人員幫忙開通電話,以免去擾人的開通流程。若是預付點數用完了,也可以再到各地的電信服務站,或是大型連鎖超市,都可以直接加值,十分方便。

●自澳洲打回台灣 | 國際號碼+台灣國碼+區域碼+電話號碼

打法	國際號碼	台灣國碼	區域碼	電話號碼
撥打一般電話	0011	886	2(2為台北、7為高雄以此類推)	受話者電話號碼共8碼(部份台灣地區為7碼)
撥打行動電話	0011	886	9(9固定為台灣手機的第一個號碼)	受話者電話號碼共8碼

●自台灣打去澳洲 | 國際號碼+澳洲國碼+區域碼+電話號碼

打法	國際號碼	澳洲國碼	區域碼	電話號碼
撥打一般電話	002或009或019	61	NSW、ACT (02) VIC、TAS (03) QLD (07) WA、SA、NT (08) 撥號時去掉第一個0	受話者電話號碼共8碼
撥打行動電話	002或009或019	61	撥號時去掉手機號碼第一個0	受話者電話號碼共8碼

●在澳洲打當地國內電話 | 區域碼+電話號碼、手機號碼

以家用電話在澳洲同一省境內撥打電話,可直接撥打電話號碼8碼,若是跨省撥打電話,則須先撥打區域碼,再加電話號碼8碼;手機打全澳各省市話,均要撥打區域號碼。

出現狀況怎麼辦？

旅行相關重要資料
遺失・申請・補發

若在旅途中護照、機票或皮包等遺失或遭偷竊時，一定要先去當地的警察局報案，請警方開立事件報告書與失竊或遺失證明書，這是日後向保險公司申請賠償及補發護照一定要準備的資料，況且若有備案，這些東西也有可能會失而復得。至於信用卡則必須在第一時間先跟發卡公司聯絡申請作廢，再去警察局報案。

護照遺失怎麼辦？

1、至警察局報案
一旦發現遺失，馬上到最近的警局報案，警局會開立失竊／遺失證明書，若是在旅館失竊，也要請飯店開立證明書。

2、到台灣駐外單位申請補發
除須準備在警局開立的失竊／遺失證明書外，另外還要附上2份申請書、護照用照片2張、身份證等證件，最好還能有護照號碼或護照影本，在辦理時會更迅速便利些。另外，也有一種專門為直接回國使用的臨時護照。

3、取得補發證件
護照補發需1至2週，臨時護照只要2至3天，但臨時護照只適合回台灣使用，不得前往其他國家。

機票遺失怎麼辦？

1、至警察局報案
一旦發現遺失，馬上到最近的警局報案，警局會開立失竊／遺失證明書，若是在旅館失竊，也要請飯店開立證明書。

2、聯絡航空公司
前往航空公司，出示失竊／遺失證明書、旅客姓名、護照號碼及機票號碼。重新補發約須1星期，但若有機票影本，時間會縮短。另外要補充的是，機票的補發須自行付費，愈是便宜的機票愈是沒有保障。

信用卡遺失怎麼辦？

1、與發卡公司、銀行聯絡
第一時間聯絡發卡公司，申請作廢。之後就算有被盜刷的情形，也可以向保障公司申請理賠，為了以防萬一，最好是出國隨身攜帶一份列有發卡公司的緊急聯絡電話、卡號及有效的資料。

2、至警察局報案
一旦發現遺失，馬上到最近的警局報案，警局會開立失竊／遺失證明書，若是在旅館失竊，也要請飯店開立證明書。

3、信用卡補發
補發信用卡必須出示卡號及有效期限，根據信用卡的種類不同，補發的時間也有所不同，快者隔天即能拿到，但大部份都是得等到回國之後才補發。

旅行支票遺失怎麼辦？

1、至警察局報案
一旦發現遺失，馬上到最近的警局報案，警局會開立失竊／遺失證明書，若是在旅館失竊，也要請飯店開立證明書。

2、向發票銀行或其分行申請補發
備妥失竊／遺失證明書、票券種類、T/C號碼、申購日期、銀行名稱等即可申請補發，最好隨身準備一份購買旅行支票時的副本。

3、旅行支票補發
只要資料齊全，約2至3天即可補發一定的金額，剩餘的部分要等回國後才能退回，若有保留購票的副本，清楚地標示已使用及尚未使用的部份，還能再縮短補發時間。要注意的是，若支票沒有在持有者欄簽名或櫃台簽名欄簽名，就無法獲得補發。

現金遺失怎麼辦？

一旦發現遺失，馬上到最近的警局報案，警局會開立失竊／遺失證明書，若是在旅館失竊，也要請飯店開立證明書。要有心理準備，通常現金是無法找回的，但若是自己不小心把皮包遺失而非被偷，或許還有可能找回。

澳洲駐外單位聯絡方式

駐澳四處緊急聯絡電話：
駐澳大利亞代表處(坎培拉) 61-418-284-531
駐雪梨辦事處　　　　　　 61-418-415-572
駐墨爾本辦事處　　　　　 61-413-880-934
駐布里斯本辦事處　　　　 61-437-921-436

出國旅遊最怕語言不通，不過等到了要旅遊時才 K 英文，大概來不及了。不過，別擔心，以下整理了各種情境之實用旅遊英文，還特別收錄澳洲式在地英文！出門帶著走準沒錯，誰說精通英文才能出國？有了這套精選字卡，絕對在澳洲暢行無阻，更享盡美食與逛街樂趣！

購票

我要買 1（2、3、4）張成人（學生、家庭、兒童）票。

I would like to buy____adult (student、family、child) ticket(s), please.

（PS. 請自行在____填上購票張數）

購票

請問持 YHA 卡買票有折扣嗎？

Any discount with a YHA member card?

購票

請問幾點閉館？

What time do you close?

購票

請問有中文（或英文）簡介嗎？要付費嗎？

Do you have Chinese (English) introduction for visitors? Do I need to pay for it?

購票

請問有免費導覽嗎？

Do you have free guide tour?

購票

我想要報名參加導覽。請問在哪裡集合？

I would like to join the guide tour. Where is the meeting place?

購票

請問導覽幾點開始？

When does the guide tour start?

購票

我想要租語音導覽。

I would like to hire the audio guide.

交通

我想____，請問要搭幾號公車（火車或電車）？

I am going to ____. Which bus (train、tram) should I take?

（PS. 請自行在____填上想要前往的地點）

交通

請問我要到____，車票多少錢？

I would like to buy____adult (student、family、child) ticket(s), please.

（PS. 請自行在____填上購票張數）

交通

我要買 1（2、3、4）張去____的單程（來回）車票。

I would like to a buy one way (return) ticket (s) to ____, please.

（PS. 請自行在____填上想要前往的地點）

交通

我要買 1（2、3、4）張一日票

I would like to buy a one day ticket, please.

交通

我要買 1（2、3、4）張＿＿區票

I would like to buy a ticket(s) for＿＿ zone(s) , please.

交通

請問這班車是前往＿＿的嗎？

Dose this bus（train）to ＿＿?

（PS. 請自行在＿＿填上想要前往的地點）

交通

請問這班車有到＿＿嗎？

Dose this bus（train）stop at ＿＿?

（PS. 請自行在＿＿填上想要前往的地點）

交通

可以向你索取＿＿的時刻表嗎？

May I have a timetable of ＿＿?

（PS. 請自行在＿＿填上索取何種時刻表？地點、班車、表演、導覽等）

交通

請問前往＿＿的班車幾點開？需在幾號月台搭車？

When dose the next train for ＿＿ depart? And from which platform?

（PS. 請自行在＿＿填上想要前往的地點）

交通

大約多久會到＿＿？

How long does it take to get ＿＿?

（PS. 請自行在＿＿填上想要前往的地點）

交通

可以麻煩你到＿＿站時，告訴我一聲嗎？謝謝！

Could you please tell me when I get ＿＿? Thanks!

（PS. 請自行在＿＿填上想要前往的地點）

交通

請問在哪裡買車票？

Do you know where I can buy the ticket?

交通

我不會操作售票機，可以請您幫忙嗎？

I can't operate the ticket machine, would you please help me?

交通

搭乘計程車到市中心需要多少錢 ？

How much does it cost to the city centre by taxi?

交通

我要去這個地址。

Take me to this address, please.

住宿

請問幾點可以入住？幾點退房？

What is the check in and check out time?

住宿

請問還有空房嗎？

Do you have a room for today?

住宿

請問單人房間（雙人房、家庭房、套房）一晚多少錢？

How much is a single room (double、family、suite) per day?

住宿

請問有附早餐嗎？

Does the price include breakfast?

住宿

請問有免費網路可用嗎？

Do you have free internet?

住宿

請問需要押金嗎？

Do I need to leave deposit?

住宿

你好，我有線上訂房。

G'day, I have made a reservation online.

餐廳

我要點 1（2、3）球冰淇淋，杯裝（或甜筒）。

I would like a (two、three) scoop(s) with cup (cone).

餐廳

我可以試吃嗎？

Can I try it?

餐廳

請問店裡的招牌是什麼？最受歡迎的商品？

Which meal is the most popular here?

餐廳

請問今天有什麼半價優惠商品嗎？

Any half-price meal for today?

餐廳

我可以使用折扣券嗎？

Can I use this coupon?

餐廳

請問這個多少錢？

How much for this?

餐廳

請給我用餐（飲料）的菜單。

May I have a meal (beverage) menu, please.

餐廳

可以給我水嗎？

May I have water, please?

餐廳

你好，我要點 1（2、3…）號套餐！

Hi, I would like to order a number one (two、three) set meal.

餐廳

請問有賣單杯酒嗎？

Do you serve house wine?

餐廳

請給我帳單，謝謝！

Check the bill, please.

餐廳

請問你們的營業時間？

What is your opening hours?

購物

我只是看看！

I'm just looking.

購物

請問這個多少錢？

How much for this?

購物

我要這個，謝謝！

I would like to take this, please.

購物

這個我要送人，請幫我包裝。

Please wrap this for me, it's a gift.

購物

請問可以試穿嗎？

May I try this on?

購物

請問試衣間在哪？

Where is the fitting room?

購物

請問有大（小）一點的尺寸嗎？

Do you have bigger(smaller) size for this?

購物

請問有別的顏色嗎？

Do you have this in another color?

購物

請問這是做什麼用的？

What dose this use for?

購物

請問有折扣嗎？

Any discount for this?

購物

請問可以刷卡（旅行支票）嗎？

Do you accept credit card (traveler's checks)?

遊客中心

可以給我一張____地圖嗎？

Can I have a____map?

(PS. 請自行填上地名)

遊客中心

請問這裡可以訂位（訂房、訂票）嗎？

Can I book the tour(accommodation、ticket) here ?

遊客中心

訂位（訂房、訂票）需要收手續費嗎？

Any charge for booking?

遊客中心

請問可以給我一份火車（公車）時刻表嗎？

Could you please give me a timetable of the train (bus)?

遊客中心

請問廁所在哪？

Excuse me, Would you please show me where the toilet is?

遊客中心

請問最近的超市在哪？

May you show me the nearest supermarket ?

遊客中心

請問可以推薦這附近的景點嗎？

Would you please recommend attractions nearby?

行前須知・貨幣

請問今天美金與澳幣的兌換率是多少？

What is the U.S. dollar and Australian dollar exchange rate today?

行前須知・貨幣

你好，我要兌換澳幣。

I would like to change this into Australian dollar.

行前須知・海外旅行平安保險

請給我一份費用明細收據。

May I have the detail account, please.

行前須知・海外旅行平安保險

請給我一份報案證明。

Please give me one report of the security organ.

行前須知・海外旅行平安保險

請給我一份意外證明書。

Please give me the accident report.

行前須知・海外旅行平安保險

請給我一份醫生診斷證明。

Please give me the medical certificate.

行前須知・出境、入境

我的行李在運送途中受損，請問我能找誰處理？

My luggage is damaged, where can I get some help?

行前須知・出境、入境

我找不到我的行李。

I can't find my luggage.

行前須知・出境、入境

我要辦理退稅，請給我退稅單。

I would like to have a tax refund, please give me the Tax Refund Form.

行前須知・出境、入境

請問辦理退稅手續的櫃台在哪裡？

Where is the Tax Refund Desk?

行前須知・出境、入境

我要辦理現金（信用卡、支票）退稅。

I would like to have a cash(credit card、check) refund, please.

請問____航空公司的櫃台在哪裡？

Would you please tell me where the ____ Airline account is?

可以幫我劃靠窗（走道）的位置嗎？謝謝！

Please give me a window(aisle) seat, Thank you.

請問我要搭乘的這班飛機，登機閘口是幾號？

Where is my boarding gate, please?

請問哪裡有公共電話亭？

Would you please tell me where the public telephone is?

請問哪裡有賣國際電話卡？

Would you please tell me where can I buy an international card/telephone card?

我要買一張國際電話卡。

I would like to buy one international card/telephone card.

澳洲式 英語

澳洲較慣用的是「英語」，而不是國人較熟悉的「美語」，因此一些慣用單字略有不同，稍加注意即可融會貫通。不過，澳洲英文較為人所困擾的，除了發音和腔調外，也發展出一些特有的習慣用語，以及非常喜歡發明「縮寫、縮音」字！不過別怕，懂得邏輯，就大概可以猜得到 8 成了！以下列出較常見的幾個句子和單字，到澳洲就入境隨俗地大講「澳洲式英語」吧！

Ta or Cheers = Thank you = 謝謝

Cuppa = Cup of Coffee or Tea = 一杯茶或咖啡

Good Day (G'Day) = Hello = 嗨！你好

How's going, mate? = How are you? = 你好嗎？

No Worries = You are Welcome = 不客氣

Brekkie = Breakfast = 早餐

Chips = French Fries = 薯條

Partner = Boy/Girl Friend = 男女朋友 or 夫妻

Oz = Aussie = 澳洲人

Smoko = Tea Time = 休息時間

Barbie = barbeque = 烤肉

Kiwi = 紐西蘭人

Mozzie = Mosquito = 蚊子

Roo = Kangaroo = 袋鼠

Supper = 晚餐（正式）
Tea = Dinner = 晚餐（非正式）

329

英語 實用單字

書到用時方恨少，而單字要用時就看看以下吧！旅遊中，一些實用單字絕對少不了，關係個人安危和絕對派得上用場的關鍵字，絕對有助於旅途順暢、精彩加倍！

澳洲特產單字

原住民：**aboriginal**

內陸：**outback**

迴力鏢：**boomerang**

迪吉里杜（澳洲原住民樂器）：**digiredoo**

蔬菜醬：**vegemite**

荒野：**bush**

森林火災：**bush fire**

曬傷：**sunburn**

一種家喻戶曉的巧克力餅乾：**Tim Tam**

蜂膠：**propolis**

救命單字

藥局：**pharmacy or medical**

牙醫診所：**dentist**

醫院：**hospital**

止痛藥：**pain killer**

過敏：**allergy**

頭痛：**headache**

衛生棉：**sanitary napkin**

防曬油：**Sun cream**

發燒：**fever**

肚子痛：**stomachache**

OK繃：**tape**

方便用單字

加油站：**petrol station**

汽車維修保養場：**auto mechanic**

國際駕照：**international driving license**

出發處：**departure**

服務台、櫃台：**reception**

收據：**receipt**

方便用單字

郵局：**post office**

租車：**car rental**

保險：**insurance**

抵達處：**arrival**

簽名：**signature**

押金：**deposit**

編後記

曬黑黑的火龍

在還沒有到澳洲之前，對它的印象大概僅限於無尾熊、袋鼠、雪梨歌劇院、大堡礁，頂多再來個黃金海岸與墨爾本；但在登陸澳洲後，便從海關開始，一一顛覆所有！咦～海關講的是英文嗎？怎麼有聽沒有懂？！一開始就被澳洲腔的英文給打敗……接著，以為踩過住宅區無圍籬的大草皮會挨罵，每次都繞道而行的我，沒幾天便被當地人發現，並告訴我草皮就是給人享受用的，請不要躲開……某天傍晚在公園BBQ，聽見背後唏唏簌簌的驚人聲響，猛回頭，小袋鼠瞪大無辜的眼睛，拿著整包乾義大利麵，喀滋喀滋地啃著……長途開車到郊區，路邊「Free Coffee for Driver」標誌，是廣告還是開玩笑？！不，這是體貼長途駕駛的辛勞，別客氣，來杯免費咖啡再上路……

這一切，都在我踏上這個世界最大的島之後，開始改觀。

原來，澳洲有那麼大，足足是台灣的200倍大；原來，澳洲的袋鼠數量跟總人口數差不多；原來，澳洲的沙漠是紅色的；原來，真有佈滿潔白貝殼的貝殼沙灘；原來，金城武廣告片中，一望無際的鹽湖場景也是真的；原來，海龜上岸產卵的景象可以發生在眼前、海豚就在腳邊悠遊……

這些美妙之處，想起來格外美好，但要將兩年的澳洲公路旅行，和今年再加碼49天的澳洲旅程，一次將精華濃縮進本書中，跟挑戰戴著氧氣筒潛下大堡礁沒兩樣，需要很大的勇氣和鼓勵。澳洲那麼大，寫起來感覺也是永無止盡，埋首稿海的大半年日子裡，還好有貼心夥伴和朋友的聲聲催促及友情贊助，還有帶我和小粉紅走過大半個澳洲，也快要翻爛的地圖，上頭一張張當初在各地寫下的memo，每翻一次便再度熱血沸騰，激發一路繼續往下寫的動力！完成的這一刻，真心感謝所有被整慘的後製工作人員，幽靈船已抵達終點，值得慶祝一番啦！

最後，我要說，若是沒有這趟旅行，我不會發現，原來我是如此熱愛大自然和小動物，愛上露營，更鍾情於陽光、沙灘與啤酒……在每一段旅程中找到自己所愛，才是旅行最大的意義！自遊澳洲，等你來發掘最愛！

愛上澳洲啤酒的小粉紅

編後記！真的嗎？寫到編後記了！終於快要下幽靈船了～呼～萬歲！人，總是健忘的，繼上一本《自遊倫敦》被騙上了美麗幽靈船，並且驚慌失措地下船後，沒想到，兩年後接到自遊書系將再次出航的計畫，本來以為這次轉戰寫稿任務，將會是軍艦出航，彈藥補給一應俱全！當年在澳洲所拍攝的萬張照片，和冒著行李超重的風險，把踏遍全澳洲每個地方的紙本資料全帶回台灣，認為這次一定有漂漂亮亮、順順利利的製作過程。結果呢～還是又上了幽靈船……人生第一次寫那麼多字，白拋拋幼咪咪的新鍵盤都被我打到泛黃發舊，像用了好幾年一樣，這次和火龍寫全澳，有那種永遠都寫不完的感覺，每天不停的寫稿、挑照片、寫稿、畫版型、寫稿、點眼藥水……半年來的無間道輪迴，看不見盡頭的從無到有、一頁一頁的生出來，箇中滋味比辛曉琪的〈領悟〉還要苦，比一公升的眼淚還要令人噴淚。如果說，這十十閉關寫稿過程是段刻骨銘心的日子，在澳洲打工旅遊的那兩年，絕對不遜色，每當打開一張張的照片檔案，內心總是一揪地，回想起當時帶著簡單的行李、開著小車到處跑、欣賞令人掉下巴的美景、用破爛的英文找工作，和沿路遇上的背包客一起過著短暫、有福同享有難同當的旅程。然後，卻得馬上拉回現實，和火龍絞盡腦汁的討論如何安排行程，如何規劃版面，讓這本《自遊澳洲》依循自遊書系的本意，讓讀者看了能安心自在地在澳洲旅行。希望我們有做到，哈。

最後，要感謝許多澳客朋友無私的贊助照片與提供私房景點，還有感謝後製工作人員的辛苦，我知道你們就算沒去過澳洲，做完這本也對澳洲很熟了吧～哈！

（關於幽靈船，請參考《自遊巴黎》與《自遊倫敦》的編後記）

眼睛花花的編輯

本來後製編輯人員也想好好寫編後記，但也因被騙上了幽靈船，不克完稿……

編輯的宿命，在一本又一本書中不斷的「永世不得回歸」……

和作者不同的是，到了，你們可以下船，但我們不能……又心甘情願的上了另一艘幽靈船……

搶先報！下一艘幽靈船開往——北義、羅馬……萬眾期待中！

國家圖書館出版品預行編目資料

自遊澳洲 / 黃雯羚、張文瀞著
-- 初版 . -- 臺北市：日月文化 , 2011.11
336 面；17*23 公分
ISBN 978-986-248-215-5(平裝)
1. 旅遊 2. 旅遊地圖 3. 澳大利亞

771.9　　　　　　　　　　　　100019919

自遊澳洲

作者：黃雯羚、張文瀞
書系統籌：VINA KAO
主編：俞聖柔
校潤編輯：郭盈秀、洪嘉苑
地圖製作：張智淑
內文設計：高慈婕
封面製作：LW

發行人：洪祺祥
總編輯：林慧美
副總編輯：謝美玲
法律顧問：建大法律事務所
財務顧問：高威會計師事務所
出版：日月文化出版股份有限公司
製作：山岳文化
地址：台北市信義路三段 151 號 8 樓
電話：(02)2708-5509　傳真：(02)2708-6157
客服信箱：service@heliopolis.com.tw
網址：www.heliopolis.com.tw
郵撥帳號：19716071 日月文化出版股份有限公司
總經銷：聯合發行股份有限公司
電話：(02)2917-8022　傳真：(02)2915-7212
印刷：禾耕彩色印刷事業有限公司
初版：2011 年 11 月
初版十四刷：2016 年 4 月
定價：500 元
ISBN：978-986-248-215-5

圖片提供：澳洲旅遊局、Tourism Victoria、Tourism
Queensland、Tourism NT、KOKO Black、ANZ、
Fremantle Prison、Crocosaurus Cove、Cascade
Brewery、陳佑瑄、阿威、Lena Bruemmer、Vanessa
Pult、楊謙信、陳淑玲

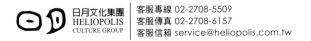

客服專線 02-2708-5509
客服傳真 02-2708-6157
客服信箱 service@heliopolis.com.tw

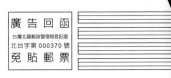
日月文化集團 讀者服務部 收

10658 台北市信義路三段151號8樓

對折黏貼後，即可直接郵寄

日月文化網址：**www.heliopolis.com.tw**

最新消息、活動，請參考 FB 粉絲團

大量訂購，另有折扣優惠，請洽客服中心（詳見本頁上方所示連絡方式）。

日月文化

EZ TALK

EZ Japan

EZ Korea

大好書屋・寶鼎出版・山岳文化・洪圖出版　EZ叢書館　EZ Korea　EZ TALK　EZ Japan

日月文化集團
HELIOPOLIS
CULTURE GROUP

感謝您購買　　**自遊澳洲**

為提供完整服務與快速資訊，請詳細填寫以下資料，傳真至02-2708-6157或免貼郵票寄回，我們將不定期提供您最新資訊及最新優惠。

1. 姓名：_____　　性別：□男　　　□女

2. 生日：_____年_____月_____日　　職業：_____

3. 電話：（請務必填寫一種聯絡方式）

　（日）_____（夜）_____（手機）_____

4. 地址：□□□_____

5. 電子信箱：_____

6. 您從何處購買此書？□_____縣/市_____書店/量販超商

　□_____網路書店　　□書展　　□郵購　　□其他

7. 您何時購買此書？　　年　　月　　日

8. 您購買此書的原因：（可複選）

　□對書的主題有興趣　　□作者　　□出版社　　□工作所需　　□生活所需

　□資訊豐富　　□價格合理（若不合理，您覺得合理價格應為_____）

　□封面/版面編排　　□其他_____

9. 您從何處得知這本書的消息：　□書店　□網路／電子報　□量販超商　□報紙

　□雜誌　□廣播　□電視　□他人推薦　□其他

10. 您對本書的評價：（1.非常滿意 2.滿意 3.普通 4.不滿意 5.非常不滿意）

　書名_____內容_____封面設計_____版面編排_____文/譯筆_____

11. 您通常以何種方式購書？□書店　　□網路　　□傳真訂購　□郵政劃撥　　□其他

12. 您最喜歡在何處買書？

　□_____縣/市_____書店/量販超商　　□網路書店

13. 您希望我們未來出版何種主題的書？_____

14. 您認為本書還須改進的地方？提供我們的建議？

_____

_____

_____